AS ORIGENS DA
LEI ANTITERRORISMO
NO BRASIL

GUILHERME DE JESUS FRANCE

Copyright © 2018 by Editora Letramento
Copyright © 2018 by Guilherme de Jesus France

Diretor Editorial | **Gustavo Abreu**
Diretor Administrativo | **Júnior Gaudereto**
Diretor Financeiro | **Cláudio Macedo**
Coordenador Editorial | **Luís Otávio**
Logística | **Vinícius Santiago**
Assistente Editorial | **Laura Brand**
Revisão | **Nathan Matos**
Capa | **Caio Guip e Sergio Ricardo**
Projeto Gráfico e Diagramação | **Vanúcia Santos**

Conselho Editorial | **Alessandra Mara de Freitas Silva; Alexandre Morais da Rosa; Bruno Miragem; Carlos María Cárcova; Cássio Augusto de Barros Brant; Cristian Kiefer da Silva; Cristiane Dupret; Edson Nakata Jr; Georges Abboud; Henderson Fürst; Henrique Garbellini Carnio; Henrique Júdice Magalhães; Leonardo Isaac Yarochewsky; Lucas Moraes Martins; Luiz Fernando do Vale de Almeida Guilherme; Nuno Miguel Branco de Sá Viana Rebelo; Renata de Lima Rodrigues; Rubens Casara; Salah H. Khaled Jr; Willis Santiago Guerra Filho.**

Todos os direitos reservados.
Não é permitida a reprodução desta obra sem aprovação do Grupo Editorial Letramento.

Dados Internacionais de Catalogação na Publicação (CIP) de acordo com ISBD

F815o   France, Guilherme de Jesus

As origens da lei antiterrorismo no Brasil / Guilherme de Jesus France. - Belo Horizonte : Letramento, 2018.
336 p. : il. ; 15,5cm x 22,5cm.

Inclui bibliografia e anexo.
ISBN: 978-85-9530-168-9

1. Segurança pública. 2. Terrorismo. 3. Lei antiterrorismo. I. Título.

CDD 350
2018-1772   CDU 35

Elaborado por Odilio Hilario Moreira Junior - CRB-8/9949

Índice para catálogo sistemático:
1. Administração pública 350
2. Administração pública 35

Belo Horizonte - MG
Rua Magnólia, 1086
Bairro Caiçara
CEP 30770-020
Fone 31 3327-5771
contato@editoraletramento.com.br
grupoeditorialletramento.com
casadodireito.com

Casa do Direito é o selo jurídico do Grupo Editorial Letramento

AGRADECIMENTOS

Agradecer é um exercício dos mais prazerosos, justamente porque permite refletir sobre a nossa história, sobre a história deste livro e (re)lembrar quem tornou-as possível. Permitam-me, portanto, a prolixidade para cometer o menor número possível de injustiças.

Minha avó Célia foi e sempre será minha estrela-guia. Quem eu quero orgulhar e para quem me torno quando em dúvida. Meu avô Dagmar, cuja história absolutamente linda de superação me inspira, insistiu até quando pode (e um pouco depois disso também) na minha educação formal e moral. Sem eles, nada disso teria sido possível.

Minha família que acompanhou, mesmo sem saber direito do que se tratava, esta pesquisa e todos os difíceis passos que compuseram sua jornada. Minha irmã Fernanda, que é minha inspiração, razão de ser e, principalmente, colete salva-vidas. Meus pais, Clarice e Luis, pelo apoio incondicional, sem o qual jamais poderia ter me concentrado neste empreendimento. Minha avó Neide e minha tia Luciene, minhas maiores torcedoras.

Meu orientador, Prof. Alexandre Moreli. Difícil medir e expressar o quanto devo a sua generosidade, seu compromisso inabalável e incentivo permanente (não pare!). Este trabalho é nosso e espero que seja tanto motivo de orgulho para você como é para mim.

Meus amigos são mais do que uma rede de apoio. Me propelam para sonhos antes impossíveis. Paula Barros e Vicente Melo, sem os quais esse livro não passaria de uma pilha de áudios ou o seu autor de uma pilha de nervos (ainda maior). Rafael Mansur e Thais Pastor, cujos resgates acadêmicos e emocionais foram indispensáveis. Carolina Noronha, pelas infinitas (e impecáveis) revisões. Felippe de Rosa, com quem cada passo dessa dissertação foi compartilhado. Isabel Veloso, pela inspiração e rigidez metodológica. Marina Motta, Suzana Aquino, Raffaele Ianni e tantos outros cujas conversas me instigaram e motivaram.

Meus mestres (e que orgulho de assim poder chamá-los). Prof. Paulo Emilio, cuja orientação tive o privilégio de desfrutar ao longo dos últimos cinco anos, em diversas capacidades. Ainda que este trabalho fuja do nosso Direito Internacional, tenha certeza que suas digitais estão por toda parte e foram instrumentais para concretizá-lo. Profa. Monique Goldfeld, cuja generosidade não cansa de me surpreender, pelas instigantes discussões na ECEME e pelos atentos comentários às versões anteriores deste trabalho. Prof. Matias Spektor, por acreditar que eu poderia trilhar um caminho que sequer vislumbrava e por me desafiar a desbravá-lo.

Ir a campo – especialmente este campo sendo Brasília – talvez tenha sido o maior desafio dessa jornada. Não teria sido capaz de superá-lo sem a ajuda de algumas pessoas. Wanderson Nogueira, pela generosidade ímpar, da qual espero um dia ser efetivamente merecedor. Fernando Mury, pela hospitalidade. Michael Mohallem, pelas indicações certeiras.

Ao longo desta pesquisa, cruzei com dezenas de pessoas, as quais tinham pouca ou nenhuma razão para me ajudar. Ainda assim, o fizeram, indo, com frequência, muito além do que esperava. Agradeço, assim, a todos os intermediários e facilitadores que tornaram a coleta das fontes que baseiam este trabalho possível. Um agradecimento especial aos entrevistados, que compartilharam seu conhecimento e suas experiências comigo e, agora, com o mundo.

Merecem agradecimento também o CPDOC/FGV e, especialmente, o Centro de Relações Internacionais, por me fornecer os instrumentos dos quais precisaria fora da minha zona de conforto e por oferecer um porto seguro no meu retorno. Um agradecimento especial ao corpo docente, sempre disponível para solucionar dúvidas das mais diversas, à Aline Santiago, pelos socorros frequentes e à CAPES pelo apoio financeiro que foi essencial para a realização dessa pesquisa.

Por fim, aqueles que tornaram esse livro possível. Um agradecimento especial à equipe de publicações da FGV Direito Rio – Thaís Mesquita e Sérgio França – e à Editora Letramento.

SUMÁRIO

APRESENTAÇÃO 7

INTRODUÇÃO 9

CAPÍTULO I. SECURITIZAÇÃO E LOCALIZAÇÃO 17
    1.1. Teoria da Securitização 19
    1.2. Securitizando o terrorismo 22
    1.3. Localização de normas internacionais 32
    1.4. Combinando tradições para oferecer explicações 38

CAPÍTULO II. AS ORIGENS DAS NORMAS INTERNACIONAIS DE COMBATE AO TERRORISMO 42
    2.1. Antecedentes e primeiros esforços de cooperação 42
    2.2. Liga das Nações 46
    2.3. Organização das Nações Unidas 48
    2.4. Pós 11 de setembro – Securitização em ação 56
    2.5. Grupo de Ação Financeira 59
    2.6 (In)Definições de terrorismo 76

CAPÍTULO III. AS ORIGENS DA OPOSIÇÃO À LEI ANTITERRORISMO 87
    3.1. Ditadura Militar 91
    3.2 Criminalização dos movimentos sociais na Democracia 97

CAPÍTULO IV. RESISTÊNCIA EM AÇÃO: ESFORÇOS PARA LEGISLAR SOBRE TERRORISMO ENTRE 1988 E 2015 114
    4.1 Terrorismo no ordenamento brasileiro em 1988 115
    4.2 A Estratégia Nacional de Combate à Corrupção e à Lavagem de Dinheiro 116
    4.3. Iniciativas no âmbito do poder executivo 118
    4.4 Terrorismo e as organizações criminosas 140
    4.5. Terrorismo e a lavagem de dinheiro 142
    4.7 Comissão para Regulamentar a Constituição Federal 146

    4.8. Reforma do Código Penal 151
    4.9 Mapeamento de iniciativas legislativas 154
    4.10 Considerações sobre a pré-localização....................................... 162

CAPÍTULO V. AS ORIGENS DO PROJETO DE LEI 2016/2015 163
    5.1. O papel do Grupo de Ação Financeira 163
    5.2. Decisão tomada 186
    5.3. A elaboração do projeto de lei... 192

CAPÍTULO VI. DESENHANDO AS LINHAS DE BATALHA NO CONGRESSO 201
    6.1. Oposição negativa... 201
    6.2. Oposição afirmativa 210

CAPÍTULO VII. OS (DES)CAMINHOS DO PROCESSO LEGISLATIVO: DE PL 2016/2015 À LEI 13.260/2016 244
    7.1. Tramitação na Câmara dos Deputados 244
    7.2. Tramitação no Senado Federal 269
    7.3. Retorno à Câmara dos Deputados 285
    7.4. A sanção (com vetos) do PL 2016/2015 295
    7.5. Primeiras avaliações sobre a Lei Antiterrorismo........................ 298

CONCLUSÃO 305

REFERÊNCIAS BIBLIOGRÁFICAS 315
    Entrevistas 329
    Apêndice – minibiografia dos entrevistados 331
    Lista de siglas... 332

APRESENTAÇÃO

Não restam dúvidas de que o processo legislativo recebe, através dos representantes eleitos, diversas influências, mas também que pode sofrer constrangimentos ou ganhar decisivos patrocínios. Difícil, entretanto, é revelar esse processo e fazer emergir os meios, as redes, os campos e as forças que sobre ele exercem efeito.

Esse é o árduo trabalho que Guilherme France apresenta aqui, analisando uma singular experiência das dinâmicas de disseminação de normas internacionais: as origens da Lei Antiterrorismo no Brasil. Ele é de especial interesse, pois não somente se mostra extremamente refinado quanto aos seus propósitos, como porque se debruça com sucesso sobre um dos mais sui generis processos de localização, ou internalização, de normas internacionais que o país conheceu nos últimos anos. Ademais, a unidade e a originalidade do estudo foram perfeitamente valorizadas pelo autor em um esforço digno de nota.

Como dito, as práticas do político e da política podem experimentar diversas formas de interação com grupos de pressão e de interesse, localizados dentro ou fora do aparelho estatal. Elas podem agir de forma mais ou menos direta e podem ser originadas de estruturas com alto ou baixo nível de organização. As ações vão desde iniciativas pontuais até outras de mais longo prazo, que presumem a manutenção de uma proximidade quase que estruturante e durável no tempo com o poder parlamentar.

Microcosmos então atuam, veladamente ou através de canais político-mediáticos, que criam e difundem imagens da realidade, impondo versões, de certo, contestáveis, mas que terminam por se impor como fato. Desnecessário dizer que tal dinâmica deve ser revelada e analisada. Primeiro, pois a opinião pública a ela fica submetida continuadamente. Segundo, porque subtrai o poder democrático, impondo aos tomadores de decisão e à sociedade uma percepção do espírito das normas e do poder que muitas vezes acaba por substituir a realidade ou o interesse geral, justapondo a satisfação de agendas corporativas.

Revelar, neste livro, como essas relações operaram nas origens da Lei Antiterrorismo torna-se, logo, de especial importância. Sem dúvida, são exatamente essas relações, com ambições próprias, que determinam como o Brasil, soberanamente (ou não), internaliza normas. As possibilidades de mediação criam oportunidades para que se desnaturem objetivos, oferecendo frutos a grupos de pressão e de interesse. Mais delicado ainda, senão temerário, é entender que essa dinâmica impõe sérios riscos de que a norma finalmente internalizada possa criminalizar e reprimir movimentos sociais.

Guilherme France não somente oferece um importante estudo sobre a internalização do regime de combate ao terrorismo no Brasil, como o faz de forma sofisticada, tanto na grade de leitura empregada, através da Teoria da Securitização e do conceito de localização, como nos métodos utilizados para construir o seu argumento, especialmente o rastreamento de processo, mas também através de uma série colossal de entrevistas com os atores envolvidos, identificando, reconstruindo e analisando um conjunto labiríntico de relações que envelopou o Congresso Nacional durante referido o processo legislativo.

Finalmente, as leitoras e os leitores têm em mãos um trabalho consistente, pois também construído levando em consideração tanto a evolução histórica da legislação brasileira sobre o tema, como os debates em torno da definição de terrorismo e o papel das organizações internacionais que tratam da questão. Este livro revela-se, assim, como aprendizado e instrumento, oferecendo substancial matéria ao grande público, aos preocupados com o processo legislativo e àqueles empenhados em dominar o intrincado jogo de escalas das relações internacionais.

Alexandre Moreli
Professor do Instituto de Relações Internacionais da USP

INTRODUÇÃO

Em 4 de agosto de 2016, o jornal *O Estado de São Paulo* publicou notícia com a manchete "Justiça mantém sem-terra presos com base na lei antiterrorismo". De acordo com a matéria, haviam sido presos, com base na Lei Antiterrorismo, quatro integrantes do Movimento dos Sem-Terra que ocupavam a Usina Santa Helena, em Goiás.

Parecia a concretização dos piores receios de organizações defensoras dos Direitos Humanos, de movimentos sociais e de políticos de esquerda. A ideia de que a Lei Antiterrorismo seria empregada para criminalizar e reprimir movimentos sociais havia dominado os debates sobre aquela legislação no Congresso Nacional. Foi também a razão pela qual, durante anos, iniciativas para se produzir uma lei sobre o tema esbarraram na oposição de membros do núcleo político dos governos liderados pelo Partido dos Trabalhadores e não prosperaram.

Entidades relacionadas aos Direitos Humanos como a Conectas e o Instituto de Defensores dos Direitos Humanos, integrantes da Rede de Justiça Criminal e que tiveram importante papel na tramitação da Lei Antiterrorismo, concluíram, entretanto, que se tratava de enquadramento com base na Lei de Organizações Criminosas, não na Lei Antiterrorismo[1]. Ainda assim, impõe-se questionar por que era tão plausível aquela manchete?

A resposta para essa pergunta exige uma profunda análise da realidade brasileira e esteve no centro dos debates sobre a Lei Antiterrorismo.Que legislações destinadas ao combate do terrorismo são empregadas para fins outros, como reprimir opositores políticos, não é novidade ou exclusividade do Brasil. Que o emprego dessas legislações frequentemente gera abusos e violações a diretos e liberdades fundamentais, tampouco. No Brasil, entretanto, paira sobre a Lei Antiterrorismo o temor da criminalização de movimentos sociais e reivindicatórios, derivado, em larga medida, de uma profunda desconfiança em relação à atuação de agentes estatais.

---

[1] Informações obtidas a partir das entrevistas realizadas com Rafael Custódio (Contectas) e Lucas Sada (Instituto Defensores dos Direitos Humanos).

Compreender essa realidade é fundamental para que se esclareça por que somente, em 2016, o Brasil passou a ter uma lei que tratasse específica e detalhadamente sobre terrorismo. Iluminará também diversos dos pontos mais controversos do texto legal, assim como grande parte da discussão que ocorreu no Congresso Nacional sobre esta legislação.

O presente estudo não se adstringe unicamente a este ponto, todavia. Pelo contrário, pretende responder a uma questão mais ampla: Quais foram as origens da Lei Antiterrorismo no Brasil?

Pretende-se levantar as cortinas do processo legislativo – tanto no poder executivo, quanto no poder legislativo – para que finalmente se compreenda não só o ímpeto a partir do qual este processo foi disparado, mas também as disputas políticas que acabaram por moldar esta legislação. Para isso, faz-se necessário focar igualmente nos elementos que promoveram a adoção dessa legislação e nos elementos que se opuseram a ela. Somente assim será possível decifrar não só porque esta lei veio a ser proposta, aprovada no Congresso e promulgada, mas também porque assumiu a forma e o conteúdo – totalizando, a Lei nº 13.260/2016 tem 17 artigos – em vigor no ordenamento brasileiro.

De fato, compreender as origens da Lei Antiterrorismo exige que se atente para mais do que o processo legislativo, iniciado em 2015, que a originaria. Do ponto de vista doméstico, é necessário compreender o processo de evolução da legislação brasileira sobre o tema, que deu seus primeiros passos ainda na década de 50. Se antes de 2015, discussões sobre terrorismo haviam sido escarças e episódicas, elas podem ser encontradas também nos debates sobre o combate à lavagem de dinheiro e ao crime organizado. Impossível, portanto, permanecer adstrito unicamente à questão do terrorismo.

Exige, no mais, uma perspectiva mais ampla que considere a relação do Estado brasileiro com a sua população, especialmente no que se refere ao processo de criminalização dos movimentos sociais e reivindicatórios. Analisar toda essa experiência histórica se provaria impossível neste espaço, de maneira que o principal foco, a partir do que se discutiu no Congresso Nacional, foram o período da ditadura e esforços de criminalização a partir de 1988, tanto nas cidades quanto no campo. Importante notar que esses esforços se manifestam em dois espaços: no âmbito legislativo, quando da elaboração das leis, e no âmbito policial e judiciário, quando da efetiva aplicação destas leis.

O processo legislativo que ocorreu entre 2015 e 2016 não foi a primeira iniciativa destinada a aprovar legislação que tratasse específica e detalhadamente de terrorismo. De fato, como se notará, ele foi influenciado por instâncias anteriores em que esforços naquele sentido não foram bem-sucedidos. Indispensável analisar essas instâncias, já que oferecem importantes lições e prenunciam dinâmicas que se repetiriam no desenrolar da gestação da Lei Antiterrorismo.

Naquelas instâncias, já ficara claro que os diversos atores dentro do governo federal tinham e têm agendas bastante diversas. Ministério da Justiça, Ministério da Defesa e Forças Armadas, Ministério da Fazenda e Conselho de Controle de Atividades Financeiras, Polícia Federal, Gabinete de Segurança Institucional e Agência Brasileira de Inteligência e Ministério Público Federal tinham orientações distintas com prioridades e preferências específicas. A atuação desses órgãos e sua interrelação se provaria elemento fundamental para se compreender como diferentes interesses se manifestariam no processo legislativo.

Além dessa dinâmica interna ao poder executivo, a clássica divisão entre partidos e parlamentares de esquerda e direita tem, também na discussão sobre terrorismo, um papel importante para que se compreenda como o Congresso Nacional se porta frente a esse tema. Conforme aquela dinâmica interna frequentemente transbordava para o poder legislativo, torna-se necessário entender não só quais eram as filiações intelectuais, mas também como atuam aqueles órgãos do poder executivo no Congresso Nacional. A inter-relação de parlamentares e mesmo de atores do governo federal com organizações da sociedade civil e movimentos sociais completa esse complexo quadro doméstico.

O principal impulso à discussão sobre terrorismo no Brasil não foi, até o presente momento, um episódio específico ou uma demanda interna, mas sim o avanço das normas internacionais sobre o tema. Dessa forma, compreender como essas normas surgiram, como evoluíram e quais suas principais características torna-se passo anterior e indispensável ao estudo que se pretende realizar. Se existem múltiplas organizações internacionais que tratam do terrorismo, cada uma exerce um papel específico e é dotada de aspectos próprios, ainda que se inter-relacionem. Destacam-se o Conselho de Segurança e a Assembleia Geral da Organização das Nações Unidas e o Grupo de Ação Financeira.

Um ponto particular afeta tanto a evolução das normas internacionais sobre o tema quanto os debates domésticos sobre legislações antiterror: a ausência de consenso quanto a uma definição para terrorismo. Ao invés de pretender, normativamente, construir uma definição, argumenta-se que essa ausência é sintoma não só de discordâncias políticas entre os diversos atores envolvidos, como também fruto da sua força retórica. O espaço de discussão sobre a definição de terrorismo é, assim, um campo de disputa social e política, o qual deve ser compreendido, não arbitrado.

A compreensão desse admitidamente amplo campo de estudo exige uma base teórica sólida. O recurso à Teoria da Securitização se mostra justificado a partir não só da discussão sobre a securitização do terrorismo, que ocorreu a partir de 2001 e impactou de forma definitiva a característica e a forma de expansão das normas internacionais sobre o tema, mas também pela sua capacidade de desconstruir argumentos apresentados como fatos e introduzir uma narrativa alternativa ao empreendimento da Guerra contra o Terror.

A literatura sobre disseminação de normas internacionais também será acionada para que se compreenda efetivamente como funcionam, no caso em estudo, os mecanismos desenvolvidos pelas organizações internacionais relevantes para promover as suas normas. O conceito de localização servirá como quadro de referência para organizar e possibilitar a análise dos diversos elementos que contribuíram ou não para o processo de adoção, pelo Brasil, das normas internacionais de combate ao terrorismo.

Apesar da referência teórica se localizar no campo das Relações Internacionais, pretendeu-se privilegiar a interdisciplinaridade, com frequentes recursos à literatura de Direito e de Ciências Políticas.

O método escolhido é o rastreamento de processo, definido como a análise de evidências em processos, sequências e conjunturas de eventos em um caso[2], com o objetivo de desenvolver ou testar hipóteses sobre mecanismos causais que podem, casualmente, explicar o caso (BENNETT & CHECKEL, 2015, p. 7-9).

O rastreamento de processo permite que se considerem diversas causas potenciais para um determinado fenômeno até que se determine a cadeia causal responsável e as condições necessárias para que determinado fenômeno se concretize. Dentre as variedades de rastreamento de processo, aquela que mais se adequa à proposição deste trabalho é a explicação analítica, por meio da qual uma narrativa histórica pode ser transformada em uma explicação causal analítica, a partir de formulações teóricas explícitas (GEORGE & BENNETT, 2005, p. 207-211).

Existe uma correlação entre o tópico abordado em cada capítulo e a predominância dos tipos de fontes que os fundamentam. Enquanto os três primeiros capítulos são fruto, principalmente, do estudo de fontes secundárias, ainda que contextualizados a partir de algumas das entrevistas realizadas, os quatro últimos são resultado, da produção e da análise de fontes primárias.

---

[2] Definido como uma instância em uma classe de eventos. Classes de eventos podem ser revoluções, democracias, guerras, etc. Não são dados pela história, mas sim definidos pelos conceitos empregados (BENNETT & CHECKEL, 2015, p. 10).

Dentre as fontes primárias, destacam-se os documentos oficiais das organizações internacionais relevantes, especialmente do Grupo de Ação Financeira (GAFI), e aqueles referentes aos processos legislativos em estudo. Além daqueles amplamente disponíveis, buscou-se também, por meio de pedidos com base na Lei de Acesso à Informação, adquirir outros documentos que se mostrariam úteis à compreensão dos fenômenos e das dinâmicas em estudo.

Foram realizadas entrevistas com indivíduos envolvidos diretamente com os processos decisórios que se pretendeu estudar, entrevistas as quais foram guiadas pelas lições de Verena Alberti (2013). Inicialmente, esses indivíduos foram localizados de acordo com a sua colocação em cargos-chave na estrutura organizacional do Estado brasileiro. A partir de uma identificação prévia dos órgãos que tiveram maior participação no processo que gerou a Lei Antiterrorismo, buscaram-se aqueles atores que estiveram envolvidos diretamente com esse processo, cujo conhecimento poderia iluminar pontos que não haviam sido previamente analisados, ou publicamente expostos.

No planejamento das entrevistas, surgiram dois obstáculos: (i) em se tratando de processo político no mais alto nível da hierarquia dos poderes executivo e legislativo, não se mostrou possível alcançar autoridades cujo conhecimento e participação certamente teriam sido relevantes para a presente pesquisa e (ii) em função de terrorismo se tratar de tema sensível, considerado em alguns aspectos sigiloso, notou-se alguma recalcitrância por partes de alguns atores de se manifestar de maneira pública e aberta.

Esses obstáculos foram, na medida do possível, superados por meio da seleção de indivíduos que, apesar de não se encontrarem no topo da hierarquia do poder, participaram efetivamente dos processos em estudo e se demonstraram capazes de oferecer valiosas informações sobre eles. Dessa maneira, a grande maioria dos entrevistados ocupam ou ocupavam cargos no segundo escalão do poder executivo. Em relação ao Congresso Nacional, frente à dificuldade de entrevistar senadores envolvidos diretamente com o processo legislativo, buscaram-se assessores e consultores legislativos que também participaram daquele processo.

Ainda assim, reconhece-se que não foi possível alcançar todos os órgãos públicos que tiveram algum envolvimento nesse processo legislativo. Pretendeu-se suprir essas lacunas por meio de referências indiretas, busca de fontes alternativas e inferências com base em suas características e atuações históricas. Restam, portanto, diversos pontos a que estudos futuros podem se dedicar para complementar a narrativa que este trabalho procurou introduzir.

No que se refere à questão do sigilo, permitiu-se que os atores cuja preferência fosse manifestar-se de maneira integral ou parcialmente anônima, que assim o fizessem. Representam a grande minoria dentre as entrevistas realizadas e seus depoimentos foram devidamente contextualizados e contrapostos às outras entrevistas e demais fontes para que se auferisse sua veracidade. As informações que são derivadas das entrevistas anônimas estarão assim indicadas, com referência, ao menos, ao *locus* ocupado por esses atores na estrutura do poder e no processo político em análise.

As entrevistas foram temáticas em sua natureza e parcialmente estruturadas de acordo com roteiros específicos em função da participação e do conhecimento de cada um dos entrevistados. Uma minibiografia dos entrevistados encontra-se disponível no Apêndice. Os roteiros eram flexíveis para possibilitar que tópicos e referências não anteriormente conhecidos fossem explorados. Foram realizadas pessoalmente ou por telefone, gravadas e posteriormente transcritas[3].

O presente trabalho está estruturado da seguinte maneira:

O primeiro capítulo apresenta a base teórica que permeará o presente trabalho. Partindo da discussão sobre o campo de estudos da Segurança Internacional, aborda-se a Teoria da Securitização, com ênfase específica na sua explicação para o fenômeno da securitização do terrorismo, a partir do conceito de macrossecuritização. Igualmente relevante é a literatura sobre normas internacionais, especialmente aquela que trata da disseminação dessas normas. Atenção especial será conferida à análise do processo de localização, por meio do qual uma norma internacional pode ser efetivamente internalizada pelos Estados.

No segundo capítulo, pretende-se delinear o quadro normativo internacional de combate ao terrorismo. A partir de uma análise histórica, se percebe a evolução do papel das organizações internacionais nesse campo, com destaque para a Organização das Nações Unidas e para o Grupo de Ação Financeira. Menos conhecido e mais relevante para este trabalho, a atuação deste grupo será detalhada, especialmente no que se refere aos mecanismos de coerção a sua disposição para promover a implementação das normas que esposa. Terão, afinal, papel essencial no desencadeamento do processo legislativo que geraria a Lei Antiterrorismo. Por fim, uma breve discussão sobre ausência de consenso sobre a definição de terrorismo será apresentada com o propósito de se permitir a compreensão desta definição como campo de disputa social e política, não só internacionalmente, mas também no plano doméstico.

O terceiro capítulo tem como objetivo iniciar a discussão sobre o Brasil, apresentando um aspecto que teve a maior relevância durante os debates

---

3 As cartas de cessão sobre os direitos dos depoimentos orais produzidos encontram-se em posse do autor.

sobre a Lei Antiterrorismo: a preocupação com a possibilidade de ela ser utilizada como instrumento para criminalizar movimentos sociais. Dessa forma, pretende-se apresentar as experiências prévias que geraram essa preocupação, tanto no que se refere à ação de legisladores, quanto no que se refere à efetiva aplicação da lei pelos operadores do Direito, como autoridades policiais e judiciárias.

Já o quarto capítulo constitui a digressão histórica acerca das iniciativas anteriores para se produzir legislação sobre terrorismo no Brasil. Serão apresentadas as iniciativas realizadas no âmbito do Poder Executivo, assim como aquelas tiveram origem já no Congresso Nacional. Importante discussão sobre a presença de referências a terrorismo em legislações sobre lavagem de dinheiro e crime organizado também será realizada com o fito de estabelecer o cenário a partir do qual se daria a atuação do Grupo de Ação Financeira em relação ao país.

O quinto capítulo se inicia justamente abordando a relação entre o Brasil e o Grupo de Ação Financeira. Inicialmente, serão apresentadas as avaliações realizadas sobre o ordenamento nacional e, em seguida, os mecanismos por meio dos quais este organismo internacional exerceu pressão sobre autoridades governamentais brasileiras para que fosse adotada nova legislação sobre terrorismo. Busca-se apresentar como se desencadeou o processo de localização dessas normas internacionais sobre terrorismo. Pretende-se rastrear o processo decisório de forma a compreender e contextualizar as motivações que levaram a Presidente Dilma Rousseff a submeter o Projeto de Lei nº 2016/2015 ao Congresso Nacional. A elaboração desse projeto e o papel desempenhado pelo Ministério da Justiça e pelo Conselho de Controle de Atividades Financeiras serão também detalhados.

No sexto capítulo serão apresentados os diversos atores que tiveram papel de destaque nesse processo e suas preferências: de um lado movimentos sociais e organizações de defesa dos Direitos Humanos, compondo aquilo que se apelidará de 'oposição negativa', e de outro lado, órgãos públicos como o Ministério Público, a Polícia Federal, o Gabinete de Segurança Institucional e a Agência Brasileira de Inteligência e o Ministério da Defesa e as Forças Armadas, compondo a 'oposição afirmativa' ao PL 2016/2015.

Já no sétimo capítulo, será detalhada a tramitação desse projeto na Câmara dos Deputados e no Senado Federal, com destaque para a atuação destes diversos atores nesse processo legislativo. Por fim, será composta breve análise sobre os prospectos de aplicação da Lei Antiterrorismo, a partir da percepção dos atores cujo papel no processo legislativo se estudou.

Capítulo I. **SECURITIZAÇÃO E LOCALIZAÇÃO**

O objetivo desse capítulo é desenvolver o arcabouço teórico a partir do qual o restante do trabalho se fundamentará. Para isso, será feita uma breve revisão da literatura de Relações Internacionais no que se refere, principalmente, ao desenvolvimento da teoria da Securitização pela Escola de Copenhagen, com ênfase específica na securitização do terrorismo. Também serão foco de atenção os trabalhos desenvolvidos, sobretudo a partir de uma perspectiva construtivista, sobre o desenvolvimento e a disseminação de normas internacionais, com destaque para os estudos de Amitav Archayra (2004).

Essencial para a compreensão da discussão sobre terrorismo na agenda global e doméstica brasileira é o estudo do processo de ampliação da agenda de segurança que se deu a partir do final da Guerra Fria. Essa ampliação foi acompanhada e, em muitos sentidos, guiada pela contestação das teorias tradicionais que dominavam o debate sobre segurança internacional até os anos 90. Somente a partir desta contestação do que constituiria "segurança" e da subsequente elaboração da chamada Teoria da Securitização é que será possível compreender o processo de securitização pelo qual passou o tema do terrorismo no momento posterior aos atentados de 11 de setembro de 2001.

O processo de restrição da agenda de Estudos de Segurança durante o início da Guerra Fria, marcado pelo desenvolvimento das armas nucleares, é descrito por David Baldwin (1995) de maneira bastante detalhada. Baldwin afirma que uma agenda mais ampla de estudos foi restringida, a partir daquele período, a questões militares, controle de armamentos e guerras, em função da dinâmica de tensão entre as superpotências. A Guerra Fria teria militarizado, portanto, não só a política de segurança norte-americana, mas também o campo acadêmico de Segurança Internacional (BALDWIN, 1995, p. 223).

A partir da segunda metade da década de 80, conforme as tensões entre Estados Unidos e União Soviética se esvaneciam, a agenda tradicional de Segurança sofreu uma ampliação significativa. O declínio das questões político-militares abriu espaço para que outras problemáticas emergissem na agenda internacional e fossem enquadradas como problemas de segurança. O meio ambiente, a partir da percepção de uma progressiva degradação dos ecossistemas e do risco que isso representava para a humanidade, e a economia, com o desafio à hegemonia norte-americana representado pelo Japão e pela Europa e com os riscos da dependência em relação a fontes estrangeiras de petróleo, são algumas dessas questões (BUZAN, 1997, p. 6-8).

A ênfase militarista era compreensível durante a Guerra Fria. Todavia, o coletivo de problemas que ganha mais atenção após o seu fim, como degradação ambiental, violações de direitos humanos, subdesenvolvimento econômico, questões de identidade e crimes transnacionais não podia ser resolvido dentro daquela chave. Uma nova ênfase teórica se mostrou necessária para responder aos novos anseios da sociedade internacional (BALDWIN, 1995, p. 226).

A iniciativa de se ampliar a agenda de Segurança para além dos temas político-militares enfrentou resistência por parte de tradicionalistas. Argumentavam que essa ampliação ameaçava a coerência intelectual daquele conceito, tornando seu significado original nulo (WALT, 1991, p. 212). Um questionamento mais amplo, no entanto, foi colocado em face tanto dos tradicionalistas, quanto dos que pretendiam ampliar aquela agenda: a utilização da palavra 'segurança' representaria uma invocação para que o Estado se mobilize para resolver aquela questão – algo que pode ser indesejado e/ou contra produtivo. Além disso, elevaria 'segurança' ao nível de um bem universal que deve ser buscado, quando, na verdade, representa apenas a estabilização de um conflito, pela mobilização emergencial do Estado (BUZAN, 1997, p. 11).

Permeia esses questionamentos a compreensão de que o Estado não é tão central para essa nova agenda quanto o era anteriormente. Ele não é mais o objeto de referência exclusivo ou incorpora, em si, a ameaça mais significativa à segurança. As fontes de ameaça se diversificaram e, paralelamente, não se pode mais esperar que o Estado seja capaz de responder a todas elas (BUZAN, 1997, p. 12).

Assim, ao invés de simplesmente ampliar a agenda de segurança, passou-se a procurar compreender, entre outras coisas, a lógica da segurança, o que a torna distinta e especial e o processo de securitização.

> Ao invés de aceitar implicitamente o significado de "segurança" como dado e, então, tentar ampliar o seu alcance por que não examinar o conceito em si, analisando-o até seu núcleo? Isso significa mudar a tradição ao considerá-la seriamente, ao invés de desafiá-la de fora[4]. (WAEVER, 1995, p. 47)

Quem vai levar a frente esses questionamentos é a chamada Escola de Copenhagen. Barry Buzan e Ole Waever, entre outros, compõem esta escola de pensamento, assim nomeada justamente por trabalharem no Instituto de Pesquisa da Paz de Copenhagen.

---

[4] Todos os trechos originalmente em inglês, citados no corpo do texto deste trabalho, foram traduzidos para o português pelo autor livremente.

1.1. TEORIA DA SECURITIZAÇÃO

A pergunta inicial que se impõe, portanto, é: o que é segurança?

Waever (1995, p. 93) afirma que segurança pode ser considerada um 'ato de fala' e o próprio exercício de fala aqui é o que interessa, já que representa uma ação em si[5]. Ao falar em 'segurança', um ator transporta determinada matéria para um campo específico, invocando o direito de usar medidas excepcionais para lidar com ela.

Quando um assunto, afirma-se, pertence à agenda de segurança, depreende-se que ele representa uma ameaça existencial a um dado objeto de referência. Esse objeto de referência tradicional, mas não necessariamente, é o Estado. O caráter excepcional da ameaça à segurança ou à sobrevivência, a partir deste entendimento, justifica a utilização de medidas excepcionais para lidar com ela – assim, a invocação da segurança é necessária para legitimar o uso da força ou, mais genericamente, para que o Estado se mobilize ou assuma poderes especiais para lidar com ela (BUZAN et al., 1998, p. 21).

Securitização, por sua vez, é o movimento que leva uma determinada questão para além das regras tradicionais da política. É uma versão extrema de politização. Assim, sugere-se um espectro que vai desde a não-politização (quando o Estado não trata de um assunto e ele não está aberto ao debate público), passando pela politização (quando uma questão é parte da política pública e está aberta a debate, exigindo decisões governamentais e alocação pública de recursos), até a securitização[6]. Neste último cenário, a questão, apresentada como de segurança, representa uma ameaça existencial e requer medidas excepcionais, o que justifica ações fora dos limites tradicionais da política e fora do espaço de debate[7]. Na prática, algo é designado como uma questão de segurança internacional

---

[5] Linguagem, aqui, não é entendida como uma ferramenta transparente, capaz de registrar dados, como previsto pelos positivistas. É, na realidade, um campo para a prática social e política. Não há "objetivo" ou "verdadeiro significado", além das representações linguísticas que alguém pode utilizar (HENSEN, 2006, p. 16).

[6] Importante notar, todavia, que a securitização (e a politização) podem acontecer a despeito do Estado, em outros fóruns, como organizações internacionais, por exemplo (BUZAN et al., 1998, p. 24).

[7] Por exemplo, utilizando formas de comunicação secreta ou evitando a publicidade (que é a regra numa democracia) no processo de tomada de decisão, impondo taxas ou a conscrição, impondo limites em direitos e liberdades fundamentais, focando os recursos e energias de uma sociedade em determinada tarefa (BUZAN et al., 1998, p. 24).

porque é, argumenta-se, prioritário, devendo tomar precedência sobre outros assuntos (BUZAN et al., 1998, p. 23-24) e ter preferência sobre eles no processo de alocação de recursos (HENSEN, 2006, p. 30-31).

De acordo com a definição de Ole Waever e Barry Buzan:

Securitização é o processo discursivo por meio do qual uma compreensão intersubjetiva é construída dentro de uma comunidade política para tratar algo como uma ameaça existencial a um objeto de referência e possibilitar a requisição de medidas emergenciais e excepcionais para lidar com a ameaça (BUZAN & WAEVER, 2003, p. 491)

A securitização é uma prática autorreferencial, já que é por meio da prática de tratar aquele assunto como questão de segurança que ele se torna, de fato, isto, e não em função de existência de uma ameaça propriamente dita e objetivamente perceptível. É, na realidade, um processo intersubjetivo de estabelecimento da ameaça como crível e suficientemente grande para justificar as medidas pretendidas. O discurso securitizante é, portanto, apenas um passo para que aquele processo seja bem-sucedido; é essencial que a audiência daquele discurso seja convencida (BUZAN et al., 1998, p. 24-25).

É importante destacar o papel que 'condições facilitadoras' têm nesse processo de aceitação. O contexto histórico, político e social no qual se pretende empreender um discurso securitizante é fundamental na determinação do seu sucesso (MCDONALD, 2008, p. 571). Este contexto ajuda a explicar, também, porque um discurso tem sucesso e ressoa em relação a uma determinada audiência, mas não em relação à outra. E um elemento fundamental dele é o conceito de identidade[8].

O agente securitizador é aquele que produz o discurso e busca, de sua audiência, a autorização para utilizar-se de medidas excepcionais com o objetivo de defender o objeto de referência daquela ameaça existencial. A securitização bem-sucedida depende, assim, de três passos: o estabelecimento da ameaça como existencial, a adoção de medidas emergenciais e os efeitos nas relações internas, derivados da desconsideração das normas usuais da política. É fundamental a construção de um entendimento compartilhado a partir do 'ato de fala' que busca caracterizar a ameaça como existencial (BUZAN et al., 1998, p. 26).

A característica especial da securitização é uma estrutura retórica específica que emprega termos como 'sobrevivência' e 'urgência', entre outros,

---

[8] Definida como imagens de individualidade e unicidade possuídas e projetadas por um ator, construídas (e modificadas) ao longo do tempo por meio de relações com o "outro". No plano internacional, pode se dizer que Estados constroem e projetam identidades coletivas, a partir das quais operam (JAPPERSON et al., 1996, p. 54)

destacando a necessidade de se agir com rapidez. A questão é dramatizada ao máximo, utilizando-se com frequência, mas não necessariamente, o rótulo da 'segurança' (BUZAN, 1997, p. 14).

As condições para um ato de fala bem-sucedido podem ser divididas em duas categorias: (i) as internas, as regras linguísticas e gramaticais devem ser obedecidas – é importante que se siga o roteiro, que se construa uma narrativa coerente em volta de uma ameaça existencial e que se ofereça uma possível solução e (ii) as externas, baseadas em elementos contextuais e sociais – a pessoa que realiza o ato deve estar em uma posição (de autoridade) a partir da qual aquele ato possa, de fato, ser realizado e a ameaça terá mais chance de ser reconhecida pela audiência se fizer referência a certos objetos que são considerados genericamente ameaçadores, como exércitos, sentimentos hostis e desastres ambientais (BUZAN et al., 1998, p. 32-33).

Mais algumas palavras são devidas sobre os elementos que compõe o processo de securitização. Os objetos de referência são coletividades ameaçadas, cuja proteção justifica as medidas excepcionais a serem tomadas. Quando se analisa a escala de possíveis objetos de referência, nota-se que é o nível médio, do Estado e da Nação, o mais frequentemente acionado, em comparação com o nível sistêmico (como, por exemplo, a humanidade) e com o nível micro (indivíduos, pequenos grupos e empresas). Parte da explicação se deve ao fato de que coletividades limitadas, como os Estados, se engajam em rivalidades com outras coletividades, reforçando suas identidades e ampliando a necessidade de se protegê-las frente a ameaças (BUZAN et al., 1998, p. 36-37).

A Escola de Copenhagen tem uma agenda de *dessecuritização*[9], ou seja, os autores que a compõem, em sua maioria, percebem a securitização como um processo negativo que silencia debates ao invés de promovê-los. Apesar de a securitização poder ser considerada, de um lado, como a intensificação da politização, já que exige uma maior atuação do Estado, é também oposta àquela. Enquanto politização significa trazer um assunto para o debate, expô-lo como uma questão a ser decidida, securitização significa removê-lo da arena do debate – afinal ele é tão urgente que não deveria ser submetido ao laborioso processo da política, mas sim resolvido, de forma ágil e decisiva, pelos líderes. Assim, 'segurança nacional'

9 Definida por Buzan e Weaver (2003, p. 489) como "o processo pelo qual uma comunidade política deixa de tratar algo como uma ameaça existencial a um objeto de referência e deixa de exigir medidas urgentes ou excepcionais para lidar com aquela ameaça. Esse processo pode ser diretamente discursivo ao se lidar com a definição da situação ou indiretamente pela mudança de orientação para outros assuntos, o que reduz a atenção relativa dado ao assunto previamente securitizado".

é frequentemente invocada para calar opositores e empoderar lideranças (BUZAN et al., 1998, p. 29).

Outras consequências negativas são apontadas: a securitização excessiva acaba por sufocar a sociedade civil, criar um Estado agressivo e intrusivo, prejudicar a economia e maximizar a intensidade do dilema de segurança[10] entre aquela coletividade e seus vizinhos que não compartilham o projeto ideológico. Buzan (1997, p. 21) chega a afirmar que "securitização excessiva produz o equivalente internacional do autismo e da paranoia".

Para a Escola de Copenhagen, a agenda de segurança deve ser vista como negativa, como o fracasso em lidar com assuntos pela via política tradicional. A dessecuritização torna possível trazer a temática para a esfera pública tradicional, removendo-a da matriz ameaça-defesa. A securitização é uma opção viável e apresenta vantagens comparativas, como a capacidade de mobilizar recursos, dos mais variados tipos, rapidamente. Todavia, deve sempre ser percebida como uma escolha política, não como um processo inevitável (BUZAN et al., 1998, p. 29). Essa escolha precisaria, portanto, ser justificada com base na sua validade intrínseca e nas consequências posteriores (BUZAN, 1997, p. 24).

Quando um problema é securitizado tende-se a introduzir determinadas soluções específicas para lidar com ele, principalmente, soluções militares e centradas no Estado (WAEVER, 1995, p. 101). A securitização do terrorismo fez com que esse problema fosse apresentado dentro da chave repressão-militar. Ficaram de lado as preocupações com as chamadas "causas do terrorismo", como desigualdade econômica, pobreza e conflitos identitários, os quais, por sua vez, exigiriam soluções não-militares.

1.2. SECURITIZANDO O TERRORISMO

Os atentados terroristas de 11 de setembro de 2001 contra o World Trade Center, o Pentágono e o Voo 193, nos EUA, constituem um momento formativo na política internacional a partir do qual foi desenvolvido o processo de securitização do terrorismo que moldaria início do Século XXI. É a partir dessa linha de argumentação que se desenvolverá, no presente trabalho, uma análise dos esforços internacionais de combate ao terrorismo e seus impactos para o Brasil.

---

10 É entendido como a noção estrutural de acordo com a qual Estados buscam adquirir mais poder em resposta a um temor pela sua segurança, gerando, independente de intenções, um aumento na insegurança dos vizinhos que, por sua vez, buscarão também aumentar suas capacidades. Enquanto um Estado percebe suas ações como defensivas, os demais a percebem como ofensivas (HERZ, 1950, p. 157).

É importante, inicialmente, considerar alguns aspectos daqueles atentados que podem ser considerados responsáveis pelo (bem-sucedido) processo de securitização dessa questão, liderado pelos Estados Unidos. Afinal, atentados terroristas não eram sem precedente, mesmo contra o território dos Estados Unidos. Em 1993, foi realizado um ataque contra a Torre Norte do World Trade Center, matando seis pessoas e ferindo centenas de outras. Morten Kelstrup (2004, p. 110) elenca alguns desses aspectos: (i) o número, sem precedentes para períodos de paz, de vítimas, (ii) o caráter suicida do ataque, (iii) os meios empregados para tomar controle dos aviões eram simples e a utilização de aviões civis como mísseis e (iv) o aspecto eminentemente civil dos ataques.

A noção de risco, aqui, merece maior destaque. Para Ulrich Beck (2009, p. 4), risco é um conceito moderno que pode ser definido como o esquema perceptivo e cognitivo a partir do qual uma sociedade se mobiliza quando confrontada com as incertezas e problemas de um futuro criado por ela própria. Moderno porque essa sociedade não é mais definida pela religião, pela crença em um poder superior da natureza ou no poder redentor das utopias. Risco presume um nível de controle, ao menos uma tentativa de se calcular o futuro (BECK, 2002, p. 40).

Assim, Beck, vai além do conceito de sociedade de risco[11], desenvolvendo o conceito de uma sociedade mundial de risco. É uma era da civilização em que as decisões que afetam as vidas da atual e das futuras gerações são tomadas com base na falta de conhecimento. O poder e as características que deveriam criar segurança e certeza simultaneamente determinam a completa impossibilidade de se controlar e ter certeza de tudo (BECK, 2005, p. 103). Tratando de questões como problemas ambientais graves, doenças e tragédias naturais, crises econômicas globais e a ameaça terrorista, Beck (2002, p. 41) ressalta que não é o aumento dos perigos da vida cotidiana que gera essa transformação, mas a falta de limites espaciais (ignoram fronteiras), temporais (tem efeito no longo prazo) e sociais (dificuldade de determinar quem causa, já que são resultados da ação coletiva de diversos indivíduos).

O risco do terrorismo é representado como infinito, consequência não só da incerteza sobre sua manifestação, como também da possibilidade de vir a causar danos graves e irreparáveis, catástrofes. Em face da impossibilidade de se aceitar esse risco, governos se encaminham para uma política de risco zero – a simples redução de riscos não é mais aceitável em face das potenciais consequências catastróficas de um atentado terrorista.

---

11 Para referência, a sociedade de risco é entendida como a forma sistemática de lidar com perigos e inseguranças, introduzida pela modernidade (BECK, 1992, p. 21).

Assim, ascende a precaução[12] como elemento central no governo desse problema (ARADAU & VAN MUNSTER, 2007, p. 95-98).

Essa precaução assume aspectos drásticos, conforme governantes autorizam todo um espectro de ações excepcionais ativadas pelo risco. Entre elas, destacam-se as detenções ilegais de duração indefinidas, os ataques militares preemptivos e a prática de tortura em interrogatórios. Outras ações, menos chocantes, são igualmente acionadas: por exemplo, em face da incerteza, se faz necessário monitorar a todos e, assim, são estabelecidos mecanismos de fiscalização universal (ARADAU & VAN MUNSER, 2007, p. 98-100).

Os atentados e o perigo futuro que eles representavam, substanciado numa rede global e globalizada de terroristas, foram articulados, por meio de atos de fala[13], por importantes atores securitizadores, dentre os quais se destacam os líderes norte-americanos, como ameaças que justificavam o emprego dessas ações extraordinárias. A ameaça representada por essas redes, a partir dos atentados de 11 de setembro de 2001, "empoderou governos e Estados" (BECK, 2002, p. 41).

Dessa maneira, os próprios Estados têm um papel fundamental na formação das identidades dos grupos terroristas, inclusive a partir do estabelecimento de definições para terrorismo, como se discutirá no capítulo II. Identidades, lembra-se, são mutuamente constituídas pela oposição entre o 'eu' e o 'outro'. O estabelecimento de políticas e normas especificamente direcionadas à sua contenção e eliminação depende de uma caracterização prévia desses grupos como ameaças não-territoriais. O gerenciamento do risco gerado por essas ameaças é um papel a ser assumido pelos Estados, de modo geral, e pelas grandes potências especificamente (LASMAR, 2015, p. 397).

A partir dessa articulação, bem-sucedida já que foi aceita pela audiência relevante[14] – a sociedade internacional –, buscou-se legitimar a chamada

---

12 Diferente da prudência, a precaução reconhece o nível de incerteza científica e causal (ARADAU & VAN MUNSTER, 2007, p. 98).

13 Hobsbawm (2007, p. 149) também reconhece o papel da retórica na criação de um ambiente de medo e insegurança.

14 Nota-se, no entanto, que alguns atores, como Rússia, China, Índia e Israel, teriam aceito essa articulação com objetivo de se aproveitar da legitimidade associada às medidas de combate ao terrorismo para enfrentar problemas domésticos (BUZAN & WAEVER, 2009, p. 266). Em atendimento a essa "demanda", os parâmetros da imagem de terrorista, promovia pelo governo norte-americano, teriam sido suficientemente expandidos para ser plausivelmente relacionados a organizações terroristas africanas e asiáticas (BECK, 2002, p. 45).

'Guerra contra o Terror', em todas as suas vertentes. Interessante notar que o objeto referencial que pretendia-se proteger encontrava-se mais próximo do nível sistêmico – era a humanidade e a civilização (juntamente com os valores associados da democracia, da liberdade, do mercado e dos direitos humanos) que precisavam ser protegidas contra a ameaça terrorista transnacional[15]. É como se fosse um ataque alienígena, capaz de unir toda a humanidade, em perigo, contra essa ameaça (BECK, 2002, p. 46).

A articulação da ameaça como transnacional é essencial para que seja aceito aquele objeto referencial. É a transnacionalidade do risco que faz a cooperação indispensável para a sua minimização – e a percepção de uma crescente porosidade das fronteiras nacionais colabora para isso. Argumenta-se, portanto, que esta ameaça seria capaz de transpor fronteiras com ainda mais facilidade do que as forças militares tradicionais. O fato de que o terrorismo afeta diferentes regiões de diferentes maneiras é deixado de lado. Nesse momento, o que importa é que problemas globais demandam soluções globais e a cooperação global – assim, se legitima o desenvolvimento de novos regimes globais e a intervenção contra aqueles que não 'fazem a sua parte' na luta contra o terrorismo (BECK, 2002, p. 42).

Afinal, a corrente global de ação contra o terrorismo é tão forte quanto o seu elo mais fraco. Basta, nessa lógica, que apenas um Estado não coopere para que ele se torne refúgio para grupos terroristas, que podem lançar seus ataques contra o resto do globo. Para evitar a configuração dessa situação, instrumentos diversos de intrusão podem ser manejados, desde intervenções militares até sanções econômicas e diplomáticas.

Dessa forma, os agentes securitizantes exigem que todos os Estados tenham capacidade para manejar algumas daquelas ações extremas ativadas pela necessidade de risco zero. A fiscalização de atividade financeiras, por exemplo, com objetivo de combater o financiamento de grupos terroristas segue essa lógica. A lógica da criação do regime internacional de combate ao terrorismo, que será explorada no presente trabalho, é aumentar a capacidade de todos os Estados para que possam tomar aquelas ações consideradas essenciais para a eliminação do risco. Não se consideram, no entanto, nem os riscos (ameaça aos mesmos valores que se pretende defender, como liberdade e privacidade), nem os custos principalmente financeiros para que os países se adaptem a esse nível de exigência. No mais, essas ações frequentemente têm resultados contraproducentes, eis que o excesso de

---

15 De acordo com essa formulação, 99,99% da população mundial encontrava-se ameaçada pelo 0,01% representado pelos grupos terroristas internacionais (BUZAN & WAEVER, 2009, p. 264).

fiscalização produz uma quantidade excessiva de informação, a qual não se consegue analisar (ARADAU & VON MUNSTER, 2007, p. 100-102).

Quem define quem é terrorista não são juízes ou cortes internacionais, mas os governos poderosos. A imagem dos terroristas é desterritorializada, desnacionalizada e a ameaça que eles representam é, conscientemente, exagerada: eles estão por todos os lados e podem atacar a qualquer momento (BECK, 2002, p. 44). A construção narrativa desta ameaça e, portanto, das medidas necessárias para combatê-la seleciona os fatos e argumentos que lhe favorecem e ignora os demais.

A retórica da ameaça transnacional representada pelos grupos terroristas superdimensiona o seu real potencial destrutivo. A ameaça à existência e à sobrevivência dos Estados é construída pelo discurso. Não é produto da realidade prática. Essa retórica serve, no entanto, para confirmar a necessidade de novas normas de segurança, nesse ambiente fluído e incerto (LASMAR, 2015, p. 400). As tentativas de combater essa narrativa, como a de Eric Hobsbawm[16] e a de Charles Tilly[17] fracassam porque não resistem à investida conjunta representada pelas práticas discursivas e normativas já mencionadas. Servem, no entanto, para inspirar formas de resistência que se manifestam tanto em debates internacionais, quanto no cenário político doméstico.

O processo de se falar em ameaças à humanidade ou à civilização e de se buscar respostas globais implica na construção de uma 'comunidade mundial' com uma identidade própria (e forte) que merece ser protegida. Kelstrup (2004, p. 113-114) vai sinalizar que a securitização do terrorismo pós-2001 pode ser entendida como uma nova estratégia não só de segurança, mas como uma estratégia a partir da qual a governança global poderá se articular. Por meio dela, uma superpotência pode promover a legitimidade de um conjunto de normas e regras aplicáveis a todo o globo – ainda que ela própria se abstenha constantemente de cumpri-las, como demonstrado por ímpetos unilaterais.

---

[16] "Contudo, são irrisórios os perigos reais para a estabilidade do mundo, ou para qualquer país estável, que decorrem das atividades terroristas pan-islâmicas contra as quais os Estados Unidos proclamaram sua guerra global, ou mesmo, da soma de todos os movimentos terroristas que atuam hoje, qualquer que seja o lugar. Embora eles matem muito mais gente do que seus predecessores – mas muito menos do que os Estados –, o risco de vida que causam é mínimo do ponto de vista estatístico. E, do ponto de vista da agressão militar, eles praticamente não contam" (HOBSBAWM, 2007, p. 46).

[17] O autor aponta que a Al Qaeda não se compara ao Banco Mundial e que a repetição de ataques nos moldes de 11 de setembro não é provável em função da grande necessidade de financiamento e treinamento (TILLY apud ARADAU & VON MUNSTER, 2007, p. 112).

A ameaça é de tal forma construída que gerenciar o risco global do terrorismo se torna tarefa que exige capacidades militares amplas e maior flexibilidade de ação. Justificam-se, assim, os amplos investimentos nas Forças Armadas norte-americanas e suas ações unilaterais. Jorge Lasmar (2015, p. 410) afirma que "a Guerra contra o Terror permite que os EUA adotem um papel de liderança porque apenas a superpotência tem a capacidade para globalmente gerenciar o terrorismo transnacional".

De fato, Buzan (2006, p. 1101) reconhece um déficit de ameaça, para os Estados Unidos, decorrente do fim da Guerra Fria que poderia ser suprido pelo terrorismo internacional. Nesse sentido, a construção de uma guerra global contra o terrorismo representa muito mais do que os esforços para combater uma ameaça específica. Ela possibilita, justificando e legitimando, a manutenção da primazia norte-americana, tanto para o público doméstico quanto para o restante do globo.

Loretta Napoleoni (2010, p. 22, 31-32), nessa mesma linha, argumenta que o governo Bush teria se aproveitado da oportunidade oferecida pelos atentados de 11 de setembro para lançar uma agenda de política externa expansionista, elaborada anos antes. Com base na ideologia neoconservadora, pretendia-se estabelecer uma política externa agressiva e unilateral, buscando assegurar a hegemonia norte-americana no globo. Os ataques de 2001 teriam servido de justificativa para se efetivar essa política, que se tornou vendável, assim, para audiências diversas. O argumento de Napoleoni é que aspectos efetivamente relevantes para o combate ao terrorismo e, mais especificamente, à Al Qaeda, teriam sido deixados de lado em face daquele objetivo maior.

Nesse mesmo sentido, Jorge Lasmar (2015, p. 405) afirma que:

> A Guerra contra o Terror é explicitamente desenhada para projetar e legitimar um papel específico dos Estados Unidos. Comunica que os EUA estão unicamente investidos com poder que lhes permite a agir como a única superpotência do sistema internacional. Em outras palavras, a Guerra contra o Terror não só permite que os EUA se demonstre superior às outras potências da sociedade internacional, mas também que crie um novo conjunto de expectativas [...]. A Guerra contra o Terror é a tentativa mais explícita e organizada da superpotência para consolidar e perpetuar um entendimento social particular sobre a unipolaridade.

Como o objetivo dessa guerra – a derrota do terrorismo transnacional – é inoperável e inatingível, a pretensão de uma justificativa para a hegemonia norte-americana não tem prazo de validade. Em função da imprevisibilidade e da mutabilidade que pode ser assumida pela ameaça, este objetivo se torna suficientemente flexível para ser prolongado ao longo do tempo (LASMAR, 2015, p. 410).

O desenvolvimento, mais recente, do conceito de macrossecuritização (BUZAN & WAEVER, 2009) ajuda a explicar de forma mais clara esses processos. Esse conceito vem preencher o que os autores identificam como uma lacuna entre o nível médio e o nível sistêmico, se referindo a religiões 'universais', ideologias políticas de amplo alcance ou identidades civilizacionais, por exemplo. O maior exemplo de macrossecuritização é o da Guerra Fria, quando outras securitizações foram subordinadas àquela, em uma rígida hierarquia.

Buzan e Waever (2009, p. 257) identificam a securitização associada à Guerra contra o Terror como uma macrossecuritização nesses moldes, ainda que eminentemente diferente:

> O contraste com a Guerra Fria é chocante [...]. A securitização pós-11 de setembro não se foca nem uma superpotência alternativa, nem em uma ideologia alternativa, mas no poder de produzir caos de algumas minorias amarguradas, juntamente com um punhado de governos párias e sua habilidade de explorar a abertura, a tecnologia e, em alguns locais, a desigualdade, a injustiça e os Estados em falência produzidos pelo sistema político-econômico ocidental (BUZAN, 2004, p. 175).

Embora a Guerra ao Terror não imponha um caráter hierárquico tão intenso (ou tenha prospectos de duração tão longa quanto à da Guerra Fria, de acordo com o prognóstico dos autores[18]), ela, semelhantemente, agrupa diversas outras securitizações de nível médio, elevando-as. Em relação à Guerra contra o Terror, a ameaça não é uma ideologia oposta ou religião diferente[19], mas um pequeno número de indivíduos organizados em grupos terroristas internacionais. Nesses termos, opõe a imensa maioria da população e um ínfimo número de indivíduos; Estados e agentes não-estatais; ordem e caos.

É notável a diferença entre a securitização em relação ao terrorismo e aquela construída em relação às drogas. Enquanto a Guerra às Drogas, ainda que relativamente bem-sucedida, encontra-se restrita geográfica

---

[18] "A durabilidade da Guerra ao Terror como macrossecuritização é questionável. Apesar dos resultados desses fatores [ocorrência de novos ataques; comprometimento dos EUA com a securitização; legitimidade dos EUA; emergência de novas securitizações] não serem previsíveis, essa securitização é vulnerável em relação a todos eles. Tudo teria que dar certo para que a Guerra ao Terror herdasse o posto da Guerra Fria" (BUZAN, 2006, p. 1115).

[19] Para reforçar esse ponto foi significativo o esforço de líderes ocidentais em deixar claro que o inimigo nessa guerra não era o Islamismo. Tal formulação, nos moldes do 'Choque de Civilizações' de Huntington, teria sido atrativa para muitos em ambos os lados, especialmente para a Al Qaeda, que se coloca como defensora do Islamismo. Era, todavia, importante diferenciar e isolar radicais terroristas inspirados em compreensões extremas do Islamismo (BUZAN & WAEVER, 2009, p. 273).

e tematicamente, a Guerra contra o Terror faz uso de uma estrutura de referência suficientemente ampla, a partir da qual todos ou quase todos os problemas de segurança podem ser interpretados. Isso se deve a certa vagueza tanto na forma como a ameaça é descrita quanto na maneira como é estabelecido o nexo causal entre as medidas propostas para combater o terrorismo e as ameaças de fato (BUZAN & WAEVER, 2009, p. 265-266).

O sucesso da macrossecuritização do terrorismo pode ser evidenciado pelo fato de que a conexão de qualquer elemento àquele problema, como, por exemplo, fluxos financeiros ou extremismo religioso é suficiente para transformá-lo em problema de segurança. O terrorismo transformou-se numa palavra-chave, capaz de mobilizar esforços e legitimar medidas excepcionais. A forma como agrupou e tornou-se referencial principal para as securitizações das drogas ('Guerra às Drogas'), do crime transnacional e das armas de destruição em massa também denota esse sucesso. (BUZAN, 2006, p. 1104; BUZAN & WAEVER, 2009, p. 257, 267).

Existem muitas vantagens para o estabelecimento de macrossecuritizações bem-sucedidas, conforme Buzan e Waever (2009, p. 268) destacam: "pode definir, demonstrar e legitimar liderança. Pode apoiar reivindicações de direitos especiais e de excepcionalismo. Pode facilitar o estabelecimento e manutenção de alianças. Pode ajudar a demarcar zonas de influência e fronteiras de contenção". Os autores assinalam que a securitização do terrorismo teria sido capaz de restabelecer a primazia do âmbito militar, criando uma disposição para intervenções contra as ameaças sinalizadas pelo Presidente George W. Bush, notadamente, o 'Eixo do Mal' (BUZAN & WAEVER, 2009, p. 273).

Uma forma de melhor compreender a construção da securitização em volta da questão do terrorismo internacional é analisar uma possível alternativa. Buzan (2006, p. 1117-1118) ensaia tal esforço a partir da sóbria análise de que talvez os terroristas não possam ser derrotados de maneira definitiva – como se determinou ser o objetivo da 'Guerra contra o Terror'. Assim, seria necessária tal mobilização permanente do Estado, empregando medidas excepcionais rotineiramente, que os valores e práticas liberais, que se pretende proteger, acabariam sendo corroídos. Nesse caso, os custos incorridos não compensariam os benefícios alcançáveis.

Uma melhor saída, nesse caso, seria tratar o terrorismo como parte da política normal, a partir de um processo de dessecuritização. Embora isso exija certa tolerância em relação a danos e mortes, provocados por eventuais ataques, há sinais de que isso seja possível, ainda que improvável. Isso não significaria, todavia, deixar de lidar com o problema: a possibilidade sugerida é que a resposta ao terrorismo seja construída em termos de criminalidade e não de guerra (BUZAN, 2008, p. 560).

De fato, até 11 de Setembro de 2001, terrorismo era visto como um crime com motivações políticas; uma ameaça à lei e à ordem, mas não à segurança nacional (NAPOLEONI, 2010, p. 31). Dessa maneira, eram empregados os recursos tradicionalmente associados ao combate da criminalidade mesmo no caso de atentados terroristas de grande repercussão, como o ataque contra o World Trade Center, em 1993, e o atentado em Oklahoma City, em 1995 (GLENNON, 2008, p. 92). É possível, portanto, delinear dois paradigmas para o tratamento do terrorismo: crime e guerra.

No paradigma 'crime', são aplicáveis as normas de Direito Penal domésticas. A polícia é responsável pelo enfrentamento do fenômeno e o fim buscado é a prisão do acusado, normalmente um indivíduo. Já no paradigma 'guerra', são aplicáveis as normas de Direito Internacional, às forças armadas é conferida a responsabilidade pela repressão dessa ameaça e a solução pretendida é a vitória total, que se manifesta pela destruição de vidas e propriedade (GLENNON, 2008, p. 93-94). Esses dois paradigmas não são autocontidos e existe, na maioria dos casos, alguma sobreposição entre eles.

Entretanto, é corrente se afirmar que países europeus se associam ao paradigma 'crime', enquanto os EUA, ao paradigma 'guerra'. A associação a um contexto de conflito legitima a aplicação de medidas excepcionais não associadas diretamente ao campo de batalha literal, como, por exemplo, programas de escutas telefônicas não-autorizadas pelo Judiciário, mecanismos de congelamento de bens e restrições à liberdade de expressão. Robert Wagstaff (2014, p. 219) sinaliza claramente qual era a intenção dos governantes: "pela menção reiterada a um estado de guerra e à iminência de um novo ataque, o governo Bush criou um clima de medo retroalimentado, no qual poderia fazer o que quisesse impunemente".

A discussão sobre que medidas são ou não necessárias e, portanto, legítimas no contexto do combate ao terrorismo desempenhou papel importante no processo legislativo que gerou a Lei Antiterrorismo. Nesse sentido, se delineiam duas posições que se identificam, ainda que indiretamente, com atores securitizantes e a agenda de dessecuritização, respectivamente: (i) aqueles que acreditam que a excepcionalidade da ameaça terrorista – sua capacidade destrutiva, aleatoriedade, etc. – justifica a necessidade dessas medidas (MAJORAN, 2014); e (ii) aqueles enxergam a ameaça aos direitos e liberdades fundamentais representada por essas medidas e preferem a adoção do paradigma 'crime' com todas as restrições associadas a ele[20] (WAGSTAFF, 2014).

Ainda sobre as medidas excepcionais que se pretendia justificar, especificamente no caso do terrorismo, elas são das mais diversas naturezas. Algumas eram medidas a serem adotadas no âmbito doméstico, pelos Estados, como, além daquelas mencionadas, a expansão das capacidades de vigilância e coleta de dados, o estabelecimento de tribunais militares e a criação de instalações específicas para detenção e interrogação de acusados de terrorismo. Outras eram medidas a serem tomadas no plano internacional, como as invasões no Afeganistão e no Iraque.

O excepcionalismo pode se referir tanto ao conteúdo dessas medidas quanto ao procedimento pelo qual elas foram criadas. Por exemplo, se usualmente uma medida seria objeto de legislação ordinária, mas, em virtude da urgência e do risco decorrentes do terrorismo, ela foi implementada diretamente pelo chefe do poder executivo, sem consulta ao poder legislativo, trata-se de medida excepcional, independente do conteúdo veiculado. No Direito Internacional, o processo de produção normativa usualmente depende do consentimento dos Estados, para que estes se vejam vinculados à norma adotada. Se essa vinculação passa a existir, na prática, sem que o Estado manifeste seu consentimento, trata-se também de medida excepcional.

Para os propósitos do presente trabalho, o foco será nas medidas relacionadas ao estabelecimento e ao fortalecimento de um regime internacional de combate ao terrorismo. Isso porque é a necessidade de adequação àquele regime, pela adoção de novas legislações, que desencadeará o processo legislativo que originou a Lei Antiterrorismo. O alcance do excepcionalismo das normas implementadas, a partir do processo de securitização, e a maneira como elas se disseminaram representam pontos fundamentais do presente estudo. Afinal, o discurso da securitização será articulado por alguns dos atores cuja atuação no processo legislativo em estudo será determinante.

---

20 Na prática, um exemplo interessante do esforço realizado para alterar uma série de medidas excepcionais adotadas pelo Reino Unido é o relatório *From 'War' to Law*, da organização *Liberty* (*The National Council for Civil Liberties*) disponível em: <https://www.liberty-human-rights.org.uk/sites/default/files/from-war-to-law-final-pdf-with-bookmarks.pdf>. Acesso em 01 fev. 2017.

1.3. LOCALIZAÇÃO DE NORMAS INTERNACIONAIS

A literatura de Relações Internacionais sobre normas[21] e sua disseminação no plano internacional será especialmente valiosa para esse trabalho, na medida em que se busca compreender como determinadas normas, criadas para combater o terrorismo internacional, se disseminaram, qual foi o seu impacto no Brasil, quais são as condições para a sua internalização no país, entre outras questões.

A discussão sobre o impacto de ideias e normas na política internacional segue a ascensão do Construtivismo nas Relações Internacionais. Tem como pressuposto que tantos fatores ideacionais quanto materiais precisam ser analisados, conjuntamente, para que o comportamento de Estados e demais atores seja compreendido. Para construtivistas, são as ideias e os processos comunicativos que determinam quais os fatores materiais relevantes e como eles influenciam interesses, preferências e decisões políticas. Afirmam que

> Os fatores e condições materiais ganham relevância por meio de processos cognitivos e comunicativos, "a batalha de ideias", onde os atores atuam para determinar suas identidades e preferências e para desenvolver entendimentos coletivos sobre as situações em que se encontram e sobre os valores morais e normas que guiam suas interações (RISSE & SIKKINK, 1999, p. 7).

As normas desempenham um papel fundamental na definição das identidades e das preferências dos atores. É fundamental a compreensão do processo por meio do qual ideias tidas por determinados indivíduos se tornam normas, no sentido de entendimentos coletivos sobre comportamento apropriado, levando à transformação de identidades, interesses e comportamentos. Afinal, "normas influenciam mudanças políticas por meio de um processo de socialização que combina interesses instrumentais, pressões materiais, argumentação, persuasão, institucionalização e *habitualization*" (RISSE & SIKKINK, 1999, p. 37).

Inicialmente, vale mencionar a tradicional compreensão do processo de evolução de uma norma no plano internacional. Ele seria composto por três estágios: emergência da norma; *norm cascade*; internalização. O primeiro estágio é caracterizado pela ação dos empreendedores normativos, aqueles que estão promovendo a norma e são os principais interessados, a princípio, no seu desenvolvimento. Em seguida, busca-se expandir o círculo de adesão à norma, por uma série de instrumentos, como a pressão para se conformar e a busca por legitimidade. Por fim,

---

[21] Definidas como "padrão de comportamento adequado para atores com uma dada identidade". Para uma discussão sobre essa definição, cf. Finnemore e Sikkink, 1998.

ocorre a internalização[22], quando as normas se tornam amplamente aceitas (FINNEMORE & SIKKINK, 1998, p. 895).

O desenvolvimento de novas normas não ocorre dentro de um vazio normativo. Pelo contrário, novas normas emergem em um ambiente extremamente competitivo onde vigem outras normas e percepções de interesse. Portanto, para promover uma nova norma, será necessário, frequentemente, atacar uma norma preexistente, afirmando-se, por exemplo, que ela deixou de ser apropriada naquele ambiente (FINNEMORE & SIKKINK, 1998, p. 897).

O processo de adoção de novas normas pelos Estados não será, na maioria dos casos, simples e direto, com a substituição das normas preexistentes pelas novas. Para estudar como se dá esse processo e em que condições ele se desenvolverá, Amitav Archarya desenvolveu o conceito de *localização* (2004, p. 245), que pode ser definido como "a construção ativa, por meio do discurso, seleção cultural, *grafting*[23] e *framing*[24], de ideias estrangeiras, por atores locais, resultando naquelas ideias desenvolvendo e assumindo significativa congruência com as crenças e práticas locais". O processo de localização é mais amplo do que uma simples reinterpretação da norma global. Refere-se a um processo de verdadeira reconstituição da norma estrangeira para fazê-la congruente à ordem normativa local, processo no qual os atores locais desempenham um papel muito mais importante que os estrangeiros.

Antes, Archarya (2004, p. 247) diferencia localização de substituição[25]. A substituição de normas locais por normas estrangeiras ocorre quando existem amplos e profundos questionamentos internos em relação às

---

22 Essa internalização não se refere ao processo pelo qual uma norma internacional passa a viger no ordenamento doméstico daquele Estado, mas sim a um processo cognitivo interno dos atores, sejam Estados, sejam pessoas. Após internalizada, a norma passa a ser considerada um ponto de partida, ela não é mais questionada.

23 É a tática por meio da qual os proponentes de uma norma buscam institucionalizá-la ao associá-la com uma norma preexistente na mesma área temática, a qual traz conteúdo semelhante. Assim como *framing, grafting* é um ato de representação ou reinterpretação, frequentemente executado por atores externos (ARCHARYA, 2004, p. 244).

24 É o mecanismo por meio do qual as ligações entre as normas existentes e as normas emergentes, que, frequentemente, não são óbvias, são construídas pelos proponentes das novas normas. Estes atores destacam e criam questões por meio de linguagem que nomeia, interpreta e dramatiza-as. Bem-sucedido, *framing* pode fazer uma norma global parecer local (ARCHARYA, 2004, p. 243-244).

25 No inglês, *norm displacement* (ARCHARYA, 2004, p. 247).

normas locais, por terem perdido sua base moral ou não serem mais adequadas para cumprir seu objetivo inicial. Ela não acontecerá, todavia, quando a norma local possuir uma reivindicação identitária forte. A localização ocorrerá quando os atores locais compreenderem que suas crenças e práticas são simplesmente inadequadas, podendo se beneficiar de uma infusão de novas ideias (estrangeiras), a serem adaptadas.

Em resumo, Archarya (2004, p. 253-254) sugere três possíveis respostas locais à emergência de novas normas estrangeiras, como indicado na figura abaixo: (i) resistência, quando há fracasso na disseminação da norma e o modelo institucional-normativo preexistente continua em vigor; (ii) localização, quando a norma preexistente é substancialmente alterada, novas tarefas são estabelecidas e novos instrumentos criados – a hierarquia normativa não sofre alteração; (iii) substituição da norma, quando a norma preexistente é removida, em favor da norma estrangeira, e uma nova hierarquia emerge. É possível que, progressivamente, a localização evolua para a substituição da norma, conforme atores locais se tornem mais familiarizados com novas ideias e instrumentos.

Figura 1 - Disseminação de normas (ARCHARYA, 2004, p. 254)

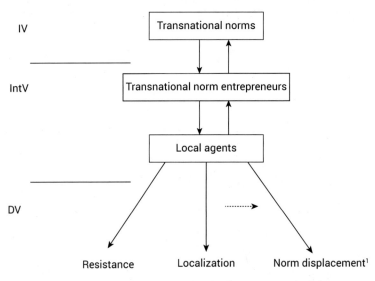

Na realidade, Archarya (2004, p. 239) afirma que a localização, e não a resistência ou a aceitação (ensejando substituição) absolutas, corresponde à forma em que casos de contestação de normas são resolvidos com maior frequência.

Alguns fatores podem ser apontados no sentido de representarem forças que exigem novas normas, como crises econômicas ou de segurança, mudanças na distribuição de poder no sistema internacional e até mesmo transformações domésticas. No cenário do presente estudo, é fácil compreender que a demanda por novas normas de combate ao terrorismo internacional surgiu a partir de um atentado de grandes proporções, o qual representou um momento formativo para a política internacional. É importante, no entanto, compreender quais são as condições que levaram ao processo de localização dessas normas na realidade brasileira, e não de simples resistência ou substituição.

São elencadas, a princípio, quatro condições domésticas para que a localização seja bem-sucedida: (i) deve haver prospecto de impacto positivo na legitimidade e na autoridade dos atores domésticos que promovem a norma, (ii) as normas locais preexistentes não podem ser tão fortes que, fundacionais, impeçam o surgimento de novas, nem tão frágeis a ponto de serem facilmente substituíveis, (iii) disponibilidade de atores locais com credibilidade e prestígio e (iv) os traços culturais e tradições locais favoráveis. Também importa para esse processo, embora não se refira a características dos atores locais, a possibilidade de que as normas internacionais sejam *grafted* e *pruned*[26] (ARCHARYA, 2004, p. 247-248).

Primeiramente, a localização será mais bem-sucedida quando os atores responsáveis por "receber" as normas estrangeiras acreditarem que elas aumentarão a legitimidade e a autoridade de práticas e instituições existentes, sem fundamentalmente alterar a identidade social delas (ARCHARYA, 2004, p. 248). Normas internacionais são frequentemente empregadas para justificar ações dos atores internos e deslegitimar a de seus opositores. Buzan e Waever (2009, p. 266) assinalam que foi com esse objetivo que China e Rússia, por exemplo, aceitaram o processo de securitização do terrorismo e a disseminação de normas internacionais, as quais foram apropriadas para atuar contra grupos opositores locais.

Outra condição importante é a força das normas locais preexistentes. Muitas vezes, normas têm caráter fundacional para um grupo. Elas podem derivar de crenças e práticas culturais muito antigas que representam aspectos essenciais daquela sociedade ou terem sido consagradas em documentos constitucionais daquela ordem local. Nesses casos, mais do que regular comportamento, essas normas constituem identidades e interesses dos atores. Quanto mais fortes forem as normas locais, por-

---

26 *Pruning* se refere a possibilidade de a norma vir a sofrer uma seleção para que apenas os aspectos compatíveis com a estrutura normativa prévia sejam incorporados ao ordenamento doméstico como normas locais.

tanto, maior a probabilidade de que normas internacionais tenham que passar por um processo de localização e não simplesmente substituam as normas locais (ARCHARYA, 2004, p. 248).

A terceira condição se refere à disponibilidade de atores locais com credibilidade suficiente para manejar uma influência discursiva maior que os atores internacionais. Só assim que o processo de localização será considerado necessário, em detrimento da simples absorção sem filtro das normas estrangeiras. A credibilidade dos atores locais depende do contexto social. Eles serão mais críveis se percebidos como defensores das normas e da identidade locais, e não simples agentes das forças estrangeiras (ARCHARYA, 2004, p. 248).

Por fim, são os aspectos próprios daquela determinada comunidade – sua identidade, seu senso de unidade, seus valores – que facilitarão (ou não) o processo de localização (ARCHARYA, 2004, p. 250).

Embora se trate de um processo dinâmico, é importante considerar a compatibilidade existencial entre as normas internacionais e as locais. Quanto mais flexíveis forem as normas internacionais, maior será a possibilidade de elas se tornarem, pelo processo de localização, compatíveis com as realidades locais preexistentes. A possibilidade de se realizar *grafting* e *framing*, o que depende, em larga medida, do conteúdo das normas internacionais, afetará a interação entre elas e as normas locais (ARCHARYA, 2004, p. 250).

O processo de localização, quando bem-sucedido, pode ser dividido em quatro fases. Na primeira delas, chamada de pré-localização, prevalece a resistência e a contestação em relação à norma estrangeira. Os atores locais resistem porque duvidam da utilidade e da aplicabilidade daquela norma, temendo que ela ameace crenças e práticas preexistentes.

Na segunda fase, atores locais tentam estabelecer o valor daquela norma para a audiência interna, utilizando a estratégia de *framing*, ou enquadramento. O enquadramento é um fenômeno que implica agência e contenção no nível da construção da realidade, permitindo que indivíduos localizem, percebam, identifiquem e rotulem ocorrências em suas vidas e no mundo[27]. De modo geral, permite que eventos e ocorrências se tornem significativos, organizando experiências e guiando ações.

---

27 Esse fenômeno pode ser dividido em três fases, quando tratando especificamente do seu aproveitamento por movimentos sociais: (i) diagnóstica, quando se buscam as fontes de causalidade e se estabelecem quem são os responsáveis ou culpados por determinada situação; (ii) prognóstica, quando se delineiam a solução e as estratégias para atingi-la; e (iii) motivacional, com a conclamação de agentes para a ação coletiva e a criação de um vocabulário específico a ser empregado por todos (BENFORD & SNOW, 2000, p. 614-617).

Especificamente no campo da difusão normativa, empreendedores normativos têm como objetivo enquadrar ideias e normas de maneira que ressoem positivamente com a audiência. O processo de enquadramento é, portanto, um mecanismo persuasivo usado para estabelecer significados, organizar experiências (prévias), alertar os outros sobre interesses e identidades em jogo e propor soluções para os problemas enfrentados. Permite a identificação, interpretação e dramatização de um tema ou evento, possibilitando que defensores ou opositores de uma norma criem, expliquem ou explorem significados sociais mais amplos. Um quadro estabelecido oferece uma interpretação singular de determinada situação e indica o comportamento adequado naquele contexto. Serve, portanto, para legitimar ordens normativas. Em cenários de normas promovidas por elementos coercitivos, as quais carecem de legitimidade, esse mecanismo se torna ainda mais necessário (PAYNE, 2001, p. 39-43).

Na terceira fase, a norma estrangeira é reconstruída, por meio do *grafting* e do *pruning*, para se encaixar com as práticas e com as crenças locais, que, por sua vez, também serão ajustadas de acordo com aquela norma. É um processo simultâneo de busca de um meio-termo. Na quarta fase, novos instrumentos e práticas são desenvolvidos, dentro dessa estrutura normativa mista que se desenvolveu (ARCHARYA, 2004, p. 251).

A ênfase de Archarya é no processo doméstico e no papel que os diversos atores internos podem assumir na localização. Risse e Sikkink (1999, p. 11), por outro lado, ao descrever o processo de adesão de Estados ao regime internacional de proteção dos direitos humanos, destacam a importância que pressões externas podem ter como catalisadores do processo de mudança normativa dentro de um Estado. Uma reação inicial pode ser a adaptação puramente instrumental, ou seja, sem haver alteração de crenças e valores, o Estado se adequa, de alguma forma, à norma internacional em face da pressão sofrida, seja na forma de sanções e do corte de pacotes financeiros de ajuda, seja em ameaças à sua reputação. Essa reação é condizendo com a prescrição materialista de que o Estado faz o necessário para maximizar a sua utilidade, alterando comportamentos para alcançar suas metas.[28]

Se Archarya (2004, p. 269) oferece uma estrutura teórica capaz de explicar como os "agentes locais promovem a difusão normativa ao tomar

---

[28] Essa é a primeira fase conhecida como adaptação e barganha estratégica. Na estrutura proposta por Risse e Sikkink (1999), existem duas outras fases: argumentação e persuasão (as normas influenciam o comportamento do Estado, que desenvolve novos entendimentos coletivos que integrarão sua identidade e definirão seus interesses) e institucionalização e *habitualization* (quando os atores domésticos tomam como ponto de partida o cumprimento da norma, que já foi internalizada).

e modificar normas internacionais de acordo com suas crenças e práticas normativas pré-constituídas", faz-se necessário recorrer àquela literatura desenvolvida anteriormente para compreender o papel das pressões externas como propulsoras desse movimento de difusão. Combinar essas duas perspectivas é não só possível, como necessário, já que a forma de exercício dessa pressão impactará sobremaneira o processo de localização.

Outro ponto importante para a difusão normativa é a existência de redes de advocacia transnacionais[29] e as ligações entre elas nos níveis global, regional e nacional.

Elas podem promover normas, exigindo o seu respeito pelos governos e apontando eventuais violadores. Referindo-se, inicialmente, às redes de advocacia relacionadas a Direitos Humanos, Risse e Sikkink (1999, p. 18) chamam de "bumerangue" a estratégia de grupos domésticos que buscam apoio diretamente (evitando o Estado) nas redes globais, para adquirir recursos, conhecimentos ou acesso que sejam fundamentais na luta por uma demanda em particular.

Serão mais relevantes, para este estudo, as redes transnacionais de regulação – definidas como redes horizontais que reúnem reguladores (agentes estatais) de uma área temática para trocar informações, propor programas de cooperação técnica e treinamento, e para compartilhar 'boas práticas' (SLAUGHTER, 2004, p. 19). Justamente porque o Grupo de Ação Financeira constitui uma dessas redes, exercendo papel fundamental na difusão normativa é que essas redes e sua dinâmica particular de funcionamento serão importantes para o presente trabalho.

1.4. COMBINANDO TRADIÇÕES PARA OFERECER EXPLICAÇÕES

Uma questão essencial que perpassou a discussão deste capítulo é por que Estados obedecem a normas constitutivas de regimes e instituições internacionais? Essa é uma questão central para a teoria das Relações Internacionais e é possível delinear duas tradições que oferecem respostas a essas perguntas, uma racionalista e outra construtivista.

A tradição racionalista enfatiza aspectos como coerção, análise de custos e benefícios e incentivos materiais. Fundamentada no materialismo, afir-

---

[29] Definidas como "uma rede de advocacia transnacional inclui os atores trabalhando intencionalmente em uma questão, ligados por valores compartilhados, um discurso comum e densas trocas de informação e serviços". Podem ser compostas por atores econômicos, empresas, cientistas e ativistas. São motivadas por valores e não preocupações materiais. Cortando fronteiras, atuam no espaço transnacional, multiplicando caminhos de acesso ao sistema internacional e construindo links entre sociedades civis, Estados e organizações internacionais (KECK & SIKKINK,1998, p. 1-2).

ma-se que os atores realizam cálculos (racionais) em função de benefícios oferecidos pelos regimes ou de mecanismos de coerção empregados por esses regimes. De outro lado, a tradição construtivista destaca aspectos como identidades e discursos, aprendizado social[30], socialização[31] e normas sociais.

É necessário, no entanto, abandonar a perspectiva exclusivista que exige a escolha de uma ou outra, em favor de um diálogo que possibilite considerações relevantes de ambas as tradições (CHECKEL, 2001, p. 581). Isso permitirá que se considere o caráter "estratégico" da construção social – como a racionalidade instrumental e a interação estratégica desempenham papel importante na formação de normas, preferências, identidades e conhecimento comum (FINNEMORE & SIKKINK, 1998, p. 910-911).

Por meio de uma narrativa que considera tanto a importância da linguagem e das identidades, quanto o impacto dos aspectos materiais na formação das preferências e nas interações, é possível responder não só por que os Estados implementam normas internacionais, o que, indiretamente explica como elas se disseminam, mas também como o fazem. No caso específico desse estudo, pretende-se compreender por que o Brasil implementou determinadas normas de combate ao terrorismo – por meio da Lei Antiterrorismo – e como o fez.

A literatura mais recente sobre a disseminação de normas (ARCHARYA, 2004) oferece importantes lições sobre a segunda pergunta, permitindo que se considere como os elementos particulares de cada país influenciam na maneira como as normas internacionais serão recepcionadas. Deixou de considerar, no entanto, a importância dos aspectos materiais que já havia sido reconhecida previamente por construtivistas. Servem, frequentemente, como gatilho, desencadeando o processo de localização.

---

30 Definido como o processo pelo qual os interesses e identidades dos agentes são formados pela e durante a interação entre eles (CHECKEL, 2001, p. 561).

31 Definido como o processo universal de introdução em um novo regime; como atores aprendem a adotar normas, valores, atitudes e comportamentos aceitos e praticados em um dado sistema. É comum relacionar socialização com a internalização, momento a partir do qual valores, papeis e entendimentos passam a ser tidos como ponto de partida, não mais questionados. A socialização poderá ocorrer de três maneiras: mímica (copia-se o comportamento dos outros atores para navegar em um terreno desconhecido), influência social (o comportamento de um ator é julgado pelos outros e recompensado ou censurado, afetando o seu status social) e persuasão (convencimento por meio de um processo cognitivo de que determinadas normas, valores e links causais são corretos e devem guiar comportamento, sem coerção material ou mental) (JOHNSTON, 2008, p. 21-26).

Os efeitos de mecanismos de coerção, como *blacklisting*, certamente são mediados por meio de elementos ideacionais. Sharman (2009) sugere que se compreenda o *blacklisting* como um ato de fala e que a preocupação com a reputação é a principal razão pela qual ele se mostra efetivo. Além disso, outros elementos mais claramente associados à literatura de disseminação de normas como mímica[32] e competição[33] atuam de maneira conjunta com o *blacklisting* (SHARMAN, 2008, p. 636). É necessário, entretanto, compreender o emprego desses mecanismos também como exercício de poder, com efeitos diretos, decorrentes das normas internacionais que os preveem.

De outro lado, narrativas fundadas estritamente no aspecto material se mostram incapazes de suficientemente explicar esse fenômeno. A narrativa da securitização é essencial para que se compreenda a dimensão e as características do regime internacional de combate ao terrorismo. Além disso, existem indícios de que análises baseadas em custo e benefício não são suficientes para explicar a disseminação das normas de combate à lavagem de dinheiro e ao financiamento do terrorismo (SHARMAN, 2008).

Assim, a narrativa da securitização é perfeitamente compatível com o presente estudo, o qual visa sinalizar a criação de uma determinada realidade, a partir do processo de securitização descrito e, posteriormente, analisar como os atores e, mais especificamente, o Brasil se colocam nessa realidade. Tantos fatores ideacionais, quanto materiais serão empregados nessa análise, em atendimento à pretensão de se alcançar uma visão ampla e dialogada daquelas tradições.

As perspectivas teóricas consideradas ao longo do capítulo exercem todas um papel fundamental na narrativa que se pretende desenvolver. A literatura de securitização é fundamental para que se compreenda não só o desenvolvimento do regime de combate ao terrorismo, mas como as discussões sobre esse fenômeno se desenrolam no cenário doméstico brasileiro. As noções de risco e da eminência de um ataque são empregadas com frequência para justificar a previsão e o manejo de mecanismos excepcionais, os quais serão alvo de disputa entre os atores durante o processo político nacional. A posição estigmatizada do terrorista certamente não tem origem nesse processo de securitização, como ficará claro

---

32 A forma como o poder se manifesta em um grupo de pares, onde a busca por aceitação, ou melhor, o temor da rejeição social é um importante motor da difusão política e normativa (SHERMAN, 2008, p. 647).

33 A forma como o poder se manifesta no mercado – pela aceitação da norma internacional, por exemplo, para evitar a perda de posição (sendo considerado menos seguro) frente aos competidores (SHERMAN, 2008, p. 650).

na discussão sobre a definição de terrorismo no próximo capítulo, mas ganhou uma potência particular a partir de 2001, a qual se refletiu nas discussões sobre a definição de terrorismo no ordenamento brasileiro. A percepção de que esse processo de macrossecuritização se desenrolou a partir de uma pretensão hegemônica norte-americana está presente nas críticas de muitos parlamentares brasileiros ao GAFI.

Por outro lado, a literatura associada ao surgimento e à disseminação de normas internacionais auxilia a compreensão do surgimento do regime de combate ao financiamento do terrorismo e de suas características, principalmente no que se refere ao GAFI. A partir dessa compreensão, será importante estabelecer quais são os mecanismos empregados pelo GAFI para promover a disseminação das normas que esposa e qual o impacto desses mecanismos nas realidades locais e, principalmente, no processo de localização.

Além de uma narrativa detalhada, inédita, sobre iniciativas legislativas de combate ao terrorismo no Brasil, pretende-se, também, oferecer uma contribuição teórica à literatura de disseminação de normas no sentido de recuperar a importância dos aspectos materiais, especialmente de mecanismos coercitivos, como gatilhos para o processo de localização. É essencial que sejam considerados, porque podem se demonstrar, como no presente caso, fundamentais para a superação da resistência a normas internacionais e porque influenciam o debate político interno sobre a sua localização.

Capítulo II. **AS ORIGENS DAS NORMAS INTERNACIONAIS DE COMBATE AO TERRORISMO**

Este capítulo tem como objetivo apresentar a história dos esforços internacionais multilaterais de combate ao terrorismo. Inicialmente, serão apresentadas algumas considerações gerais sobre a história do fenômeno do terrorismo, incluindo a cronologia que se pretende seguir em todo o trabalho (RAPOPORT, 2002). Em seguida, serão discutidas as primeiras iniciativas de cooperação, com destaque para o papel da Liga das Nações e da Organização das Nações Unidas. Maior foco será dedicado ao conjunto de normas que foi desenvolvido após 2001, com o objetivo de se delinear o quadro normativo internacional em que o Brasil se insere. A partir da compreensão de que o processo legislativo que gerou a Lei Antiterrorismo foi impulsionado por dinâmicas externas é fundamental compreender como esse quadro foi criado, levando em consideração conceito de securitização, como essas normas se estabeleceram e foram disseminadas. A questão da inexistência de uma definição consensual para o termo terrorismo, em função de sua importância e repercussão para o restante do trabalho, é analisada de forma detida ao final do capítulo.

2.1. ANTECEDENTES E PRIMEIROS ESFORÇOS DE COOPERAÇÃO

A inexistência de uma definição consensual para terrorismo tem impactos diversos tanto para a prática política e para o Direito Internacional, quanto para o campo acadêmico que pretende estudá-lo. Alguns desses impactos serão abordados em maiores detalhes ao final do capítulo. No entanto, faz-se necessário notar, de pronto, que um deles é a ausência de um marco inicial consensual para o surgimento desse fenômeno.

James Lutz e Brenda Lutz (2005, p. 19) identificam algumas instâncias em que o terrorismo foi empregado na Antiguidade, especialmente na Grécia e Roma Antigas. Mencionam, por exemplo, que, em conflitos entre classes nas cidades-estados gregas, táticas terroristas eram empregadas com frequência. Essas táticas foram ainda mais disseminadas durante períodos de conflito político no Império Romano – no embate entre plebeus e patrícios nos Sécs. V e IV, a.C. e nas disputas entre facções políticas, no período final da República. Já Arnauld Blin e Gérard Challand (2007, p. 55) afirmam que as primeiras manifestações de terrorismo organizado teriam ocorrido na região da Palestina, no Séc. I, d.C. Seriam responsáveis por essas manifestações os Zelotes, um grupo de judeus que se revoltaram contra a dominação romana.

De maior interesse para o presente trabalho são as manifestações do terrorismo a partir do final do Séc. XIX. Nesse intervalo, no entanto, diversos são os episódios que podem ser referidos dentro da fenomenologia terrorista, como as ações dos Assassinos contra os cruzados, no Oriente Médio, as revoltas de plebeus na Europa, durante a Idade Média, as ações dos mongóis nas conquistas realizadas no Séc. XIV e os conflitos religiosos, no período após a Reforma Protestante na Europa. Foi durante a Revolução Francesa, ao final do Séc. XVIII, que surgiu o termo "terror", como ficou conhecido um momento particularmente violento[34] do período revolucionário, entre 1793 e 1794 (Blin & Challand, 2007, p. 99).

Da mesma forma que o surgimento do terrorismo é ponto contestado entre historiadores, o momento a partir do qual se pode referir ao "terrorismo moderno" também o é. Enquanto Blin e Challand (2007, p. 95) mencionam a Revolução Francesa como ponto de partida, David Rapoport (2002) aponta para a década de 1880 e Bruce Hoffman (2006, p. 43) para o final da Segunda Guerra Mundial.

A cronologia estabelecida por Rapoport (2002) sobre o fenômeno do terrorismo é de especial interesse. Sinaliza, inicialmente, a existência de quatro ondas, desde 1880, que representariam momentos históricos durante os quais os principais movimentos terroristas teriam assumido características semelhantes. Esses momentos não são perfeitamente contidos, nem completamente uniformes, mas se manifestam globalmente, não estando restritos a um país ou região. Ou seja, movimentos específicos de uma onda podem continuar se manifestando em outros períodos. A preocupação é com a identificação de tendências gerais, compartilhadas em momentos particulares e influenciadas por acontecimentos diversos no cenário mundial.

A primeira onda do terrorismo moderno foi a onda anarquista, associada ao período entre 1880 e 1920. Teria começado na Rússia e se espalhado pelo mundo rapidamente, antes de retroceder e perder força. Baseava-se na doutrina anarquista que havia ganho força no período tumultuoso que antecedeu a Primeira Guerra Mundial. (RAPOPORT, 2002, p. 50).

---

[34] Um elemento específico desse período foi o emprego da violência, do terror, pelo próprio Estado, como podia ser entendida a *Convention Nationale*, vitimando entre 200 e 300 mil pessoas (BLIN & CHALLAND, 2007, p. 102).

O principal alvo dos anarquistas eram lideranças políticas, muitas das quais foram efetivamente assassinadas, como o Presidente norte-americano William Mckinley e o Arquiduque austríaco Francisco Ferdinando.

Já a segunda onda do terrorismo seria conhecida como a onda anticolonial. Teve seu início com fim da Primeira Guerra Mundial e sua principal motivação eram os sentimentos nacionalistas que emergiam nas lutas por independência e no processo de descolonização da Ásia e da África. A queda dos impérios europeus após a Primeira e da Segunda Guerra Mundial e a ascensão do princípio da autodeterminação dos povos foram os principais combustíveis que levaram grupos armados a utilizarem táticas terroristas para conquistar a independência de seus territórios (RAPOPORT, 2002, p. 52).

A terceira onda foi a mais curta delas, tendo durado entre 1960 e 1980. Conhecida como nova-esquerda, emergiu no cenário de descontentamento, principalmente em países desenvolvidos, com a desigualdade perpetrada pelo sistema capitalista. Já na América Latina, manifestou-se por grupos de ideologia de esquerda, associados ao comunismo, que se organizaram contra os governos autoritários que haviam se estabelecido na região (RAPOPORT, 2002, p. 56).

Por fim, a quarta onda, que se iniciou em 1979 e subsiste até o momento atual é a chamada onda religiosa. Apesar da presença de elementos religiosos anteriormente, é só neste momento que a religião age fornecendo as justificativas e os princípios que organizariam a nova realidade pela qual se luta. Três eventos tiveram importância fundamental para que essa onda surgisse: a Revolução Iraniana, a resistência afegã contra a invasão soviética e o início de um novo século pelo calendário do Islamismo. O surgimento e crescimento tanto da Al Qaeda, quanto do chamado Estado Islâmico, podem ser encarados como manifestações desta onda (RAPOPORT, 2002, p. 60).

O foco deste capítulo não é especificamente a história do terrorismo internacional, razão pela qual não se detalhou nenhum desses períodos, mas o desenvolvimento histórico de normas de combate ao terrorismo internacional. Certamente as diferentes características que cada um desses momentos assumiu influenciará sobremaneira como os esforços de cooperação para fazer frente ao terrorismo se organizaram.

Os primeiros indícios de esforços de cooperação internacional para combater o terrorismo podem ser encontrados no final do Séc. XIX. A onda anarquista mostrou-se um fenômeno global – tendo afetados todos os continentes –, aproveitando-se dos fluxos migratórios e da evolução dos meios de transportes e comunicação. Embora o número de vítimas tenha sido relativamente pequeno (160 mortos e 500 feridos, excluindo vítimas no Império Russo), eram, em geral, figuras de grande importância – entre 1894 e 1912, por exemplo, sete chefes de Estado e de governo foram assassinados por anarquistas (JENSEN, 2009, p. 90).

A reação dos Estados se manifestou pela aprovação de leis antianarquistas e pelo esforço de modernização de suas forças policiais para lidarem com essa nova ameaça. A partir de 1890, surgiram alguns acordos bilaterais formais de cooperação policial e troca de informações. Uma das preocupações era controlar fluxos migratórios, para evitar que conhecidos anarquistas buscassem refúgio e continuassem suas atividades em outros países – foi essa a motivação, por exemplo, de um acordo entre Itália e Argentina, em 1897 (JENSEN, 2009, p. 92-93).

Já havia também determinados pontos de contenção entre os Estados. Suíça e Grã-Bretanha, por exemplo, se mostravam reticentes em extraditar refugiados políticos – um rótulo assumido por muitos anarquistas (JENSEN, 2009, p. 93). De fato, a discussão sobre as possibilidades de extradição tanto de acusados por crimes políticos, quanto de nacionais teria apenas início nesse período, permanecendo, em relação a diversos aspectos, não resolvida.

Foi em resposta ao atentado que tirou a vida da Imperatriz Elizabeth da Áustria que foi convocada, em 1898, a Conferência Internacional Antianarquista de Roma – o primeiro esforço multilateral de combate ao terrorismo. Seus resultados práticos foram diminutos – o principal deles parece ter sido a disseminação do retrato falado como forma de identificação de acusados de praticar crimes[35] –, mas já sinalizaram o que representaria uma prioridade internacional no século que estava para se iniciar.

O primeiro tratado a efetivamente ser assinado sobre o tema foi o Protocolo Antianarquista de São Petersburgo em 1904. Secreto, esse tratado previa mecanismos para regularizar a comunicação interpolicial, especificava procedimentos de expulsão de anarquistas e determinava que os signatários criassem escritórios nacionais, responsáveis por centralizar e facilitar a cooperação. Mais de 10 países europeus se tornariam partes deste protocolo nos anos seguintes (JENSEN, 2009, p. 101).

---

35 A identificação de criminosos, incluídos anarquistas, já se mostrava, no final do Séc. XIX, um desafio reconhecido mesmo por países latino-americanos, onde muitos europeus procurados pelas polícias europeias buscavam refúgio. Sobre os esforços de superar esse desafio, no Rio de Janeiro, cf. GALEANO, D. Identidade cifrada no corpo: o *bertilonnage* e o Gabinete Antropométrico na Polícia do Rio de Janeiro, 1894-1903. *Boletim do Museu Paraense Emílio Goeldi Ciências Humanas*, v. 7, n. 3, 2012, p. 721-742.

Se esses esforços de cooperação internacional não produziram muitos resultados concretos, certo é que o impacto da onda anarquista obrigou os Estados a modernizarem suas polícias, desenvolverem esquemas de proteção para seus líderes, reverem suas políticas migratórias e aumentarem os controles de suas fronteiras (JENSEN, 2009). O incremento desses esforços multilaterais se tornou inviável com o aumento das tensões que antecedeu a Primeira Guerra Mundial – que viria a eclodir, em 1914, com a faísca do atentado contra o Arquiduque austríaco Francisco Ferdinando e sua esposa, em Sarajevo. Já no seio da Ligas das Nações novos esforços seriam empreendidos, mas com resultados semelhantes.

2.2. LIGA DAS NAÇÕES

Apesar de ter ultrapassado seu auge, a onda anarquista continuou se manifestando durante o período entre guerras. Em 1934, por exemplo, foram assassinados o Rei Alexandre I, da Iugoslávia, o Ministro das Relações Exteriores francês, Louis Barthou, e o Chanceler austríaco, Engelbert Dolfuss. O foco de atenção da sociedade internacional, naquele momento, era essencialmente repressivo: como garantir que acusados de praticar atos de terrorismo fossem julgados e punidos? Afinal, os acusados de envolvimento nos atos que vitimaram Alexandre I e Louis Barthou buscaram refúgio na Itália, cujas cortes se recusaram a acatar o pedido de extradição francês (SAUL, 2006, p. 79).

A resposta legal a esses atentados se organizou no seio da Liga das Nações, organização internacional constituída a partir do Tratado de Versalhes (1919). Considerando que as normas de Direito Internacional àquele momento não se mostravam suficientes para fazer frente à escalada do terrorismo internacional, decidiu-se, em dezembro de 1936, constituir um Comitê Internacional para a Repressão do Terrorismo. Tanto o Conselho quanto a Assembleia da Liga das Nações investiram este comitê com o poder e a responsabilidade para elaborar tratados internacionais que suprissem aquela lacuna (SOTILLE, 1938, p. 117).

O reconhecimento da necessidade de uma resposta internacional e multilateral para o fenômeno do terrorismo também ia além do ímpeto de se responder a atentados específicos. Diplomatas da época mostravam-se atentos à necessidade de se reconhecer ao terrorismo, diferentemente de outras condutas criminosas, um nível de reprovabilidade moral superior e um caráter essencialmente internacional. Também se manifestava a intenção de se fortalecer o dever de não intervenção dos Estados, que estariam proibidos de patrocinar ou oferecer refúgio a grupos terroristas, e a pretensão de evitar que institutos tradicionais do Direito, como o princípio da não-extradição em crimes políticos e o asilo diplomático, fomentassem a impunidade (SAUL, 2006, p. 83-88).

O resultado dos trabalhos daquele comitê foi a elaboração de dois projetos de convenções internacionais, os quais foram submetidos aos Estados-membros da Liga em uma conferência internacional em 1937. A Convenção Internacional para a Prevenção e Repressão do Terrorismo teve 24 signatários – apenas um dos quais, a Índia, viria a ratificá-la, razão pela qual este tratado nunca entrou em vigor. Ainda assim, serve de lição histórica sobre a dificuldade de se celebrar um tratado internacional amplo sobre o fenômeno do terrorismo.

Essa convenção assumiu a difícil tarefa de definir o que deveria ser entendido por terrorismo, concluindo pela seguinte definição: "atos criminosos direcionados contra um Estado, com a intenção de criar um estado de terror na mente de pessoas em particular, de um grupo de pessoas ou do público em geral" (LIGA DAS NAÇÕES, 1937). De pronto, ficam evidentes algumas escolhas (políticas) feitas pelos signatários, como a exclusão de atentados contra entidades não-estatais do âmbito de alcance da convenção e a ênfase no elemento subjetivo, ou seja, na necessidade de que se confirme ser a intenção dos terroristas produzir terror – por mais tautológico que esse esforço se mostre.

Além dessa definição, aquela convenção previa também uma série de condutas que deveriam ser criminalizadas pelos Estados, como crimes contra pessoas internacionalmente protegidas (Chefes de Estado e de Governo, diplomatas etc.) e a destruição de propriedade pública. Foram instituídas obrigações relacionadas à prevenção ao cometimento de atos terroristas, como a necessidade de se controlar o comércio de armas de fogo, e a criminalização de atos preparatórios, como a falsificação de documentos. Outras obrigações se referiam ao objetivo de garantir a efetiva investigação e persecução criminal de acusados, como a adoção do princípio da universalidade da jurisdição estatal nos casos de terrorismo e o dever de cooperação internacional (LIGA DAS NAÇÕES, 1937).

Muitos daqueles pontos que teriam motivado a elaboração de um tratado internacional sobre o tema continuaram indefinidos, frente à discordância dos Estados. O resultado eram normas legais vagas e imprecisas[36]. Por exemplo, Reino Unido, Noruega e Bélgica se mostraram reticentes quanto à eliminação do princípio da não-extradição em casos de crimes

---

36 Por exemplo, o art. 8 (4) afirmava "a obrigação de deferir o pedido de extradição sob o presente artigo está sujeita a qualquer condição e limitação reconhecida pelo direito ou pelos costumes do Estado para que se faz a solicitação" (LIGA DAS NAÇÕES, 1937).

políticos – prefeririam preservar sua autonomia para definir o que constituía ou não crime político. Finlândia e Holanda, a seu turno, se manifestaram contra qualquer restrição ao direito de asilo.

O segundo projeto elaborado pelo Comitê Internacional de Repressão do Terrorismo gerou uma convenção internacional que pretendia criar um Tribunal Penal Internacional. Essa convenção teve apenas 13 signatários, nenhum dos quais a ratificou, razão pela qual o tribunal nunca efetivamente entrou em funcionamento. A ideia que embasava a criação deste tribunal era oferecer aos Estados uma alternativa para o julgamento de terroristas – evitando, assim, a impunidade. Tinha, portanto, caráter facultativo e subsidiário. Caso um Estado não pudesse ou não tivesse disposição para julgar um indivíduo acusado de praticar atos de terrorismo, como definido na Convenção Internacional para Repressão e Prevenção do Terrorismo, ou para extraditá-lo, poderia submetê-lo a um julgamento que seria realizado por esse tribunal (SOTILLE, 1938, p. 151).

O fato de nenhuma das convenções internacionais sobre terrorismo ter ganho suficiente apoio não se deveu exclusivamente a questões pertinentes ao tema ou a desacordos específicos sobre o texto delas. Deve ser contextualizado no cenário mais amplo de ascensão das tensões que resultariam na eclosão da Segunda Guerra Mundial e dos problemas enfrentados pela Liga das Nações. Naquele momento, por exemplo, diversos países já haviam a abandonado, como Brasil, Itália, Japão e Alemanha. Outros, como Estados Unidos, não haviam sequer ingressado naquela organização. O espaço para cooperação, especialmente sobre um complexo tema de segurança internacional, nesse cenário, se mostrou extremamente reduzido.

2.3. ORGANIZAÇÃO DAS NAÇÕES UNIDAS

Novo fórum para a discussão sobre temas de segurança internacional seria constituído após o final da Segunda Guerra Mundial. A Organização das Nações Unidas (ONU), criada a partir da Conferência de São Francisco (1945), representava o novo esforço da sociedade internacional de instituir um sistema de segurança coletiva, capaz de responder às ameaças à paz e à segurança internacional. Certamente, entre estas ameaças, o terrorismo internacional se inseriria. Demorou, todavia, até que o tema se tornasse efetivamente alvo de debates e decisões no seio da ONU.

Existem algumas razões para isso. De um lado, a já mencionada restrição da agenda internacional de segurança, promovida pela Guerra Fria, mantinha as discussões concentradas em questões (e ameaças) estatais, como conflitos e armas nucleares (BALDWIN, 1995). De outro, conforme ascendia (e era bem-sucedida) a onda anticolonial, ingressaram, como membros da ONU, um grande número de Estados, os quais pretendiam manter o terrorismo fora da pauta internacional, posto que enxergavam os esforços antiterroristas como medidas que colocavam em risco a luta pela independência em muitos territórios ainda sob controle colonial. A legitimidade da causa final – o princípio da autodeterminação havia sido reconhecido pela Carta da ONU – também tinha um papel importante no sentido de sustentar aquela preferência. Alguns Estados especificamente, como Índia, Irlanda e Colômbia que sofriam com atentados terroristas faziam o máximo para evitar que esses episódios caíssem na agenda internacional, temerosos e interessados em impedir eventuais intrusões (LUCK, 2007, p. 95).

Além disso, a onda anticolonial, em função de seus métodos (ações de guerrilhas contra tropas ocupantes, abandono dos ataques contra altas autoridades) e objetivos (a independência das antigas metrópoles ou de governos ocupantes), evidenciou uma retraída dos grupos terroristas do plano internacional. Cada grupo, como, por exemplo, o Exército Revolucionário Irlandês e a Organização Nacional de Combatentes Cipriotas, concentrava seus esforços nos seus territórios de origem. A ausência de maiores esforços que perpassassem fronteiras e a percepção de que se tratava de um problema doméstico – ainda que o doméstico incluísse territórios não-contínuos e/ou distantes –, em alguma medida, minimizavam o aspecto internacional do terrorismo e, consequentemente, a necessidade de cooperação para enfrentá-lo (MILLAR & ROSAND, 2007, p. 51).

A internacionalidade, ou melhor, a transnacionalidade do terrorismo oscila entre as ondas. Na primeira onda se apresenta em níveis moderados – que até são percebidos, em função do seu ineditismo, como elevadíssimos. Enquanto na segunda onda ocorre esse recuo, a partir da terceira cresceria de maneira exponencial. O auge seria alcançado a partir de 2001, quando, em função da narrativa criada, se torna um problema absolutamente internacional, que concerne, de acordo com a pretensão dos atores securitizantes, a todos os Estados. O esforço para que fosse o terrorismo reconhecido como um problema do Brasil seria um dos principais pontos em torno do qual os debates sobre a Lei Antiterrorismo ocorreriam.

A primeira referência expressa, em documentos oficiais da ONU, ao terrorismo pode ser encontrada na Resolução 57 (1948), adotada pelo Conselho de Segurança da Organização das Nações Unidas (CSNU) para condenar o atentado terrorista que tirou a vida do Conde Folke Bernadotte, que atuava na região da Palestina como mediador.

O tema voltaria à pauta da ONU em 1970, já no contexto da terceira onda do terrorismo[37]. Conhecida como nova-esquerda, ela seria responsável pela (re)internacionalização do terrorismo. Essa transformação se deu em função da evolução da atuação dos grupos terroristas que passaram a (i) buscar alvos fora das fronteiras nacionais onde normalmente atuavam, (ii) buscar alvos verdadeiramente internacionais – aviões em viagem intercontinentais, embaixadas e consulados, eventos internacionais –, diversificando amplamente o contingente de vítimas e afetados pelas ações, (iii) engendrar esforços de cooperação e trabalho conjunto e (iv) alcançar um nível de visibilidade verdadeiramente global para suas ações[38] (RAPOPORT, 2002, p. 58-60).

Se a ameaça poderia ser novamente caracterizada como internacional, soluções internacionais se tornariam necessárias. Elas se apresentaram, no entanto, de diferentes formas. Foi no seio da Assembleia-Geral da Organização das Nações Unidas (AGNU) que a maior parte das discussões foram realizadas. Em 1970, foi adotada a Declaração Relativa aos Princípios do Direito Internacional Regendo as Relações Amistosas e de Cooperação entre os Estados, fazendo referência explícita ao dever de os Estados não se engajarem direta ou indiretamente com ações terroristas contra outros Estados (ONU, 1970). A preocupação principal era, naquele momento, com o que se chamava de terrorismo estatal e o patrocínio pelos Estados de grupos terroristas.

Os atentados terroristas contra a delegação israelense nos Jogos Olímpicos de Munique, em 1972, representam o marco inicial do envolvimento definitivo da AGNU com o combate ao terrorismo. Foi em resposta a esses atentados que o Secretário Geral da ONU, Kurt Waldheim, determinou a inclusão do assunto na agenda da 27ª Sessão da Assembleia-Geral. O resultado dessas discussões foi a adoção da Resolução 3034 e a criação de um comitê *ad hoc* para discutir medidas específicas de combate ao terrorismo. Esse comitê, entretanto, acabou encerrando suas atividades sem produzir maiores resultados.

Nos debates sobre terrorismo, delineavam-se basicamente três campos, correspondentes à divisão do globo, durante a Guerra Fria, em Primeiro,

---

37 Importante notar que essas ondas não se referem a momentos autocontidos temporalmente no período mencionado. Pelo contrário, continua a haver manifestações de grupos inspirados pela oposição ao colonialismo, por exemplo, nas décadas de 1970 e 1980.

38 A título de exemplo, vale lembrar que a Organização pela Libertação da Palestina (OLP) realizava, com frequência, atentados na Europa Ocidental. Realizou também um atentado, em 1973, contra a embaixada saudita no Sudão. Além disso, a OLP, assim como grupos libaneses, oferecia campos de treinamento para outros grupos terroristas e refúgio para seus integrantes.

Segundo e Terceiro Mundo. Os países do Primeiro Mundo eram os principais interessados em avançar normas sobre terrorismo em fóruns internacionais. Isso porque a terceira onda afetava-os diretamente. Estados Unidos (*American Weather Underground*), Alemanha (*Red Army Faction*), Japão (*Red Army*), Grã-Bretanha (*Irish Revolutionary Army*) e Itália (*Red Brigades*) passaram por graves experiências com atentados terroristas, levando-os a se tornar vozes ativas nos debates internacionais. Para estes Estados, não havia nenhuma justificativa legítima para o uso da violência, sendo necessário aprofundar a cooperação internacional para fazer frente ao terrorismo internacional (BLUMENAU, 2014, p. 65-67).

Já entre os países do chamado Terceiro Mundo, prevalecia um vínculo de solidariedade com os movimentos de libertação nacional que ainda não haviam obtido sucesso. Acreditavam que os verdadeiros terroristas eram as forças imperialistas de ocupação, que geravam pobreza e infligiam atos de violência cotidiana contra a população. Percebiam, em geral, o emprego de táticas terroristas como necessário e inevitável na luta contra forças ocupantes mais ricas e poderosas. Em função do objetivo pretendido, qual seja a libertação nacional, o uso das mais variadas táticas, inclusive as terroristas, era considerado justo e legítimo. Focavam-se, assim, nas chamadas causas do terrorismo – imperialismo, racismo[39], pobreza, desigualdades socioeconômicas e violações de direitos humanos – que motivavam grupos e indivíduos a recorrerem ao terrorismo como instrumento de transformação (BLUMENAU, 2014, p. 69).

A questão do terrorismo era menos urgente e relevante para os membros do Segundo Mundo, que não haviam vivenciado um aumento do número de ataques terroristas. Aproveitavam, portanto, o tema para aprofundar a cisma entre o Primeiro e o Terceiro Mundo, com objetivo de atrair para a esfera de influência soviética um maior número de aliados do Terceiro Mundo (BLUMENAU, 2014, p. 71).

Foi em função dessas dinâmicas que surgiu a clássica expressão: "*one man's terrorist, is another man's freedom fighter*"[40]. O fato é que elas se manifestavam nas discussões tanto da Assembleia-Geral, quanto do Conselho de Segurança. Muitas das resoluções adotadas pela AGNU demonstravam aparente contradição, fruto da dificuldade em se conciliar essas duas perspectivas – condenava-se o recurso ao terrorismo, mas reconhecia-se e reafirmava-se o princípio da autodeterminação dos povos e o direito

---

39 Especialmente no caso do regime do *apartheid* na África do Sul.

40 A atribuição de quem usou essa expressão pela primeira vez é incerta, embora o Presidente norte-americano Ronald Reagan tenha a utilizado, em 1986, principalmente para criticá-la.

de eles lutarem contra a dominação e a opressão.[41] Conforme novos países surgiam e se tornavam membros da ONU, resultado do processo de descolonização, o Terceiro Mundo tornou-se, progressivamente, o bloco de países mais numeroso na AGNU.

Se essas tendências eram dificilmente conciliáveis em documentos de menor impacto normativo – as resoluções da AGNU têm apenas caráter recomendatório –, durante as discussões sobre tratados internacionais relacionados ao combate do terrorismo, elas se mostravam ainda mais incompatíveis. Foi em razão disso que fracassaram os esforços, liderados por norte-americanos, para a elaboração de uma convenção internacional ampla sobre aquele fenômeno, aos moldes daquela adotada pela Liga das Nações (BLUMENAU, 2014, p. 73).

A alternativa encontrada foi focar-se em questões pontuais, sobre as quais seria possível alcançar maior nível de consenso. Foram celebrados, na década de 70, alguns tratados internacionais nesse sentido, como a Convenção Internacional para a Prevenção e Punição de Crimes contra Pessoas Internacionalmente Protegidas (1973) e a Convenção Internacional contra a Tomada de Reféns (1979), ambas no seio da ONU. Essa estratégia continuaria sendo adotada nas décadas seguintes para dar conta de outros aspectos relacionados ao fenômeno do terrorismo, como seu financiamento e a realização de atentados com bombas. Na efetivação dessa estratégia, organizações internacionais diversas tiveram papel importante como a Organização de Avião Civil Internacional, em cujo âmbito foi celebrada, por exemplo, a Convenção para a Repressão ao Apoderamento Ilícito de Aeronaves (1970).

Mesmo na discussão sobre essas convenções setoriais, no entanto, aquelas dinâmicas se manifestavam. Foram frustrados, por exemplos, os esforços dos Estados Unidos de eliminar a exceção dos chamados crimes políticos, em relação a pedidos de extradição, no caso de acusados de sequestrar aeronaves. De outro lado, durante as discussões sobre a Convenção Internacional para a Prevenção e Punição de Crimes contra Pessoas Internacionalmente Protegidas, diversas delegações tentaram incluir exceções, anistiando grupos e indivíduos que estivessem lutando contra colonialismo, ocupação

---

41 Por exemplo, a Resolução nº 102, adotada na 31ª Sessão da Assembleia Geral da ONU afirmava *"deep concern over increasing acts of international terrorism which endanger or take innocent human lives or jeopardize fundamental freedoms"*, da mesma maneira que *"reaffirms the inalienable right to self-determination and Independence of all peoples under colonial and racist regimes and other forms of alien domination, and upholds the legitimacy of their struggle, in particular the struggle of national liberation movements, in accordance with the purposes and principles of the Charter and the relevant resolution of the organs of the United Nations"* (ONU, 1976).

estrangeira, discriminação racial e o *apartheid*. Apesar dessa iniciativa ter fracassado, foi aprovada uma resolução da AGNU, publicada e destinada a ser interpretada conjuntamente com a Convenção, afirmando que aquelas pessoas protegidas não poderiam, de maneira alguma, "prejudicar o exercício do legítimo direito de autodeterminação e independência dos povos lutando contra colonialismo, ocupação estrangeira, discriminação racial e o *apartheid*"[42] (SOFAER, 1986, p. 918).

Outro palco de discussões que evidencia essas discussões foi no âmbito das Conferências de Genebra sobre Direito Humanitário. Abraham Sofaer (1986, p. 910) assinala que grupos (considerados por alguns terroristas) fizeram esforços concertados no sentido de garantir proteção e legitimidade como combatentes, sem que isso impusesse sobre eles, de forma efetiva, as obrigações contidas nas Convenções de Genebra, como respeito aos prisioneiros de guerra e a necessidade de se mostrar claramente como combatentes, usando uniformes e portando armas de forma aberta.

A partir da década de 1980, dois movimentos começaram a ganhar força paralelamente. De um lado, a reintensificação da Guerra Fria levou a União Soviética e alguns países do Terceiro Mundo a engendrarem esforços para transferir o foco da discussão sobre terrorismo para a atuação dos Estados. Faziam referência específica à atuação dos governos norte-americano, israelense e sul-africano contra, respectivamente, os movimentos de esquerda espalhados pelo mundo, os movimentos associados à causa palestina e os ativistas que lutavam contra o regime de *apartheid*. Embora essa discussão não tenha provido muitos frutos, ela demonstra, claramente, como a discussão sobre terrorismo era instrumentalizada para fins políticos diversos, o que é facilitado pela ausência de definição fixa para aquele fenômeno (PETERSON, 2004, p. 181).

De outro lado, as resoluções adotadas pela AGNU deixaram de denotar aquela preocupação com as justificativas legítimas para ações de grupos terroristas e passaram a condenar, inequivocamente, atos de terrorismo. Exemplo disso é a Declaração sobre Medidas para Eliminação do Terrorismo Internacional, adotada na 49ª Sessão da AGNU, em 1994: "Os Estados-membros das Nações Unidas solenemente reafirmam sua inequívoca condenação de todos os atos, métodos ou práticas de terrorismo como criminosos e injustificáveis, onde quer e por quem quer que tenham sido cometidos" (ONU, 1994). Importante notar que, nesse momento,

---

[42] Alguns países foram além: Burundi afirmou que se reservava o direito de não aplicar a Convenção para movimentos de libertação nacional, enquanto o Iraque declarou que pretendia conferir o status de pessoas protegidas também às lideranças de certos movimentos de libertação nacional (SOFAER, 1986, p. 918).

o processo de descolonização afro-asiática chegava ao fim, reduzindo o imperativo e o interesse de se proteger movimentos de libertação nacional. O fim da própria Guerra Fria também eliminou parte das tensões que impediam progressos nessas discussões, assim como a apropriação delas para ganhos políticos de uma ou de outra superpotência.

Apesar da experiência fracassada com o comitê *ad hoc* sobre terrorismo, na década de 70, uma nova versão deste mesmo comitê foi criada em 1996, pela AGNU. Desta vez, este comitê foi bem-sucedido em sua tarefa de promover a cooperação internacional[43]. O seu trabalho deu origem a três importantes convenções internacionais: a Convenção Internacional para a Supressão de Atentados com Bombas (1997), a Convenção Internacional para a Supressão do Financiamento de Terroristas (1999) e a Convenção Internacional para a Supressão de Atos de Terrorismo Nuclear (2005).

É no seio desse comitê que ainda estão sendo realizadas as discussões sobre a celebração de uma convenção abrangente sobre terrorismo. Essas discussões, todavia, se iniciaram em 2000 e não há qualquer sinal de que elas estejam próximas de uma conclusão. Pelo contrário, nos últimos anos foram criados grupos de trabalho com vistas a concluir essa convenção, porém estes parecem não ter sido bem-sucedidos já que o comitê nem sequer se reuniu em 2016. A principal celeuma se refere, mais uma vez, à definição do que constituiria terrorismo[44]. Conforme ficará evidente, esses esforços perderam importância em decorrência de outras formas de articulação da cooperação internacional.

Além da AGNU, o Conselho de Segurança da ONU também desempenhou e continua a desempenhar um papel importante no combate ao terrorismo. Iniciou-o, todavia, de maneira tímida. No princípio da década de 1970, adotou a Resolução 268 (1970), pela qual clamava os Estados a tomarem as medidas necessárias para evitar futuros sequestros ou outras interferências com a aviação civil. De maneira geral, as tensões geradas pela Guerra Fria e pelas dinâmicas inerentes à discussão sobre o tema impediram que ações mais contundentes fossem tomadas, até mesmo em momentos de crise, como após os atentados de Munique (1972).

---

[43] Para mais informações sobre esse comitê, cf. <http://legal.un.org/committees/terrorism/>. Acesso em 26 jan. 2017.

[44] No relatório sobre os debates do grupo de trabalho, em 2015, isso fica evidente. "*In relation to the outstanding issues surrounding the draft convention, several delegations had reiterated their concerns over the legal definition of terrorism, the scope of the convention and the need to distinguish between acts of terrorism and the legitimate struggle of peoples under foreign occupation and colonial or alien domination in the exercise of their right to self-determination.*" (ONU, 2015)

Durante a década de 1980, novas resoluções foram adotadas, ainda fazendo referência a atentados terroristas envolvendo a tomada ilícita de aeronaves e o sequestro de pessoas – foram as Resoluções 579 (1985), 635 e 638 (1989). O envolvimento definitivo do CSNU no combate ao terrorismo, com a aplicação de medidas práticas, se deu a partir dos atentados contra um avião da empresa Pam Am, sobre Lockerbie (Escócia), e outro contra um avião da empresa francesa Union de Transports Aériens, sobre Niger. Estados Unidos, Reino Unido e França desempenharam um papel de liderança nesse caso, pressionando o governo da Líbia, à época governada por Muammar Gadaffi, a entregar os acusados pelos atentados.

Como os pedidos de extradição foram ignorados, o CSNU decidiu aplicar uma série de sanções contra a Líbia, por meio da Resolução 748 (1992). Posteriormente, esse regime de sanções[45] seria fortalecido pela Resolução 883 (1993), passando a incluir a determinação para que fossem congelados os bens e recursos da Líbia e de autoridades do governo que se encontrassem fora do país, além de um embargo de materiais relacionados à exploração de petróleo e de restrições ao funcionamento da empresa aérea oficial da Líbia. A aplicação de sanções seria novamente empregada no combate ao terrorismo, quando o governo do Sudão se recusou a entregar suspeitos de envolvimento na tentativa de assassinato do Presidente do Egito Hosni Mubarak. Foram impostas, por meio das Resoluções 1054 e 1070 (1996), restrições à circulação de diplomatas sudaneses e proibições relacionadas à aviação originada daquele país ou operada pela empresa Sudan Airways.

Apesar de denotar um maior envolvimento com a questão do terrorismo, fica evidente que a preocupação principal do CSNU era reativa, ou seja, com a possível impunidade de agentes envolvidos com atentados que haviam tido grande repercussão. Essa experiência demonstrou também desafios práticos para a implementação de sanções, notadamente a necessidade de um organismo responsável por fiscalizar a sua aplicação pelos Estados (OUDRAAT, 2004, p. 156).

Inspirado nestas lições, quando o Conselho de Segurança impôs, em 1999, sanções contra o grupo Talibã, responsável pelo controle do Afeganistão, onde se encontravam os acusados de envolvimento com os atentados terroristas contra as embaixadas norte-americanas no Quênia e na Tanzânia, foi criado um comitê específico destinado a fiscalizar a sua implementação. Conhecido como Comitê 1267, pelo número da resolução que o criou, esse grupo continua funcionando atualmente e teve seu

---

45 A imposição de sanções, de diversas naturezas, é instrumento disponibilizado ao CSNU pela Carta da ONU (Cap. VII, art. 41), em casos de ameaça ou violação da paz e da segurança internacional.

escopo de atuação ampliado em diversas ocasiões. Inicialmente, atuou para alcançar recursos financeiros e bens de propriedade de indivíduos e entidades relacionados à Al Qaeda e a Osama Bin Laden, e, posteriormente para enfrentar a ameaça representada pelo Estado Islâmico[46].

Em resumo, o que se viu, até 2001, foi a aplicação de mecanismos diversos, como a celebração de tratados internacionais e a aplicação de sanções pelo Conselho de Segurança, para combater o terrorismo. São mecanismos tradicionais, no sentido de que respeitam as regras de produção de normas no plano internacional – principalmente a necessidade do consentimento do Estado para que se considere vinculado àquela norma. São aplicáveis no tratamento de diversas outras questões internacionais – existem tratados internacionais, por exemplo, sobre crime organizado e corrupção, da mesma maneira que já foram estabelecidos regimes de sanções em reação à manutenção do regime de *apartheid* na África do Sul.

Nota-se, portanto, a configuração do regime internacional de combate ao terrorismo antes do desencadeamento do processo de securitização pós-2001. É importante compreendê-la porque o desenvolvimento de normas não acontece em um vácuo normativo (FINNEMORE & SIKKINK, 1998, p. 895). Serão os diferentes aspectos e, principalmente, deficiências relacionadas às normas preexistentes que moldarão as soluções buscadas já no contexto de securitização. Essa reflexão é importante porque são essas soluções, adotadas a partir de 2001, que promoveriam e moldariam o processo legislativo que deu origem à Lei Antiterrorismo.

2.4. PÓS 11 DE SETEMBRO - SECURITIZAÇÃO EM AÇÃO

Os atentados terroristas de 11 de setembro representam um *turning point* no que se refere à construção do regime internacional de combate ao terrorismo. O objetivo da presente seção não é oferecer um relato detalhado do processo político que se desencadeou, mas sim, a partir de um enfoque nas normas que então emergiram, detalhar os diferentes aspectos do regime que se constituiu, para que seja possível compreender os seus impactos na narrativa que se pretende construir.

Até 2001, o Conselho de Segurança vinha tratando do terrorismo de maneira cautelosa, por meio de instrumentos tradicionais, como as sanções. A partir daquele momento essa tendência se reverteu. Nos dias e meses seguintes àqueles atentados, o CSNU adotou resoluções que teriam grande impacto nos esforços internacionais de combate ao terrorismo.

---

[46] O comitê passou a ser conhecido, a partir da adoção da Resolução 2253 (2015), como Comitê Al Qaeda/ISIL (D'aesh).

A Resolução 1368 (2001) cuidou de reconhecer o terrorismo como uma ameaça à paz e à segurança internacional – não poderia ser mais interpretado como um problema doméstico –, além reafirmar o direito dos Estados à legítima defesa em face dessa ameaça.

Mais importante, para os propósitos deste trabalho, foi a Resolução 1373 (2001), adotada sob a égide do Cap. VII da Carta da ONU. Essa resolução representou inovação em relação a diversos aspectos. Considerada de caráter quase-legislativo, ela impunha inúmeras obrigações a todos os Estados-membros da ONU, mas, diferente de outras resoluções, o fez sem qualquer delimitação temporal ou espacial. A resolução não tratou de uma crise em específico, mas de um fenômeno, ampla e irrestritamente. Foi amplamente considerada como uma medida excepcional, indicando um novo papel a ser tomado pelo Conselho de Segurança na seara específica do combate ao terrorismo (PELLET, 2002; SZASZ, 2002; HAPPOLD, 2003; ROSAND, 2004; TALMON, 2005).

Por meio dessa resolução, o CSNU circunviu todo o processo tradicional de desenvolvimento normativo – elaboração, celebração e ratificação de tratados multilaterais – estabelecendo obrigações relacionadas ao combate ao financiamento do terrorismo, à cooperação internacional, ao controle de fronteiras e à vedação do envolvimento de Estados com grupos terroristas (HELFER, 2008, p. 81). A Resolução 1373 (2001) previu também a criação do Comitê Contraterrorismo (CTC), que seria responsável por fiscalizar a implementação das suas disposições pelos Estados.

Nota-se, inclusive, que o CSNU adotou linguagem que constava nos tratados internacionais já em vigor naquele momento – a Convenção para a Supressão do Financiamento do Terrorismo e a Convenção para a Supressão de Atentados com Bombas. Diferentemente dos tratados, entretanto, os Estados não tinham a opção de se obrigar ou não a cumprir os termos da resolução. Até aquele momento, a grande maioria dos Estados não havia se vinculado àqueles tratados internacionais. De fato, o incentivo representado pela Resolução 1373 (2001) mudou esse quadro – hoje, esses tratados já foram ratificados pela grande maioria dos Estados (MESSNER & YORDÁN, 2011, p. 854).

Fica claro que o recurso a medidas excepcionais não implica no abandono dos processos tradicionais de elaboração de normas[47]. Muitas vezes, elas são empregadas para potencializá-los ou suprir alguma deficiência – como a ausência de mecanismos fiscalizatórios. Tendo caráter obrigatório, restava cumprir as resoluções do CSNU e se submeter à fiscalização do

---

47 Sinal disso é que, em 2005, foi celebrada a Convenção Internacional para a Supressão de Atos de Terrorismo Nuclear.

CTC. Eventualmente, o processo de fiscalização operado pelo próprio CTC não se mostrou tão intrusivo – a principal forma de fiscalização era a exigência de que Estados apresentassem relatórios e, posteriormente, a realização de visitas aos países para verificar o nível de implementação. Delineou-se um processo baseado, principalmente, na cooperação entre Estados e o Conselho de Segurança, sem que se recorresse a medidas sancionatórias (MESSNER & YORDÁN, 2011), o que já sinaliza uma distinção entre o mecanismo desenvolvido no seio do CSNU e aquele engajado pelo Grupo de Ação Financeira.

As obrigações impostas pelo CSNU se expandiram continuamente, tanto em escopo, quanto em profundidade, se tornando cada vez mais abrangentes e precisas[48]. Foi adotada a Resolução 1540 (2004) que institui diversas obrigações, também de caráter legislativo, com relação à não proliferação de armas de destruição em massa (biológicas, químicas ou nucleares), para evitar que viessem a ser empregadas por grupos terroristas. Essa resolução também previa a criação de um comitê para fiscalizar a sua implementação. A Resolução 1624 (2005) acresce a obrigação de que fossem criminalizados também os atos de incitamento ao cometimento de atentados terroristas. Mais recentemente, a Resolução 2178 (2014) tratou da questão do recrutamento de indivíduos que pretendem viajar para outros países com objetivo de cometer atos de terrorismo, prevendo que os Estados devem tomar as medidas necessárias para prevenir e combater esse perigoso fluxo transnacional.

Já no âmbito do CTC, é importante mencionar que este passou por profundas transformações para que se adequasse às necessidades de sua missão. Em 2004, por meio da Resolução 1535, foi criada a Diretoria Executiva (CTED, na sigla em inglês), responsável por coordenar a grande tarefa de promover e fiscalizar a implementação da Resolução 1373 (2001). Pretendia-se fornecer os recursos financeiros e humanos necessários para a consecução de seu mandato. A Resolução 1624 (2005), por sua vez, regularizou os procedimentos de apresentação e análise de relatórios dos Estados. Existem, no entanto, alguns impedimentos ao exercício dessa missão fiscalizatória com mais eficácia: a falta de recursos (COCKAYNE et al., 2010), o processo decisório baseado no consenso (MILLAR & ROSAND, 2007, p. 72-73), o foco excessivo na implementação formal (MILLAR & ROSAND, 2007, p. 55) e a recalcitrância em se identificar publicamente Estados não-cooperantes e sancioná-los (CORTRIGHT et al., 2007, p. 46).

---

48 Uma lista das principais resoluções do CSNU sobre o tema do terrorismo se encontra disponível em: <http://www.un.org/en/sc/ctc/resources/res-sc.html>. Acesso em 30 jan. 2017.

Em termos materiais, o conteúdo das normas aprovadas inicialmente não diferia muito daquelas já existentes. A principal diferença era de ordem formal – enquanto os tratados dependiam de um longo processo de ratificação pelos Estados para que se tornassem obrigatórios, as resoluções eram imediatamente aplicáveis; enquanto os tratados não dispunham de mecanismo de fiscalização, o CSNU criou o CTC para monitorar a implementação das resoluções referentes a terrorismo. O tratamento de um tema de maneira acelerada, por via excepcional, em decorrência da urgência de resolvê-lo é um aspecto desse processo compatível com as prescrições da literatura de securitização (BUZAN et al., 1998, p. 29).

Nota-se claramente que a Resolução 1373 (2001) é medida excepcional, inédita para os padrões anteriormente adotados pelo CSNU. Foi uma oportunidade em que buscou-se submeter a questão da cooperação para combater o terrorismo ao mínimo processo político necessário. Enquanto tratados internacionais multilaterais são produto de longas discussões, em conferências internacionais com ampla participação dos Estados, as resoluções do CSNU são discutidas de maneira mais célere em um fórum mais restrito. No caso da Resolução 1373 (2001), não há sequer registro das discussões, o que sinaliza amplo consenso entre os membros daquele órgão sobre o texto votado e aprovado. O fato de que o texto dessa resolução foi elaborado principalmente pelos EUA e, posteriormente, introduzido ao Conselho de Segurança (HEUPEL, 2007, p. 488) é mais um sinal de que aquele é o principal ator securitizante.

Não se pretende afirmar que esta é uma opção inviável ou prejudicial, *a priori*, para o tratamento do tema pela sociedade internacional. Apenas que não se trata de escolha inevitável, pois precisa ser justificada com base nas suas consequências, positivas e negativas (BUZAN, 1997, p. 24). Por exemplo, a partir do momento que o problema é apresentado dentro da chave repressiva-militar, as preocupações com as chamadas "causas do terrorismo" perdem espaço ou ficam relegadas a fóruns com menor poder decisório, como a AGNU.

Paralelamente ao CSNU, existe outro *locus* de produção normativa referente ao combate do terrorismo: o Grupo de Ação Financeira (GAFI).

2.5. GRUPO DE AÇÃO FINANCEIRA

O GAFI tem sua origem intimamente relacionada a outro processo de securitização promovido pelo EUA, o da chamada 'Guerra às Drogas'. Uma das vertentes desse esforço era a legislação doméstica de combate à lavagem de dinheiro[49], meio pelo qual os recursos ilícitos, obtidos com o

---

49 O *Money Laundering Control Act* (1986) era parte do *Anti-Drug Abuse Act* (1986), por exemplo.

tráfico de drogas, poderiam ser inseridos no sistema bancário-financeiro tradicional. Pretendia-se, assim, aleijar os grandes cartéis, responsáveis pelo crescimento da oferta de drogas no mercado norte-americano. A questão era que não bastava combater o problema do tráfico de drogas, internamente. Pela percepção norte-americana, seria necessário engajar outros países nesses esforços.

Alguns instrumentos foram desenvolvidos para organizar e mobilizar esta cooperação. Em Viena, em 1988, foi celebrada, no seio da ONU, a Convenção Internacional contra o Tráfico Ilícito de Entorpecentes e Substâncias Psicotrópicas. Previa esta convenção que os Estados teriam a obrigação de criar novos tipos penais referentes à lavagem de dinheiro[50]. Logo ficou claro, todavia, que o processo de implementação desse tratado seria demasiadamente lento, razão pela qual outra iniciativa foi desencadeada (WILKE, 2008, p. 512). Esta motivação é semelhante àquela que levou ao engajamento do GAFI com o combate ao financiamento do terrorismo, uma década depois.

A criação do Grupo de Ação Financeira ocorreu em 1989, na reunião do G-7, em Paris. A preocupação com o problema das drogas, uma prioridade especialmente para EUA, Grã-Bretanha e França, foi destacada na declaração final daquele encontro[51]. Tendo reconhecido esse problema, o G-7 determinou a convocação de uma força tarefa (em inglês, se chama *Financial Action Task Force*), composta pelos membros daquele grupo e outros países interessados, com o seguinte mandato:

> Para avaliar os resultados da cooperação já empreendida para evitar a utilização do sistema bancário e de instituições financeiras para lavagem de dinheiro, para

---

[50] Deveriam ser criminalizados "a conversão ou a transferência de bens, com conhecimento de que tais bens são procedentes de algum ou alguns dos delitos estabelecidos no inciso a) deste parágrafo, ou da prática do delito ou delitos em questão, com o objetivo de ocultar ou encobrir a origem ilícita dos bens, ou de ajudar a qualquer pessoa que participe na prática do delito ou delitos em questão, para fugir das consequências jurídicas de seus atos e a ocultação ou o encobrimento, da natureza, origem, localização, destino, movimentação ou propriedade verdadeira dos bens, sabendo que procedem de algum ou alguns dos delitos mencionados no inciso a) deste parágrafo ou de participação no delito ou delitos em questão." (art. 3, 1, (b) Convenção Internacional contra o Tráfico Ilícito de Entorpecentes e Substâncias Psicotrópicas).

[51] Naquela oportunidade, se reconheceu que *"the drug problem has reached devastating proportions. We stress the urgent need for decisive action, both on a national and an international basis. We urge all countries, especially those where drug production, trading and consumption are large, to join our efforts to counter drug production, to reduce demand, and to carry forward the fight against drug trafficking itself and the laundering of its proceeds"* (GAFI, 1989).

avaliar medidas preventivas adicionais a serem adotada, incluindo a adaptação dos sistemas legal e regulatório, com objetivo de aumentar a cooperação judicial multilateral (GAFI, 1989).

É importante notar que o GAFI não é uma organização internacional, como se compreende tradicionalmente. Ou seja, não foi criado a partir de um tratado internacional. Pelo contrário, seu funcionamento depende de mandatos temporários que eram concedidos, em tese, de maneira *ad hoc* pelo G-7 e atualmente o são pelo G-20. Na prática, o GAFI funciona como se permanente fosse, não havendo maiores dúvidas quanto à renovação de seus mandatos (em 2012, foi concedido novo mandato até 2020). Para possibilitar seu funcionamento e reconhecendo a similaridade de suas composições, determinou-se que o GAFI usaria as instalações da Organização para a Cooperação e Desenvolvimento Econômico (OCDE), em Paris. Não é, entretanto, um órgão desta organização.

O GAFI atua basicamente de duas formas: (i) elaboração de normas – veiculadas por Recomendações e Notas Interpretativas – que devem ser implementadas tanto por governos nacionais, quanto por entidades não-estatais (bancos, instituições financeiras, etc.) e (ii) avaliação e promoção da implementação dessas normas pelos Estados. A avaliação se dá por um mecanismo duplo de autoavaliação e, principalmente, de *peer-review*, ou seja, os Estados se avaliam mutuamente, com auxílio técnico do GAFI. A promoção da implementação ocorre tanto por meio de incentivos positivos – cooperação técnica – quanto por incentivos negativos – possibilidade da aplicação de uma ampla gama de sanções. Mais detalhes sobre o processo de avaliação serão apresentados no início do quinto capítulo, já fazendo referência a sua aplicação no caso brasileiro.

No que se refere às normas elaboradas pelo GAFI, é importante compreender o ciclo de evolução por qual elas passaram. O primeiro conjunto de normas aprovadas por essa organização foram as 40 Recomendações, em 1990. Elas pretendiam aumentar a capacidade dos Estados de combater a lavagem de dinheiro, aprimorando os ordenamentos nacionais, protegendo os sistemas financeiros contra a intrusão desses atores perniciosos e desenhando um quadro de cooperação internacional. Estabeleciam também um conjunto vasto de obrigações para as instituições financeiras, com objetivo de engajá-las na luta contra a lavagem de dinheiro.

Dentre as 40 Recomendações adotadas, destacam-se algumas delas: Estados devem criminalizar a lavagem de dinheiro (Recomendação 3), Estados devem dispor de mecanismos para congelar e confiscar bens relacionados àquele crime (Recomendação 4), instituições financeiras não podem manter contas anônimas e devem manter registros e dados sobre seus clientes (Recomendação 10 e 11), transações financeiras suspeitas devem ser identificadas e reportadas às autoridades competentes (Recomendação 20), Estados devem estabelecer unidades de inteligência financeira, capazes de receber e analisar os relatórios de atividades suspeitas e outras informações relevantes para o combate à lavagem de dinheiro (Recomendação 29), as legislações nacionais devem prever sanções proporcionais e dissuasivas para pessoas e instituições acusadas de envolvimento com esse crime (Recomendação 35) e Estados devem ratificar os tratados internacionais relevantes sobre o tema (Recomendação 36). Outras Recomendações (37-40) tratavam, ainda, da cooperação internacional (GAFI, 2004).

As recomendações estão calcadas em dois pilares: prevenção e punição. Simultaneamente se estabelecem obrigações para tornar bancos, instituições financeiras e outras entidades menos vulneráveis à lavagem de dinheiro e se fortalece o sistema judicial para lidar com esse crime, a partir da criminalização da lavagem e de seus aspectos acessórios e da instituição de outras medidas tendentes a investigar e processar os acusados de envolvimento com essa atividade (GARDNER, 2007, p. 163).

Essas recomendações passaram por frequentes revisões, em função do crescente conhecimento e do aprimoramento do GAFI, bem como da evolução da prática criminosa. Inicialmente, essas recomendações eram vagas, havendo maior espaço para a interpretação dos Estados sobre como implementá-las – uma necessidade em função da diversidade de sistemas legais. Progressivamente, elas se tornaram mais precisas. Passaram a ser publicadas Notas Interpretativas, que detalham instruções para o processo de sua implementação por parte de Estados e entidades privadas. Manuais de Boas Práticas também foram adotados pelo GAFI como maneira de sugerir especificamente mecanismos e modelos de leis que poderiam facilitar a implementação das Recomendações (GARDNER, 2007, p. 165).

A principal revisão aconteceu em 2001, quando foram adotadas as 9 Recomendações Especiais sobre financiamento do terrorismo. Foi a partir desse momento que a questão do terrorismo entrou para a agenda do GAFI. A decisão de envolver o GAFI nesse tema pode ser compreendida a partir de muitas das mesmas motivações que levaram o Conselho de Segurança a adotar a Resolução 1373 (2001). Até aquele momento, as convenções internacionais sobre terrorismo consideradas mais importantes – sobre financiamento e sobre atentados com bombas – haviam sido ratificadas por um baixo número de Estados (4 e 28 ratificações, respectivamente). Além disso, esses tratados internacionais não previam nenhum mecanismo para fiscalizar sua implementação e haviam sido alvo de inúmeras reservas[52], o que prejudicava sua efetividade (HELFER, 2008, p. 80).

Em contraposição, o GAFI já havia demonstrado disposição em manejar um eficiente e intrusivo mecanismo de fiscalização – também a partir de uma iniciativa do governo norte-americano (ZAGARIS, 2004, p. 136). Maiores detalhes sobre esse mecanismo serão apresentados em seção específica do presente trabalho, a seguir.

A articulação de novas normas – expedidas pelo Conselho de Segurança e pelo Grupo de Ação Financeira – depende, em alguma medida, da contestação de algum aspecto das normas já em vigor (FINNEMORE & SIKKINK, 1998, p. 897). No caso, essas novas normas foram apresentadas como necessárias em função das deficiências das normas preexistentes. Essa deficiência se referia mais a uma questão formal do que propriamente material, de conteúdo[53]. A necessidade e a complexidade do processo de ratificação as tornavam excessivamente custosas e ineficientes. A sua incapacidade de fiscalizar o processo de implementação contrastava com a demonstrada disponibilidade do GAFI de fazê-lo, tornando-o um fórum mais atraente[54].

Nota-se, no entanto, que se trata de um processo excepcional de produção de normas, no qual a necessidade de consentimento dos Estados é contornada (KRISCH, 2014). O emprego de ações extraordinárias – e aqui se trata tanto do conteúdo, quanto da forma de produção – foi articulado como necessário frente a ameaça das redes terroristas internacionais, a partir de atos de fala dos atores securitizantes. Teriam empoderado não só governos e Estados (BECK, 2002, p. 41), como também organizações internacionais que passaram a atuar de maneira sem precedentes. Ainda que composta por aqueles, elas têm uma atuação diferenciada, representando, com frequência, um instrumento legitimador para as suas intenções e ações. A legitimação da Guerra contra o Terror segue assim

---

[52] Reserva é "uma declaração unilateral, qualquer que seja a sua redação ou denominação, feita por um Estado ao assinar, ratificar, aceitar ou aprovar um tratado, ou a ele aderir, com o objetivo de excluir ou modificar o efeito jurídico de certas disposições do tratado em sua aplicação a esse Estado" (art. 2, 1 (d) Convenção de Viena sobre Direito de Tratados).

[53] As Recomendações do GAFI têm como base as próprias previsões da Convenção Internacional para a Supressão do Financiamento do Terrorismo.

[54] A prática da mudança de regimes ou *fórum shopping* é definida como a "tentativa de alterar o *status quo* levando discussões sobre tratados, iniciativas de produção normativa e atividades de estabelecimento de padrões de um fórum internacional para outro" (HELFER, 2004, p. 14).

um caminho multilateral, ainda que *ad hoc*, à sombra do unilateralismo de muitas das ações do Governo Bush.

De fato, o envolvimento do GAFI com o financiamento do terrorismo também deve ser visto como a continuação, na esfera internacional, das iniciativas adotadas internamente pelos EUA, no pós-11 de setembro, destacadamente o *PATRIOT Act*. A preferência do Governo Bush por mecanismos mais flexíveis em detrimento dos fóruns multilaterais tradicionais certamente também desempenhou um papel importante na escolha do GAFI como fórum onde se promover esses esforços. No mais, existe alguma superposição entre o tema da lavagem de dinheiro e do financiamento do terrorismo, que torna vantajosa o aproveitamento das capacidades já desenvolvidas[55] (HENG & MCDONAGH, 2008, p. 556).

As 9 Recomendações Especiais se juntariam às 40 iniciais. Essas novas recomendações se focavam especificamente na questão do financiamento do terrorismo e determinavam: que os Estados deveriam ratificar a Convenção da ONU para a Supressão do Financiamento do Terrorismo (Recomendação 1), que os Estados deveriam criminalizar o financiamento de grupos terroristas, atos terroristas e organizações terroristas (Recomendação 2), que os Estados deveriam dispor de instrumentos para congelar e confiscar bens de grupos terroristas (Recomendação 3), que instituições financeiras deveriam reportar, às autoridades competentes, transações suspeitas (Recomendação 4), que os Estados deveriam cooperar entre si, compartilhando informações e provendo assistência mútua (Recomendação 5), que os Estados deveriam estabelecer mecanismos para fiscalizar sistemas de transações financeiras alternativos (Recomendação 6), que as instituições financeiras deveriam fornecer informações detalhadas sobre transações (Recomendação 7), que os Estados deveriam

---

[55] Existem, no entanto, diferenças entre os dois fenômenos que demandam respostas regulatórias específicas. Primeiramente, o financiamento de terroristas, em geral, parte de fontes legítimas e lícitas, de maneira que é a utilização desses recursos para a organização de ataques e para a manutenção desses grupos terroristas, por exemplo, que torna a atividade ilícita. A preocupação, aqui, não é quem se beneficia, como no caso da lavagem de dinheiro, mas quem fornece esses recursos. Em segundo lugar, os objetivos finais das atividades são muito diferentes. Enquanto na lavagem de dinheiro o objetivo é o lucro, no financiamento de terroristas, existe um motivo (político) maior por trás das atividades realizadas. Assim, não basta reduzir os fluxos financeiros, é necessário eliminá-los para privar grupos terroristas dos meios a partir dos quais organizam suas atividades. Por fim, existe uma diferença operacional importante: na lavagem de dinheiro, se lida com grandes quantias de dinheiro; para financiar a realização de um atentado, basta uma quantia modesta de recursos. Isso faz com que a eliminação completa dos meios pelos quais terroristas podem adquiri-los seja ainda mais importante – e difícil (GARDNER, 2007, p. 159).

garantir que organizações sem fins lucrativos não fossem deturpadas para fins escusos, como financiar grupos terroristas (Recomendação 8) e que os Estados devem criar mecanismos para detectar o transporte físico de dinheiro através de fronteiras (Recomendação 9) (GAFI, 2008).

Desde 2001, outros aspectos relativos ao terrorismo já foram abarcados pelo GAFI. A questão da proliferação de armas de destruição em massa e a possibilidade de que venham a ser controladas por grupos terroristas, que foram objeto da Resolução 1540[56] (2004), e a questão do recrutamento de estrangeiros por grupos terroristas, prática que ganhou importância nos últimos anos, principalmente a partir da atuação do Estado Islâmico[57], são alguns exemplos. Mesmo a questão do financiamento do terrorismo acaba abarcando diversos aspectos mais amplos deste fenômeno, como ficará claro na discussão sobre a Lei Antiterrorismo brasileira.

A participação dos Estados no GAFI é um aspecto peculiar e, nisso, ele é semelhante a outras organizações internacionais. Inicialmente, foram convidados para se juntar ao grupo fundador – membros do G-7 – a Comissão Europeia, Suécia, Holanda, Bélgica, Luxemburgo, Suíça, Áustria e Austrália. Até hoje o GAFI conta com um número limitado de membros – são 37 no total (GAFI, 2015). Novos membros precisam ser convidados e devem passar por um processo de avaliação prévio à adesão definitiva.

Se uma das grandes dificuldades relacionadas ao processo de elaboração de normas no seio da ONU é a multiplicidade de vozes que dificulta o consenso, levando, com frequência, a normas abstratas e genéricas, sem mecanismos eficazes de fiscalização; no caso do GAFI, pretendeu-se manter um círculo restrito e homogêneo de membros para facilitar o processo decisório.

---

56 Com a revisão das recomendações em 2012, a Recomendação 7 passou a fazer referência expressa a essa questão: *"Countries should implement targeted financial sanctions to comply with United Nations Security Council resolutions relating to the prevention, suppression and disruption of proliferation of weapons of mass destruction and its financing. These resolutions require countries to freeze without delay the funds or other assets of, and to ensure that no funds and other assets are made available, directly or indirectly, to or for the benefit of, any person or entity designated by, or under the authority of, the United Nations Security Council under Chapter VII of the Charter of the United Nations".* (GAFI, 2012)

57 Essa questão é tratada tanto no âmbito das Recomendações referentes à implementação de sanções impostas pelo Conselho de Segurança (Recomendação 13), quanto naquelas que tratam de instâncias específicas de financiamento (Recomendação 5, 6 e, especialmente, 8). O Estado Islâmico é objeto também de outras normas específicas do GAFI, veiculadas por relatórios ou guias de boas práticas, cf. GAFI, *Financing of the Terrorist Organisation Islamic State in Iraq and the Levant*. Disponível em: <http://www.fatf-gafi.org/publications/methodsandtrends/documents/financing-of-terrorist-organisation-isil.html>. Acesso em 10 jan. 2017.

Manifestava-se, no entanto, a necessidade de que as normas produzidas dentro daquele âmbito tivessem aplicação universal. Para tratar de um problema transnacional da amplitude da lavagem de dinheiro (e, posteriormente do financiamento terrorismo), era necessário que mesmo os países não-membros do GAFI implementassem as suas normas. A partir da articulação da lógica, já mencionada, de que a rede de combate a esses fenômenos é tão forte quanto seu elo mais fraco, demanda-se a participação de todos os Estados nessa empreitada. Afinal, argumenta-se, enquanto houvesse países oferecendo refúgio, por ação ou omissão, a grupos envolvidos com esses ilícitos internacionais, eles continuariam a prosperar e prejudicar toda a sociedade internacional (KRISCH, 2014, p. 20). É fundamental para esse processo a apresentação do risco como transnacional (BECK, 2002, p. 46). A porosidade das fronteiras nacionais, o aumento dos fluxos financeiros e a interconexão entre as economias são elementos que servem de pano de fundo para essa lógica.

Certamente, o terrorismo não é das primeiras ameaças transnacionais que surgem e geram a demanda por esse tipo de tratamento. A pirataria, em períodos mais remotos, e o crime organizado representam ameaças igualmente porosas. A diferença é a articulação do terrorismo, a partir da securitização, como ameaça existencial ao Estado[58] que, ao mesmo tempo, exige medidas excepcionais e permite que elas sejam tomadas por todos os Estados, mas também autoriza, ou melhor exige, que apenas um, os Estados Unidos, assuma a posição de liderança, hegemônico (LASMAR, 2015, p. 410).

Como afirmado, é a partir dessa articulação que se exige que todos Estados desenvolvam capacidades para colocar em prática as ações excepcionais, consideradas necessárias para manejar, ou melhor, eliminar riscos. Isso a despeito das considerações sobre os riscos (das medidas excepcionais) e custos (ARADAU & VON MUNSTER, 2007, p. 100-102). Os esforços para gerenciar esses riscos e minimizá-los[59] e as contestações

---

58 *"The process of escalating the notion of international terrorism until it symbolizes the ultimate threat makes it unique in its dangerousness. These identity-dynamics construct terrorism not only as enemy-Other but it is the formation of the world's current absolute enemy"* (HERSCHINGER, 2013, p. 191).

59 Um dos principais riscos, como ficará evidente ao longo das discussões sobre a Lei Antiterrorismo, é que a adoção de legislações para combate ao terrorismo gere oportunidades para abusos, por parte de autoridades estatais, que resultem em violações aos Direitos Humanos. Um reconhecimento desse risco e, paralelamente, um mecanismo para mitigá-lo foi desenvolvido pelo Conselho de Direitos Humanos, por meio da instituição do *Special Rapporteur on the promotion and protection of human rights and fundamental freedoms while countering terrorism*. Esse relator é responsável

sobre os custos[60] ficam às margens desse processo. Isso ficará evidente também nas discussões sobre a Lei Antiterrorismo.

Foram desenvolvidos diversos mecanismos com objetivo tanto de se ampliar de fato o alcance do GAFI para todo o mundo, quanto para mitigar eventuais questionamentos à legitimidade de um órgão de composição tão restrita. A própria ampliação do rol de membros para incluir outros Estados fora daquele padrão inicial de países desenvolvidos tem esse objetivo. Foi durante esse processo de ampliação que o Brasil se tornou membro, em 2000, do GAFI. Paralelamente, e utilizando esses novos membros como intermediários, foi promovida a criação de grupos regionais semelhantes ao GAFI (FSRBs, na sigla em inglês) em todos os continentes do globo. Atualmente, existem nove FSRBs, que adotam normas semelhantes às do GAFI, participam dos processos de avaliação e integram o GAFI como membros associados (HÜLSSE, 2008, p. 470).

O fato de os principais centros financeiros do mundo serem membros do GAFI também representava um incentivo necessário para que outros países se adequassem às normas necessárias para negociar com as instituições financeiras lá sediadas.

Finalmente, as iniciativas no seio do GAFI e do CSNU não devem ser entendidas como esforços isolados. Pelo contrário, existem diversas instâncias de referências cruzadas entre as normas adotadas por esses organismos. De um lado, as Recomendações 6 e 7 do GAFI, como notado, se referem exatamente à obrigação imposta aos Estados para que eles tenham capacidade para dar aplicação às sanções impostas pelo CSNU no âmbito do Comitê Al Qaeda/ISIL (D'aesh) e do Comitê 1540, respectivamente.

De outro lado, o Conselho de Segurança, em diversas ocasiões, fez referências ao GAFI e às suas normas, para (i) incentivar os Estados membros da ONU a implementarem as Recomendações e normas acessórias – Resolução 1617 (2005), Resolução 1989 (2011), Resolução 2083 (2012), (ii) direcionar o CTC/CTED a trabalhar de maneira concertada com o GAFI – Resolução 2129 (2013), (iii) incentivar os Estados a integrarem os FSRBs – Resolução 2195 (2015) e (iv) convidar o GAFI a se focar em determinadas questões

---

por identificar instâncias em que práticas estatais supostamente destinadas a combater o terrorismo estejam gerando violações a direitos e liberdades fundamentais.

60 Por exemplo, a imposição dos novos padrões do GAFI impôs custos significativos, por exemplo, a países que atuavam como paraísos fiscais. Críticas se multiplicaram a partir da aplicação de mecanismos coercitivos como a iniciativa NCCT. O representante de Antígua, por exemplo, afirmou que o GAFI era a criação de Estados ricos e que era inaceitável que eles usurpassem os direitos dos Estados de estabelecerem suas próprias regras sob a ameaça de sanção (HULSSE, 2008, p. 464).

e desenvolver novas iniciativas a seu respeito, como o recrutamento de terroristas estrangeiros – Resolução 2253 (2015).

À parte de aspectos institucionais, existe outro elemento que também é importante para explicar a capacidade de disseminação normativa do GAFI. Como mencionado, o GAFI constitui uma rede transnacional, composta de reguladores da área do Direito e das Finanças. A atuação desses agentes estatais, nessa rede, entretanto, desafia a concepção tradicional de simples representantes do Estado. Conforme as interações entre esses agentes se multiplicam[61], são seus pares que se tornam suas audiências principais, tomadas como referência para sua atuação. Sherman (2008, p. 648) afirma que "conforme os reguladores se tornam mais emaranhados nessas redes transnacionais, tanto no nível regional, quanto no global, seu grupo de referência para determinação de status social se torna aquele de pares dessa rede, não mais os agentes estatais domésticos".

Nesse cenário, a preocupação com a reputação se torna um elemento fundamental e motivacional em termos de tornar esses reguladores completamente investidos na implementação das Recomendações do GAFI pelo país que representam. Afinal, o fracasso de o país fazê-lo é ressignificado, nesse cenário, como um fracasso próprio em face dos seus pares – sua audiência prioritária. Torna-se uma missão individual promover essa implementação, como afirmou Pedro Abramovay que, no Ministério da Justiça, acompanhou diversas das iniciativas para se legislar sobre terrorismo.

Uma forma de articulação dessa missão é apresentá-la como técnica, não política. Afirmações que consideram o GAFI um órgão técnico, assim, pretendem excluir as suas diretivas do debate político, como se esse fosse apolítico. O fato de tratar de assuntos mais complexos e intrincados, como financiamento do terrorismo, não significa, todavia, que seu processo decisório esteja imune a considerações políticas. Pelo contrário, a determinação de suas prioridades é eminentemente um processo político e, mesmo que suas avaliações sejam calcadas em critérios técnicos (análise de legislação e estatísticas sobre a sua aplicação, por exemplo), é certo que considerações políticas têm um papel importante.

Por exemplo, Jared Wessel (2006, p. 176) reconta como o Reino Unido dispendeu capital político significativo para proteger as ilhas de Jersey e Guernsey de serem incluídas em listas da não cooperantes. Já o Embaixador brasileiro Luiz Maria Pio Corrêa (2012, p. 205-214) reconta como o Equador

---

[61] O GAFI, por exemplo, se reúne, no mínimo, três vezes por anos. Somam-se a isso as reuniões dos FSRBs, *workshops* e treinamentos e a participação em missões de avaliação.

fez gestões políticas, inclusive junto ao Brasil, para que fosse retirado de uma das listas de não cooperantes e como o Brasil, por interesses políticos, endossou o ingresso da Índia no GAFI e apoiou a Argentina, em 2010, quando esta recebeu avaliações negativas. Nesse mesmo sentido, afirma Carla Verissimo, Procuradora da República e integrante da missão brasileira ao GAFI, que "a questão também vira política e países fazem acordos para se apoiarem mutuamente, existem alguns blocos e a gente vê que existem alguns países que são 'mais iguais do que os outros'. Isso influencia também as avaliações – a título de exemplo, Carla Verissimo assinala que "recentemente os EUA foram avaliados e extremamente bem avaliados. Se fosse outro país com a situação deles, talvez não seria tão bem avaliado, então com alguns países o GAFI é mais rigoroso e com outros nem tanto. Isso se percebe".

Elementos ideacionais são fundamentais para que se compreenda o processo de difusão normativa realizado pelo GAFI. Afinal, como mencionado, a simples referência a análise de custo e benefício não é suficiente. De fato, essa análise aponta para altos custos e poucos benefícios, de modo que se tornam ainda mais significativos esses elementos ideacionais (BARADARAN et al, 2014). Somente eles explicam o amplo sucesso de difusão de um regime que não se demonstrou eficaz em sua missão fim. A eficácia das medidas de combate ao financiamento do terrorismo, já de difícil avaliação[62], se torna um elemento secundário, frente à necessidade de se preservar a reputação dos reguladores e evitar a aplicação dos mecanismos de coerção sobre os quais se discorrerá a seguir. Isso ficará evidente mesmo no debate doméstico sobre a Lei Antiterrorismo.

2.5.1. Mecanismos de coerção do GAFI

Uma breve reflexão sobre os mecanismos coercitivos aplicados pelo GAFI, especialmente o *blacklisting*[63], se faz necessária. Compreender o funcionamento desses mecanismos coercitivos é fundamental para que se reconheça a força do GAFI como mecanismo propulsor do processo legislativo que daria origem à Lei Antiterrorismo.

---

[62] Muitos dos argumentos apresentados sobre a eficácia do regime de combate ao financiamento do terrorismo são políticos e não existe uma métrica definitiva para medir essa eficácia. O fato de grande parte das informações sobre o tema serem sigilosas agrava isso (BARADAN et al., 2014, p. 485).

[63] É possivelmente o mecanismo mais relevante, apesar de não ser o mais extremo. A suspensão e a expulsão do GAFI são medidas radicais e, como só podem ser aplicadas a Estados-membros – número restrito, em sua maioria são até hoje Estados desenvolvidos –, têm alcance limitado.

A primeira instância em que foram empregados mecanismos coercitivos de maneira sistemática foi em 2000, com a iniciativa *Non-Cooperative Countries and Territories*[64] (NCCT). Como mencionado, a disponibilidade de o GAFI fazer uso desses mecanismos foi essencial para que se decidisse manejá-lo também nos esforços de combate ao financiamento do terrorismo. A partir dessa iniciativa, foi avaliada a implementação das 40 Recomendações em 47 Estados ou jurisdições, sendo 23 destes incluídos na 'lista negra' do GAFI.

A decisão de aplicar esses mecanismos se deveu à percebida insuficiência dos mecanismos empregados até então para efetivamente disseminar as normas de combate à lavagem de dinheiro para além dos países desenvolvidos. Membros do GAFI tinham, entretanto, motivações distintas. Enquanto países europeus demonstravam maior preocupação com a evasão fiscal e a perda de receitas, conforme paraísos fiscais se tornavam alternativas interessantes, o principal foco de atenção dos EUA era o combate contra o crime organizado e o tráfico de drogas – ainda no contexto da Guerra às Drogas (SHARMAN, 2008, p. 644). Elementos conjunturais também tiveram impacto: a crise financeira de 1997, originária na Ásia, mas com impactos globais, demonstrou os efeitos perniciosos da falta de regulamentação dos mercados financeiros. Outros problemas, relacionados à corrupção e mesmo ao financiamento de grupos terroristas, antes dos atentados de setembro de 2001, também são mencionados como justificativas (WECHSLER, 2001).

A disponibilidade de mecanismos coercitivos do GAFI, contudo, era limitada. O GAFI nunca teve a capacidade oferecer (e negar) empréstimos condicionados à implementação de suas Recomendações, como tinha o FMI. Tampouco tinha o poder ou a estrutura necessária para aplicar sanções comerciais. Restava-lhe a alternativa de apontar publicamente Estados e jurisdições como não-cumpridores – '*name and shame*'. De fato, essa já era uma possibilidade prevista nas Recomendações 17, 21 e 22[65]. Essa medida,

---

64 Essa iniciativa não foi isolada. Outras organizações internacionais, nesse mesmo momento, desenvolveram listas negras com propósitos distintos. A OCDE divulgou uma lista de paraísos fiscais, cuja práticas representavam competição tributária prejudicial à economia global e o Fórum de Estabilidade Financeira divulgou uma lista de centros financeiros *offshore*, classificando-os de acordo com a *compliance* em relação aos padrões e normas internacionais (Zagaris, 2004, p. 137)

65 Recomendação 17 – "*Countries should ensure that effective, proportionate and dissuasive sanctions, whether criminal, civil or administrative, are available to deal with natural or legal persons covered by these Recommendations that fail to comply with anti-money laundering or terrorist financing requirements.*"; Recomendação 21 – "*Financial institutions should give special attention to business relationships and transactions with persons, including*

inclusive, já havia sido aplicada, em 1996, de maneira *ad hoc* nos casos das Ilhas Seychelles[66] e da Turquia[67] (SHARMAN, 2008, p. 644-645).

Após 2001, não foram publicadas novas listas negras. Os países previamente listados foram monitorados e progressivamente retirados da lista até que, em 2006, com a retirada de Mianmar, a iniciativa NCCT se encerrou. A conclusão dessa iniciativa foi amplamente reconhecida como um sinal de seu sucesso (HULSSE, 2008, p. 462; SHARMAN, 2008, p. 644), inclusive pelo próprio GAFI (2006, p. 12), que afirmou "a iniciativa NCCT se mostrou uma ferramenta útil e eficiente para aprimorar a implementação global das 40 Recomendações. [...] Todas as jurisdições listadas participaram ativa e construtivamente do processo". São mencionadas, entretanto, outras razões para o fim desse experimento, como as limitações financeiras e materiais do Secretariado do GAFI, que dificultavam a administração da 'lista negra', a forte oposição de organizações como o FMI e o BM ao emprego de práticas coercitivas e preocupações com a legitimidade do GAFI (HULSSE, 2008, p. 462-464).

Nova empreitada na aplicação de mecanismos coercitivos se iniciaria em fevereiro de 2008, quando o GAFI emitiu uma declaração de preocupação em relação à situação de sete países – Uzbequistão, Irã, Paquistão, São Tomé e Príncipe, Turcomenistão e Chipre. Entre 2008 e 2010, a situação destes mesmos países foi acompanhada pelo GAFI, mas nenhum outro

---

companies and financial institutions, from countries which do not or insufficiently apply the FATF Recommendations. Whenever these transactions have no apparent economic or visible lawful purpose, their background and purpose should, as far as possible, be examined, the findings established in writing, and be available to help competent authorities. Where such a country continues not to apply or insufficiently applies the FATF Recommendations, countries should be able to apply appropriate countermeasures"; Recomendação 22 – "*Financial institutions should ensure that the principles applicable to financial institutions, which are mentioned above are also applied to branches and majority owned subsidiaries located abroad, especially in countries which do not or insufficiently apply the FATF Recommendations, to the extent that local applicable laws and regulations permit. When local applicable laws and regulations prohibit this implementation, competent authorities in the country of the parent institution should be informed by the financial institutions that they cannot apply the FATF Recommendations*" (GAFI, 2004).

66 O GAFI condenou o país, em 1996, quando o governo nacional ofereceu imunidade de extradição para indivíduos que realizassem investimentos em valor superior a 10 milhões de dólares (SHARMAN, 2008, p. 645).

67 O GAFI condenou o país, que era membro efetivo do GAFI desde 1991, em setembro de 1996, por não implementar normas referentes ao combate à lavagem de dinheiro. Até o final de 1998, a deficiência apontada foi sanada pelo governo turco (RICHARDS, 1998, p. 226).

foi incluído na 'lista negra'. Até que, em fevereiro de 2010, esses mecanismos ganharam força, se ampliaram e tornaram-se mais sofisticados.

Após a reunião da Plenária de fevereiro de 2010, foram apontados 20 Estados e jurisdições com graves deficiências na implementação das Recomendações – Antígua e Barbuda, Azerbaijão, Bolívia, Grécia, Indonésia, Quênia, Marrocos, Mianmar, Nepal, Nigéria, Paraguai, Qatar, Sri Lanka, Sudão, Síria, Trinidad e Tobago, Tailândia, Turquia, Ucrânia e Iêmen[68]. O principal responsável pelo gerenciamento desse mecanismo é o Grupo de Revisão da Cooperação Internacional (ICRG, na sigla em inglês). Constituído formalmente em 2007, ele é composto por quatro grupos regionais – Ásia/Pacífico, Oriente Médio/África, América e Europa/Eurásia.

A partir de 2010, o GAFI passou a divulgar, ao final de cada Plenária, duas declarações: (i) o *FATF Statement* que identifica (i.1) países e jurisdições com graves deficiências em relação à implementação das Recomendações, sendo recomendada a aplicação de contramedidas e (i.2) países e jurisdições com deficiências suficientes para exigir que sejam aplicadas medidas potencializadas de devida diligência, proporcionais aos riscos derivados daquelas deficiências; e (ii) a declaração *Improving Global AML/CFT Compliance: On-Going Process* que indica países com deficiências, cujos governos, entretanto, já se comprometeram a planos de ação específicos, desenvolvidos em conjunto com o GAFI, para solucioná-las. O GAFI afirma que as deficiências desses países devem ser consideradas pelos outros, mas não determina a aplicação de sanções ou contramedidas. A título de simplificação, há uma gradação em relação à lista negra (i.1), à lista cinza escura (i.2) e à lista cinza clara (ii). Estados podem ser transferidos de listas ou removidos completamente delas em função de suas ações para resolverem as deficiências indicadas.

Essa gradação se substancia nas distintas consequências que a designação de um país em cada uma dessas listas tem. A lista cinza clara implica, em teoria, consequências mais brandas. Exige-se que os outros Estados tomem medidas com o objetivo de se proteger de eventuais riscos derivados das deficiências daqueles países. Se coaduna com a diretiva imposta pela Recomendação 1[69] de que os países adotem uma abordagem baseada

---

[68] Resultado da Reunião da Plenária do GAFI, 18 fev. 2010. Disponível em: <http://www.fatf-gafi.org/publications/high-riskandnon-cooperativejurisdictions/documents/improvingglobalamlcftcomplianceupdateon-goingprocess-february2010.html>. Acesso em 6 fev. 2017.

[69] Recomendação 1 – *"Countries should identify, assess, and understand the money laundering and terrorist financing risks for the country, and should take action, including designating an authority or mechanism to coordinate actions to assess risks, and apply resources, aimed at ensuring the risks are mitigated effectively. Based on that assessment,*

no risco. Isso implica que, a partir de uma avaliação dos maiores riscos relacionados à lavagem de dinheiro e ao financiamento do terrorismo, se exija dos Estados a adoção de medidas proporcionais a esses riscos[70].

Já em relação à lista cinza escura, o GAFI demanda que se aplique a primeira parte da Recomendação 19[71] (sucessora das Recomendações 17, 21 e 22, na versão de 2012). A aplicação de medidas de devida diligência implica, na prática, no aumento dos custos para a realização de negócios com pessoas físicas e jurídicas do país listado. A Nota Interpretativa à Recomendação 19 aponta incluírem-se entre essas medidas: instituições financeiras devem obter informações adicionais e atualizadas sobre os consumidores, sobre eventuais transações e sobre a fonte de renda e riqueza dos consumidores; intensificação do monitoramento das relações de negócio; entre outras (GAFI, 2012, p. 65-66).

Por fim, países colocados na lista negra estão sujeitos a contramedidas que devem ser aplicadas em conformidade com a segunda parte da Recomendação 19[72]. Entre os exemplos de contramedidas oferecidos pelo GAFI (2012, p. 79) destacam-se a proibição do estabelecimento, no seu país, de instituições financeiras originárias ou de subsidiárias do país listado, a exigência de que instituições financeiras encerrem relações de

---

countries should apply a risk-based approach (RBA) to ensure that measures to prevent or mitigate money laundering and terrorist financing are commensurate with the risks identified. This approach should be an essential foundation to efficient allocation of resources across the anti-money laundering and countering the financing of terrorism (AML/CFT) regime and the implementation of risk-based measures throughout the FATF Recommendations. Where countries identify higher risks, they should ensure that their AML/CFT regime adequately addresses such risks. Where countries identify lower risks, they may decide to allow simplified measures for some of the FATF Recommendations under certain conditions. Countries should require financial institutions and designated non-financial businesses and professions (DNFBPs) to identify, assess and take effective action to mitigate their money laundering and terrorist financing risks". (GAFI, 2012, p. 11).

70 Se contrapõe à abordagem baseada em regras que demanda um nível uniforme de ações e medidas, independente do risco presente (ou não).

71 Recomendação 19 – *"Financial institutions should be required to apply enhanced due diligence measures to business relationships and transactions with natural and legal persons, and financial institutions, from countries for which this is called for by the FATF. The type of enhanced due diligence measures applied should be effective and proportionate to the risks".* (GAFI, 2012, p. 19).

72 Recomendação 19 – *"Countries should be able to apply appropriate countermeasures when called upon to do so by the FATF. Countries should also be able to apply countermeasures independently of any call by the FATF to do so. Such countermeasures should be effective and proportionate to the risks."* (GAFI, 2012, p. 18).

negócio com empresas e outras instituições financeiras do país listado e o aumento de exigências relacionadas à auditoria em transações envolvendo aquele país. Dadas as graves implicações destas medidas, não surpreende o fato de a lista negra ser raramente empregada pelo GAFI, e reservada, nos últimos anos, apenas aos casos do Irã e da Coreia do Norte.

Essas são consequências teóricas da inclusão de um país em cada uma das listas. As repercussões práticas, evidenciadas pela experiência histórica, são muito mais amplas. J. C. Sharman (2008, p. 645-646) afirma que *blacklisting* é uma forma de exercício de poder por meio do discurso com amplos impactos, tanto para aqueles diretamente listados, quanto para a audiência mais ampla. Seria um 'ato de fala' capaz de transformar a realidade – apesar de se apresentar como declaratório, é, na realidade, constitutivo dessa nova realidade em que um país ou jurisdição se vê condenado às inúmeras consequências de estar em uma das listas (SHARMAN, 2009, p. 579).

Ao aplicar esses mecanismos coercitivos – e produzir impactos devastadores, como se notará – espera-se, também, fazer dos países alvos exemplos para que todos os outros reconheçam as consequências de não-cooperar. Como discurso, o *blacklisting* cria novos fatos institucionais, ou seja, como organização internacional reconhecidamente competente na seara em que atua, o GAFI é capaz de conferir status negativo a determinados Estados e jurisdições, mudando a forma como os outros (governos e atores privados) o percebem. Reputação é um conceito que desempenha um papel fundamental nesse processo. A imagem de segurança e estabilidade é essencial para a atração de investimentos, razão pela qual a listagem produz impactos tão severos (SHARMAN, 2009, p. 580-581).

A partir de uma pesquisa sobre o impacto da iniciativa NCCT sobre países em desenvolvimento, especificamente Barbados, Maurício e Vanuatu, Sharman (2008) foi capaz de verificar o profundo impacto que essa iniciativa teve. Apesar de nenhum desses países ter sido efetivamente listado, o compartilhamento das experiências daqueles que haviam sido foi suficiente para disseminar a percepção de que a listagem era algo a ser evitado a todos custo. Os casos de Antígua[73], das Ilhas Seychelles[74]

---

73 O representante da instituição de inteligência financeira do país declarou que "*God forbid that you should share this experience*". Apontou, ainda, que bancos internacionais cortaram laços com instituições financeiras nacionais ou impuseram custos mais elevados para realizar transações. Os impactos da listagem de Antígua alcançaram até o setor turístico, porque muitos investidores temiam as consequências de fazer negócio naquele ambiente tido como mais arriscado (SHARMAN, 2008, p. 645).

74 Os efeitos da declaração pública do GAFI contra o país permaneceram quase 10 anos depois, retardando o crescimento do setor financeiro (SHARMAN, 2008, p. 645).

e de Nauru[75] representavam exemplos das consequências da listagem. Vale transcrever uma passagem que denota situação semelhante à qual autoridades brasileiras se veriam no primeiro semestre de 2015:

> O diretor de uma instituição de inteligência financeira afirmou, de forma direta, que ser incluído na lista negra era o equivalente a "ter uma arma apontada contra sua cabeça" para países em desenvolvimento. A maioria dos participantes [dos workshops regionais] afirmavam que a existência da lista negra significava que os países em desenvolvimento não tinham outra alternativa que não reformar [seu sistema legal]. Ou os países faziam o que era necessário em termos de normas contra a lavagem de dinheiro para evitar a ira do GAFI, ou seria listado e seu setor financeiro internacional destruído. Reguladores e representantes de bancos indicavam disposição a pagar qualquer preço para ficar fora da lista negra (SHARMAN, 2008, p. 645).

Os impactos à reputação do país listado dificilmente podem ser superestimados e não estão restritos a pequenas ilhas ou Estados em desenvolvimento. Nem tampouco se encerram com a retirada do país da lista. Pelo contrário, se prolongam no tempo, gerando efeitos prejudiciais à economia mesmo após a eventual adoção das medidas exigidas pelo GAFI. Nessa perspectiva, os efeitos dissuasórios desses mecanismos de coerção são amplos, tendo tido impacto, como se verá, no caso brasileiro.

Uma maneira como esses impactos podem ser auferidos de maneira mais objetiva é a avaliação das agências de *rating* internacionais – *Moody's, Standard & Poor's* e *Fitch*, principalmente. Essas agências – atores privados – são responsáveis por auferir o risco de se investir em países e empresas, levando em conta uma multiplicidade de fatores, como estabilidade política, índices relativos à economia (crescimento, desemprego, inflação, etc.), facilidade de se fazer negócios no país, entre tantos outros. Alguns desses fatores decorrem de critérios objetivos, enquanto outros demandam uma avaliação subjetiva. A principal preocupação dessas agências é com a possibilidade de inadimplência, tanto de Estados, quanto de empresas.

As agências conferem notas às empresas e aos Estados, as quais variam numa escala específica para cada agência. O chamado 'grau de investimento' – considerado a partir de determinada nota mínima – se refere a uma avaliação positiva em relação aos riscos políticos, econômicos, regulatórios, externos, fiscais e econômicos. Essas avaliações são utilizadas como parâmetros para a grande maioria de investidores globais.

---

[75] Nauru havia exigido compensação, no valor de 10 milhões de dólares, para implementar as Recomendações do GAFI. A consequência da listagem foi a derrocada do sistema financeiro do país que, anos depois, ainda não tinha bancos funcionando e sofria com o estigma de local arriscado, razão pela qual nenhuma instituição financeira internacional estava disposta a abrir uma subsidiária no país (SHARMAN, 2008, p. 645).

O impacto de eventual listagem sobre esses riscos é grande. Como notado, empresas de países listados são sujeitas a maiores custos, o que prejudica sua solidez e desempenho no mercado internacional competitivo. O risco de aplicação de contramedidas contra um Estado também é levado em conta, mesmo que o país ainda não se encontre propriamente na lista negra, quando isso ocorreria. A antecipação e a necessidade de se precaver contra eventuais rebaixamentos faz com que mesmo a inclusão na lista cinza claro gere graves impactos.

A piora da nota de um Estado ou de uma empresa e, especialmente, a perda do 'grau de investimento', representam duros golpes. Para ambos se torna mais difícil e custoso obter empréstimos no mercado financeiro internacional – maiores riscos, entende-se, demandam maiores retornos financeiros para os credores. A disposição de investidores internacionais empreenderem em países que não têm o grau de investimento também cai. A redução dos fluxos financeiros internacionais foi uma ameaça que figurou proeminentemente no desencadeamento do processo legislativo que geraria a Lei Antiterrorismo no Brasil.

São inúmeras as instâncias de países que, colocados em uma das listas (ou simplesmente ameaçados), tomaram imediatamente as medidas apontadas pelo GAFI para suprir as deficiências indicadas (Sharman 2008; Sharman, 2009). O caso do Brasil, como se verá, é mais um em que o efeito dissuasivo do *blacklisting* exerceu papel fundamental no desencadeamento do processo de implementação as normas do GAFI.

2.6 (IN)DEFINIÇÕES DE TERRORISMO

Um traço em comum a todos os esforços de cooperação para combater o terrorismo é a dificuldade de se alcançar uma definição consensual e universal para esse fenômeno. Esta não é uma dificuldade que se verifica apenas no plano internacional. Pelo contrário, no plano doméstico ela também é alvo de contenção entre os atores políticos relevantes, como se notará nos próximos capítulos.

Este trabalho repousa, como mencionado, na ideia de que a linguagem não é uma ferramenta transparente a partir da qual dados e fatos podem ser registrados objetivamente. Pelo contrário, se trata campo para a prática e para a disputa social e política (HENSEN, 2006, p. 16). A discussão sobre a definição de terrorismo é, por excelência, um campo de disputa social e política (SCHMID, 2011, p. 40).

A linguagem tem um poder que se manifesta sobremaneira em relação a alguns termos. A utilização de rótulos, como "racista" e "fascista", é suficiente para excluir indivíduos e grupos do debate público. De forma ainda mais ampla, já que faz referência a um fenômeno mais abrangente e historicamente fluído, o rótulo de "terrorista" carrega uma tal carga de reprovação, que torna qualquer debate inviável – muitos países têm, como política oficial, não negociar com grupos terroristas (GLENNON, 2008, p. 78). Sinal disso é que poucos são os grupos que aceitam essa definição para suas atividades – empregam outras denominações, estas sim com alguma aceitação social, como revolucionários e guerrilheiros.

A aplicação da retórica relacionada ao terrorismo impede que se discutam as motivações por trás de eventuais ações terroristas[76]. Essa retórica se manifesta pela aplicação de categorias absolutas, como "irracionais", "imorais" e "mal", construídas em oposição à identidade do definidor. O processo discursivo de coconstituição das identidades fica evidente.

O absolutismo moral no qual repousa a caracterização do "outro" como terrorista representa, em si, uma justificativa para a aplicação de medidas excepcionais. Dessa maneira, o processo de securitização do terrorismo se aproveita e potencializa esse mecanismo, que ao mesmo contesta e confere legitimidade[77], para intensificar a produção normativa e ampliar o seu alcance. Converte-se legitimidade em legalidade, ações excepcionais em cotidianas, medidas extremas e excepcionais em necessárias.

O terrorismo não contém um conteúdo intrínseco que deve estar presente em qualquer definição. Não é possível verificar objetiva e cientificamente quais os diferentes componentes que o formam. Qualquer definição reflete necessariamente as prioridades do próprio definidor. Como afirma J. Bowyer Bell (*apud* SCHMID, 2011, p. 42), "me diga o que pensa sobre terrorismo, que lhe direi quem és". No entanto, com frequência, e isso ficará claro em diversas das entrevistas realizadas, tenta-se racionalizar esse processo de definição, afirmando-se que uma ou outra definição é objetiva, técnica e desprovida de caráter político. Mais interessante do que buscar uma definição única, para os propósitos

---

[76] Durante as discussões sobre a definição do terrorismo na ONU, países do Terceiro Mundo se empenhavam, como mencionado, em impedir que fosse estabelecida uma definição que abarcasse os movimentos de libertação nacional. Faziam-no justamente reafirmando a legitimidade das motivações daqueles movimentos, calcada em dispositivos da Carta da ONU que consagravam o princípio da autodeterminação dos povos.

[77] Contesta a legitimidade do grupo denominado terrorista e confere legitimidade as ações de contraterrorismo. Nesse sentido, Héctor Saint-Pierre (2015, p. 14) afirma que "O apelativo 'terrorista', por um lado parece justificar o emprego de todos e quaisquer meios na sua eliminação – inclusive a tortura – e, por outro, procura abrir uma brecha entre o grupo assim considerado e a população em geral, evitando a simpatia dessa com a causa daquele e um eventual apoio".

deste trabalho, é analisar criticamente essas definições para compreender quais os interesses e identidades que as moldam.

Dotado de tamanho poder simbólico, não é surpresa que terrorismo seja um dos termos mais contestados da atualidade, alvo de debates que opõem Estados, pesquisadores, organizações internacionais e atores não-estatais. A disputa política em torno de sua definição, que se manifesta de diversas maneiras, é, sem dúvida, a principal fonte de dificuldade para que se alcance o consenso na sociedade internacional sobre diversos aspectos da cooperação antiterrorista. De fato, a dificuldade de construir uma identidade comum para o "eu" (comunidade internacional) estaria na base da impossibilidade de se construir uma definição consensual para o "outro" (terrorista) (HERSCHINGER, 2013, p. 184).

Essa própria disputa política gera ambiguidades e contradições. A visão *a posteriori* gera a reavaliação do papel de determinados grupos e consequentemente sua redefinição. Grupos terroristas se tornam libertadores nacionais quando atingem seu objetivo de independência, por exemplo. Mesmo em outros contextos isso pode ser notado: os grupos que faziam resistência à ocupação nazista na França eram considerados, pelos alemães, como terroristas e hoje são celebrados como heróis nacionais pelos franceses – tivesse a Segunda Guerra Mundial tido final diferente, o rótulo alemão poderia ter subsistido (SOREL, 2003, p. 365).

Como se nota, o ponto central dessa disputa se refere a quem tem a legitimidade de estabelecer essa definição. O fato de o Estado reivindicá-la gera definições que excluem do seu escopo atos praticados por eles próprios que poderiam ser definidos como terrorismo estatal[78]. As definições presentes em legislações domésticas raramente fazem menção à possibilidade de o Estado ou seus agentes serem autores de atos de terrorismo. Em geral, são mencionados apenas como possíveis alvos ou vítimas.

Por outro lado, no plano internacional, diversos países pretendem incluir o terrorismo estatal – tanto o patrocínio de grupos terroristas, quanto ações diretamente realizadas pelos Estados – na definição a se estabelecer. As motivações são distintas. Enquanto países como EUA e Reino Unido pretendem pressionar governos que patrocinam grupos considerados terroristas, como o Irã, outros países, membros do Terceiro Mundo, pretendiam, à época, enquadrar como terrorismo a ação das metrópoles – tida como opressão – sobre suas colônias[79].

---

[78] Um argumento que suporta essa pretensão é de que já existem, no Direito Internacional, diversos instrumentos legais, como as Convenções de Genebra e os tratados de Direitos Humanos, que regulam (e limitam) a ação dos Estados.

[79] A proposta do Movimento Não-Alinhado, um grupo composto, principalmente, por países do então Terceiro Mundo, submetida ao Comitê *ad hoc* formado na década

Com frequência o debate sobre a definição de terrorismo serve de *proxy* para debates mais amplos sobre políticas antiterroristas. Por exemplo, é determinante a qualquer definição o dissenso entre considerar terrorismo um crime e, portanto, um problema para a polícia e para o sistema judicial, ou considerá-lo um ato de guerra, cabendo aos militares a sua prevenção e combate (PILLAR, 2001, p. 13). O processo de securitização do terrorismo claramente direcionou para o segundo quadro de referências o debate sobre a sua definição.

A dificuldade de se definir terrorismo deriva também de outros fatores. Ao longo da história[80], esse fenômeno se transformou sobremaneira, como a metáfora das ondas bem sinaliza – métodos, formas de organização, objetivos, instrumentos, todos estes elementos evoluíram e se transformaram (GANOR, *apud* SCHMID, 2011, p. 43). Com atenção a isso, é importante também considerar a possibilidade de novas transformações quando do estabelecimento de sua definição, especialmente em textos legais que não são facilmente alteráveis.

Existe também alguma confusão na fronteira entre o terrorismo e outras formas de violência organizada. Apesar da existência de uma distinção teórica entre guerrilheiros e terroristas[81], os mesmos grupos podem fazer uso de ambas as estratégias, dificultando a sua classificação[82]. De forma semelhante,

---

de 70, definia terrorismo internacional como: " *(1) Acts of violence and other repressive acts by colonial, racist and alien regimes against peoples struggling for their liberation...;*

(2) Tolerating or assisting by a State the organizations of the remnants of fascist or mercenary groups whose terrorist activity is directed against other sovereign countries;

(3) Acts of violence committed by individuals or groups of individuals which endanger or take innocent human lives or jeopardize fundamental freedoms. This should not affect the inalienable right to self-determination and independence of all peoples under colonial and racist regimes and other forms of alien domination and the legitimacy of their struggle ...;

(4) Acts of violence committed by individuals or groups of individuals for private gain, the effects of which are not confined to one State" (LEVITT, 1986, p. 100)

80 Para uma narrativa histórica do terrorismo estruturada em torno da variação dos significados de terrorismo, cf. Hoffman, 2006, p. 3-23.

81 Guerrilheiros se encontram restringidos pelas normas de Direito Humanitário e têm como alvo apenas outros combatentes, enquanto terroristas intencionalmente agem contra civis (SCHMID, 2011, p. 212).

82 De fato, um estudo a partir da Banco de Dados sobre Terrorismo Global da Universidade de Maryland mostrou que, entre 2002 e 2012, apenas um grupo – a União Nacional pela Independência Total de Angola (UNITA) – limitou seus ataques a alvos civis. Todos os outros praticaram também ações contra alvos militares e policiais, empregando táticas de guerrilhas e insurgência (MOGHDAM *et al.*, 2014)

terrorismo e crime organizado se distinguem, entre outras coisas, pela preocupação deste com o lucro e daquele com objetivos políticos, religiosos, entre outros. No entanto, existem casos de grupos originalmente organizados em torno de práticas criminosas, como o tráfico de drogas, que passaram a fazer uso de táticas terroristas para atingir seus objetivos[83], assim como grupos terroristas que se envolvem com atividades criminosas para se financiar ou como atos preparatórios para a sua atividade-fim. Além disso, mesmo em situações de guerra, o emprego de táticas entendidas como terroristas por entidades estatais e não-estatais ocorre com frequência, como no caso do bombardeio de populações civis (SCHMID, 2011, p. 211).

Em decorrência disso, o combate ao terrorismo, a despeito de qualquer definição, exige que se considere todo o amplo leque de ações disponíveis a grupos terroristas, bem como o fato de que conflitos envolvendo terrorismo costumam ter outras dimensões (PILLAR, 2001, p. 17).

Héctor Luis Saint-Pierre (2015, p. 14) menciona, ainda, outra razão que explica a dificuldade de se definir terrorismo, decorrente da sua característica eminentemente subjetiva. Seu objetivo é produzir medo, o que se manifesta apenas no âmbito psicológico do indivíduo. Afirma Saint-Pierre que "o medo é um fenômeno subjetivo e não há como determinar objetivamente um umbral crítico único para o terror, que dependerá de fatores variáveis como os pessoais, os funcionais e os culturais". Em decorrência disso, nota-se, com frequência, o questionável recurso à tautologia para se definir o terrorismo ("terrorismo são atos que geram terror").

A dificuldade de se chegar a um consenso (político) sobre a definição (legal) de terrorismo é responsável pelo fracasso de inúmeros esforços de cooperação com vistas a combater este fenômeno. A impossibilidade de se concluir uma convenção abrangente sobre o tema, no seio da ONU, e a exclusão do terrorismo do rol de crimes sob jurisdição do Tribunal Penal Internacional são só alguns exemplos (BARNIDGE, 2008, p. 176). Conscientes dessas dificuldades, os Estados mais interessados em promover normas internacionais de combate ao terrorismo têm se engajado em esforços que tangenciam essa questão.

Nota-se, por exemplo, que o GAFI (2012) não apresenta definição de terrorismo[84], reconhecendo ser este um ponto tão polêmico que poderia

---

83 Essa situação foi alvo de referência, no contexto brasileiro, especialmente quando o Primeiro Comando da Capital, uma organização criminosa sediada em São Paulo, deslanchou, em 2006, uma série de ataques contra a população e prédios públicos.

84 Anteriormente, na versão de 2008, a Recomendação Especial 2, previa que "*Each country should criminalise the financing of terrorism, terrorist acts and terrorist organisations. Countries should ensure that such offences are designated as money laundering*

prejudicar suas atividades de maneira geral. Entretanto, como ficará evidente nos próximos capítulos, sua ação gera impactos e produz discussões acerca de definições dentro dos Estados, como ocorreu ao longo do processo legislativo que deu origem à Lei Antiterrorismo. Difere-se, assim, a discussão sobre esse ponto para um momento posterior.

A ausência de definição para terrorismo contrasta com os rígidos parâmetros impostos para a criminalização do financiamento do terrorismo. Assim, verificar-se-á que em relação ao financiamento, há pouquíssimo espaço para *pruning*, enquanto no que se refere à definição, há larga margem para o emprego dessa estratégia. O resultado, a ser auferido nos capítulos V, VI e VII, é que a criminalização do financiamento do terrorismo é ponto pacífico, em relação ao qual o GAFI fará valer suas preferências, enquanto que na questão da definição do terrorismo, parlamentares e atores diversos gozam amplo espaço de manobra, sujeitando-a muito mais a questões e particularidades domésticas do que a exigências internacionais. Justamente porque não há consenso em relação ao que constituiria uma "boa" definição de terrorismo.

A elaboração de uma série de convenções internacionais setoriais também pode ser entendida como uma resposta a esta dificuldade. De fato, Geoffrey Levitt (1986) sugere a existência de dois modelos para a elaboração de definições (jurídicas) de terrorismo: (i) dedutiva, pela elaboração de uma definição genérica, completa em si própria, dentro da qual todos os atos terroristas, em tese, deveriam se enquadrar e (ii) indutiva, pela criação de uma série de categorias, específicas e autocontidas, que, conjuntamente, formam uma estrutura legal a qual define, implicitamente, o terrorismo. O esforço de definição realizado pela Liga das Nações foi, por exemplo, dedutivo. Já a elaboração de uma série de convenções internacionais setoriais, que dispõem sobre as diversas manifestações desse fenômeno (atentados contra aeronaves, sequestros, ataques com bombas etc.), seria uma aplicação do método indutivo. Uma vantagem desse modelo é que ele não se pretende exaustivo, sendo possível a criação de novas categorias, conforme o próprio fenômeno evolui.

O método indutivo é menos polêmico, no sentido de que não exige que se chegue a uma definição consensual de terrorismo (LEVITT, 1986, p. 101). Com frequência, este termo não é sequer mencionado e o objetivo de estabelecer os mecanismos de cooperação necessários ao combate do terrorismo

---

predicate offences." Na Nota Interpretativa correspondente, fazia apenas referência à definição que consta na Convenção para a Supressão do Financiamento do Terrorismo, evitando inovar em relação ao tema e aproveitando a legitimidade de um tratado internacional universalmente ratificado (GAFI, 2008).

é alcançado. Não são modelos mutuamente exclusivos, entretanto. Como se notará ao final deste capítulo, a definição adotada pela Convenção para a Supressão do Financiamento do Terrorismo emprega os dois modelos.Apesar de o "modelo indutivo ter claramente triunfado na arena legal internacional" (LEVITT, 1986, p. 109), vale mencionar duas vantagens do modelo dedutivo: (i) do ponto de vista prático, é mais conveniente e eficiente incluir todos os atos de terrorismo internacional em apenas um instrumento e, mais importante, (ii) do ponto de vista político e moral, um tratado multilateral abrangente, baseado em uma definição genérica de terrorismo, impõe um selo de desaprovação em um amplo leque de condutas, efetivamente rotulando os atores envolvidos com elas como criminosos internacionais[85]. A possibilidade de escolha entre esses dois modelos existe também no âmbito doméstico, como se notará nos próximos capítulos.

Existem outras razões pelas quais se considera importante definir terrorismo: (i) desenvolver uma estratégia internacional de combate ao terrorismo e auferir os resultados da estratégia depende de uma concordância em relação ao que se entende por esse fenômeno (SCHMID, 2011, p. 85), (ii) a definição é necessária para o próprio esforço acadêmico de pesquisa sobre terrorismo, (iii) em função da consagração do princípio da reserva legal (nenhuma fato pode ser considerado crime se não houve lei anterior que o enquadre como tal) e do direito ao devido processo legal[86], para que um indivíduo seja acusado e julgado por terrorismo, é necessário que haja uma definição *precisa* deste termo na legislação doméstica (GLENNON, 2008, p. 83) e (iv) a ausência de definições ou definições excessivamente abrangentes "colocam em risco os Direitos Humanos" (ONU, 2010).

Como campo de disputa política, a definição de terrorismo também pode se tornar um ponto, mais especificamente, de disputas burocráticas. Dentro dos Estados, em geral, existem diversos entes públicos com competências relacionadas ao combate do terrorismo. A maneira de defini-lo influirá na disputa pela alocação de recursos e de poder entres esses entes, especialmente considerando que o terrorismo se tornou tema prioritário. Avocá-lo para sua esfera de competências significa, nesses casos, incorporar também os amplos recursos disponibilizados para fazer

---

[85] A questão, no entanto, de quem seria responsável por esse enquadramento continua controversa, levando a crer que as diferenças em interpretação dessa eventual definição minariam esse propósito (LEVITT, 1986, p. 112).

[86] Devido Processo Legal se refere ao "direito a um processo em que sejam asseguradas a todos as condições mínimas necessárias para que todos possam obter uma decisão favorável a si, respeitando-se as demais garantias constitucionais do processo [...] como o contraditório, a ampla defesa e a publicidade dos atos processuais" (Rodrigues, 2014, p. 146)

frente a essa ameaça. É uma forma de se buscar legitimidade e justificar a própria *raison d'être* dos entes.

Exemplo máximo disso pode ser encontrado nos Estados Unidos. Departamento de Estado, Departamento de Segurança Nacional, *Federal Bureau of Investigations* (FBI) e Departamento de Defesa, todos têm definições distintas para terrorismo. A definição do FBI foca-se em aspectos criminais, dada sua missão de investigação e solução de crimes, abrangendo até mesmo atos contra a propriedade[87]. Já o Dept. de Estado faz referência ao caráter premeditado dos atos terroristas e restringe a possibilidade de alvos a indivíduos não-combatentes[88]. A definição do Dept. de Segurança Nacional se preocupa especialmente com infraestrutura essencial e recursos-chave que podem ser alvo de ataques[89]. Por fim, o Dept. de Defesa tem a definição mais ampla, não fazendo sequer referência ao alvo da ação, o que possibilita maior liberdade para agir sob a guisa de combater o terrorismo nas mais variadas situações[90] (HOFFMAN, 2006, p. 31-33).

O resultado desse cenário é a existência de uma pletora de definições. Levando em conta legislações domésticas, tratados internacionais, decisões de organizações internacionais, jurisprudências doméstica e internacional, Ben Saul (2011) concluiu inexistirem elementos necessários a apontar uma definição consensual e costumeira para terrorismo internacional.

A partir de uma ampla pesquisa, realizada com mais de 100 definições de terrorismo, Alex Schmid (1984) organizou quais os elementos que, com maior frequência, podem ser encontrados. São os 22 elementos mais frequentes, na ordem decrescente de frequência em que eram encontrados naquelas definições: (i) uso da violência, da força, (ii) aspecto político, (iii) ênfase no medo, no terror, (iv) ameaça, (v) os efeitos psicológicos

---

87 *"the unlawful use of force or violence against persons or property to intimidate or coerce a Government, the civilian population, or any segment thereof, in furtherance of political or social objectives."* (HOFFMAN, 2006, p. 31).

88 *"premeditated, politically motivated violence perpetrated against noncombatant targets by subnational groups or clandestine agents, usually intended to influence an audience."* (HOFFMAN, 2006, p. 31).

89 *"any activity that involves an act that: is dangerous to human life or potentially destructive of critical infrastructure or key resources; and . . . must also appear to be intended (i) to intimidate or coerce a civilian population; (ii) to influence the policy of a government by intimidation or coercion; or (iii) to affect the conduct of a government by mass destruction, assassination, or kidnapping."* (HOFFMAN, 2006, p. 31).

90 *"the calculated use of unlawful violence or threat of unlawful violence to inculcate fear; intended to coerce or to intimidate governments or societies in the pursuit of goals that are generally political, religious, or ideological objectives."* (HOFFMAN, 2006, p. 31).

e as reações antecipadas, (vi) diferenciação entre a vítima e o alvo, (vii) ênfase no planejamento, (viii) terrorismo visto como uma tática, uma estratégia, (ix) enquadramento fora da normalidade, fora das leis de guerra, (x) coerção, (xi) publicidade, (xii) aleatoriedade, (xiii) vítimas são civis, não-combatentes, (xiv) intimidação, (xv) ênfase na inocência das vítimas, (xvi) realizado por organizações, grupos, (xvii) aspecto simbólico, (xviii) imprevisibilidade da violência, (xix) clandestinidade, (xx) reiteração do uso da violência, (xxi) ilegalidade e (xxii) demandas feitas a terceiros.

A partir das diversas sugestões de definições que foram apresentadas ao longo do processo legislativo que deu origem à Lei Antiterrorismo, será interessante considerar a presença de alguns desses elementos e como a inclusão ou não de um deles foi, com frequência, foco de disputa política entre os atores envolvidos.

Apesar de todas essas dificuldades, existem algumas definições que servem de referência no plano internacional para o que pode ser entendido como terrorismo. A Convenção Internacional para a Supressão do Financiamento do Terrorismo (1999) estabelece a seguinte a definição:

> a. ato que constitua delito no âmbito de e conforme definido em um dos tratados relacionados no anexo; ou
> b. ato com intenção de causar a morte de ou lesões corporais graves a um civil, ou a qualquer outra pessoa que não participe ativamente das hostilidades em situação de conflito armado, quando o propósito do referido ato, por sua natureza e contexto, for intimidar uma população, ou compelir um governo ou uma organização internacional a agir ou abster-se de agir

Já o Conselho de Segurança elaborou uma referência implícita, constante da Resolução 1566 (2004). Importante notar, no entanto, que essa definição não foi reconhecida pela maioria dos Estados como tal, já que se reconhece a legitimidade apenas da AGNU para estabelecê-la[91]. De qualquer forma, a definição do CSNU é a seguinte:

> Atos criminosos, notadamente aqueles contra civis, com a intenção de causar a morte ou lesões corporais graves ou a tomada de reféns com o objetivo de provocar um estado de terror na população em geral, num grupo de pessoas ou em determinadas pessoas, de intimidar uma população ou de forçar um governo ou uma organização internacional a realizar ou abster-se de realizar qualquer ato,

---

[91] O Relatório do Painel sobre Ameaças, Desafios e Mudanças (2004) afirmou que "*Nevertheless, we believe there is particular value in achieving a consensus definition within the General Assembly, given its unique legitimacy in normative terms, and that it should rapidly complete negotiations on a comprehensive convention on terrorism.*" (ONU, 2004).

que constituem infrações no âmbito das convenções e protocolos internacionais relacionados com o terrorismo, não são em circunstância alguma justificados por considerações de ordem política, filosófica, racial, étnica, religiosa ou outras de idêntica natureza (ONU, 2004)

Uma terceira definição pode ser encontrada em algumas resoluções da AGNU – Resoluções 51/210, 49/60 e 50/53:

> Atos criminosos realizados com a intenção de provocar um estado de terror no público em geral, em um grupo de pessoas ou em pessoas específicas com objetivos políticos que são, em qualquer circunstância, injustificáveis, a despeito de considerações políticas, filosóficas, religiosas, raciais, étnicas ou de qualquer outra natureza que pretenda justificá-los (ONU, 2004).

Empregar esforços para que uma definição legal não inclua possivelmente as ações de determinado grupo ou entidade é uma das constantes nas discussões sobre essa definição. Por exemplo, países árabes insistem na introdução de cláusulas que excepcionem a luta palestina contra o governo israelense (SUR, 2008, p. 18-19). Isso fica evidente nas definições de terrorismo tanto da Convenção para a Supressão do Terrorismo da Liga Árabe[92] quanto da Convenção para o Combate ao Terrorismo Internacional da Organização para a Cooperação Islâmica[93]. A exceção prevista para movimentos de libertação, na convenção da Liga Árabe, exclui, todavia, qualquer movimento separatista que se manifeste dentro de um dos países-membros, ficando claro que constitui uma declaração de apoio à causa palestina.

A inexistência de definição no plano internacional para terrorismo abre caminho para eventuais abusos de direitos humanos, especialmente pela ampliação do emprego do Direito Penal, pelos Estados, para situações outras como a repressão de grupos de oposição. Essa preocupação foi sinalizada pelo Relatório da ONU (2005) sobre a Promoção e Proteção dos Direitos Humanos no Combate ao Terrorismo:

> Clamores da comunidade internacional para combater o terrorismo, sem definir o termo, podem ser entendidos como deixando aos Estados-Membros a competência para definir o que esse termo significa. Isso carrega potencial, não intencional, para violações de direitos humanos e má-utilização intencional do termo. Além

---

92 Art. 2 (a) – *"All cases of struggle by whatever means, including armed struggle, against foreign occupation and aggression for liberation and self-determination, in accordance with the principles of international law, shall not be regarded as an offence. This provision shall not apply to any act prejudicing the territorial integrity of any Arab State".*

93 Art. 2 (a) – *"People's struggle including armed struggle against foreign occupation, aggression, colonialism, and hegemony, aimed at liberation and self-determination in accordance with the principles of international law shall not be considered a terrorist crime".*

dessas situações, o Relator Especial também está preocupado com a adoção, em legislações domésticas antiterrorismo, de terminologia não propriamente confinada ao objetivo de se combater o terrorismo. Além disso, há risco que a comunidade internacional, ao utilizar o termo «terrorismo» sem defini-lo, não intencionalmente legitime a conduta tomada por regimes opressivos. Isso seria feita pela disseminação da mensagem de que a comunidade internacional quer ação firme contra o terrorismo, de qualquer forma que ele seja definido.

De fato, inexistindo uma definição para terrorismo no plano internacional, cabe aos Estados elaborá-la de acordo com suas particularidades. A maneira como uma definição foi introduzida no ordenamento jurídico brasileiro e seu conteúdo são um dos principais objetos do presente estudo, assim como a preocupação de determinados atores com a possibilidade de que ela viesse a ser aproveitada para limitar o exercício de direitos e liberdades fundamentais.

É impossível não notar que a inexistência de uma definição internacional autoriza implicitamente a elaboração de definições imprecisas, que servem aos interesses de determinados atores. Assim, eles têm mais flexibilidade para empregar, nas mais variadas situações e contra os mais diversos "inimigos", os meios (excepcionais) disponibilizados e dotados de alguma legitimidade, a partir do processo de securitização, para o esforço de combate ao terrorismo[94]. Nesse sentido, afirma Héctor Saint-Pierre (2015, p. 16), fazendo referência, inclusive, à discussão sobre aplicação desse conceito no Brasil, que será foco do próximo capítulo:

> Parece haver uma clara intencionalidade política para não definir nem se importar por discutir critérios objetivamente aplicáveis para se referir ao fenômeno do terrorismo. Perpetuar a ambiguidade desse termo mantido em sentido vago permite a quem dispõe da força e dar o direito de aplica-lo conforme suas necessidades [...]. Com a aplicação do termo a grupos ou movimentos sociais, religiosos ou étnicos, pretende-se amedrontar os mesmos e inibir seu acionar. Assim foram enquadrados movimentos como o Movimento dos Sem Terra no governo Fernando Henrique Cardoso no Brasil, as FARC-EP durante o mandato de Uribe na Colômbia, as manifestações de protesto durante a Copa do Mundo de 2014 no governo Dilma Rousseff [...].

No cenário doméstico brasileiro, como se detalhará nos próximos capítulos, diversos atores se esforçaram para impedir a aprovação de uma definição de terrorismo que pudesse ser aplicada a movimentos sociais e reivindicatórios, como o Movimento dos Sem-Terra (MST). Compreender a dinâmica dos debates sobre a definição do terrorismo é, portanto, fundamental para o presente estudo.

---

[94] Como, por exemplo, "suspender a privacidade do indivíduo controlando sua comunicação e atividades, a infiltração e espionagem, a prisão ilegal, os julgamentos extralegais, o sequestro, o assassinato e a tortura" (SAINT-PIERRE, 2015, p. 16).

Capítulo III. **AS ORIGENS DA OPOSIÇÃO À LEI ANTITERRORISMO**

Um elemento central da dinâmica política referente ao desenvolvimento de legislação no Brasil sobre terrorismo é o temor de que essa legislação seja empregada como instrumento para criminalizar movimentos sociais e reivindicatórios. As maneiras como esse temor impactou as discussões legislativas serão o tópico dos próximos capítulos. Neste, pretende-se delinear as bases teóricas e, principalmente, as experiências históricas que deram origem à percepção de que autoridades policiais e judiciais poderiam fazer uso de legislações antiterror com aquele objetivo.

A criminalização de movimentos e grupos sociais desprivilegiados se manifesta em múltiplas circunstâncias e já foi objeto de estudos diversos, destacando-se aqueles relacionados à chamada Criminologia Crítica[95]. Apesar de a literatura relacionada a esse campo não ser a linha mestre que guia o presente trabalho, a interdisciplinaridade pela qual se pretende pautar sugere que os objetivos deste – dentre os quais se destaca compreender as motivações que geraram a Lei Antiterrorismo –, se aproximam dos objetivos da Criminologia Crítica, enunciados como:

> Há marcante congruência entre os fins do Estado e os fins do direito penal, de tal sorte que o conhecimento dos primeiros, não através de fórmulas vagas e ilusórias, como sói figurar nos livros jurídicos, mas através do exame de suas reais funções históricas, econômicas e sociais, é fundamental para a compreensão dos últimos (BATISTA, 2015, p. 22).

---

[95] Definida como "A Criminologia Crítica não aceita, qual a priori inquestionável, o código penal, mas investiga como, por quê e para quem (em ambas as direções: contra quem e em favor de quem) se elaborou este código e não outro. A Criminologia Crítica, portanto, não se autodelimita pelas definições legais de crime (comportamentos delituosos), interessando-se igualmente por comportamentos que implicam forte desaprovação social (desviantes). A Criminologia Crítica procura verificar o desempenho prático do sistema penal, a missão que efetivamente lhe corresponde, em cotejo funcional e estrutural com outros instrumentos formais de controle social (hospícios, escolas, institutos de menores, etc.). A Criminologia Crítica insere o sistema penal – e sua base normativa, o direito penal – na disciplina de uma sociedade de classes historicamente determinada e trata de investigar, no discurso penal, as funções ideológicas de proclamar uma igualdade e neutralidade desmentidas pela prática" (BATISTA, 2015, p. 32).

A necessidade e, na realidade, a inevitabilidade dessa interdisciplinaridade se tornam evidentes quando se reconhece, por exemplo, a mesma percepção crítica ao processo de macrossecuritização e às suas consequências em autores de tradições tão aparentemente díspares quanto a Escola de Copenhagen e a Criminologia Crítica[96]. De fato, Nilo Batista (2004, p. 83), expoente desta última tradição, apresenta crítica contundente, relacionando os interesses econômicos internacionais com a política criminal nacional:

> Cabe ainda mencionar a existência de uma pauta político-criminal elaborada pelos interesses internacionais do empreendimento neoliberal, uma espécie de "Consenso de Washington" criminológico. A responsabilidade fiscal, que converte os poderes políticos nacionais numa sorte de gerência dócil e auditável dos recursos orçamentários; a criminalização da lavagem de dinheiro (que se alastrou como epidemia no mundo ocidental, e consubstancia o temor do capital financeiro transnacional perante a possibilidade de recursos não mapeados, originados de economias informais – inclusive ilegais –, perturbarem suas especulações); a "guerra" contra as drogas, cuja importância geopolítica cresceu após o fim da chamada guerra fria; o "crime organizado"; o mais recentemente em evidência terrorismo; a privatização das penitenciárias (associada às pesquisas sobre "custo do preso"); são todos exemplos dessa pauta político-criminal, que naturalmente dispõem de privilegiado destaque nos meios de comunicação

Inspirado nessas orientações teóricas, mas sem pretensão de exaurir as possíveis abordagens ao tema[97], o foco deste capítulo será em apresentar algumas instâncias específicas em que essa criminalização se manifestou para evidenciar as origens das desconfianças em relação à Lei Antiterrorismo e à sua aplicação pelos agentes estatais.

Essa desconfiança foi um dos principais traços culturais específicos à realidade brasileira que, inicialmente, impediu que se iniciasse o processo de localização. Foi, portanto, o elemento em torno do qual se desenvolveu um esforço de resistência em relação às normas internacionais de combate ao terrorismo. Posteriormente, conforme essa resistência seria superada, afetou de maneira definitiva como ocorreria o processo de localização.

---

96 Afirma Nilo Batista (2004, p. 22): "A política criminal hegemônica acaba, como a política econômica, surpreendendo pela generalidade de sua aceitação: partidos e lideranças com programas ou passados antagônicos terminam reunidos no discurso político-criminal. Da mesma forma que o discurso econômico único procura convencer-nos, o tempo todo, de que o sistema econômico regido pelo capital financeiro transnacional, tendo o FMI por spalla, constitui uma inevitabilidade histórica sem alternativas, assim também a política criminal correlata a tal sistema aparece como necessidade incontornável".

97 A Teoria do Direito Penal do Inimigo é também uma importante referência nesse âmbito, cf. JAKOBS, G.; MELIÁ, M. C. *Direito Penal do inimigo*: noções e críticas. Porto Alegre: Livraria do Advogado Ed., 2007.

Criminalização se refere ao uso da lei para frustrar e deslegitimar organizações sócio-políticas, por meio de (i) criação de leis especiais; (ii) uso dos tribunais para resolver questões políticas; (iii) aprisionamento de atores políticos e (iv) deslegitimação dessas organizações pela lei ou pela argumentação jurídica – quando elementos do aparato estatal utilizam discursos para estabelecer determinadas organizações como criminosas, subversivas ou terroristas (ATILES-OSORIA, 2014, p. 93)

A questão da criminalização, nesse caso, se refere ao emprego de mecanismos excepcionais direcionados especificamente a movimentos sociais e manifestações reivindicatórias – como a criação do tipo penal do "vandalismo" e o enquadramento desses grupos e indivíduos na Lei de Segurança Nacional ou na Lei de Organizações Criminosas. Seria o caso também do seu eventual enquadramento como terroristas. Existe, vale notar, uma opção entre esse extremo e o outro, da impunidade, de ignorar completamente eventuais condutas ilícitas: puni-las de acordo com procedimentos "normais", aplicáveis a todos e regulados pelos Códigos Penal e de Processo Penal.

O foco em liberdade de expressão, associação e reunião é contingente ao fato de que essas são as liberdades e direitos considerados mais ameaçados por legislações antiterroristas. São também os instrumentos por meio dos quais outros tantos direitos e liberdades são reivindicados pela população.

O poder dissuasivo das normas penais e dos procedimentos adotados pelas autoridades não pode ser menosprezado – movimentos deixam de praticar atos reivindicatórios por temor da repressão. Mas não pode ser superestimado o papel do Judiciário. A atuação policial, especialmente, em situações de "controle" de multidão e protestos, segue uma dinâmica própria – determinada pelas autoridades do Poder Executivo envolvidas com segurança pública. São elas que determinam os instrumentos a serem empregados. Nesse sentido, afirmou o Juiz Alberto Muñoz, da Associação Juízes para a Democracia, que "Nós, da área jurídica, acabamos dando importância excessiva [ao Direito], quando, na verdade, os mecanismos de controle social, de emprego da violência pelo Estado prescindem de autorização legal, simplesmente se realizam"[98].

Além disso, as autoridades policiais têm grande poder por meio do inquérito policial, que é considerado a peça mais importante do processo de incriminação no Brasil. Em tese, deveria ser aberto inquérito em todos os casos em que se verificasse o cometimento de crime ou infração

---

[98] De forma semelhante, afirma Nilo Batista (2004, p. 80): "Nem conhece a Justiça Penal do formidável poder de vigilância que, sob pretextos legais ou mesmo de forma abertamente ilegal, é exercido pelo complexo das agências policiais".

penal. Na prática, as autoridades responsáveis – delegados – têm o poder e a discricionariedade para fazê-lo, motivo pelo qual o inquérito acaba sendo o principal dispositivo de arbitrariedade na esfera policial. Uma vez aberto, o inquérito não poderá ser encerrado pela própria autoridade policial, dependendo o seu arquivamento de requerimento do Ministério Público e anuência do Juiz[99] (MISSE, 2011, p. 19). Essa discricionariedade é percebida como grave ameaça, uma vez que o processo de criminalização – e suas repercussões sociais e legais – tem início no inquérito policial.

Nilo Batista e Raul Zaffaroni (2003, p. 51) reconhecem a premência das agências policiais no processo de criminalização, confirmando-se a necessidade de se atentar para as práticas efetivas dessas polícias, não só para o resultado de julgamentos:

> As agências judiciais limitam-se a resolver os poucos casos selecionados pelas policias e, finalmente, as penitenciárias recolhem algumas pessoas entre as selecionadas pelo poder das agências anteriores. Isto demonstra ser a realidade do poder punitivo exatamente inversa à sustentada no discurso jurídico, que pretende colocar em primeiro lugar o legislador, em segundo o juiz, e quase ignora a polícia: na prática, a polícia exerce o poder seletivo e o juiz pode reduzi-lo, ao passo que o legislador abre um espaço para a seleção que nunca sabe contra quem será individualizadamente exercida.

Mesmo quando da atuação das autoridades judiciais, embora a atenção usualmente esteja voltada para a sentença, ou seja, para a manifestação definitiva acerca de uma condenação ou não, é já no curso do processo judicial que essa criminalização se manifesta e produz graves resultados. O principal deles, a prisão, temporária, provisória ou preventiva, é frequentemente empregada no curso do processo – quando magistrados tomam decisões com base em informações parciais, na maioria das vezes fornecidas apenas pelas autoridades policiais ou pelo Ministério Público. No Brasil, mais de 40% da população carcerária encontra-se detida apesar de não ter recebido sentença condenatória (DEPEN, 2014). Agravando-se, concluiu-se que 37% dos réus que responderam a processo presos não foram condenados à pena privativa de liberdade (IPEA, 2014). Assim, para compreender as diferentes instâncias em que a criminalização de movimentos sociais ocorre, é necessário olhar para todo o processo que antecede a sentença, seja ela condenatória ou não.

O abismo entre a teoria e a prática (e o desconhecimento de determinadas autoridades sobre esse abismo) foi apontado como um grave problema no curso das discussões sobre a Lei Antiterrorismo por Lucas Sada, advogado do Instituto de Defensores dos Direitos Humanos: "Acho

---

[99] Artigos 17 c/c 28 do Código de Processo Penal.

que a ingenuidade em relação ao modo como a lei penal se aplica, como funciona, não que tenha sido uma surpresa, mas acredito que foi um dos maiores equívocos do governo e desse projeto de lei especificamente".

Não se ignora que a história da conturbada relação entre o Estado e os movimentos reivindicatórios não se iniciou em 1988. A percepção de que o Estado representa uma ameaça a esses movimentos sociais, percepção esta que gera uma grande desconfiança em relação à sua atuação, de maneira geral, e ao Direito Penal, de maneira específica, não surgiu na nova ordem constitucional. Experiências históricas brasileiras remontam ao período colonial, passando pelo Brasil Império e entrando no período republicano. O período entre 1964 e 1985 teve, entretanto, ascendência especial sobre o debate que se travaria no Congresso Nacional sobre terrorismo.

3.1. DITADURA MILITAR

Não é difícil compreender que a discussão sobre a Lei Antiterrorismo reanima e mobiliza memórias sobre o período da ditadura militar. A título de ilustração, foi em resposta a um projeto de lei sobre terrorismo, o PLS 44/2014, que o Jornal Correio Braziliense publicou matéria de capa com a manchete "Projeto enquadra protesto de rua como terrorista", acompanhada de um "carimbo": "AI-5 padrão FIFA"[100].

Não se pretende realizar uma análise do período compreendido entre 1964 e 1985, mas revisitar, ainda que brevemente, algumas experiências e processos históricos que, de alguma forma, foram relembrados e mencionados durante o debate que se desenvolveu sobre a Lei Antiterrorismo e as percepções mútuas dos atores que participaram desse debate. Afinal, essa experiência moldou parcialmente as percepções sobre a relação do Estado, mais especificamente dos órgãos do setor de segurança, com a sociedade brasileira. Ao fazer referência às tradições locais e aos traços culturais como uma das variáveis relevantes para o processo de localização de normas internacionais, Archarya (2004, p. 250) inclui elementos como este, constitutivos das identidades dos atores locais. Nesse caso, esta experiência representava um incentivo à resistência à localização de normas internacionais referentes ao terrorismo, já que poderiam oferecer nova oportunidade para que o Estado brasileiro atuasse de forma abusiva e repressiva em relação a segmentos da população.

Para compreender como essas experiências impactam a discussão sobre terrorismo, a qual ocorreu mais de 30 anos após o fim da ditadura militar,

---

[100] Disponível em: <http://adnews.com.br/midia/correio-braziliense-publica-primeira-pagina-corajosa.html>. Acesso em 20 fev. 2017.

focar-se-á em três instâncias que foram, em um momento ou outro, caracterizadas como terroristas: (i) a atuação de grupos de esquerda contra o governo militar; (ii) a atuação do governo militar contra opositores; e (iii) a atuação de grupos de extrema direita. Por fim, far-se-á breve referência ao período de transição da ditadura para a democracia, e como suas características têm impacto duradouro.

No que se refere ao primeiro ponto, existiram diversos grupos de esquerda que tiveram atuação importante nesse período. Um dos principais foi o Partido Comunista Brasileiro, cuja dissidência daria origem a diversos outros grupos como o Movimento Revolucionário 8 de outubro, a Ação Libertadora Nacional, a Ação Popular e o Partido Comunista Brasileiro Revolucionário. Outros grupos importantes nesse embate foram o Comando de Libertação Nacional, a Vanguarda Armada Revolucionária-Palmares e o Partido Comunista do Brasil. Apesar de reconhecerem a maioria deles a necessidade da luta armada, divergiam sobre a maneira como ela se deveria ocorrer e qual deveria ser seu foco (RIDENTI, 2010, p. 57).

Realizaram diversas ações de grande impacto, como a tentativa de assassinato do General Costa e Silva, em 1966, e o sequestro de autoridades nacionais e representantes diplomáticos, em linha com a prática de outros grupos terroristas internacionais nesse período. De maior vulto foi a guerrilha do Araguaia, entre 1967 e 1974, promovida principalmente pelo PCdoB e intensamente reprimida pelas forças do Estado, tendo vitimado mais de 30 guerrilheiros. Tinha ascendência intelectual sobre essas organizações Carlos Marighella[101], cujo Mini-Manual de Guerrilha Urbana teria, inclusive, influência sobre grupos estrangeiros (CHALLIAND & BLIN, 2007, p. 35). Estes grupos de opositores ao regime militar eram amplamente considerados e rotulados como terroristas e subversivos, o que justificaria, a aplicação de medidas excepcionais contra eles.

Nota-se que nesse período também, por todas as razões já abordadas, há disputa em relação ao emprego do rótulo de terrorista. Grupos opositores de esquerda e o governo militar engajam-se, assim, em uma disputa retórica pela atribuição daquele rótulo em função do seu poder deslegitimador. Essa disputa não se encerra com a redemocratização, na medida que a memória é construída e reconstruída ao longo do tempo.

No campo jurídico, parte da atuação do governo contra grupos de esquerda era de fato prevista na legislação brasileira e justificada como

---

101 O fato do Senador Aloysio Nunes (PSDB-SP) ter atuado como motorista da Marighella foi referido por alguns dos entrevistados, assim como o fato de a Presidente Dilma Rousseff ter sido rotulada como terrorista pelo governo militar também o foi durante os debates do Congresso Nacional.

combate à subversão, ao comunismo e ao terrorismo[102]. A legislação que pretendia resguardar a segurança nacional[103] foi adotada em 1967 – o Decreto-Lei nº 314 –, contendo definições tão amplas e genéricas que tornava possível a criminalização de praticamente qualquer comportamento (PEREIRA, 2010, p. 54). Por exemplo:

> Art. 10 – Comprometer a segurança nacional, sabotando quaisquer instalações militares, navios, aviões, material utilizável pelas Forças Armadas, ou, ainda, meios de comunicação e vias de transporte, estaleiros, portos e aeroportos, fábricas, depósitos ou outras instalações, eventualmente necessários à defesa nacional. Pena – reclusão, de 4 a 12 anos.
> Art. 11 – Redistribuir material ou fundos de propaganda de proveniência estrangeira, sob qualquer forma ou a qualquer título, para a infiltração de doutrinas ou ideias incompatíveis com a Constituição.
> Pena – reclusão, de 1 a 5 anos.

Essa legislação criminalizava também atos de terrorismo (art. 20[104]), embora não os definisse. Já representava, entretanto, um incremento em relação à fórmula da Lei nº 1.802 de 1953, a primeira a fazer referência implícita ao terror[105]. O modelo do Decreto-Lei nº 314 seria replicado pelo Decreto-Lei nº 898 de 1969, pela Lei nº 6.620 de 1978 e, posteriormente, pela Lei de Segurança Nacional, a Lei nº 7.710 de 1983, que continua em vigor até os dias de hoje, tendo sido referida em diversos momentos do processo legislativo que daria origem à Lei Antiterrorismo.

Todas essas legislações fazem apenas referência a terrorismo[106], como se este fosse conceito certo e de conteúdo delimitado como saque, sequestro ou roubo. Essa é a origem da crítica de Heleno Fragoso (1981, p. 98-99), que afirma:

---

[102] O General Hugo de Andrade Abreu afirma em seu livro, *O outro lado do Poder*, que "a luta contra o terrorismo justificava o arbítrio".

[103] Vagamente conceituada como "a garantia da consecução dos objetivos nacionais contra antagonismos, tanto internos como externos" (art. 2, Decreto-Lei nº 314/1967).

[104] Decreto-Lei nº 314/1967, art. 25 – "Praticar massacre, devastação, saque, roubo, sequestro, incêndio ou depredação, atentado pessoal, ato de sabotagem ou terrorismo; impedir ou dificultar o funcionamento de serviços essenciais administrados pelo Estado ou mediante concessão ou autorização. Pena – reclusão, 2 a 6 anos".

[105] Lei nº 1.802/1953, art. 4 – "Praticar: I – atos destinados a provocar guerra civil se esta sobrevém em virtude deles; II – devastação, saque, incêndio, depredação, desordem de modo a causar danos materiais ou a suscitar terror, com o fim de atentar contra a segurança do Estado. Pena – reclusão de 3 a 8 anos aos cabeças, e de 2 a 6 anos aos demais agentes".

[106] Art. 25, Decreto-Lei nº 314/1967; art. 28 Decreto-Lei nº 898/1969; art. 26, Lei nº 6.620/1978. A única diferença entre eles é a pena de reclusão prevista: 2 a 6 anos, 12 a 30 anos e 2 a 12 anos, respectivamente.

[...] não existe ação delituosa específica denominada *terrorismo*. Essa expressão se aplica a várias figuras de ilícito penal, que se caracterizam por causar dano considerável a pessoas e coisas, na perspectiva do perigo comum: pela criação real ou potencial de terror ou intimidação e pela finalidade político-social.
Diante das incertezas doutrinárias e legislativas sobre a noção de terrorismo, que tão bem documentamos em outros pontos deste trabalho, chega a ser absurdo que o legislador, pretendendo formular a moldura legal do delito, se contente com a definição legal que se limita a reproduzir o discutido *nomen juris*.

A redação desses dispositivos não foi, todavia, acidental, resultado de lapso ou falta de conhecimento jurídico. O emprego desse termo sem defini-lo tem como objetivo abrir espaço para que seja aplicado nas circunstâncias que se julgasse necessário, de acordo com a interpretação judicial casuística. Esse é apenas mais um dos exemplos em que foi elaborada norma penal que pode ser aplicável a uma pletora de condutas, conforme o interesse das forças de repressão estatais em conjunto com o Judiciário.

A atuação do aparato estatal, no emprego desta e das demais legislações sobre o tema, era articulada por diversos órgãos estatais, sob o comando das Forças Armadas, mas com participação de civis, que financiavam ou apoiavam as ações repressivas (Comissão Nacional da Verdade, 2014, p. 112). Assim, além das Forças Armadas, que atuavam também por seus serviços de inteligência independentes, tinham papel importante no aparato repressivo as Polícias Civil e Militar[107] (com destaque para os Departamentos de Ordem Política e Social) e o Serviço Nacional de Inteligência (SNI). Símbolo dessa integração foi a Operação Bandeirantes, que contava com agentes de todos os órgãos de segurança e cujo modelo foi expandido para todo o território nacional por meio dos Departamentos de Operação Interna – Centro de Operações de Defesa Interna (DOI-CODI). Os DOI-CODIs funcionavam sob comando do Exército (Comissão Nacional da Verdade, 2014, p. 127; 138).

É em resposta a esse cenário que Anthony Pereira (2010, p. 107) cunha a expressão 'legalidade autoritária' para denotar a preocupação de autoridades com a legalidade formal e uma estreita cooperação entre as Forças Armadas e o Judiciário. Se a vagueza da legislação já era uma questão – solução para autoridades e problema para os opositores que eram seus alvos – naquele momento, continua o sendo, como se notará nos próximos capítulos. Compõem-se essa dificuldade com o já mencionado desafio de se conceituar terrorismo.

---

[107] O grau de participação da Polícia Federal, no auge da repressão militar, foi pequeno (Comissão Nacional da Verdade, 2014, p. 113), o que pode explicar porque esse órgão, diferentemente das Forças Armadas e do setor de inteligência, não é impactado negativamente pela memória daquele período.

Como referido, reconhece-se que esse processo não é autocontido no período da ditadura militar. Anthony Pereira (2010, p. 84), por exemplo, afirma que a repressão judicial da oposição política é, baseando-se em experiências prévias de repressão, característica do Estado brasileiro. Curioso será notar que, mesmo no poder, no período entre 2003 e 2016, os partidos de esquerda mantêm-se em uma perspectiva de oposição ao *status quo*, afinal esse é elemento constitutivo de sua identidade, e, por isso, recalcitrantes em conferir potenciais novos instrumentos que possam servir à repressão.

Além dos instrumentos empregados pelo aparato repressivo do Estado dentro daquele cenário de "legalidade", havia também aqueles absolutamente fora deste quadro. Eram comuns detenções, tortura, violência sexual, execuções e desaparecimento forçado, tudo feito às sombras e negado publicamente. Pouca dúvida resta, entretanto, da conivência das mais altas autoridades em relação a estas práticas. Documento da CIA, relatando reunião com os generais Geisel e Figueiredo, mostra que ambos sabiam da execução sumária de 104 pessoas no Centro de Inteligência do Exército (CIE). Narrada pelo Diretor da CIA, a fala do então General Milton Tavares, chefe do CIE, "que o Brasil não pode ignorar a ameaça subversiva e terrorista e disse que métodos extra-legais devem continuar sendo empregados contra subversivos perigosos"[108], deixa clara a potência da rotulação "terrorista".

O total de mortes por execução sumária e ilegal ou decorrentes de tortura, perpetradas por agentes a serviço do Estado, no período entre 1964 e 1988, foi de 191. Somam-se a estes, 243 desaparecidos. O período com maior número de mortes, sinalizando se tratar, de fato, daquele em que a repressão estatal se manifestou com maior desenvoltura, foi entre 1969 e 1974 (98 mortos). Essa ação de repressão tinha como alvo prioritário militantes de organizações políticas de esquerda que, combinados, totalizaram mais da metade dessas mortes (COMISSÃO NACIONAL DA VERDADE, 2014, p. 439-444).

Ainda que parte da repressão fosse de fato realizada dentro de uma esfera de legalidade, havia também o terror extrajudicial, do qual os chamados 'esquadrões da morte'[109] são partes essenciais. Com maior atuação

---

108 DAL PIVA, J. Memorando da CIA mostra que Geisel soube e autorizou a execução de presos políticos. *O Globo*. Rio de Janeiro, 10 maio 2018. Disponível: <https://oglobo.globo.com/brasil/memorando-da-cia-mostra-que-geisel-soube-autorizou-execucoes-de-presos-politicos-1-22670587>. Acesso em 14 jul. 2018.

109 São definidos por Schmid (2011, p. 623) como *"a right-wing clandestine military or paramilitary vigilante group, controlled, sponsored or tolerated by (often) a military*

no eixo Rio de Janeiro-São Paulo, vieram a simbolizar a brutalidade das forças policias e a conivência de políticos com essa forma de violência.

Ainda em relação ao ponto (iii), foi a partir de 1980 que se articularam manifestações denominadas terroristas pela própria Comissão Nacional da Verdade (p. 107), de grupos de direita contra o processo de abertura política iniciado pelo Presidente Ernesto Geisel. Essas manifestações totalizaram 25 atentados sem vítimas, a maioria dos quais atentados com bombas contra bancas de jornal. Em agosto de 1980, ocorre uma escalada: foram enviadas cartas-bombas ao vereador do Rio de Janeiro, Antônio Carlos de Carvalho, e ao presidente da OAB, Eduardo Seabra Fagundes, resultando em graves ferimentos do chefe de gabinete do vereador, José Ribamar de Freitas, e na morte da secretária da OAB, Lida Monteiro da Silva (COMISSÃO NACIONAL DA VERDADE, 2014, p. 107).

O auge dessas manifestações seria a explosão de duas bombas no Riocentro (Rio de Janeiro). Denunciando a ligação entre esses grupos de direita e o aparato estatal, uma dessas bombas vitimou o sargento Guilherme Pereira do Rosário e feriu o capitão Wilson Luís Chaves Machado, ambos do CODI do I Exército (Comissão Nacional da Verdade, 2014, p. 107). Esse episódio seria mencionado, ao longo dos debates no Congresso Nacional sobre a Lei Antiterrorismo, como uma das poucas instâncias em que o terrorismo atingiu o Brasil.

A lição de Anthony Pereira (2010, p. 28) parece especialmente valiosa para o presente trabalho: "No Brasil existe um vínculo entre a violência passada e a presente. Tratar da primeira pode ser uma maneira de atenuar a segunda, na medida que justiça transicional é um ideal prospectivo, uma base sobre a qual erigir a ampliação dos direitos humanos, e não apenas um monumento aos mortos". Da mesma forma que existe um vínculo entre a violência passada e a presente, é possível desenhar uma linha direta entre a atuação daqueles órgãos de segurança – Forças Armadas e serviços de inteligência, principalmente – com a desconfiança em relação à concessão de mecanismos de atuação e competências a eles, como ficará claro ao longo dos debates sobre a Lei Antiterrorismo.

E se o Judiciário se associou tão intimamente com o aparato repressivo na construção daquele cenário de 'judicialização da repressão', não é de se surpreender que – tendo saído completamente intocado pelo processo de

---

government, and engaged in intimidation and violence, including extra-judicial executions, torture, rape and disappearances of (often) left-wing political activists and suspected guerrilla supporters; often consists of off-duty policemen and members of the armed forces of a state. First known in Brazil os Esquadrãos de Morte in the 1960s, they spread to other Latin American countries and beyond".

transição democrática – permaneça a desconfiança em relação à maneira como aplica a lei e, especialmente, o Direito Penal. Daí a recalcitrância em se aprovar leis, como a Lei Antiterrorismo, com definições amplas e genéricas, que seriam passíveis, novamente, de (má) aplicação por esse Judiciário.

3.2 CRIMINALIZAÇÃO DOS MOVIMENTOS SOCIAIS NA DEMOCRACIA

O objetivo desta seção é rastrear a origem da percepção de que a Lei Antiterrorismo poderia ser empregada, por autoridades policiais e judiciais, contra movimentos reivindicatórios no campo e nas cidades. Não se ignora que essa questão faz parte de uma discussão mais ampla sobre a forma como o Estado lida com reivindicações sociais. Entretanto, foge ao escopo desse trabalho se aprofundar nela, ainda que se pretenda consolidar uma relação das instâncias em que dinâmicas distintas (e problemáticas) se manifestaram e, assim, contribuir para aquela discussão. O foco será (i) em instâncias em que se discutiu, no poder legislativo, a aplicação de mecanismos excepcionais[110] para se lidar com os movimentos reivindicatórios, e (ii) em instâncias em que autoridades policiais e judiciárias fizeram uso de mecanismos excepcionais no tratamento desses movimentos.

Esses dois momentos podem ser seccionados de acordo com a concepção de criminalização primária, entendida como "ato e efeito de se sancionar lei penal material que incrimina ou permite a punição de certas pessoas", e criminalização secundária, que é a "a ação punitiva exercida sobre pessoas concretas" (BATISTA & ZAFFARONI, 2003, p. 43), tendo, nesta segunda, um papel fundamental as agências policiais[111].

---

[110] A princípio, se refere aqui à Lei de Segurança Nacional e à Lei de Organizações Criminosas. Como mencionado, não se pretende discutir o cabimento ou não de medidas punitivas, mas a aplicação de normas que têm um alcance maior do que simplesmente punir uma determinada conduta, incluindo motivações distintas e/ou formas de organização. Afinal, a Lei Antiterrorismo se qualifica como uma dessas normas.

[111] "Ocorre que, na verdade, a criminalização secundária é quase um pretexto para que as agências policiais exerçam um formidável controle configurador positivo da vida social, que em nenhum momento passa pelas agências judiciais ou jurídicas: a detenção arbitrária de suspeitos, a identificação de qualquer pessoa que lhes chame a atenção, a detenção por supostas contravenções, o registro das pessoas identificadas e detidas, a vigilância sobre locais de reunião e de espetáculos, de espaços abertos, o registro de informação recolhida durante a tarefa de vigilância, o controle alfandegário, o fiscal, o migratório, o veicular, a expedição de documentação pessoal, a investigação da vida privada das pessoas, os dados pessoais recolhidos no decorrer de investigações distintas, a informação sobre contas bancárias, patrimônio, conversas privadas, comunicações telefônicas, telegráficas, postais, eletrônicas, etc.

A separação entre campo e cidade se justifica em alguns pontos, mas não em outros. Enquanto a questão no campo tem uma história mais longa e movimentos reivindicatórios mais claramente definidos, na cidade, ela é mais recente e os alvos dos esforços de criminalização são amorfos – mesmo a frequente menção aos '*black blocs*' comprova isso, já que se trata de uma tática, não de um grupo específico.Muitos dos instrumentos repressivos mencionados em relação ao campo são aplicáveis (no caso das propostas legislativas) ou foram aplicados na cidade, e vice-versa. A separação tem objetivo didático. Reconhece-se o intercâmbio de experiências e percepções e a inexistência de uma fronteira rígida entre campo e cidade.

3.2.1. Experiência do campo

Em relação às instâncias legislativas, merece destaque, inicialmente, o relatório final (2005) da Comissão Parlamentar Mista de Inquérito da Reforma Agrária e Urbana. Também conhecida como CPMI da Terra[112], seu trabalho certamente aprofundou a percepção de que tipos penais podem ser propostos com objetivo de criminalizar movimentos sociais, com destaque específico para o MST. Uma das propostas legislativas que teve origem nesse relatório foi o PL 7485/2003. Esse projeto de lei pretendia incluir novo dispositivo na Lei de Segurança Nacional para prever como ato de terrorismo a invasão de propriedade com o fim de pressionar o governo. Acrescentaria um parágrafo ao art. 20 da LSN, que já faz referência ao terrorismo, com o seguinte texto:

> Incide nas mesmas penas [3 a 10 anos] quem saqueia, invade, depreda ou incendeia propriedade alheia, ou mantém quem nela se encontra em cárcere privado, com o fim de manifestar inconformismo político ou de pressionar o governo a fazer ou deixar de fazer alguma coisa.

A justificativa apresentada assinalava que o terrorismo é um fenômeno multifacetado e que a sua manifestação no Brasil ocorria pelas ações do MST:

> – tudo sob o argumento de prevenir e vigiar para a segurança ou investigação com vistas à criminalização –, constituindo um conjunto de atribuições que podem ser exercidas de um modo tão arbitrário quanto desregrado e que proporcionam um poder muitíssimo maior e enormemente mais significativo do que a criminalização secundária" (BATISTA & ZAFFARONI, 2003, p. 52).

[112] O MST foi, posteriormente, alvo de outras comissões parlamentares de inquérito. Indiretamente, foram questionados os repasses de recursos públicos ao MST, na CPI das ONGs, encerrada em 2007. Foi alvo também de CPMI do MST, em 2010, que, no entanto, se encerrou sem adoção de relatório final.

> O terrorismo, que é, eminentemente, um movimento político, se adapta à realidade social, econômica e cultural do local onde se exterioriza. No Brasil, tem se manifestado na forma do inclusionismo socioeconômico, por meio do qual associações de trabalhadores rurais sem-terra, por exemplo, reclamam a falta de participação social e econômica em razão de uma suposta negação estatal de direitos garantidos constitucionalmente e, por meio da violência, buscam pressionar o governo a transformar tais direitos abstratos em realidade concreta.
> As ações perpetradas pelo Movimento dos Trabalhadores Sem Terra (MST) são inaceitáveis perante o nosso ordenamento constitucional. Aterrorizam por meio de invasões a propriedades legalmente adquiridas por cidadãos brasileiros, muitas vezes até mesmo produtivas – em afronta aos princípios da propriedade privada e da função social da propriedade [...].
> Com este projeto tornado lei, buscamos dar resposta eficaz ao estágio que chegou esse tipo de terrorismo, que impõe inaceitável desrespeito à liberdade social e à autoridade do Estado e fragilização do processo jurídico-democrático, o qual, há vinte anos, vem se consolidando (CPMI DA TERRA, 2005, p. 384-385).

A associação do MST com o terrorismo vai ainda mais além, sugerindo o Relatório Final da CPMI da Terra que ele tem associação com grupos internacionais considerados por alguns países como terroristas, como as Forças Armadas Revolucionárias da Colômbia (FARC). Em uma de suas conclusões, o relatório decide:

> Recomendar à Polícia Federal e à ABIN que investigue ou retome as investigações sobre as denúncias de treinamento de guerrilha e de interferência das FARC ou de colombianos de uma forma geral em centros de treinamento do MST, especialmente no assentamento da Fazenda Normandia, em Pernambuco (CPMI DA TERRA, 2005, p. 376).

Esse relatório foi adotado com o apoio da bancada ruralista no Congresso que se opôs fortemente ao parecer apresentado pelo relator da CPMI, o Dep. João Alfredo (PSOL-CE), cuja manifestação, à época, se mostrou presciente em relação a essa discussão, que se repetiria durante a tramitação da Lei Antiterrorismo: "Um dos grandes erros das autoridades estaduais é tratar o assunto como se fosse caso de polícia e não um problema social que está atrelado a um quadro de desemprego, falta de terras públicas para reforma agrária e concentração da propriedade das terras particulares" (BARROS, 2005).

Também fruto da CPMI da Terra é o PLS 264/2006[113] que pretendia criar novo tipo penal, a ser conhecido como 'esbulho possessório com fins políticos', que seria caracterizado como crime hediondo. Definido como "saquear, invadir, depredar, incendiar propriedade alheia, ou manter quem nela se encontra em cárcere privado, com o fim de manifestar inconformismo po-

---

[113] Disponível em: <http://www25.senado.leg.br/web/atividade/materias/-/materia/78935>. Acesso 2 jan. 2017.

lítico ou de pressionar o governo a fazer ou deixar de fazer alguma coisa", previa pena de três a dez anos de reclusão. Outras iniciativas no sentido de agravar a pena, qualificar essa conduta como crime hediondo ou criar novos crimes relacionados ao esbulho possessório[114], especificamente destinadas à ação do MST foram o PLS 43/2008, o PL 3654/2015 e o PL 6123/2016.

Referências a movimentos reivindicatórios no campo como terroristas podem ser encontradas também em outras instâncias legislativas. Em 14 de maio de 2006, os grupos Via Campesina e MST ocuparam a fazenda da Empresa Sygenta Seeds, em Cascavel (PR), sob o argumento de que o Instituto Brasileiro do Meio Ambiente e dos Recursos Naturais Renováveis (IBAMA) teria embargado a produção de soja transgênica por aquela empresa. No âmbito da Comissão de Agricultura, Pecuária, Abastecimento e Desenvolvimento Rural, da Câmara dos Deputados, o Dep. Abelardo Lupion (PFL-PR) propôs, em 2006, uma Proposta de Fiscalização e Controle para averiguar a conduta do IBAMA e sua eventual vinculação com a ocupação por aqueles grupos.

O relatório final, do Dep. Eduardo Sciarra (PFL-PR), em relação à PFC 125/2006[115], afirma que esses grupos praticariam condutas análogas ao terrorismo. Merece transcrição segmento do relatório em que as conexões entre o MST e a Via Campesina com o terrorismo internacional são longamente exploradas:

> São propagados os ideais e sofismas de uma doutrina de subversão do Estado democrático de Direito, tendo como alvo a propriedade pública e privada e como adeptos os brasileiros mais fragilizados pela pobreza e, por isso, mais sensíveis aos apelos demagógicos de suas lideranças. Deixou para trás suas lutas reformistas do sistema fundiário nacional e transformou-se em um movimento político-ideológico. Na evolução de seu pensamento político, passou a saquear, depredar, praticas atentados pessoais e atos análogos aos de terrorismo.
> De fato, o que há nas estruturas organizacionais do terrorismo internacional encontra-se, de forma muito semelhante, nestas duas organizações. Da mesma forma, e nos mesmos moldes do movimento terrorista internacional, o MST e sua parceira nas invasões da Sygenta, a Via Campesina usam a internet como um poderoso instrumento de divulgação de suas ações e de suas estratégias, o que faz desse recurso eletrônico valioso instrumento de propagação de suas ideias. Os movimentos terroristas internacionais também se utilizam da internet, transformando-a em porta-voz de suas mensagens. É oportuno observar que, como já

---

114 Previsto no art. 161, II do Código Penal, "É a retirada violenta do legítimo possuidor de um imóvel – residencial, rural ou comercial –, caracterizando-se como um crime de usurpação – quando alguém invade com violência à pessoa, grave ameaça ou mediante concurso de mais de duas pessoas, um terreno ou edifício alheio". (CNJ, 2015)

115 Disponível em: <http://www.camara.gov.br/proposicoesWeb/fichadetramitacao?idProposicao=328669>. Acesso em 2 jan. 2017.

foi verificado, a Via Campesina é uma entidade transnacional, criada na Bélgica, cuja sede atualmente se encontra na Indonésia, num sistema de alternância de seu secretariado e de rodízio de endereços de sua sede.

Em suma, entende-se o terrorismo como a prática lesiva à ordem constitucional e ao Estado Democrático de Direito.

Ora, pergunta-se: as invasões, as depredações, as ocupações de prédios, estradas, ferrovias, laboratórios, áreas de plantio e outras instalações, com o emprego de armas de fogo, facões, foices, porretes e outros instrumentos, assim como os atos de violência que resultam em mortes, todas estas manifestações aqui fartamente relatadas não guardam uma forte analogia com as práticas terroristas, como tais definidas pela Primeira Convenção de Genebra de 1937 e pela Lei nº 7.170, de 1983?[116]

Aprovado o relatório com este texto, requereu-se a abertura de investigações, pelo Ministério Público Federal, pelo Tribunal de Contas da União, pela CPI das ONGs sobre as condutas dos funcionários do IBAMA envolvidos e sobre as organizações mencionadas. Mais surpreendente, no entanto, foi a decisão de requerer que o Itamaraty e o Ministério da Justiça encaminhassem o relatório ao Comitê Contra-Terrorismo do Conselho de Segurança das Nações Unidas, com base na Resolução 1373 (2001), e aos governos da Bélgica, Suíça e Indonésia, para que fossem auferidas as denúncias feitas contra a Via Campesina.

Se, de um lado, foram mencionadas diversas iniciativas para aplicação de mecanismos excepcionais aos movimentos reivindicatórios no campo, também se deve fazer referência àqueles que pretendem impedir esse movimento, já que sinalizam se tratar de um problema real e efetivo. O PL 3054/2000[117], de autoria dos Deputados Milton Temer (PT-RJ) e José Genoíno (PT-SP), pretendia revogar por completo a Lei de Segurança Nacional, utilizando como justificativa exatamente a aplicação dessa legislação para indiciar líderes do MST pelo país. Nesse mesmo sentido, o PL 3163/2000, do Deputado Vivaldo Barbosa (PDT-RJ).

Mais recentemente, foi proposto o PL 7651/2014[118], de autoria do Deputado Renato Simões (PT-SP) e da Deputada Erika Kokay (PT-DF), entre outros. Além de revogar a Lei de Segurança Nacional, essa proposição tem como objetivo conceder anistia a todos os envolvidos com movimentos sociais,

---

116 Relatório Final da PFC 125/2006, na Comissão de Agricultura, Pecuária, Abastecimento e Desenvolvimento Rural, da Câmara dos Deputados. Disponível em: <http://www.camara.gov.br/proposicoesWeb/prop_mostrarintegra?codteor=563009&filename=Tramitacao-PFC+125/2006 >. Acesso em 02 jan. 2017.

117 Disponível em: <http://www.camara.gov.br/proposicoesWeb/fichadetramitacao?idProposicao=19034>. Acesso em 04 jan. 2017.

118 Disponível em: <http://www.camara.gov.br/proposicoesWeb/fichadetramitacao?idProposicao=622270>. Acesso em 04 jan. 2017.

sindicais ou estudantis que tiverem sido condenados por participarem de movimentos reivindicatórios – por meio de greves, ocupações de fábricas, terras urbanas e rurais e escolas e manifestações públicas e protestos. Em sua justificativa, os deputados autores denunciam "as iniciativas do Poder Público, do Poder Judiciário e do Ministério Público que vêm cumprindo um papel preocupante: intensificam o processo de tentativa de subordinação destes setores, judicializando friamente questões que envolvem luta política".

Em relação à aplicação de mecanismos excepcionais por autoridades policiais e judiciárias – a chamada criminalização secundária –, são múltiplos os exemplos que podem ser mencionados.

Em 2000, após a ocupação de diversos prédios públicos em Brasília, incluindo o Instituto Nacional de Colonização e Reforma Agrária, a Polícia Federal indiciou integrantes do MST do Distrito Federal e do Mato Grosso com base na Lei de Segurança Nacional. Foram enquadrados no art. 18 daquela lei, acusados de impedir o livre exercício de Poderes da União. O líder do MST, João Pedro Stedile, já havia sido indiciado com base nessa mesma lei por ter incitado membros do movimento a destruírem pedágios de rodovias. O delegado da PF, Joel Mazo, afirmou, à época, que a "lei está aí e é para ser usada", deixando claro que ainda não havia sido posto pá de cal sobre a discussão da compatibilidade da LSN com a Constituição Federal (GONDIM, 2000).

Também foram denunciados com base na Lei de Segurança Nacional 81 integrantes do Movimento de Libertação dos Sem-Terra (MLST), que teriam invadido e depredado o Congresso Nacional, em 6 de junho de 2006 (GAZETA DO POVO, 2006).

Em um caso mais amplamente noticiado, após a ocupação da Fazenda Coqueiros, no Rio Grande do Sul, o Ministério Público Federal apresentou denúncia tendo como alvo diversos integrantes daquele movimento, com base na Lei de Segurança Nacional. Eles foram denunciados, em 2008, com base nos artigos 16, 17, 20 e 23 da LSN[119]. Também foi mencionado

---

119 Art. 16 – Integrar ou manter associação, partido, comitê, entidade de classe ou grupamento que tenha por objetivo a mudança do regime vigente ou do Estado de Direito, por meios violentos ou com o emprego de grave ameaça. Pena: reclusão, de 1 a 5 anos.

Art. 17 – Tentar mudar, com emprego de violência ou grave ameaça, a ordem, o regime vigente ou o Estado de Direito. Pena: reclusão, de 3 a 15 anos.

Art. 20 – Devastar, saquear, extorquir, roubar, seqüestrar, manter em cárcere privado, incendiar, depredar, provocar explosão, praticar atentado pessoal ou atos de terrorismo, por inconformismo político ou para obtenção de fundos destinados à manutenção de organizações políticas clandestinas ou subversivas. Pena: reclusão, de 3 a 10 anos.

Art. 23 – Incitar: I – à subversão da ordem política ou social; Pena: reclusão, de 1 a 4 anos.

o envolvimento do MST com as FARC. A denúncia foi aceita pelo Juiz Federal Felipe Velt Leal.

Foram, eventualmente absolvidos, em sentença[120] lavrada pelo Juiz Federal Stefan Hartmann, que considerou: (i) que o art. 23 da LSN não é compatível com a Constituição Federal, não tendo sido recepcionado na nova ordem constitucional e (ii) que não estavam presentes os elementos subjetivos necessários – o ânimo de lesar ou expor a perigo de lesão a integridade territorial, a soberania nacional, o regime representativo e democrático, a Federação, o Estado de Direito e a pessoa dos Chefes de Poderes da União[121] – para ensejar a aplicação da LSN. Assinalou ainda que "a conduta dos réus não pretendia lesar ou expor a perigo de lesão a segurança nacional, por meio dos bens jurídicos previstos no art. 1°, mas reivindicar mudanças na condução da política agrária brasileira, ainda que por meios ilícitos".

Apesar da absolvição, merecem destaque alguns aspectos daquele processo judicial: no curso desse processo, foram ouvidos, como testemunhas, indivíduos encarregados da segurança nacional brasileira, como o Ministro-Chefe do Gabinete de Segurança Institucional (GSI); a própria duração do processo – recebida a denúncia em 2008, a sentença somente foi lavrada em 2014 – representa longo período durante o qual os indivíduos denunciados figuraram como réus de processo judicial, com todas as implicações sociais e jurídicas correspondentes (exemplo, foram alvo de pedido de prisão preventiva, tiveram que comparecer a diversas audiências, arcaram com os custos de defesa perante a Justiça Federal).

Esse processo judicial acabou revelando uma série de condutas de órgãos públicos do Rio Grande do Sul que podem ser caracterizadas, no mínimo, como excepcionais. Revelou-se que o serviço secreto da Brigada Militar do RS havia conduzido investigações sobre diversos movimentos sociais no estado – MST, Via Campesina, Movimento dos Atingidos por Barragens, Movimento dos Pequenos Agricultores – e formulado diversas teses que incluíam a vinculação do MST ao PCC e às FARC. Concluíram também que essas entidades haviam passado a se comportar como organizações paramilitares (SCALABRIN, 2008).

Além disso, foi evidenciado que houve deliberações por parte do Conselho Superior do Ministério Público do RS para instaurar investigações sobre as atividades do MST, as quais teriam concluído que esse

---

120 Sentença no processo 2007.71.18.000178-3, na Justiça Federal do Rio Grande do Sul. Disponível em: <http://s.conjur.com.br/dl/sentenca-vara-federal-carazinho-rs4.pdf>. Acesso em 01 jan. 2017.

121 Art. 1 da LSN.

movimento consistiria em uma organização criminosa, de caráter paramilitar que utilizaria técnicas de guerrilha rural, com objetivo de buscar a estruturação de um "Estado paralelo" (SCALABRIN, 2008).

De forma semelhante, em agosto de 2016, quatro integrantes do MST foram presos com base em denúncia de que integrariam organização criminosa no âmbito da Lei nº 12.850/2013. Seriam líderes da ocupação da Fazenda Santa Helena, em Goiás. Essa foi a primeira vez, de acordo com o MST, que integrantes do movimento foram indiciados com base na legislação de 2013. Em outubro de 2016, o STJ conferiu *habeas corpus* requerido em relação a apenas um dos quatro presos. No entanto, o Ministro Rogerio Cruz assinalou que "o ato de participar de movimentos sociais, entre eles o Movimento dos Sem Terra, não é crime", enquanto a Ministra Maria Thereza Moura fez questão de salientar que eram as questões particulares do caso que determinavam a sua solução: "É disso que trata o presente habeas corpus: de saber se está ou não fundamentado a contento o encarceramento cautelar. Nada mais. Não se está, portanto, a criminalizar movimento social. Não se está, também, a fazer qualquer análise de tipicidade"[122].

Como mencionado, esse caso foi inicialmente reportado, incorretamente, pelo Jornal O Estado de São Paulo com a manchete "Justiça mantém sem-terra presos com base na lei antiterrorismo" (NOSSA, 2016). Curiosamente, um integrante do MST, Luiz Zarnin, afirmou à Agência Brasil que "Nossa leitura é que essa situação é mais grave até do que se fôssemos enquadrados como organização terrorista, pois neste caso a legislação prevê uma série de condições específicas. No caso de organização criminosa não, é bem mais amplo, isso preocupa" (PONTES, 2016).

Outros episódios podem ser mencionados. O Brasil já foi condenado pela Corte Interamericana de Direitos Humanos[123] por grampear associações de trabalhadores rurais ligadas ao MST no Paraná, em 1999. Essa condenação se refere à autorização concedida pela Juíza Estadual Elisabeth Khater para que a Polícia Militar do Paraná interceptasse linhas telefônicas, sem

---

[122] HC 371.135-GO. Disponível em: <https://ww2.stj.jus.br/processo/revista/inteiroteor/?num_registro=201602418585&dt_publicacao=28%2F11%2F2016>. Acesso em 03 jan. 2017.

[123] Sobre os efeitos das decisões da Corte Interamericana, Luís Roberto Barroso (2013, p. 147-151) afirma que "A obrigatoriedade da decisão da Corte decorre da própria Convenção [Americana de Direitos Humanos] e seus efeitos são sentidos no país independente de procedimentos judicial ou legislativo suplementar [...]. No plano internacional, o descumprimento de uma decisão da Corte implica a responsabilidade internacional do Estado brasileiro. No plano interno, qualquer parte juridicamente legitimada poderá exigir o seu cumprimento".

fundamentação, de acordo com a ONG Justiça Global, responsável pelo recurso à Corte. Reiterados pedidos de revisão daquela decisão judicial e de investigação das condutas da magistrada e da PM-PR foram ignorados ou rejeitados pelo Judiciário brasileiro. Uma investigação conduzida pelo Ministério Público paranaense concluiu que "a diligência não possuía o objetivo de investigar e elucidar a prática de crimes, mas sim monitorar os atos do MST, ou seja, possuía cunho estritamente político, em total desrespeito ao direito constitucional à intimidade, à vida privada e à livre associação" (TOGNOLLI, 2009).

A Corte Interamericana também considerou que o Estado brasileiro violou o direito à vida privada e à liberdade de associação, além dos direitos à honra e à reputação e à proteção judicial. Determinou, portanto, que o Brasil realizasse uma investigação completa e imparcial e que as vítimas fossem indenizadas pelos danos morais sofridos em decorrência da divulgação, na imprensa, das conversas gravadas (TOGNOLLI, 2009).

3.2.2. Experiência das cidades

Seguindo o mesmo roteiro da seção anterior, inicialmente se mencionam as iniciativas e discussões, no âmbito do poder legislativo, que puderam ser entendidas como movimentos no sentido de criminalizar e reprimir as manifestações de rua e protestos. A chave de compreensão desse esforço nas cidades passa, no entanto, pelo contexto da onda de manifestações que se iniciou em 2013[124].

As manifestações de 2013 representam um marco na história recente brasileira. Iniciaram-se em junho, com manifestações em São Paulo contra o aumento das tarifas de transportes coletivos, organizadas pelo Movimento Passe Livre. Poucos dias depois, já haviam se espalhado para todo o país e ganhado uma agenda muito mais ampla, incluindo, de acordo com pesquisa realizada pelo IBOPE, os problemas com o ambiente político brasileiro (corrupção, insatisfação com os partidos políticos, etc.), os gastos excessivos com a organização dos grandes eventos, falta de investimentos em saúde e educação e a PEC 37[125]. Essa mesma pesquisa indicou que 57% das pessoas consideraram que a polícia agiu com violência excessiva (G1, 2013).

---

124 Analisando os ciclos de protestos de rua de 1984 (Diretas Já), 1992 (Impeachment de Collor) e 2013, Luciana Tatagiba (2014, p. 54-55) afirma que o cenário de violência específico e único deste último ciclo.

125 Proposta de Emenda à Constituição que limitaria os poderes de investigação do Ministério Público.

A menção a vandalismo, como rótulo aplicável aos manifestantes, foi além simplesmente de uma prática discursiva[126]. O Senador Armando Monteiro (PTB-PE) introduziu o PLS 508/2013[127] que pretendia criminalizar o vandalismo. Definia esse crime como:

> É crime de vandalismo promover ou participar de atos coletivos de destruição, dano ou incêndio em imóveis públicos ou particulares, equipamentos urbanos, instalações de meios de transporte de passageiros, veículos e monumentos, mediante violência ou ameaça, por qualquer motivo ou a qualquer título.
>
> Pena – reclusão, de quatro a doze anos e multa, além das penas correspondentes à violência e à formação de quadrilha, e ressarcimento dos danos causados.

Sob a justificativa de que a população se encontrava em estado de completo repúdio aos atos de violência e destruição causados por manifestantes, o Senador Armando Monteiro sinalizava ainda a insuficiência do ordenamento jurídico brasileiro, em que o crime de dano não se mostrava suficiente, vez que demandaria perícia para a individualização da conduta e comprovação de sua autoria. Por esse motivo[128], propunha uma flexibilização desses princípios do Direito Penal, bastando a participação em atos coletivos para a imposição de pena equivalente àquela prevista para lesão corporal seguida de morte (art. 129, §3º CP).

O PLS 508/2013 foi à Comissão de Constituição, Justiça e Cidadania, onde recebeu parecer favorável, nos termos do substitutivo[129] apresentado pelo Relator, o Senador Pedro Taques (PDT-MT). Utilizando algumas das justificativas que apresentaria também em relação aos projetos de lei sobre terrorismo, assinalou que "um tipo penal amplo como o ora

---

[126] Nas grandes mídias, esses manifestantes foram rotulados como baderneiros e vândalos (SILVA, 2015, p. 395). Até o rótulo de "terrorista" teria sido empregado para justificar a repressão e a contenção das insatisfações populares (MORAES & MORAES, 2016, p. 114).

[127] Disponível em: <http://www25.senado.leg.br/web/atividade/materias/-/materia/115638>. Acesso em 01 jan. 2017.

[128] Afirma, na justificativa do PLS 508/2013, "Portanto, há de se convir que, no tumulto formado por dezenas ou centenas de vândalos e com a rápida e sucessiva depredação de diversos imóveis, equipamentos urbanos e veículos, seria praticamente impossível que a autoridade policial tivesse condições de coletar as provas necessárias à caracterização e comprovação indispensáveis à prisão em flagrante. Daí porque, a cada ato coletivo de vandalismo, dezenas de vândalos são presos e conduzidos à delegacia policial e poucas horas depois são libertados em razão da impossibilidade de instauração do inquérito policial".

[129] O texto do substitutivo previa, apenas, aumento de pena para casos de danos praticados em contextos de manifestações públicas.

proposto poderá levar a abusos praticados pelos órgãos de repressão do Estado – polícia, Ministério Público e Poder Judiciário – de modo que reivindicações legítimas sejam abafadas pelo temor à prática de crime de vandalismo".

Instituições da sociedade civil prontamente se manifestaram contrariamente ao PLS 508/2013. A Ordem dos Advogados do Brasil afirmou que se tratava de "resposta demagógica à sociedade, com forte viés intimidatório, valendo-se do Direito Penal como instrumento de coerção, violando-se princípios comezinhos do Direito Penal, como a taxatividade e a culpabilidade"[130]. Nesse mesmo sentido, a Rede Justiça Criminal, que se mobilizaria, novamente em 2015/2016 durante as discussões sobre a Lei Antiterrorismo, afirmou que o projeto violaria os princípios de liberdade de expressão e de reunião e que:

> O PLS propõe uma definição excessivamente ampla do termo 'vandalismo', favorecendo a subjetividade de interpretação. Essa possibilidade viola, claramente, o princípio da segurança jurídica e a exigência de previsibilidade da lei penal. Dá-se ao operador do direito inaceitável margem de discricionariedade no momento da aplicação da norma (REDE JUSTIÇA CRIMINAL, 2014).

Também surgiu como consequência direta das manifestações, especialmente do emprego da técnica dos '*black blocs*'[131], o PL 5964/2013[132], apresentado pelo Dep. Rogério Peninha Mendonça (PMDB-SC) que proibia a utilização de máscaras ou objeto que dificultasse a identificação do usuário em público. A esse projeto foram apensados na Câmara dos Deputados diversos outros que também tratam dessa questão[133] – além de muitos outros projetos de lei que cuidam do vandalismo, da imposição de restrições à realização de reuniões públicas, etc. São mais de 20 projetos apensados, o que já sinaliza uma tendência de se apropriar do Direito Penal para dar resposta às circunstâncias que advieram das mani-

---

[130] Ofício n. 345/2014-ASL, do Conselho Federal da Ordem dos Advogados do Brasil. Disponível em: <http://www.senado.leg.br/atividade/rotinas/materia/getPDF.asp?t=154826&tp=1>. Acesso em 01 jan. 2017.

[131] Inaugurada nos protestos de Seattle contra a Organização Mundial do Comércio, em 1999, essa tática pugna pela utilização, pelos manifestantes, de roupas pretas e máscaras ou outros instrumentos que escondam a identidade e protejam contra instrumentos utilizados pelas forças de polícia, como gás lacrimogênio e spray de pimenta (TATAGIBA, 2014, p. 55).

[132] Disponível em: <http://www.camara.gov.br/proposicoesWeb/fichadetramitacao?idProposicao=585125>. Acesso em 01 jan. 2017.

[133] PL 6198/2013, do Dep. Jorge Tadeu Mudalen (Dem-SP); PL 6347/2013, do Dep. Carlos Sampaio (PSDB-SP); PL 6461/2013, do Dep. Junji Abe (PSD-SP).

festações de 2013/2014. O PL 5964/2013 também foi alvo de reação pela OAB, que afirmou: "a propositura da referida norma implica em rotundo equívoco, associado à péssima técnica legislativa, implicando em norma que objetiva cercear o exercício das garantias fundamentais esculpidas na Constituição Federal cidadã".[134]

O PL 5964/2013, juntamente com os apensados, recebeu parecer favorável na Comissão de Segurança Pública e Crime Organizado, nos termos do substitutivo apresentado pelo Relator, o Deputado Efraim Filho (Dem-PB) que: (i) condiciona a realização de reunião ou manifestação pública ao aviso prévio à autoridade competente; e (ii) proíbe a utilização de instrumento que impeça a identificação do usuário, autorizando agente público a realizar busca pessoal, desapossamento do objeto ou substância dissimuladora ou de posse ilícita ou indevida, contenção e/ou prisão em flagrante. Esse texto está pendente de apreciação pela Comissão de Constituição, Justiça e Cidadania.

Outra instância em que discussão sobre a criminalização dos movimentos sociais teve destaque foi na tramitação da Medida Provisória n° 699/2015. Essa MP tinha como objetivo alterar o Código de Trânsito Brasileiro para aumentar as multas aplicáveis a quem utilizasse veículo para perturbar ou bloquear a circulação em vias públicas. Era uma reação do governo às manifestações, em novembro de 2015, de milhares de caminhoneiros, organizados no Comando Nacional do Transporte, que bloquearam dezenas de rodovias no Brasil, exigindo o aumento do valor do frete e a redução dos preços de combustíveis (SALOMÃO, 2015).

Na Câmara dos Deputados, no entanto, a proposta foi alterada, para aumentar para cerca de 17 mil reais a multa aplicável a pedestres que viessem a bloquear vias. Por conta dessa alteração, os Deputados Alessandro Molon (PSB-RJ) e Glauber Braga (PSOL-RJ) orientaram seus respectivos partidos a votarem contrariamente à proposta. Afirmou o Dep. Alessandro Molon: "Nós entendemos que, num país democrático, medidas que visem a reprimir ou a impedir manifestações não são um bom caminho" (PASSARINHO, 2015). A versão do texto aprovado na Câmara incluía, ainda, anistia aos caminhoneiros que haviam participado daquelas manifestações.

A percepção é de que uma norma, inicialmente endereçada aos caminhoneiros, acabou se tornando uma potencial arma contra os movimentos sociais, rurais e urbanos, que utilizam o bloqueio de vias como forma de protesto, conforme sinalizou Lucas Sada, advogado do Instituto de Defensores

---

[134] Ofício n. 345/2014-ASL, do Conselho Federal da Ordem dos Advogados do Brasil. Disponível em: <http://www.senado.leg.br/atividade/rotinas/materia/getPDF. asp?t=154826&tp=1>. Acesso em 01 jan. 2017.

dos Direitos Humanos. O dispositivo que aumentava as multas aplicáveis a pedestres acabou sendo vetado pela Presidente Dilma Rousseff, sob a justificativa de que "representariam grave ofensa às liberdades de expressão e de manifestação, direitos constitucionalmente assegurados e que só admitiriam restrição em situação de colisão com outros direitos constitucionais."[135].

De forma semelhante, a criação do tipo penal referente à milícia privada (art. 288-A do Código Penal[136]), pela Lei nº 12.720/2012, tinha um objetivo inicial, qual seja combater as milícias que controlavam diversas favelas no Rio de Janeiro[137], o qual não se coaduna com a sua aplicação recente contra militantes partidários do PSTU e PSOL e grupos anarquistas em Porto Alegre (SADA, 2016). Em função disso, afirma Lucas Sada que "a gente sempre teve uma leitura de que o governo estava dando um 'tiro no pé', pois ele estava sucessivamente mirando em uma coisa e acertando outra".

Além das legislações em âmbito nacional, outras iniciativas estaduais também foram vistas na chave da criminalização das manifestações. No Rio de Janeiro, foi criada uma Comissão Especial de Investigação de Atos de Vandalismo em Manifestações Públicas, composta por representantes do MP-RJ, da Secretaria de Segurança e das Polícias Civil e Militar. Criada pelo Dec. Estadual nº 44.302, essa comissão foi inicialmente muito criticada por terem, aparentemente, sido conferidos poderes para realizar interceptações telefônicas e pela participação da PM na investigação de crimes. O presidente da Comissão de Direitos Humanos da OAB-RJ, Wadih Damous afirmou: "Está se criando uma polícia de emergência, de exceção. Não é papel da PM investigar ninguém, as atitudes ilegais, de vandalismo, de depredação ao patrimônio público, devem ser reprimidas com a força policial existente" (SOUZA & THUM, 2013). Esse decreto foi substituído pelo Dec. nº 44.305, que, apesar de solucionar algumas das críticas apontadas, mantinha, em larga medida, a estrutura da Comissão.

Nesse mesmo sentido, a Lei Estadual do Rio de Janeiro nº 6.528/2013[138] impunha restrições à manifestação pública, exigindo, por exemplo, prévio

---

[135] Mensagem nº 194, de 4 de maio de 2016. Disponível em: <http://www.planalto.gov.br/ccivil_03/_ato2015-2018/2016/Msg/VEP-194.htm>. Acesso em 01 jan. 2017.

[136] Código Penal, art. 288-A: "Constituir, organizar, integrar, manter ou custear organização paramilitar, milícia particular, grupo ou esquadrão com a finalidade de praticar qualquer dos crimes previstos neste Código: Pena – reclusão, de 4 (quatro) a 8 (oito) anos".

[137] Foi, inicialmente, proposta no âmbito da CPI das Milícias, na Assembleia Legislativa do Rio de Janeiro, presidida pelo Dep. Estadual Marcelo Freixo (PSOL). A Lei 12.720/2012 é fruto do PL 370/2007, apresentado pelo Deputado Luiz Couto (PT-PB).

[138] Disponível em: <http://gov-rj.jusbrasil.com.br/legislacao/1036049/lei-6528-13>. Acesso em 01 jan. 2017.

aviso à autoridade policial para o exercício do direito à reunião pública. Regulamentava, ainda, a intervenção das polícias para proteger o patrimônio público e privado e proibia, expressamente, a utilização de máscaras ou quaisquer artifícios que dificultassem a identificação dos cidadãos participantes de manifestações.

Da mesma maneira que proposições legislativas já indicam o caminho pretendido (e já trilhado, em alguns casos) de se empregar o Direito Penal para criminalizar movimentos sociais, essa preocupação também motiva a revisão de normas já em vigor. Por exemplo, o crime de desacato[139] foi recentemente descriminalizado pelo Superior Tribunal de Justiça, em julgamento do Recurso Especial nº 1.640.084 – SP, com base na Carta Interamericana de Direitos Humanos. Afinal, a Comissão Interamericana de Direitos Humanos já havia reconhecido que "as leis de desacato se prestam ao abuso, como meio para silenciar ideias e opiniões consideradas incômodas pelo *establishment*, bem assim proporcionam maior nível de proteção aos agentes do Estado do que aos particulares, em contravenção aos princípios democrático e igualitário"[140].

Uma das preocupações reconhecidas pelo STJ – e, nisso, semelhante às questões levantadas durante os debates sobre outras normas penais – é que a própria existência do tipo penal é suficiente para intimidar a liberdade de expressão e manifestação de pensamento, pelo temor de um processo criminal. Seria "a lei produzindo autocensura por meio do medo imposto pela criminalização" (SANKIEVICZ, 2016).

Essa foi também a compreensão da Procuradora Federal dos Direitos do Cidadão Deborah Duprat (2016), ao afirmar que a criminalização do desacato tinha origem no autoritarismo e que são frequentes os abusos de poder por autoridades para suprimir direitos fundamentais, em especial a liberdade de expressão. Indicou ainda que esse tipo penal atingia "mais severamente aqueles que estão em luta pela implementação de seu catálogo de direitos". Requereu, assim, a propositura de ação cabível – Ação de Descumprimento de Preceitos Fundamentais – para expurgar definitivamente do ordenamento jurídico esse tipo penal. Na seara parlamentar, existem também proposições, como o PL 4548/2008, de autoria do Dep. Edson Duarte (PV-BA), e o PL 602/2015, do Deputado Jean Wyllys (PSOL-RJ) que pretendem revogar o art. 331 do Código Penal.

---

139 Art. 331 CP – Desacatar funcionário público no exercício da função ou em razão dela. Pena: detenção, de 6 (seis) meses a 2 (dois) anos, ou multa

140 Voto do Relator Ministro Ribeiro Dantas no Resp. nº 1.640.084 (SP). Disponível em: <http://www.stj.jus.br/static_files/STJ/Midias/arquivos/Noticias/RECURSO%20ESPECIAL%20N%C2%BA%201640084.pdf>. Acesso em 02 jan. 2015.

O tipo penal do desacato foi, inclusive, indicado por Frederico de Almeida (2016, p. 12) como um dos empregados pelas autoridades policiais para deter militantes ou simpatizantes do Movimento Passe Livre nas manifestações de junho de 2013. Além do crime de desacato, o crime de formação de quadrilha ou associação criminosa[141] também é mencionado, por Rafael Custódio, da Conectas, como um instrumento de criminalização dos movimentos sociais.

Já em instâncias policiais e judiciais, a aplicação daqueles instrumentos excepcionais foi frequente.A criminalização de manifestantes tanto via Lei de Organizações Criminosas, quanto via Lei de Segurança Nacional, de fato, foi um grave problema apontado por organizações como Justiça Global, Instituto de Defensores de Direitos Humanos e Centro de Assessoria Popular. Afirmavam que "a utilização de legislação penal específica para manifestações e organizações políticas é medida de exceção e enfraquece a democracia". Essas organizações denunciaram as iniciativas de órgãos policiais em enquadrar manifestantes, especialmente partidários da tática 'black bloc', como membros de organizações criminosas (JUSTIÇA GLOBAL, 2013).

A Lei de Organizações Criminosas havia sido sancionada em agosto de 2013 e entrou em vigor no mês seguinte. Passou a viger no ordenamento jurídico justo no auge das manifestações e foi imediatamente aplicada pelas autoridades policiais. Em resposta às manifestações do dia dos professores, em 15 de outubro, foram detidos mais de 190 manifestantes, 84 dos quais ficaram retidos, conforme a Polícia Civil passava a empregar esse novo instrumento legal. Aponta-se, ainda, que 23 ativistas políticos, em sua maioria estudantes e professores, estariam sob processo judicial, no Rio de Janeiro, enquadrados na Lei de Organizações Criminosas, por terem participado de manifestações contra a Copa, em 2014 (MORAES & MORAES, 2016, p. 110).

No Rio Grande do Sul, 10 pessoas foram denunciadas com base na Lei de Organizações Criminosas por causa da ocupação da Secretaria de Fazenda do Estado, em meio a protestos por melhorias na educação pública. A medida foi severamente criticada como uma "intolerável criminalização dos movimentos sociais", pelo Procurador Regional dos Direitos do Cidadão Fabiano de Morais, que afirmou ainda que os indiciados "exigiam mudanças, os seus direitos, e isso passa bem longe de ser uma organização criminosa. Fica clara a aplicação errônea da lei nesse caso" (MATUOKA, 2016).

---

[141] Art. 288. Associarem-se 3 (três) ou mais pessoas, para o fim específico de cometer crimes:
Pena – reclusão, de 1 (um) a 3 (três) anos.

A Lei de Segurança Nacional também foi utilizada para enquadrar dois manifestantes (Luana Bernardo Lopes e Humberto Caporalli) em São Paulo, acusados de danificar um carro da polícia civil (JUSTIÇA GLOBAL, 2013).

Como mencionado, o processo de criminalização pode seguir caminhos diferentes, cada qual com impacto específico e procedimentos mais ou menos gravosos. Neste capítulo, enfatizaram-se as instâncias em se recorreu à legislação em alguma medida excepcional, como a Lei de Organizações Criminais ou a LSN, exatamente porque a Lei Antiterrorismo assim se classificaria, fornecendo mais um instrumento de criminalização excepcional.

Mesmo entre autoridades policiais, há discordância com relação a qual instrumento de criminalização deve ser empregado contra os 'black blocs', embora note-se uma preferência pelos mecanismos excepcionais. Pesquisa realizada com mais de 5 mil policiais, indicou que 60% deles acreditavam que esses grupos deveriam ser enquadrados por dano qualificado e incitação à violência, 47% pela Lei de Organizações Criminosas e 33% na Lei de Segurança Nacional (mais de uma opção podia ser selecionada). Apenas 3% dos policiais acreditavam que esses grupos não deveriam ser criminalizados (FGV DAPP, 2014).

Outros casos de abusos específicos foram mencionados pelos entrevistados, sinalizando que representam instâncias formadoras da percepção desses atores sobre a atuação do aparato estatal. Alguns se referem a situações ou casos específicos de abuso em contextos de manifestações, enquanto outros, de forma geral, têm em comum apenas a violência do Estado. O caso da desocupação de Pinheirinhos[142], mencionado por Vladimir Aras (MPF), e do Amarildo[143], pela Dep. Jô Moraes, por exemplo, foram mencionados na segunda categoria, enquanto o caso de Rafael Braga[144] e da prisão de ativistas às vésperas da final da Copa do Mundo[145]

---

[142] Processo de reintegração de posse de um enorme terreno em São José dos Campos (SP), em que a Justiça Estadual determinou, a despeito de decisão em sentido contrário da Justiça Federal, que se procedesse à expulsão dos milhares de moradores que ocupavam o terreno desde 2004. Dezenas de moradores foram feridos e o caso ganhou repercussão internacional.

[143] Desaparecimento de Amarildo Dias de Souza, em 2013, na Rocinha, no Rio de Janeiro (RJ), após ter sido detido por policiais militares e levado a uma Unidade de Polícia Pacificadora.

[144] Rafael Braga Vieira, morador de rua, foi preso em junho de 2013, no Rio de Janeiro (RJ), no auge das manifestações. Ele foi acusado e condenado de portar material incendiário – na verdade, tinha na mochila dois frascos de material de limpeza.

[145] Foi decretada a prisão preventiva de 26 manifestantes, em 12 de julho de 2014, no Rio de Janeiro (RJ) com base em informações de que eles estariam envolvidos no

foram mencionados, por Lucas Sada e Gabriel Sampaio, do Ministério da Justiça, na primeira.

Ao longo da história recente brasileira, mesmo no período democrático, foram esses elementos discutidos em detalhes ao longo deste capítulo que originaram uma forte resistência às iniciativas para que fosse adotada legislação sobre terrorismo no país. É sobre estas iniciativas, instâncias em que se manifestou resistência à disseminação das normas internacionais, que o próximo capítulo se debruçará.

---

planejamento de manifestações que ocorreriam no dia seguinte.

Capítulo IV. **RESISTÊNCIA EM AÇÃO: ESFORÇOS PARA LEGISLAR SOBRE TERRORISMO ENTRE 1988 E 2015**

O desenvolvimento de uma lei específica sobre terrorismo no Brasil só se completou em 2016, com a promulgação da Lei Antiterrorismo. Isso não significa, no entanto, que essa tenha sido a primeira vez que foram empreendidos esforços com esse objetivo. Pelo contrário, ocorreram uma série de tentativas anteriores. Não se pretende, aqui, rastrear, em detalhes, o processo que as engendrou, mas sim apresentar esses esforços de forma sistemática – algo ainda não realizado pela literatura acadêmica –, de maneira a evidenciar as tendências que se manifestariam e as preferências que os diversos atores envolvidos apresentariam, novamente, ao longo do processo legislativo que se pretende estudar nos capítulos seguintes.

Iniciativas para que fossem aprovadas legislações sobre terrorismo ocorreram em diversos momentos e em diversas instâncias. No poder executivo, ocorreram no seio da Estratégia Nacional de Combate à Corrupção e à Lavagem de Dinheiro e da Câmara de Relações Exteriores e Defesa. Já no poder legislativo, se manifestaram tanto dentro de discussões sobre temas correlatos, como lavagem de dinheiro, organizações criminosas e reforma do Código Penal, quanto em instâncias específicas, em projetos de lei tratando unicamente deste tema.

Apesar de essas iniciativas não terem sido bem-sucedidas, elas foram fundamentais para (i) criar um arcabouço jurídico que, embora não definisse terrorismo diretamente, tratava do assunto de alguma forma, (ii) sinalizar a importância do assunto nos fóruns relevantes e para os diferentes atores que se envolveriam com o processo legislativo que gerou a Lei Antiterrorismo e (iii) amadurecer o conhecimento das autoridades brasileiras sobre o tema, que, *a priori*, não consta da agenda tradicional política nacional. No mais, duas dessas iniciativas (o PLS 236/2012 e o PLS 499/2013) seriam consideradas como possíveis alternativas antes da decisão de se enviar um projeto de lei novo sobre o assunto pela Presidência da República, em 2015, como afirmou Bernardo Mota, Diretor de Assuntos Internacionais do COAF. Outras serviriam de inspiração direta no processo de elaboração das diversas versões do PL 2016/2015 ao longo de sua tramitação.

Como essas iniciativas anteriores se desenrolaram e qual foi o principal obstáculo para o seu sucesso são perguntas fundamentais para que se compreenda o que houve de particular, a partir de 2015, para que o processo legislativo que deu origem à Lei Antiterrorismo chegasse a termo. Assim, ao respondê-las, no curso deste capítulo, pretende-se esclarecer como esta legislação é produto de um longo processo de maturação institucional.

Dentro do marco teórico selecionado, esse período, de 1988 até 2015, pode ser entendido como de pré-localização, durante o qual prevalecem a resistência e a contestação em relação à norma internacional. Os atores locais, nesse momento, ainda questionavam a utilidade e a aplicabilidade daquela norma. Temiam que ela ameaçasse práticas e crenças preexistentes (ARCHARYA, 2004, p. 251), principalmente aquelas relacionadas ao direito de manifestação e reivindicação, já alvos de outras formas de repressão pelo aparato estatal, como demonstrado no capítulo anterior.

4.1 TERRORISMO NO ORDENAMENTO BRASILEIRO EM 1988

O objetivo da presente seção não é rastrear as referências ao terrorismo em vigor no ordenamento brasileiro – até porque essa tarefa será realizada no próximo capítulo, no contexto das avaliações do GAFI sobre a legislação em vigor no Brasil. Pretende-se, antes, apresentar e discutir esforços de desenvolvimento de legislações sobre o tema, a partir da Constituição de 1988.

Para realizar essa análise, no entanto, é necessário mencionar duas normas em vigor que mencionam o terrorismo: a Constituição Federal e a Lei de Segurança Nacional. A Constituição Federal faz referência ao terrorismo no art. 4, VIII, indicando o repúdio ao terrorismo como um dos princípios que guiam as relações internacionais do país e no art. 5, XLIII, reputando o como crime inafiançável e insuscetível de graça ou anistia.

Essas referências permitiriam que atores interessados em promover normas de combate ao terrorismo fizessem uso da estratégia de *grafting*, **associando essas normas à Constituição Federal. As referências a um** "**manda**do constitucional" para que se tipifique o terrorismo podem ser entendidas como um esforço de se legitimar as normas propostas e de reafirmar a sua necessidade. Curioso notar, todavia, como já se manifestava nos debates da Assembleia Constituinte o problema da imprecisão do termo terrorismo, o qual afligiria todo o debate sobre a Lei Antiterrorismo – o Deputado Constituinte José Genoíno (PT-SP) apresentou destaque para que a referência ao terrorismo fosse retirada do texto final sob essa justificativa. Esse destaque acabou sendo derrotado, com 68 votos favoráveis e 335 contrários (PAIVA, 2008, p. 81)

Já a Lei de Segurança Nacional é a Lei n° 7.170, de 1983. Foi adotada no contexto do processo de abertura democrática, mas ainda durante a ditadura militar. A sua compatibilidade com a Constituição de 1988 e, consequentemente, sua força como norma local preexistente, será objeto de discussões no próximo capítulo, de maneira que basta apontar que ela faz referência direta ao terrorismo, em seu art. 20, prevendo:

> Art. 20 – Devastar, saquear, extorquir, roubar, sequestrar, manter em cárcere privado, incendiar, depredar, provocar explosão, praticar atentado pessoal ou atos de terrorismo, por inconformismo político ou para obtenção de fundos destinados à manutenção de organizações políticas clandestinas ou subversivas.
> Pena: reclusão, de 3 a 10 anos.

Dessa maneira, se passa, agora, ao estudo das iniciativas anteriores entre 1988 e 2015 para o desenvolvimento de normas sobre terrorismo no Brasil.

4.2 A ESTRATÉGIA NACIONAL DE COMBATE À CORRUPÇÃO E À LAVAGEM DE DINHEIRO

A Estratégia Nacional de Combate à Corrupção e à Lavagem de Dinheiro (ENCCLA) foi criada, em 2003, pelo Ministro da Justiça Márcio Tomaz Bastos. Foi pensada como um fórum de coordenação, pelo Ministério da Justiça, para as ações do poder público direcionadas ao combate desses fenômenos. Participam da ENCCLA diversos órgãos do Poder Executivo federal, como os Ministérios da Justiça e da Fazenda, a Receita Federal, o Banco Central, o Conselho de Controle de Atividades Financeiras e a Advocacia-Geral da União. Também integram a ENCCLA órgãos do Poder Legislativo federal, como o Tribunal de Contas da União, órgãos do Poder Judiciário, como o Conselho Nacional de Justiça, o Ministério Público, e entidades de classe de operadores do Direito, como a Associação Nacional dos Procuradores Federais e a Associação dos Juízes Federais do Brasil.

A metodologia de trabalho da ENCCLA se desenvolveu e se sofisticou ao longo dos últimos 13 anos. Inicialmente, estabeleciam-se metas anuais a serem cumpridas. Em 2009, essa metodologia mudou e passaram a desenvolver ações. Divididas entre os respectivos focos – lavagem de dinheiro e corrupção –, as ações são iniciativas das mais variadas naturezas, como elaboração de estudos ou de anteprojetos de lei, que são desenvolvidas ao longo de um ano por um grupo de trabalho. Esse grupo é usualmente coordenado por um dos órgãos do núcleo da ENCCLA – chamado de Gabinete de Gestão Integrada – e composto por diversos outros, em função da pertinência temática e do interesse demonstrado. O papel de secretaria executiva da ENCCLA é exercido por um órgão do Ministério da Justiça: o Departamento de Recuperação de Ativos e Cooperação Jurídica Internacional.

Em se tratando de um fórum dedicado a discutir corrupção e lavagem de dinheiro, a questão do terrorismo se tornou relevante para a ENCCLA conforme o GAFI expandiu suas competências, em 2001, da lavagem de dinheiro para incluir também o financiamento do terrorismo. O COAF é o órgão responsável pela representação do Brasil junto ao GAFI, em função de suas competências referentes à lavagem de dinheiro. Expandiu suas atribuições iniciais, à semelhança do GAFI, para se tornar competente também pela implementação das normas Recomendações Especiais sobre financiamento do terrorismo.

Após a segunda avaliação do Brasil, pelo GAFI, em 2004, quando foram apontadas deficiências relacionadas ao combate do terrorismo[146], o COAF tomou a decisão de levar aquela questão para a ENCCLA, como explica Bernardo Mota, chefe de gabinete da Presidência do COAF, Diretor de Assuntos Internacionais e chefe da missão brasileira no GAFI:

> O que aconteceu foi que a gente sabe que o COAF sozinho não ia conseguir ter essa ressonância. Então, [decidimos] levar o assunto para um fórum que coordena mais de 60 órgãos juntos para colocar aquele assunto como pauta de prioridade internacional. O COAF sozinho não teria força para levar esse tema. Mas 60 agências em uma estratégia desse nível, provavelmente, teriam muito mais força (MOTA, 2016).

Considerando a significância desse fórum e a presença das mais variadas entidades, a ENCCLA acabou tornando-se responsável por coordenar as ações relativas à implementação das Recomendações GAFI, realizando, inclusive, estudos preparatórios para avaliações a serem realizadas por aquela organização no Brasil, a exemplo da Ação 9[147] de 2015. Nesse cenário, o tema do terrorismo acabou ganhando força na ENCCLA. Ela exerceu esse papel, por exemplo, ao recomendar reiteradamente, desde 2012, a tipificação do terrorismo e do seu financiamento para que o país estivesse em cumprimento com as obrigações internacionais, especialmente a Recomendação nº 5 do GAFI.

O terrorismo foi mencionado explicitamente, pela primeira vez, no âmbito da ENCCLA, em 2004, na Meta 20, que demandava a avaliação e proposição de alterações em projetos de lei que tratassem, entre outras coisas, da tipificação do terrorismo e do financiamento do terrorismo.

---

146 Sinalizou-se que o Brasil "deveria promulgar leis que tipificassem o financiamento do terrorismo [...] e melhorar as medidas legais para que as autoridades possam congelar e confiscar ativos relacionados ao terrorismo e seu financiamento" (GAFISUD, 2004, p. 88-89).

147 Tinha como objetivo "Definir medidas para o cumprimento das novas Recomendações do Grupo de Ação Financeira – GAFI/FATF".

Em uma questão relacionada, mas não diretamente afeta à tipificação do terrorismo – a ação para bloqueio de bens, direitos e valores de pessoas e entidades listadas pelo Conselho de Segurança da ONU – a ENCCLA também teve uma participação importante. Foi o tema alvo da Meta 12 de 2007 – "Aprimorar o mecanismo de implementação das resoluções do CSNU para bloqueio e apreensão de bens de terroristas" –, da Ação 5 de 2011, da Ação 10 de 2013 e, finalmente, da Ação 10 de 2015, que constituiria uma contribuição significativa ao PL 2020/2015, o qual originou a Lei nº 13.170/2015.

Ao invés de simplesmente listar as menções e referências a terrorismo nesta seção, o que se pretende fazer é identificar, dentro das iniciativas listadas neste capítulo, qual teria sido o papel da ENCCLA e seu lugar nos processos de discussão sobre normas. No entanto, como não são divulgados, em geral, os resultados específicos de cada ação[148], em muitos casos mencionar-se-á apenas o papel que a ENCCLA teve, já que foge ao escopo desse trabalho realizar um rastreamento detalhado de cada uma dessas iniciativas.

4.3. INICIATIVAS NO ÂMBITO DO PODER EXECUTIVO

As iniciativas realizadas no âmbito do poder executivo federal são especialmente difíceis de se rastrear. Apesar de haver alguma publicidade – portarias instituindo grupos de trabalho, por exemplo, são publicadas no Diário Oficial –, não se encontram disponíveis os documentos produzidos por essas iniciativas, as informações relativas às reuniões, nem mesmo o resultado final destes esforços. Rastreando as menções a essas iniciativas nas entrevistas realizadas e nas poucas referências encontradas na imprensa, foi possível realizar pedidos de acesso à informação, com base na Lei de Acesso à Informação, para construir a narrativa que se apresenta nesta seção.

Não foi sem dificuldades, entretanto, que se realizou esse esforço. Como a maioria dessas iniciativas não chegou a termo bem-sucedido, ou seja, não culminaram com a aprovação de uma legislação, muitos dos pedidos de acesso à informação foram negados com base na exceção prevista do art. 20 do Dec. nº 7.724/2012[149], que condiciona a publicidade dos documentos preparatórios – definidos como "documento formal utili-

---

[148] Uma listagem de todas ações da ENCCLA, desde 2004, encontra-se disponível em: <http://enccla.camara.leg.br/acoes/>. Acesso em 5 jan. 2017.

[149] Art. 20 – O acesso a documento preparatório ou informação nele contida, utilizados como fundamento de tomada de decisão ou de ato administrativo, será assegurado a partir da edição do ato ou decisão.

zado como fundamento da tomada de decisão ou de ato administrativo, a exemplo de pareceres e notas técnicas" – à edição do ato ou decisão. É por meio desses documentos preparatórios que se torna possível determinar as posições e preferências dos diversos órgãos envolvidos nos empreendimentos sob análise.

Os diversos órgãos públicos (e mesmo internamente) têm posições conflitantes no que se refere à intepretação desta exceção, o que permitiu que alguns dos documentos pretendidos fossem efetivamente obtidos. O Ministério da Justiça inicialmente negou o Pedido de Acesso à Informação nº 08850.000525/2017-01 para obtenção de informações relativas a diversas iniciativas que serão detalhadas a seguir sob a justificativa de que se tratava de documentos preparatórios[150]. Esta posição foi revisada, em fase recursal, ainda que os documentos fornecidos naquela instância não se referissem efetivamente às iniciativas que se pretendia analisar. Um conjunto de documentos sobre elas foi fornecido apenas por ocasião do Pedido de Acesso à Informação nº 08850.002005/2017-24 feito também ao MJ.

Já o Ministério da Defesa, por meio da Portaria nº 1.000 de 2015 prevê especificamente a restrição ao acesso público de documentos preparatórios[151], fundamento no qual se baseou a negativa ao Pedido de Acesso à Informação nº 60502.002120/2017-79.

Uma breve reflexão sobre esta exceção se faz necessária: quando os documentos preparatórios integram uma iniciativa que fracassou, ou seja, não logrou alcançar a fase final de ser publicado o ato ou a norma e estes entrarem em vigor, uma intepretação mais ampla do art. 20 do Dec. 7.724/2012 concederá sigilo eterno ao seu conteúdo. Afinal, se é necessário aguardar a edição do ato ou decisão para que os documentos preparatórios sejam divulgados e essa edição não acontece (nem há

---

[150] "Após o encerramento das atividades do grupo de trabalho instituído para a discussão do tema, a minuta do anteprojeto foi submetida às instâncias superiores, e ainda aguarda deliberação. Portanto, com base no artigo 20 do Decreto nº 7.724 de 16 de maio de 2012, os documentos produzidos no âmbito do grupo de trabalho são considerados documentos preparatórios, e seu acesso público será possível somente após a publicação do ato".

[151] Art. 5º No âmbito do Ministério da Defesa, será mantido, independentemente de classificação, acesso restrito em relação às informações e documentos sob seu controle e posse armazenados em qualquer suporte, relacionados a:
VI – documentos preparatórios, tais como relatórios e notas técnicas decorrentes de investigações, auditorias e fiscalizações, e outros documentos relativos à atividade de correição, e de inteligência, bem como outras ações na área de competência do Ministério da Defesa, quando ainda não concluídos os respectivos procedimentos

qualquer previsão razoável de que venha a acontecer), estes documentos continuarão sob sigilo indefinidamente. Considerando as importantes informações que podem encontrar-se contidas nesses chamados "documentos preparatórios" e o risco de uma aplicação indiscriminada desse rótulo, é mister que se tenha maior atenção a este aspecto da Lei de Acesso à Informação. Passada esta digressão sobre a obtenção das fontes que baseiam este capítulo, retorna-se às iniciativas realizadas no âmbito do Poder Executivo Federal para legislar sobre terrorismo.

É o PL 6764/2002[152] a única das proposições em trâmite no Congresso Nacional sobre terrorismo que havia tido como proponente o Presidente da República. Apresentada em 09/05/2002, pelo Presidente Fernando Henrique Cardoso, este projeto trata, de maneira mais ampla, dos crimes contra o Estado Democrático de Direito, definindo terrorismo como:

Terrorismo

Art. 371 – Praticar, por motivo de facciosismo político ou religioso, com o fim de infundir terror, ato de:

I – devastar, saquear, explodir bombas, seqüestrar, incendiar, depredar ou praticar atentado pessoal ou sabotagem, causando perigo efetivo ou dano a pessoas ou bens; ou
II – apoderar-se ou exercer o controle, total ou parcialmente, definitiva ou temporariamente, de meios de comunicação ao público ou de transporte, portos, aeroportos, estações ferroviárias ou rodoviárias, instalações públicas ou estabelecimentos destinados ao abastecimento de água, luz, combustíveis ou alimentos, ou à satisfação de necessidades gerais e impreteríveis da população.

A origem desse projeto foi o trabalho da Comissão de Alto Nível[153], criada pela Portaria nº 413 de 30 de março de 2000, com objetivo de analisar a legislação vigente sobre Segurança Nacional. Foi, entretanto, dois dias após os atentados de 11 de setembro de 2001, que o Presidente Fernando Henrique Cardoso aumentou a pressão para que o trabalho dessa comissão chegasse a termo bem-sucedido, de modo que o Brasil tivesse uma legislação para fazer frente à ameaça terrorista que acabara de se manifestar (CEPIK, 2004, p. 71).

A Lei de Segurança Nacional se mostrava, a partir da redemocratização do país, um esqueleto incômodo, ainda oficialmente em vigor, mas, na prática, uma lembrança viva do período da ditadura que poucos consi-

---

[152] Disponível em: <http://www.camara.gov.br/proposicoesWeb/fichadetramitacao?idProposicao=51185>. Acesso em 30 dez. 2016.

[153] Conforme previsto pela Portaria de 30 de maio de 2000 do Gabinete do Ministro da Justiça, integraram esta comissão: Luiz Vicente Cernichiaro (coordenador), Luís Roberto Barroso, Luiz Alberto David Araújo e José Bonifácio Borges de Andrada.

deravam aplicável na nova ordem constitucional. A própria Comissão de Alto Nível reputou a LSN como largamente inconstitucional, demandando imediata substituição:

> Produto de uma outra época, a Lei de Segurança Nacional, tanto na sua filosofia como nos princípios e conceitos que utiliza, não se harmoniza com o Estado Democrático de Direito introduzido pela Constituição de 1988. [...] Na definição dos crimes, a Lei nº 7.170/83 emprega a terminologia superada, impregnada de subjetivismo ideológico e facciosismo político [...]. No plano processual, prevê a competência da Justiça Militar para processar e julgar os crimes nela previstos, com a observância das normas estabelecidas no Código de Processo Penal Militar. Contempla, ademais, a instauração de inquérito policial-militar sendo o agente civil e admite a decretação de prisão pela autoridade que presidir o inquérito. Nenhuma dessas disposições pode subsistir à luz da Constituição de 1988.
>
> Além da inconstitucionalidade explícita de inúmeros de seus preceitos, há também, em relação a boa parte das normas da Lei nº 7.170/83, uma incompatibilidade de sistema com a nova ordem constitucional: os fatos tipificados e valores nela considerados afastam-se dos princípios e conceitos que inspiram a reconstrução democrática do país[154].

Esse projeto, que pretendia substituir o conceito da proteção à Segurança Nacional pela proteção ao Estado Democrático de Direito, no entanto, não progrediu na Câmara dos Deputados, não tendo sequer sido analisado por uma comissão temática até o momento. É, ainda assim, mais um exemplo de *framing* – com a superação do conceito de Segurança Nacional, associado à ditadura militar, faz-se necessário recorrer a outro bem jurídico que justificasse tutela excepcional, no caso o Estado Democrático de Direito.

Ele já continha, em seu bojo, as tensões que se replicariam no processo legislativo que originou a Lei Antiterrorismo. Conquanto criminalizava o terrorismo, nos termos mencionados, o PL 6764/2002 pretendia também criar novo tipo penal – 'Atentado a direito de manifestação'[155] – dentro de um capítulo denominado "Dos crimes contra a cidadania". Evidenciava já a consciência sobre o difícil equilíbrio entre normas penais excepcionais (e sua aplicação) e a proteção aos direitos e liberdades fundamentais.

Já no princípio do governo Lula, surgem outras iniciativas que teriam objeto semelhante. Marcio Paulo Buzanelli afirma ter sugerido, enquanto membro da Secretaria de Acompanhamento de Estudos Institucionais do

---

154 Exposição de Motivos do PL 6764/2002.

155 Art. 378 – "Impedir ou tentar impedir, mediante violência ou grave ameaça, sem justa causa, o livre e pacífico exercício de manifestação de partidos ou grupos políticos, étnicos, raciais, culturais ou religiosos".

Gabinete de Segurança Institucional (GSI), em abril de 2003, três pautas para ação: (i) a elaboração do anteprojeto de uma lei para substituir a Lei de Segurança Nacional, já considerada incompatível com a Constituição de 1988, (ii) a criação de uma Autoridade Nacional de Prevenção ao Terrorismo e (iii) reformas na atividade de inteligência. Destas, apenas a terceira proposta foi acolhida e deu origem à ação conjunta entre o GSI e a Secretaria Geral da Presidência (BUZANELLI, 2013, p. 15).

Já em 2004, tendo como pano de fundo o processo de ratificação da Convenção Internacional para a Supressão do Financiamento do Terrorismo e os atentados terroristas de 11 de março, em Madri, a proposta de criação de um ente de coordenação das atividades de combate ao terrorismo foi reapresentada. Dessa vez, ganhou aquiescência no GSI, subiu uma instância e foi apresentada à Câmara de Relações Exteriores e Defesa Nacional (CREDEN)[156], do Conselho de Governo – órgão de assessoramento do Presidente da República, criado pela Lei nº 8.028/1990. Apesar de ter sido acolhida pela CREDEN e objeto de um Grupo de Trabalho "em 2005, os trabalhos foram concluídos e apresentados à CREDEN. Embora recomendada pelo GT e avalizada pela CREDEN, a criação dos citados entes administrativos [a Autoridade Nacional de Prevenção ao Terrorismo e o Centro de Coordenação] não teve a pretendida acolhida" (BUZANELLI, 2013, p. 16).

---

[156] A Constituição Federal de 1988 extinguiu o Conselho de Segurança Nacional, criando, em seu lugar, o Conselho de Defesa Nacional. A competência desse conselho, conforme previsão do art. 91 da Constituição, se refere a assuntos ligados à "soberania nacional e à defesa do Estado Democrático de Direito". Seu foco é em questões de defesa – sendo responsável por opinar nas hipóteses de declaração de guerra, de estado de defesa e de estado de sítio, entre outras coisas. Não era, assim, responsável por aquilo que ficou conhecido como as "novas ameaças", como tráfico de drogas e outros ilícitos internacionais, incluindo terrorismo. Para suprir essa lacuna, foi criada, no âmbito do Conselho de Governo, a Câmara de Relações Exteriores e Defesa Nacional – inspirada nas câmaras setoriais já criadas na área econômica. Inicialmente criada pelo Presidente Fernando Henrique Cardoso, em 1996, por meio do Dec. 1.895, teria como agenda a cooperação internacional em assuntos de segurança e fronteira, a integridade fronteiriça, as populações indígenas e os direitos humanos, as operações de paz, o narcotráfico e outros delitos de configuração internacional, a imigração e as atividades de inteligência. O Dec. 2.009 de 1996 criaria o Comitê Executivo da CREDEN. A CREDEN seria reautorizada por meio do Dec. 3.203 de 1999, já no segundo mandato do Presidente Fernando Henrique Cardoso. Já no governo do Presidente Lula, a CREDEN seria recriada pelo Dec. 4.801 de 6 agosto de 2003. Sua competência permaneceria semelhante àquela inicial, com a inclusão em 2008/2009 da segurança das infraestruturas críticas, da segurança da informação e da segurança cibernética (BUZANELLI, 2016).

Em 2006, uma nova iniciativa surgiu no âmbito da ENCCLA. Era originária da Meta 19 de 2006 da ENCCLA que, coordenada pelo GSI, tinha como objetivo "elaborar anteprojeto de lei que aperfeiçoe a tipificação dos crimes de terrorismo e de financiamento do terrorismo, conforme recomendações e tratados internacionais". Compunham o grupo responsável por essa meta a AGU, a Casa Civil, o Ministério da Defesa, a Polícia Federal, o Ministério Público Federal e Associação Nacional dos Juízes Federais (FORTES, 2010).

A importância dessa meta fez, inclusive, com que fossem incluídas duas recomendações sobre o tema nas ações da ENCCLA do ano seguinte: a Recomendação 1/2007, que demandava à Casa Civil um acompanhamento especial do anteprojeto de tipificação do terrorismo e seu financiamento; e a Recomendação 11/2007, que demandava do grupo de trabalho coordenado pelo GSI um aperfeiçoamento do anteprojeto. O ano de 2007 seria, de fato, central para essa iniciativa.

Apesar dessas discussões institucionais, é um fato político que levará o tema do terrorismo para o topo da agenda política. Foi durante o ano de 2006 que o Primeiro Comando da Capital, organização criminosa de São Paulo, perpetrou inúmeros ataques contra a população e contra prédios públicos. Enquanto isso, no Rio de Janeiro, grupos de traficantes, especialmente em dezembro de 2006, promoveram diversos ataques e incendiaram muitos ônibus na cidade[157]. No sentido de compreender essas ações de grupos criminosos como terroristas[158], o próprio Presidente Lula, surpreendentemente[159], faz referência ao terrorismo em seu discurso de posse, em 01 de janeiro de 2007:

---

157 A própria matéria que trata do tema, da *Folha de São Paulo*, ensaia a aplicação da nova lei sobre terrorismo às ações dos grupos criminosos: "Como atos terroristas, o texto, ainda em fase de discussão, contempla:

1) Lançar ou detonar artefato letal, exatamente como ocorreu em ataques promovidos contra a população e prédios públicos de São Paulo pela facção PCC (Primeiro Comando da Capital), entre maio e setembro de 2006. A pena pode chegar a dez anos de prisão.

2) Apoderar-se de aeronave, embarcação ou veículo de transporte coletivo, conforme vem sendo feito por traficantes no Rio. É possível condenar o acusado a até 14 anos de prisão.

Em qualquer dos atos previstos entre os 55 artigos do esboço do GSI, a pena se agrava se houver morte. Somam-se até 20 anos ao tempo de prisão previsto inicialmente. Assim, no caso mais grave, pode-se chegar a 34 anos de prisão." (MICHAEL, 2007).

158 Já que inexiste definição para terrorismo, a própria caracterização de eventos como atentados terroristas se torna passível de *framing* a partir de interesses diversos.

159 Afirma Pedro Abramovay: "Quando o Presidente Lula assume o seu segundo mandato, no discurso de posse, ele fala disso. Sem combinar com a gente. Eu lembro

O que eu queria dizer para vocês, e quero aproveitar porque eu sei que o governador Sérgio Cabral está aqui, como também quero falar para os governadores de outros estados: eu vou discutir com o meu Ministro da Justiça, porque essa barbaridade que aconteceu no Rio de Janeiro não pode ser tratada como crime comum. **Isso é terrorismo e tem que ser combatido com uma política forte e com uma mão forte do Estado brasileiro.** Aí já extrapolou o banditismo convencional que nós conhecíamos. Quando um grupo de chefes, de dentro da cadeia, consegue dar ordens para fazer uma barbaridade daquelas, matando inocentes, eu quero dizer ao meu governo e aos governos estaduais: nós precisamos discutir profundamente, porque o que aconteceu no Rio de Janeiro foi uma prática terrorista das mais violentas que eu tenho visto neste País e, como tal, tem que ser combatida (SILVA, 2007) (grifo nosso).

Existe uma diferença entre o primeiro e o segundo mandato do Presidente Lula, como afirma Pedro Abramovay, ocupante de diversos cargos no MJ nesse período, incluindo Secretário de Assuntos Legislativos e Secretário Nacional de Justiça: "E, pelo GAFI, vem a pressão de que o Brasil precisa tipificar o terrorismo, se não vai entrar na lista e perder crédito. Essa pressão aparece um pouco no primeiro mandato e ela é controlada pelo ministério que "não entra na onda". No segundo mandato, ela aparece mais forte". Conforme cresce essa pressão, de um lado, a ENCCLA atua como canal de comunicação do GAFI com o restante da burocracia estatal, enquanto, do outro lado, os órgãos de segurança, especialmente o GSI, continuam apresentando esse tema como uma prioridade.

O principal foco de resistência era o Ministério da Justiça. Tanto o Ministro Márcio Thomaz Bastos, quanto o segundo escalão do ministério, de acordo com Pedro Abramovay, então Secretário de Assuntos Legislativos (SAL), eram contra qualquer tipificação de terrorismo sob o argumento de que:

> não tem como fazer um projeto de lei que tipifique o terrorismo e não criminalize movimentos sociais. Porque é para isso que eles querem tipificar o terrorismo e o Direito Penal não é assim que funciona – você escreve e sabe como o juiz vai aplicar. Ele vai ser aplicado de acordo com o interesse político do juiz, é assim que as coisas funcionam.

A partir dessa resistência, com a intervenção do Ministro Márcio Thomaz Bastos, a coordenação do grupo de trabalho da ENCCLA é transferida para o Ministério da Justiça, na pessoa do Pedro Abramovay, que articulava também a necessidade de que toda legislação penal fosse produzida a partir da SAL. Isso não impediu, entretanto, que o grupo concluísse seus trabalhos e apresentasse um anteprojeto de lei sobre terrorismo à Casa Civil, em 12 de março de 2007.

---

de assistir incrédulo que ele estava falando disso. Mas ele fala e a gente fica quieto, ninguém faz nada sobre o assunto."

O texto desse anteprojeto não se encontra disponível ao público. O que se pode afirmar sobre ele é derivado de declarações públicas das autoridades envolvidas, principalmente de José Alberto Cunha Couto, Secretário de Acompanhamento e Estudos Institucionais do GSI, integrante do grupo de trabalho. Afirma Couto que "saímos fora dessa armadilha [da definição] e partimos para as ações que identificam as atividades terroristas" (RODRIGUES, 2007a).

Logo, Couto reconhece a dificuldade de se definir terrorismo, motivo pelo qual decidiu-se seguir outra rota: seguindo a linha dos tratados internacionais ratificados pelo Brasil, identificar as condutas consideradas terroristas – segue, portanto, o método indutivo. Por exemplo, atentados com bombas e com materiais nucleares ou radioativos e crimes contra a segurança de aeroportos e aeronaves, são todas condutas criminalizadas por tratados internacionais correspondentes[160]. Esse projeto trataria ainda do financiamento do terrorismo, da apologia e da incitação ao terrorismo e da colaboração com grupos terroristas (RODRIGUES, 2007a).

Haveria, no entanto, um dispositivo preliminar, esclarecendo que só seriam julgados como "atos terroristas aqueles cometidos para infundir estado de pânico ou insegurança na sociedade, para intimidar o Estado, organização internacional ou pessoa jurídica, ou coagi-las a agir ou omitir-se a respeito de algo"[161].

É um projeto considerado por Pedro Abramovay "horrível". Após ser apresentado, o anteprojeto foi imediatamente alvo de críticas. Os comentários de Cézar Britto, então presidente da OAB, são muito semelhantes aos que seriam feitos pelos movimentos sociais e até pela própria OAB em relação a outros projetos sobre terrorismo:

> O problema de uma lei que não define o que é terrorismo é que ela pode ser aplicada em várias ações. Se não há definição clara do crime a ser punido, corre-se o risco de transformar em ato terrorista qualquer greve ou manifestação em que ocorra alguma violência não prevista (RODRIGUES, 2007b).

Uma vez apresentado o anteprojeto, foram articulados esforços para que ele não fosse enviado ao Congresso. Seguindo narrativa oferecida por Pedro Abramovay, inicialmente, foi organizado, em setembro de 2007, um

---

160 Respectivamente, Convenção Internacional para a Supressão de Atentados Terroristas com Bombas, Convenção sobre a Proteção Física do Material Nuclear, Convenção de Montreal para a Repressão de Atos Ilícitos contra a Segurança da Aviação Civil, Protocolo para a Repressão de Atos Ilícitos de Violência nos Aeroportos ao Serviço da Aviação Civil.

161 Não estando disponível o texto oficial, a transcrição desse dispositivo foi divulgada pela Agência Brasil (Rodrigues, 2007a) e pela Folha de São Paulo (Michael, 2007).

Seminário no Ministério da Justiça com a denominação "Por que (não) tipificar o terrorismo?"[162]. Foram convidados integrantes da ENCCLA, professores de Direito Penal e políticos. Um dos painéis foi sugestivamente denominado "A problemática da tipificação do terrorismo". A principal apresentação, entretanto, foi do Ministro do STJ e membro-fundador da ENCCLA Gilson Dipp que afirmou inexistir obrigação internacional para que o Brasil tipificasse o terrorismo[163].

A partir dessa conclusão, articulou-se com então Presidente do COAF Antonio Gustavo Rodrigues a introdução de uma emenda ao PLS 209/2003, que pretendia reformar a legislação sobre lavagem de dinheiro, para que fosse criminalizado o financiamento do terrorismo e atendido o GAFI. Conforme reconta Pedro Abramovay:

> Na hora que fizemos isso, a gente que estava perdendo a discussão internamente, porque só tinha a gente contra e a Fazenda estava vindo com muita força [dizendo] "o Brasil vai ser rebaixado, e o crédito?". A gente convence o Gustavo [sobre a emenda], que diz que com isso ele "se vira" no GAFI. Então a pressão da Fazenda cai e ficam só as Forças querendo. Aí dissolve. Você consegue arquivar o projeto e resolve com o envio da emenda.

De fato, em novembro de 2007, o anteprojeto foi arquivado e, em dezembro de 2007, o Senador Romero Jucá (PMDB-RR) introduziu a Emenda de Plenário nº 1, que incluía no texto daquele projeto o tipo penal do financiamento do terrorismo. A articulação de oposição àquele anteprojeto é um esforço comum do Ministério da Justiça e do Ministério da Casa Civil. Assim, independente de Clifford Sobel, embaixador norte-americano, ter indicado a então Ministra da Casa Civil Dilma Rousseff como responsável pelo arquivamento do anteprojeto (AGÊNCIA ESTADO, 2010) e o jornalista Leandro Fortes (2010) ter apontado para o Ministro da Justiça Tarso Genro como responsável, uma melhor análise depende de se considerar o compartilhamento de percepções entre os atores ocupando os cargos-chave nesses dois órgãos:

Pedro Abramovay:
O [assessor] jurídico da Casa Civil era o Beto Vasconcelos. O Sérgio Renault e depois o Beto, que foi assessor do Márcio Thomaz Bastos e é muito meu amigo. Não dá para entender isso sem entender que no fundo éramos um grupo muito

---

[162] Para a programação completa desse seminário, cf. <http://www.enm.org.br/mostranoticia.asp?mat_id=10049>.

[163] Afirma Pedro Abramovay: "Dipp faz uma fala fantástica no Seminário, dizendo que não existe, após olhar todos os documentos sobre terrorismo que o Brasil é signatário, nenhum documento que nos obrigue a tipificar o terrorismo, o Brasil não é signatário de nenhum tratado que o obrigue a tipificar o terrorismo – temos que combater".

coeso. Era muito raro que as ações da SAL e as ações da Subchefia de Assuntos Jurídicos da Casa Civil não fossem coordenadas, porque quando a gente que precisava soprar, tínhamos a garantia de que depois eles iam segurar, às vezes eles davam bronca porque estávamos indo demais para um lado. Mas era muito coordenado. Muito raro que tivéssemos choques de posição. Tem que entender esse fluxo como se fosse quase uma coisa só. E, no fundo, mais importante do que as posições do Tarso e da Dilma.

Fica demonstrada, assim, uma instância de resistência àquelas normas internacionais. Seria apenas a primeira entre muitas outras que se seguiriam nos anos seguintes.

A prioridade da questão dada pelo GSI, ainda sob o comando do General Jorge Armando Félix, levou à reapresentação da mesma proposta, sob outra roupagem e em outro fórum. Se a discussão em um fórum eminentemente civil, como a ENCCLA, havia fracassado, até pela proeminência do papel conferido ao Ministério da Justiça, a pretensão era levar a questão para um fórum considerado "mais amigável", onde estariam presentes mais atores que tinham aquela preocupação, como as Forças Armadas. O fórum escolhido foi a CREDEN (FORTES, 2010).

Por isso, em 2008, foi reapresentada proposta de substituição da LSN por uma legislação compatível com a Constituição de 1988 e que tratasse não só de terrorismo, mas também de outros crimes que afetam a segurança do Estado, como espionagem e sabotagem (BUZANELLI, 2016). A necessidade de se substituir a LSN havia sido defendida pelo próprio Presidente Lula (SEQUEIRA, 2008). Foi em 14 de julho daquele ano que a CREDEN se reuniu para analisar a proposta do GSI de substituição da LSN. Determinou, naquela ocasião, a constituição de um Grupo Técnico Interministerial (GTI), o qual teria a função de "elaborar proposta de tópicos que deverão constar de um Projeto de Lei para a Defesa da Soberania e do Estado Democrático de Direito", segundo a Resolução nº 1 de 14 de julho de 2008. Este grupo empreenderia ainda estudo da legislação internacional comparada, além de formular a base conceitual e doutrinária dos tipos criminais inclusos na lei[164].

O GTI constituído a partir da determinação da Portaria nº 38 – CH/GSI, de 17 de outubro de 2008[165] era composto por representantes dos seguintes órgãos: GSI, Ministério da Casa Civil, AGU, Ministérios da Justiça, Defesa, Relações Exteriores, Planejamento e Ciência e Tecnologia,

---

[164] De acordo com informações fornecidas pelo GSI em resposta ao Pedido de Acesso à Informação nº 00077.000024/2017-21.

[165] Havia uma portaria anterior – a Portaria nº 22 CH/GSI, de 28 de agosto de 2008 – que já trazia algumas das mesmas determinações da Portaria nº 38, que a substituiria.

Comandos do Exército, Marinha e Aeronáutica. Novamente, no entanto, a discussão acabou sendo conduzida no seio da Secretaria de Assuntos Legislativos (SAL) do MJ – o art. 1, p.u. da referida portaria atribuía a coordenação do GTI ao representante do Ministério da Justiça, no caso Pedro Abramovay.

Mais uma vez, a atribuição do papel central de coordenação desses esforços foi alvo de disputa, como recontam tanto Pedro Abramovay, quanto Felipe de Paula, que assumiria a SAL em 2010. Afirma Felipe de Paula:

> se o Ministério da Justiça não coordenasse, o que a gente teria era um projeto de lei que seguiria o desenho de segurança nacional, o desenho antigo, que tipificava o terrorismo de uma maneira muito ampla. Tudo o que a gente não queria. Então, o ministro Tarso Genro percebe isso, era bem cioso desse tipo de tema, e se coloca, talvez, frente à Casa Civil, mas pede para que seja construído sob a coordenação do Ministério da Justiça.

No comando do Ministério da Justiça se encontrava, naquele momento, Tarso Genro, que tinha uma posição diferente daquela esposada por Márcio Thomaz Bastos, de total oposição à tipificação do terrorismo. Tarso Genro não era completamente contrário à tipificação[166], embora Pedro Abramovay indique com clareza e "meu papel ali, como coordenador, era, falei "não quero que isso ande". Para isso, uma das estratégias foi enquadrar a discussão como sendo sobre a defesa do Estado Democrático de Direito e trazer à mesa questões desconfortáveis para aqueles órgãos de segurança que pretendiam tipificar o terrorismo: "vou colocar questões a serem debatidas aqui que vão entrar questões interessantes a serem discutidas – essa foi a conversa que eu tive com o Tarso na época: vamos criminalizar golpe de Estado? Vamos criminalizar a possibilidade de governantes impedirem manifestações públicas?".

A estratégia dos atores contrários à tipificação do terrorismo – que ficará evidente nas próximas linhas – era composta de duas vertentes: (i) redirecionar os debates e as propostas para temas relacionados estritamente à proteção do Estado Democrático de Direito, o qual, por óbvio, abarca os direitos humanos e, mais especificamente, a liberdade de expressão e manifestação, afastando-se de uma perspectiva mais punitivista ou filiada àquela lógica da securitização; (ii) prorrogar este processo legislativo o máximo possível, adiando a elaboração do projeto de lei pretendido.

---

[166] Conforme reconta, "o Ministro Tarso Genro não era completamente contra não. Ele tem uma reflexão teórica sobre como a esquerda, na Itália, não condenou o terrorismo, tem a ver com o Battisti depois, diversas questões derivadas da formação de esquerda europeia dele, que vão explicar porque ele achava importante que a gente condenasse o terrorismo.".

Nesse sentido, havia quatro eixos de discussão: (i) defesa das instituições democráticas, (ii) ameaças externas, (iii) ameaças às atividades econômicas e científicas estratégicas e (iv) terrorismo e seu financiamento. Deixando a discussão sobre o terrorismo para o fim, a ideia era também, conforme admite Pedro Abramovay, que as questões centrais para os órgãos interessados fossem abrangidas pelos outros eixos, de modo que a referente ao terrorismo se tornasse desnecessária.

Ao longo das discussões, nesse grupo de trabalho, a percepção de que determinados setores pretendiam empregar essa legislação de combate ao terrorismo para criminalizar movimentos sociais se confirmou para Pedro Abramovay.

> **Pergunta:** Quando o senhor diz que era a intenção deles criminalizar os movimentos sociais, quem eles?
>
> **Resposta:** Certamente, o GSI e um pedaço das Forças [Armadas]. Eu tinha essa suspeita, mas no grupo de trabalho da CREDEN tive certeza, isso ficou claro. Os documentos que você precisa obter é, a gente perguntou para todos os ministérios quais as preocupações que eles tinham, no âmbito do grupo de trabalho do CREDN, para uma lei de defesa do Estado Democrático[167]. As respostas são assustadoras. A minha memória não vai ser precisa para lembrar qual, mas claramente o Ministério da Agricultura respondeu dizendo o MST e, não lembro qual das Forças, mas, nas Forças, [houve respostas indicando] movimentos sociais/movimentos no campo. Como primeira preocupação. Então tinha uma preocupação concreta também da burocracia, mas da instituição de ter uma lei que pudesse usar o tipo de terrorismo para criminalizar movimentos sociais que eles viam como um perigo.

Um dos documentos a que Pedro Abramovay se refere é o Memorando nº 14/2009 do Departamento de Sistemas de Produção e Sustentabilidade, da Secretaria de Desenvolvimento Agropecuário e Cooperativismo do Ministério da Agricultura, Pecuária e Abastecimento, assinado por Sávio José Barros Mendonça[168]. Este documento lê:

---

167 Os documentos foram requeridos no Pedido de Acesso à Informação nº 08850.000525/2017-01, que foi negado sob o argumento de que "os documentos produzidos no âmbito do grupo de trabalho são considerados preparatórios, e seu acesso público será possível somente após a publicação do ato". Julgamento do recurso se encontra pendente.

168 Este documento, assim como diversos outros relativos à contribuição do Ministério da Agricultura para o GTI, foi obtido por meio do Pedido de Acesso à Informação nº 21900.001366/2017-89. Só foi obtido, entretanto, após impetração de dois recursos. Em resposta ao pedido inicial, afirmaram as autoridades do órgão requerido: "Em atendimento a sua solicitação, informamos que após diligências junto aos setores no MAPA não conseguimos localizar documento com os dados fornecidos na demanda. Deste modo, para melhor atendê-lo, solicitamos que nos encaminhe um novo pedido especificando os seguintes itens: número do documento, data de protocolo, setor de pro-

> Considerando o ofício de n° 42 SAL/MJ relativo à solicitação de colaboração à elaboração da proposta de Projeto de Lei para a defesa da soberania e do estudo [sic] democrático de direito, informamos que as atividades agrícolas privadas devem fazer parte do projeto de lei de proteção da soberania e do Estado democrático de direito.
> Neste sentido, é importante se incluir um artigo que resguarde a propriedade rural produtiva ou com projeto de produção de quaisquer tipos de invasões ou apropriações não respaldadas pelos princípios legais do direito.

Os trabalhos desse GTI se encerraram em 24 de setembro de 2009, quando foi elaborada a 'Consolidação dos Debates e Diretrizes Legislativas'. Obtida por meio do Pedido de Acesso à Informação n° 08850.002005/2017-24 feito ao MJ, este documento não se encontra prontamente disponível ao público, mas revela claramente algumas das dinâmicas que já foram discutidas e se repetiriam em instâncias futuras.

Fica evidente, de pronto, o papel central desempenhado pelo Ministério da Justiça nos trabalhos desse grupo. O MJ é bem-sucedido em firmar a centralidade dos direitos humanos e liberdades fundamentais nesse empreendimento.

> Assim, houve consenso a respeito de que deve constar no novo diploma brasileiro, considerando o contexto internacional contemporâneo, superando as leis produzidas em momentos de excepcionalidade e albergando uma reafirmação dos direitos fundamentais e da democracia. [...]
> Em suma, o contexto de estabilidade democrática e de aperfeiçoamento dos direitos fundamentais vivenciado hoje deve ser considerado no novo regramento, cujo objetivo central deve agregar aos ideais de proteção do território e das instituições de soberania brasileira a defesa dos indivíduos, das minorias e da própria sociedade frente a ações que coloquem em risco o exercício das liberdades democráticas.

Essa preocupação fica ainda mais evidente na discussão sobre o eixo temático do Terrorismo, onde grande parte do texto dedicado à questão foca-se justamente nos riscos de se criminalizar o terrorismo e nas cautelas necessárias ao fazê-lo:

> A necessidade da previsão legislativa do terrorismo e seu financiamento tem permeado os debates do governo, e deve ser vista com cautelas. De um lado, é importante perceber a relevância que o tema alcançou nos últimos anos e as pressões internacionais com ele relacionadas. De outro, é essencial atentar para as dificuldades que circundam quaisquer tentativas de definição de "terrorismo", fundamentalmente na seara penal [...].

---

tocolo do documento, remetente, assunto e demais assuntos que achar pertinentes para localizar o referido documento". O primeiro recurso, destinado à Secretaria-Executiva do Ministério, não foi respondido. Apenas o segundo recurso, destinado ao Ministro da Agricultura, instância máxima interna, é que foi bem-sucedido.

Contudo, são muitos os argumentos contrários à tipificação penal aberta, a partir de um único preceito, que pretenda alcançar todas as condutas que poderiam ser consideradas terroristas [...].

É relevante observar, ainda, que a tipificação penal aberta pode trazer disfunções ao próprio sistema de penas brasileiro. Em primeiro lugar, grande parte das condutas que compõem uma possível ação terrorista já está tipificada como crime comum, sem qualificação de conduta terrorista. Tais tipos penais, embora não acarretem as consequências específicas do art. 5º, XLIII, da Constituição, constituem mecanismos de dissuasão relevantes para fins de combate ao terrorismo. Em segundo lugar, é fato que uma conduta terrorista pode se apresentar nas mais variadas formas e métodos, o que dificulta ou mesmo impede a criação de um tipo penal que alcance todas as condutas, sem que se atente contra o princípio constitucional da legalidade estrita em sede criminal. Em outras palavras, considera-se inadequado criar um tipo penal aberto, com pretensão de definir todas as condutas consideradas criminalmente como terroristas, o que poderia gerar violações ao princípio da legalidade estrita.

Finalmente, a eventual criminalização do terrorismo, por meio de uma tipificação aberta, poderia gerar efeitos perversos ao colocar, sob a mesma égide, terrorismo e reivindicação social. Não se pode correr o risco de qualificar o exercício legítimo de questionamento do *status quo* ou qualquer outra reivindicação social como terrorismo, sob pena de atingir direitos fundamentais.

Trata-se, sem exageros, mais de uma compilação dos motivos pelos quais não se deve tipificar o terrorismo do que um estudo sobre como fazê-lo. Um outro motivo apontado parece destinado a convencer o Ministério das Relações Exteriores, sempre preocupado com a imagem do país no exterior, e interesses econômicos ligados ao turismo:

> Há exemplos de países que passaram a enfrentar denúncias de "terrorismo" por ações que ocorriam em seus territórios, simplesmente porque houve a tipificação do "crime de terrorismo" com problemas em sua definição. Tal situação levou esses países a serem qualificados como locais de "alto grau de ameaça terrorista", sem que isso tivesse correspondência com a realidade penal de suas sociedades.

O documento conclui que "o projeto de lei deve definir conceitualmente o terrorismo", mas apresenta diversas condicionantes como: "com observância do princípio da legalidade estrita"; "Tais iniciativas deve se pautar fundamentalmente no direito à vida e na proteção da pessoa humana"; "O princípio do repúdio ao terrorismo deve pautar-se fundamentalmente no direito à vida e na proteção da pessoa humana, de modo a reduzir as possibilidades de se qualificarem como "terroristas" ações de menor porte ou de menor relevância para a defesa da estabilidade democrática". Por fim, ressalta a importância de outros focos para além da tipificação, no esforço de combater o terrorismo, como a cooperação nacional e internacional. Fica evidente, assim, a (exitosa) estratégia do MJ de influenciar e direcionar os debates de acordo com as suas preferências.

A finalização desse documento não implica, todavia, na presunção de consenso entre os membros do GTI. Pelo contrário, documentos obtidos junto ao Ministério da Defesa[169] indicam que havia, naquele relatório, pontos de contenção entre o Ministério da Justiça e o MD. Merecem destaque alguns deles.

Uma versão inicial do texto ia ainda mais longe do que a eventualmente adotada, afirmando que "não é correta a ideia de que o Brasil se comprometeu internacionalmente a tipificar o terrorismo; em verdade, o compromisso internacional brasileiro relaciona-se com a tipificação do financiamento do terrorismo". Em resposta a isso, o Ministério da Defesa, por meio do Ofício nº 11633, de 17 de setembro de 2009, do Gabinete do Ministro da Defesa, assinado por Cleso José da Fonseca Filho, Chefe de Gabinete do Ministro da Defesa, afirmou:

> Este Ministério não concorda com a afirmação no sentido de que o Estado brasileiro não teria se comprometido internacionalmente a tipificar o terrorismo, mas apenas a com a tipificação do financiamento do terrorismo. Além do que dispõe a própria Constituição brasileira (Art. 5º, XLIII), a Resolução nº 1373, de 28 de setembro de 2001, do Conselho de Segurança das Nações Unidas, determina que todos os Estados devem "assegurar que qualquer pessoa que participe do financiamento, planejamento, preparo ou perpetração de atos terroristas...".

Esse ponto seria reafirmado no Ofício nº 12613, de 8 de outubro de 2009, também enviado pelo Chefe de Gabinete do Ministro da Defesa ao coordenador do GTI. Aquela frase acabou retirada do relatório, mas já trazia à tona a questão da ausência do consentimento direto do Estado brasileiro em relação à norma internacional (Res. 1373), que serve de baliza para a tipificação do terrorismo em todo mundo.

Sobre a definição de terrorismo, o Ministério da Justiça pretendia que o relatório afirmasse: "Nota-se que nem mesmo a ONU chegou a um consenso acerca dessa tipificação, optando, de fato, por não o fazer". Já o Ministério da Defesa apresentou sugestão de edição para que esta passagem fosse retirada, voltando ao argumento de que a Resolução nº 1373 (2001) do CSNU determinava que fosse realizada a tipificação. Parecem os órgãos tratar de aspectos distintos. Enquanto, de fato, não há definição consensual de terrorismo mesmo na ONU, como anotado no capítulo II, sem dúvida, há um mandato, na referida resolução, para que os países criminalizem o terrorismo. A seu modo, ambos estão corretos, pretendendo, cada um, enfatizar o aspecto que favorece sua preferência política.

O Ministério da Defesa critica também um trecho do relatório, que acabou alterado, no qual se afirmava que "há segurança de que ações

---

[169] Pedido de Acesso à Informação ao Ministério da Defesa nº 60502.002574/2017-40.

preventivas e repressivas nesse âmbito dependem mais da cooperação nacional e internacional entre os responsáveis pela investigação do que, propriamente, de tipificação penal específica". Argumentava que essa frase instituía hierarquia entre os instrumentos de combate ao terrorismo, o que era "incoerente e inadequada com as demais conclusões do grupo". A versão final lê "há segurança de que ações preventivas e repressivas nesse âmbito dependem não apenas de instrumentos criminais, mas também da cooperação nacional e internacional entre os responsáveis pela investigação"[170].

No mais, o que se nota é um esforço do Ministério da Defesa de flexibilizar o texto do relatório para marcar a posição de que era possível se realizar uma tipificação, de que o problema, era uma tipificação aberta – argumentando, implicitamente que era possível uma tipificação restrita o suficiente para evitar repercussões negativas – e de que a tipificação era um imperativo inescapável para o Brasil. O texto resultante, em alguma medida, contemplou as sugestões do MD, mas demonstrou o esforço necessário para conjugar os interesses distintos dentro do governo – e isso em um relatório de um grupo de trabalho, com alcance e importância efetiva reduzidos, quando comparado, por exemplo, a um projeto de lei a ser enviado para o Congresso.

Em seguida, a CREDEN decidiu, por meio da Resolução nº 1 de 14 de outubro de 2009, criar um novo Grupo de Trabalho "para a elaboração de uma proposta de redação de um Projeto de Lei para a Defesa da Soberania e do Estado Democrático de Direito". Este Grupo de Trabalho daria seguimento e complementaria as atividades desenvolvidas previamente no âmbito do Grupo Técnico Interministerial, o qual permaneceria ativo para acompanhar esse esforço.

Foi editada também uma portaria – a Portaria nº 55, de 19 de outubro de 2009, do Gabinete de Segurança Institucional – que previa alguns detalhes do funcionamento desse Grupo de Trabalho. Ele teria composição mais restrita, contando apenas com representantes dos Ministérios da Justiça, da Defesa, das Relações Exteriores e da Advocacia-Geral da União, com coordenação do MJ (art. 3, §2º). Apesar de não explicitado na portaria, o GSI também participaria desse grupo.

Foi dado um prazo de apenas 90 dias para a conclusão dos trabalhos desse grupo. Tratava-se de prazo bastante ambicioso, que não foi cumprido. Nesta instância é que fica mais evidente a estratégia do MJ de postergar a conclusão dos trabalhos dessas iniciativas. Apesar de a referida portaria

---

170 Ofício nº 12613, de 8 de outubro de 2009, do Gabinete do Ministro da Defesa para o Secretário de Assuntos Legislativos do MJ Pedro Abramovay.

ser de outubro de 2009, apenas em agosto de 2010 foi publicada a Portaria que nomeava os representantes de cada um dos órgãos naquele Grupo de Trabalho. Nesse intervalo, houve a substituição de Pedro Abramovay por Felipe de Paula no comando da SAL, em maio de 2010.

Conforme Felipe de Paula assumiu a coordenação dos trabalhos, a sua intenção era a mesma daquela manifestada por seu antecessor: protelar a conclusão dos debates[171]. A mudança de comando da SAL e as eleições de 2010, realizadas em outubro, foram alguns dos elementos utilizados com esse fim. As justificativas eram semelhantes:

> A gente batia em dois pontos: um era a nossa avaliação... a obrigação brasileira era só o financiamento, a tipificação do financiamento, a gente tentou deixar isso muito claro, e tentava mostrar, até como agentes internacionais, a dificuldade de se chegar num conceito minimamente razoável de terrorismo. Todo conceito que se pensa é amplo o suficiente para pegar qualquer manifestação política contrária ao poder público, né. Movimentos sociais, em especial. A história mostrou isso. Salvo engano, Portugal, que chegou a ficar [com] que o país nunca teve um ato de terrorismo, a partir do momento que você cria um tipo, começa a tipificar um monte de coisa, seu país começa a ser um país onde o terrorismo existe. Mas nada mudou. Na prática, continua sendo absolutamente igual o país. Só que seu tipo é aberto ao ponto de ser, primeiro, inconstitucional, e, segundo, você traz para si, problemas que, de fato, não existem.

A primeira reunião do Grupo de Trabalho ocorreu apenas em 9 de dezembro de 2010, mais de um ano após a edição da portaria que o criou. O extrato da ata desta reunião[172] é revelador porque confirma a divergência, no seio do Grupo Técnico Interministerial, sobre a questão do terrorismo. Essa divergência permaneceu no Grupo de Trabalho, opondo o Ministério da Justiça ao Ministério da Defesa e GSI.

> O Grupo apresentou divergências quanto à tipificação do terrorismo, por parte do Ministério da Defesa e do GSI. As divergências foram apresentadas na ocasião do relatório final do Grupo Técnico constituído pela Resolução n°1, de 14 de julho de

---

171 Afirma Felipe de Paula: "Mas eu acho que a gente envia logo no final do ano, porque você tem todo o projeto eleitoral, aí tem segundo turno, isso impacta muito, não fazia muito sentido, porque ia mudar governo, então a gente acabou enviando. [...] Me lembro de a gente jogar com o tempo, que quanto mais a gente conseguisse diferir isso no tempo, maior era chance de não sair uma precisão ou uma tipificação do terrorismo. A gente deixou bem para o final e, até aquele momento, a gente conseguiu o que a gente achava mais adequado."

172 Interessante notar também a preocupação com o sigilo das discussões nesse âmbito: "O Grupo avaliou que os relatórios das reuniões não devem ser públicos. Ainda está em fase de discussão. Relatórios e reuniões devem ser classificados ao menos como reservados".

2008, e a questão seria debatida quando da elaboração do projeto de lei. Ministério da Defesa e GSI defendem a tipificação do terrorismo. O Grupo optou por avançar na elaboração normativa nos outros temas, deixando em aberto a questão do terrorismo para uma discussão em um foro mais amplo. O Grupo decidiu pela necessidade de reavaliação do relatório final do Grupo Técnico constituído pela Resolução nº1, de 14 de julho de 2008.

O fato de coordenação do Grupo de Trabalho ser exercida pelo Ministério da Justiça conferia aos representantes deste órgão uma ampla margem de manobra e maior controle sobre os resultados desse esforço[173]. Isso já ficaria evidente na determinação da sua metodologia de trabalho:

> Os integrantes do Grupo comprometem-se a trazer sugestões de texto normativo para cada um dos quatro eixos discutidos, e o Ministério da Justiça fica responsável pela consolidação das contribuições e, posteriormente, pela elaboração de uma minuta de anteprojeto de lei.

O encerramento do mandato do Presidente Lula, sucedido pela Presidente Dilma Rousseff, não significou o fim das atividades do Grupo de Trabalho. Importou, entretanto, na mudança de figuras-chaves do Ministério da Justiça. Assumiu o ministério José Eduardo Cardozo, que continuaria no posto até 2016, e a Secretaria de Assuntos Legislativos passou ao comando de Marivaldo Pereira. De fato, foi em 2011, principalmente no segundo semestre, que este grupo atuou de forma mais intensa – entre maio e outubro houve ao menos oito reuniões, de acordo com as listas de presença obtidas.

Paralelamente, o Ministério da Defesa, sinalizando a importância do tema em sua agenda, constituiu Grupo de Trabalho interno, por meio de Portaria de 11 de março de 2011. Esse grupo era composto por representantes do Estado-Maior Conjunto das Forças Armadas, da Subchefia de Inteligência Estratégica e da Subchefia de Política e Estratégia, ambas da Chefia de Assuntos Estratégicos, da Consultoria Jurídica, Secretaria de Coordenação e Organização Institucional, do Comando da Marinha, do Comando do Exército e do Comando da Aeronáutica. Sua função era subsidiar a participação do Ministério da Defesa no Grupo de Trabalho interministerial instituído a partir da Portaria nº 55 CH/GSI.

---

173 Até mesmo a organização das reuniões insinua isso. Elas aconteciam no prédio do Ministério da Justiça e a primeira dessas reuniões, por exemplo, contou com a participação de quatro servidores do MJ (Felipe de Paula, o titular, Guilherme de Almeida e Celso Leo Yamashita, os suplentes, e Priscila Spécie), enquanto havia quatro representantes do "grupo oposto" – MD e GSI – o General de Divisão Francisco Modesto, o Capitão de Fragata Marcelo Santiago Villas-Bôas e Felipe Ferreira Lombardi (pelo MD) e Márcio Paulo Buzanelli (pelo GSI).

A Nota Técnica nº 01/2011 da Seção de Planejamento e Doutrina/SIE/CAE/EMFCA/MD, de 4 de março de 2011 pretende estabelecer as bases e diretrizes para o trabalho desse grupo, reconhecendo que:

> Em que pese haja uma reconhecida dificuldade em encontrar uma definição única para o crime de terrorismo que não puna condutas lícitas dos movimentos sociais, a minuta de PL deveria tipificar tal conduta, acordo entendimento manifestado pelo MD nesse sentido, com a ressalva que deve-se admitir o livre exercício do direito legítimo do cidadão de manifestar suas opiniões.

Para além do aspecto procedimental, é interessante notar as diferenças substanciais entre as posições do Ministério da Defesa e do Ministério da Justiça no que toca um aspecto central: a definição de terrorismo. Isso se torna possível a partir de quadro comparativo de propostas, elaborado pela Chefia de Assuntos Estratégicos do MD[174].

Figura 2 - Tabela comparativa entre as definições de terrorismo propostas pelos Ministério da Defesa e Ministério da Justiça

Texto proposto pelo Ministério da Defesa	Texto proposto pelo Ministério da Justiça
Terrorismo Art. 8 – Usar ou ameaçar usar, de forma ilícita e premeditada, força ou violência contra pessoas ou bens para convulsionar, coagir ou intimidar o Estado ou a sociedade, alterar a ordem pública ou a paz social para alcançar objetivos políticos, econômicos, religiosos ou ideológicos.	Terrorismo Art. 8 – Ação de grupos armados, civis ou militares, contra autoridade pública nacional ou estrangeira com a finalidade de destituir a ordem constitucional e o Estado Democrático de Direito.

A definição proposta pelo MJ é bastante restritiva, exigindo características específicas para o sujeito ativo (grupo armado, civil ou militar) e para o sujeito passivo (autoridade pública nacional ou estrangeira) e dolo específico (finalidade de destituir a ordem constitucional e o Estado Democrático de Direito). A intenção é limitar a aplicação desse tipo penal a casos extremos, não abarcando, entretanto, diversos dos eventos que foram interpretados como atentados terroristas recentemente, especialmente aqueles que têm como alvo apenas a população civil ou aqueles cometidos por lobos solitários. Já a proposta do MD é mais ampla, abarcando uma larga gama de condutas. Não faz restrição ao sujeito ativo, podendo alcançar tanto grupos quanto indivíduos, contempla a ameaça, considera a sociedade como audiência do terrorismo, utiliza termos abstratos como paz social e ordem pública e elenca uma série de possíveis categorias de objetivos para a ação terrorista.

---

174 Tabela obtida a partir do Pedido de Acesso à Informação nº 08850.002005/2017-24 feito ao Ministério da Justiça.

Em novo quadro comparativo, desta vez entre os textos produzidos no seio do GT e o PL 6.764/2002, que é utilizado como parâmetro, é possível retirar algumas inferências sobre as sugestões de texto apresentadas pelos diversos órgãos. Afirma-se, por exemplo, que a proposta de definição do Ministério da Defesa é inspirada no Dicionário de Termos Militares do Dept. de Defesa norte-americano[175] e em proposta apresentada pelo GSI. Já o comentário do Ministério da Justiça toca em alguns dos temas já mencionados, como a desconfiança em relação à interpretação da lei penal e o temor de que essa legislação fosse empregada para reprimir movimentos sociais reivindicatórios:

> Os tipos penais deste artigo são formados por conceitos abstratos, cuja integração a casos concretos dependeria de alto grau da subjetividade do magistrado. [...] Além disso, as redações propostas permitem que ações de movimentos reivindicatórios de direitos civis e sociais sofram com a criminalização por esta conduta.

Foram realizados, ao longo de 2011, esforços intensos no sentido de se alcançar uma minuta de anteprojeto de lei que recebesse apoio de todo o Grupo de Trabalho. A última versão desse anteprojeto a que se teve acesso – de 10 de janeiro de 2012 – contém a seguinte definição:

Terrorismo
Art. 9º – Usar ou ameaçar usar, de forma ilícita e premeditada, violência contra pessoas ou bens, nacionais ou estrangeiros, com a finalidade de coagir o Estado ou a sociedade visando destituir a ordem constitucional e o Estado Democrático de Direito.
Pena – reclusão, de oito a doze anos.
§1º – Incorre na mesma pena, quem, com as mesmas finalidades previstas no caput, utiliza, libera ou dissemina toxinas, agentes químicos, biológicos, radiológicos ou nucleares, nocivos à saúde ou ao meio ambiente.
§2º – Se do fato resulta lesão corporal grave:
Pena – reclusão, de dez a vinte anos.
§3º Se do fato resulta morte:
Pena – reclusão, de dezesseis a trinta anos.

À semelhança do PL 6764/2002, o anteprojeto continha dispositivo destinado a punir o atentado contra o direito de manifestação[176] e o aten-

---

[175] "*The unlawful use of violence or threat of violence, often motivated by religious, political, or other ideological beliefs, to instill fear and coerce governments or societies in pursuit of goals that are usually political*", na versão atual, a qual pode ter sofrido alterações desde 2011. Disponível em: <http://www.dtic.mil/doctrine/new_pubs/dictionary.pdf>. Acesso em 10 dez. 2017.

[176] Art. 19 – "Impedir ou tentar impedir, mediante violência ou grave ameaça, o exercício do direito de manifestação de pessoas ou grupos, observados seus limites constitucionais. Pena – reclusão, de três a seis anos".

tado à liberdade de expressão e pensamento[177]. É, nota-se, um esforço de impedir a aplicação dessa legislação para reprimir movimentos sociais e reivindicatórios, oferecendo um instrumento de defesa – também no Direito Penal – para esses movimentos.

Trata-se de versão avançada, mas ainda não finalizada. De fato, não se pode afirmar se houve uma versão final oficial, já que o anteprojeto nunca foi apresentado ao Congresso Nacional, tendo permanecido no âmbito do Poder Executivo. O próprio GSI, em resposta ao pedido de acesso à informação nº 00077000024201721, afirmou que não houve uma versão final do texto. De toda a forma, mesmo esta versão ainda era alvo de críticas por parte do Ministério da Defesa:

E-mail enviado em 25 de janeiro de 2012 por representante do MD aos membros do Grupo de Trabalho:

> Em que pese o artigo 9º, que tipifica o crime de terrorismo, já ter sido aprovado pelo GTI, avaliamos que seria necessário um aprimoramento neste tipo penal, sob pena de severas críticas do Parlamento, bem como da opinião pública nacional e internacional, em função e eventuais brechas porventura deixadas na nova Lei de Defesa do Estado Democrático de Direito e da Soberania.
> Nesse sentido, avaliamos que a exigência de dolo específico em "destituir a ordem constitucional e o Estado Democrático de Direito" **poderia implicar no não atendimento a compromissos internacionais firmados pelo país na criminalização de atos terroristas**, além de dificuldade no campo do Direito Penal para a aplicação da lei a casos concretos. (grifo no original)

A resposta, de representante do MJ a outros colegas do MJ, sinaliza que não havia qualquer disposição de ceder nesses pontos: "Minha sugestão é que rebatamos cada um dos pontos levantados pelo Ministério da Defesa, com rigor e bem calçados tecnicamente". Fica evidente, assim, a inexistência, naquele momento, de um consenso mínimo entre as diversas forças políticas dentro do governo, capaz de produzir um texto a ser apresentado à sociedade. Não havia, tampouco, a urgência para fazê-lo ou algum tipo de diretiva mais definitiva oriunda da Presidência da República.

De uma perspectiva oposta à resistência engendrada pelo Ministério da Justtiça, Marcio Paulo Buzanelli, ex-Diretor-Geral da ABIN e integrante de diversos desses grupos de trabalho sinaliza que:

---

177 Art. 20 – "Impedir, mediante violência ou grave ameaça, a expressão de opinião ou de pensamento, bem como de crença, culto ou religião, observados os limites constitucionais para o seu exercício. Pena – reclusão, de três a seis anos".

Foi um anteprojeto que não saiu do âmbito do Executivo. Porque, no meu entender, o governo que se despediu em meio de 2016, não tinha, em grau necessário, a percepção de ameaças ao Estado e a consciência da necessidade de tratar dos temas associados às mesmas, tanto no nível administrativo, quanto no legal. Tinha outras prioridades. (BUZANELLI, 2016).

Buzanelli afirmou, ainda, que a preocupação com a criminalização dos movimentos sociais teria sido uma das principais razões pelas quais esse anteprojeto não foi enviado para o Congresso Nacional. Desse modo, se conclui mais uma iniciativa sem sucesso de se avançar legislação de combate ao terrorismo no Brasil, simbolizando mais um momento de resistência às normas internacionais.

Em termos institucionais, é relevante notar que, em 9 de junho de 2009, chegou a ser criado o Núcleo do Centro de Coordenação das Atividades de Prevenção e Combate ao Terrorismo, por meio da Portaria nº 22 do Ministro-Chefe do GSI, Jorge Armando Felix. Ele teria como competência:

Art. 2º O Núcleo terá como atribuições as seguintes:
I – realizar o acompanhamento de assuntos pertinentes ao terrorismo internacional e de ações voltadas para a sua prevenção e neutralização;
II – promover estudos, reuniões e outras iniciativas destinadas a ampliar o conhecimento estratégico sobre o fenômeno terrorista e crimes conexos, bem como sobre políticas, estratégias, programas e atividades de prevenção e combate ao terrorismo;
III – participar e receber subsídios para a elaboração da avaliação de risco de ameaça terrorista;
IV – estudar e propor, no âmbito do GSIPR, subsídios para a Câmara de Relações Exteriores e Defesa Nacional (CREDEN) do Conselho de Governo, visando a elaboração de políticas, estratégias e programas voltados para a ação integrada dos órgãos governamentais na prevenção e neutralização do terrorismo; e
V – promover, por intermédio dos seus integrantes, pertencentes aos quadros do Ministério da Justiça, Ministério das Relações Exteriores e Ministério da Defesa e à disposição do Gabinete de Segurança Institucional da Presidência da República, a articulação dos órgãos governamentais com interesse na questão.[178]

Apesar de sua criação ter sido amplamente noticiada pelos meios de comunicação[179], sua desativação (mas não extinção), em 7 de fevereiro de 2011, ocorreu sem maiores repercussões (BUZANELLI, 2013, p. 16; RECH, 2015).

---

[178] Portaria nº 22 de 9 de jun. 2009. Disponível em: <https://pbrasil.wordpress.com/2009/06/11/criado-o-nucleo-do-centro-de-coordenacao-das-atividades-de-prevencao-e-combate-ao-terrorismo/>. Acesso em 04 jan. 2017.

[179] Por exemplo, pelo jornal *O Estado de São Paulo* (Disponível em: <http://politica.estadao.com.br/noticias/geral,presidencia-cria-nucleo-de-combate-ao-terrorismo,385406>. Acesso em 04 jan. 2017); pela Folha de São Paulo (Disponível em: <http://www1.folha.uol.com.br/fsp/brasil/fc1106200916.htm>. Acesso em 4 jan.

4.4 TERRORISMO E AS ORGANIZAÇÕES CRIMINOSAS

Durante o processo de elaboração do que viria a constituir a Lei nº 12.850/2013, ou a Lei de Organizações Criminosas, houve repetidas referências à questão do terrorismo antes que se decidisse pelo texto eventualmente adotado. Inicialmente, o PLS 150/2006[180], de autoria da Senadora Serys Slhessarenko (PT-MT), apenas citava o terrorismo como um dos crimes cujo cometimento caracterizaria uma organização como criminosa para os fins daquela legislação[181]. A partir de emenda apresentada pelo Senador Antonio Carlos Valadares (PSDB-SE), expandiu-se a referência para incluir "terrorismo, sua organização e financiamento". Entretanto, o substitutivo aprovado no Senado, a partir do relatório do Senador Aloizio Mercadante (PT-SP), não fazia qualquer referência a terrorismo.

Na Câmara dos Deputados, a menção ao terrorismo e a organizações terroristas retorna ao texto, dessa vez com maior detalhamento, afirmando que a lei se aplicaria às "organizações terroristas internacionais, reconhecidas segundo as normas de direito internacional, por foro do qual o Brasil faça parte, cujos atos de suporte ao terrorismo, bem como os atos preparatórios ou de execução de atos terroristas ocorram ou possam ocorrer em território nacional"[182]. Essa alteração foi proposta pelo Ministério da Justiça e veio a integrar de fato a Lei nº 12.850/2012.

Grande parte da discussão sobre essa legislação se focou na disponibilização de mecanismos e técnicas de investigação às autoridades policiais e ao Ministério Público. Ao final, foram regulamentadas técnicas[183] que

---

2017); e pelo portal G1 (Disponível em: <http://g1.globo.com/Noticias/Politica/0,,MUL1189985-5601,00-GSI+CRIA+NUCLEO+PARA+COMBATER+E+PREVENIR+ACOES+TERRORISTAS+NO+PAIS.html>. Acesso em 04 jan. 2017).

180 Disponível em: <http://www25.senado.leg.br/web/atividade/materias/-/materia/77859>. Acesso em 31 dez. 2016.

181 "Art. 2º Promover, constituir, financiar, cooperar ou integrar, pessoalmente ou por interposta pessoa, associação, sob forma lícita ou não, de cinco ou mais pessoas, com estabilidade, estrutura organizacional hierárquica e divisão de tarefas para obter, direta ou indiretamente, com o emprego de violência, ameaça, fraude, tráfico de influência ou atos de corrupção, vantagem de qualquer natureza, praticando um ou mais dos seguintes crimes: II – terrorismo.".

182 Disponível em: <http://www.camara.gov.br/proposicoesWeb/fichadetramitacao?idProposicao=463455>. Acesso em 31 dez. 2016.

183 Lei nº 12.850/2012 – "Art. 3º Em qualquer fase da persecução penal, serão permitidos, sem prejuízo de outros já previstos em lei, os seguintes meios de obtenção da prova: I – colaboração premiada; II – captação ambiental de sinais eletro-

viriam a se mostrar de grande importância na investigação de grandes crimes, empregadas inclusive na Operação Lava Jato, como a colaboração premiada. Durante a tramitação da Lei Antiterrorismo, os debates sobre a disponibilização dessas ferramentas para a prevenção e repressão a atentados terroristas teriam grande importância, conforme atores diversos pretendiam ver lhes garantidas a competência para empregá-las e outras mais.

A ENCCLA também contribuiu durante o processo legislativo que deu origem à Lei de Organizações Criminosas, tendo acompanhado esse processo, formalmente, pela Meta 13/2008 e pela Ação 9 de 2011. De fato, Arthur Lemos Júnior, promotor de justiça do Grupo de Atuação Especial do MP-SP, atribui à ENCCLA a origem das discussões que geraram essa legislação (DRCI, 2012, p. 99).

Interessante também notar que preocupação semelhante à evidenciada em relação à Lei Antiterrorismo atinge a Lei de Organizações Criminosas. A lei é considerada, por alguns especialistas, excessivamente expansiva, com um tipo penal aberto[184], e desproporcionalmente severa em termos da penalidade imposta. Essa preocupação é, em alguma medida, justificada pelos diversos casos em que foi aplicada a situações de manifestantes e movimentos sociais, como foi apontado (MATUOKA, 2016).

Foi com base nessa preocupação que os Deputados Patrus Ananias (PT/MG), Erika Kokay (PT/DF), Valmir Assunção (PT/BA), Nilto Tatto (PT/SP) e Marcon (PT/RS) apresentaram o PL 5917/2016[185]. O objetivo dessa proposição e justamente incluir, na Lei de Organizações Criminosas, uma cláusula excludente para retirar do seu âmbito de aplicação:

---

magnéticos, ópticos ou acústicos; III – ação controlada; IV – acesso a registros de ligações telefônicas e telemáticas, a dados cadastrais constantes de bancos de dados públicos ou privados e a informações eleitorais ou comerciais; V – interceptação de comunicações telefônicas e telemáticas, nos termos da legislação específica; VI – afastamento dos sigilos financeiro, bancário e fiscal, nos termos da legislação específica; VII – infiltração, por policiais, em atividade de investigação, na forma do art. 11; VIII – cooperação entre instituições e órgãos federais, distritais, estaduais e municipais na busca de provas e informações de interesse da investigação ou da instrução criminal."

184 "Art. 1, §1º Considera-se organização criminosa a associação de 4 (quatro) ou mais pessoas estruturalmente ordenada e caracterizada pela divisão de tarefas, ainda que informalmente, com objetivo de obter, direta ou indiretamente, vantagem de qualquer natureza, mediante a prática de infrações penais cujas penas máximas sejam superiores a 4 (quatro) anos, ou que sejam de caráter transnacional.".

185 Disponível em: <http://www.camara.gov.br/proposicoesWeb/fichadetramitacao?idProposicao=2092935>. Acesso em 03 jan. 2017.

[...] conduta individual ou coletiva de pessoas em manifestações políticas, movimentos sociais, sindicais, religiosos, de classe ou de categoria profissional, direcionados por propósitos sociais ou reivindicatórios, visando a contestar, criticar, protestar ou apoiar, com o objetivo de defender direitos, garantias e liberdades constitucionais.

A discussão sobre cláusula excludente semelhante a esta seria um dos pontos focais da tramitação da Lei Antiterrorismo.

4.5. TERRORISMO E A LAVAGEM DE DINHEIRO

Lavagem de dinheiro e terrorismo são fenômenos conexos. Grupos terroristas, por exemplo, utilizam mecanismos de lavagem para obter os recursos necessários à sua manutenção e à organização de atentados sem atrair a atenção das autoridades. A aproximação dos mecanismos de combate a cada um desses fenômenos se consolidou quando o GAFI assumiu, em 2001, responsabilidades na seara do financiamento do terrorismo. Dessa forma, a implementação das Recomendações em relação a ambos os fenômenos se tornou um processo contínuo e interconectado. Com frequência, como se notará, se debateram normas sobre financiamento de terrorismo nas discussões sobre o combate à lavagem de dinheiro.

É importante compreender o aspecto evolutivo da legislação sobre lavagem de dinheiro no globo. Inicialmente, a legislação de primeira geração fazia referência apenas aos esforços empreendidos por grupos criminosos para introduzir na economia formal os recursos derivados do narcotráfico. O único crime antecedente à lavagem, na terminologia empregada, era o tráfico de drogas. Posteriormente, ampliou-se o rol de crimes antecedentes, para incluir uma variedade de condutas criminosas que eram usualmente seguidas pela lavagem de dinheiro. Essa é a legislação de segunda geração. Ao fim, chegou-se à conclusão de que a forma mais eficiente de se combater esse tipo de criminalidade era, ao invés de listar quais crimes poderiam ser considerados "antecedentes", sinalizar que toda a conduta ilícita poderia servir de ponto de partida para a lavagem, ampliando, assim, o alcance dos instrumentos disponíveis para combatê-la – essa é a legislação de terceira geração.

Inicialmente, a Lei nº 9.613/1999 fazia referência ao terrorismo como crime antecedente à lavagem de dinheiro. Era, portanto, uma legislação de segunda geração. Houve, em 2003, com a Lei nº 10.701, uma ampliação da referência ao terrorismo: passou-se e incluir como o crime antecedente tanto o terrorismo, quanto o financiamento do terrorismo. Interessante notar que, apesar das menções, não havia definição em relação a esse termo.

No processo de evolução das normas brasileiras referentes à lavagem de dinheiro, promovida também pelo GAFI, a questão do terrorismo acaba ganhando destaque no curso do processo legislativo que daria origem à Lei nº 12.683/2012, a nova Lei de Lavagem de Dinheiro. Essa discussão se deu no âmbito da tramitação do PLS 209/2003[186], de autoria do Senador Antônio Carlos Valadares (PSB-SE). Após longa tramitação nas comissões do Senado, o projeto chegou ao Plenário com formato que traria a legislação brasileira para a terceira geração, não havendo qualquer menção expressa ao terrorismo.

O Senador Romero Jucá, no entanto, apresentou, em dezembro de 2007, a Emenda de Plenário nº 1, a qual pretendia incluir uma definição para financiamento do terrorismo e, indiretamente, para o próprio fenômeno do terrorismo:

> Prover, direta ou indiretamente, de bens, diretos ou valores, pessoa ou grupo de pessoas que pratique crime contra a pessoa com a finalidade de infundir pânico na população, para constranger o Estado Democrático ou organização internacional a agir ou abster-se de agir.

Elaborada pelo Ministério da Justiça, esta emenda havia sido o elemento-chave na desarticulação da iniciativa para se tipificar o terrorismo em 2007. Com base nela, o COAF havia concordado em retirar seu apoio àquela iniciativa, enfraquecendo-a definitivamente.

A justificativa apresentada suporta essa tese. Nela, o Senador Romero Jucá fazia referência à ratificação, pelo Brasil, da Convenção Internacional para a Supressão do Financiamento do Terrorismo e à atuação do próprio do GAFI. Assinalava que "a emenda destina-se a cumprir essa obrigação, adaptando a normatividade internacional a exigências do sistema jurídico-penal pátrio". A emenda recebeu parecer favorável tanto da Comissão de Assuntos Econômicos, quanto da CCJC, e passou a integrar o texto que foi aprovado pelo Plenário do Senado, em maio de 2008, e enviado para a Câmara dos Deputados.

A Ação 9 de 2011 da ENCCLA se referia justamente ao acompanhamento da tramitação dessa proposição. Ações de anos anteriores, no entanto, já faziam referência a essa legislação, considerada essencial. O texto eventualmente adotado pelo Senado sofreu grande influência desses anos de trabalho da ENCCLA.

Na Câmara dos Deputados, o dispositivo que fazia referência ao terrorismo foi mantido nos pareceres da CCJC e da Comissão de Segurança Pública e Combate ao Crime Organizado. No Plenário, no entanto, foi apresentada uma Emenda Substitutiva Global, em que a referência ao

---

186 Disponível em: <http://www25.senado.leg.br/web/atividade/materias/-/materia/58211>. Acesso em 01 jan. 2017.

terrorismo foi retirada. Essa emenda foi apresentada pelo Dep. Marco Maia (PT-RS), à época Presidente da Câmara, e aprovada pelo Plenário. Em seguida, a bancada do PSDB apresentou requerimento de destaque com objetivo de reintroduzir no texto aprovado o dispositivo que fazia referência ao terrorismo.

Na discussão sobre esse requerimento, em 26/11/2011, já era possível rastrear alguns dos rumos que a discussão sobre o PL 2016/2015 tomaria[187]. De um lado, o Dep. Sibá Machado (PT-AC) levantou a preocupação de que o conceito de terrorismo fosse aproveitado "ao bel-prazer pelos dominadores do Estado". O Dep. Chico Alencar (PSOL-RJ) já utilizava argumentos que seriam reproduzidos em 2015:

> Sr. Presidente, nós estamos tratando, aqui, da lavagem de dinheiro, tentamos colocar esse vínculo, que é corriqueiro, com crimes contra a administração pública, mas neste caso merece uma discussão em separado e muito mais profunda, sob pena de estarmos reeditando a visão "bushiana", felizmente superada, de eixo do mal e eixo do bem. O que é terrorismo? Há o terrorismo de Estado, que a ditadura militar, apoiada por alguns antecessores de nobres Parlamentares aqui, praticou violentamente contra a população. O que é inspirar pânico na população? Pânico, por exemplo, vivem os trabalhadores rurais no Pará, que vivem sob a ameaça do latifúndio, dos capatazes e dos criminosos, que ceifam vidas constantemente, como aconteceu no sábado passado.

De outro, deputados do PSDB apontavam para a necessidade do dispositivo, tendo em vista a recepção, pelo Brasil, dos grandes eventos. A votação sobre esse requerimento seguiu linhas bem demarcadas: o Governo encaminhou a votação para a rejeição do requerimento, enquanto a Minoria encaminhou de forma favorável. Ele acabou rejeitado, em votação simbólica. Voltando ao Senado, para a votação sobre as alterações realizadas pela Câmara, não houve mais menção a terrorismo.

Impedir a permanência do dispositivo inserido pela emenda do Senador Romero Jucá no texto final requereu um esforço do governo Dilma, a despeito de sua introdução ter sido realizada a partir de uma iniciativa do governo Lula. É o que recontam Marivaldo Pereira, Secretário-Executivo do MJ, e Gabriel Sampaio, Secretário de Assuntos Legislativos do MJ em 2015 e 2016:

Marivaldo Pereira:
[...] uma proposta que saiu do Senado para a Câmara, continha ali a previsão do terrorismo, do crime do terrorismo, entendeu? E aí, nós trabalhamos pela retirada do dispositivo, por quê? Porque não havia maturidade para se prosseguir com o

---

[187] As notas taquigráficas se encontram disponíveis em: <http://imagem.camara.gov.br/Imagem/d/pdf/DCD26OUT2011.PDF#page=289 >. Acesso em 01 jan. 2017.

tema e porque há uma dificuldade muito grande de se definir o que é terrorismo. [...] esse conceito de terrorismo é muito difícil de ser estabelecido, de ser definido, sobretudo para fins penais, que precisa ser uma lei absolutamente objetiva, que não dê margem a interpretações, que não dê margem a que você acabe tipificando como terrorismo condutas reivindicatórias, condutas de movimentos sociais, condutas que nada tem a ver com o terrorismo que se quer combate.

Então, assim, lá atrás caiu por isso, por todas essas razões, nós conseguimos avançar e retiramos essa parte do terrorismo, embora tivesse uma pressão muito grande, principalmente dos órgãos que cuidam das investigações e tudo mais, do Ministério Público, da Polícia, então havia uma pressão muito grande para que entrasse, mas nós conseguimos, no diálogo, chegamos ao consenso de que não era o momento.

Gabriel Sampaio:
Como isso introduziria a necessidade de uma lei antiterrorismo, foi feito um esforço governamental grande, pelo menos por parte do Ministério da Justiça, para tirar da Lei de Lavagem de Dinheiro o dispositivo daquele gênero. Então foi aprovada a Nova Legislação de Lavagem de Dinheiro sem menção ao fenômeno do terrorismo. Foi feito um esforço muito grande para que não entrasse na lei de lavagem de dinheiro exatamente porque ela [a emenda], a despeito de trazer proteção contra a lavagem, ela externaria uma suposta insuficiência da nossa legislação em torno da tipificação do terrorismo. Na época, nós entendíamos que a nossa legislação, por conta de uma análise sistemática, já dava conta da proteção de eventual ação de terrorismo. A avaliação àquela época era de que não havia uma lacuna legislativa em relação à matéria, pois ela sempre estaria associada a algum outro ato ilícito que a nossa legislação já abarcaria. Fazer uma menção, como era aquela proposta de emenda, poderia gerar uma falsa interpretação de que haveria no país, por não ter uma definição na forma como outras legislações internacionais propunham de uma lei antiterrorismo, uma falsa insegurança jurídica numa avaliação nossa de que, na época, a nossa legislação era suficiente para a prevenção e repressão ao terrorismo no país.

Havia, portanto, duas preocupações: (i) que a definição apresentada já fosse empregada para criminalizar movimentos sociais e reivindicatórios e (ii) que essa menção ao terrorismo servisse de indício, para organizações internacionais, especialmente para o GAFI, de que o país tinha de fato uma lacuna legislativa, justo no momento em que autoridades governamentais tentavam convencer aquelas organizações de que o ordenamento brasileiro não necessitava de reparos nesse ponto.

Esse esforço contrariou e desmontou, entretanto, aquele acordo celebrado entre atores do Ministério da Justiça e do Ministério da Fazenda em 2007. A falta de comunicação entre os atores originalmente responsáveis por esse acordo e aqueles envolvidos com a sua desarticulação aparentemente acidental – todos do mesmo órgão, o Ministério da Justiça – foi responsável por retirar do texto da Nova Lei de Lavagem de Dinheiro a referência ao financiamento do terrorismo. Assim, uma previsão que havia sido apresentada ao GAFI, em 2007, como suficiente para suprir as deficiências apontadas, acabou nunca sendo adotada.

Interessante notar que uma previsão percebida, em 2007, como inofensiva, no que se referia à criminalização dos movimentos sociais, ou, ao menos, um mal necessário para evitar o pior – a tipificação ampla do terrorismo – foi vista, em 2011, como uma grave ameaça. Isso na percepção de atores que ocupavam o mesmo *locus* na Administração Federal – o Ministério da Justiça.

4.7 COMISSÃO PARA REGULAMENTAR A CONSTITUIÇÃO FEDERAL

A Constituição Federal de 1988 determinava que diversas matérias fossem regulamentadas pelos legisladores posteriormente, até porque fugia ao seu propósito tratar extensivamente de tudo. Mais de 20 anos depois, no entanto, muitas das questões a serem regulamentadas continuavam pendentes[188]. De outro lado, a conclusão de que existiam mais de 180 mil diplomas normativos impunha a necessidade de se empreender esforços para consolidar essa legislação, harmoniza-la e uniformizá-la. Isso levou o Congresso Nacional a criar a Comissão Mista para a Consolidação da Legislação Federal e Regulamentação de Dispositivos da Constituição Federal, em março de 2013.

Durante o ano de 2013[189], essa comissão trabalhou em diversos temas, como trabalho doméstico, direito de greve de servidores públicos, eleição indireta de Presidente e Vice-Presidente em caso de vacância nos últimos dois anos de mandato e, também, terrorismo. No curso desse período, foram apresentados dois projetos de lei sobre terrorismo, um do Deputado Miro Teixeira (Rede-RJ) e outro do Senador Romero Jucá (PMDB-RR)[190]. A estratégia de *grafting* aparece aqui em destaque, conforme pretende-se reafirmar o mandado constitucional para que se defina o terrorismo no ordenamento doméstico.

O projeto do Deputado Miro Teixeira se restringia, de modo geral a definir o que seria entendido por terrorismo, com objetivo de regulamentar

---

188 Verificou-se que havia 25 dispositivos constitucionais pendentes de regulamentação por lei complementar e 117 por lei ordinária.

189 A comissão encerrou seus trabalhos em dezembro de 2013. Seria, posteriormente, recriada, com nomes semelhantes e funções idênticas.

190 Todas as informações sobre esses projetos se encontram disponíveis em: <http://www25.senado.leg.br/web/atividade/materias/-/materia/111807>. Acesso em 31 dez. 2016.

o art. 5, inciso XLIII da Constituição que menciona esse fenômeno. A definição apresentada[191] não fazia qualquer referência às motivações que pudessem levar indivíduos ou grupos a cometer atos de terrorismo. A inspiração do projeto do Dep. Miro Teixeira foi o texto em discussão do novo Código Penal. Incluía uma excludente para retirar da aplicação dessa lei "a conduta individual ou coletiva de pessoas movidas por propósitos sociais ou reivindicatórios". Em sua justificativa, fez referência aos tratados internacionais sobre o tema, dos quais o Brasil é parte, e listou mais de 40 projetos que tratariam do tema. Após análise detida, concluiu-se que muitos dos projetos listados se referem a outros temas como corrupção de menores, tráfico de pessoas e escravidão – mais informações sobre os projetos de fato sobre o tema serão apresentadas em seção seguinte, referente ao mapeamento legislativo.

Já o projeto apresentado pelo Senador Romero Jucá tinha escopo mais amplo, definindo diversas condutas além de terrorismo, como financiamento do terrorismo, terrorismo contra coisa, incitação ao terrorismo, organização de grupo terrorista. Previa também a competência da Justiça Federal e regras específicas para cumprimento da pena. A definição proposta era substancialmente diferente: "Provocar ou infundir terror ou pânico generalizado mediante ofensa à vida, à integridade física ou à saúde ou à privação de liberdade da pessoa, por motivo ideológico, religioso, político ou de preconceito racial ou étnico". O tipo proposto, assim como a justificativa apresentada são semelhantes àqueles que constam no PLS 762/2011, do Senador Aloysio Ferreira.

---

191 "Art. 1º – Causar terror na população mediante as condutas descritas nesta lei, quando o agente: I – Usar ou ameaçar usar, transportar, guardar, portar ou trazer consigo explosivos, gases tóxicos, venenos, conteúdos biológicos ou outros meios capazes de causar danos ou promover destruição em massa; II – Incendiar, depredar, saquear, destruir ou explodir meios de transporte ou qualquer bem público ou privado; III – Interferir, sabotar ou danificar sistemas de informática e bancos de dados. IV – sabotar o funcionamento ou apoderar-se, com violência ou grave ameaça a pessoas, do controle total ou parcial, ainda que de modo temporário, de meio de comunicação ou de transporte, de portos, aeroportos, estações ferroviárias ou rodoviárias, hospitais, casas de saúde, escolas, estádios esportivos, instalações públicas ou locais onde funcionem serviços públicos essenciais, instalações de geração ou transmissão de energia e instalações militares; V – Oferecer ou receber, obter, guardar, manter em depósito, investir ou de qualquer modo contribuir para a obtenção de ativos, bens e recursos financeiros com a finalidade de financiar, custear ou promover prática de terrorismo, ainda que os atos relativos a este não venham a ocorrer; VI – forçar autoridades públicas, nacionais ou estrangeiras, a não fazer o que a lei exige ou a fazer o que a lei proíbe. VII – Dar abrigo ou guarida a pessoa de quem saiba que tenha praticado ou esteja por praticar crime de terrorismo".

Apesar de o relatório parcial daquela comissão para o tema do terrorismo, de autoria do Senador Romero Jucá, afirmar que ambos os projetos continham cláusula excludente para movimentos sociais, apenas o do Dep. Miro Teixeira de fato continha[192]. Com efeito, o Dep. Miro Teixeira sinaliza uma forte preocupação com a possibilidade de criminalização dos movimentos sociais[193]. Quando questionado pelo Senador Pedro Taques sobre a inexistência de motivações específicas para o terrorismo, afirma também que a presença dessas motivações poderia abrir margem para possíveis abusos da lei.

O relatório parcial acabou adotando uma versão de projeto de lei bastante similar àquele apresentado pelo Senador Romero Jucá inicialmente. Em virtude daquela preocupação do Dep. Miro Teixeira, no entanto, foi retirada referência às motivações, ficando a definição do terrorismo como "Provocar ou infundir terror ou pânico generalizado mediante ofensa à vida, à integridade física ou à saúde ou à privação de liberdade da pessoa". Esse relatório parcial acaba se consumando no PLS 499/2013.

A ENCCLA, em 2014, saudou a aprovação do relatório parcial pela comissão, mas notou, também, a urgência em se concluir o processo legislativo correspondente, tendo em vista a necessidade de ser coadunar com as recomendações do GAFI.

Como foi resultado do trabalho de uma comissão dedicada a tratar do tema, inicialmente, o PLS 499/2013[194] foi enviado diretamente para o Plenário do Senado, onde receberia emendas e seria apreciado. De nota, a Emenda de Plenário nº 4, do Senador Pedro Taques, pretendia reintroduzir no projeto uma cláusula excludente para os movimentos sociais. Justificou a sua necessidade nos seguintes termos:

---

[192] "A [minha] minuta também exclui o crime para o caso de movimentos sociais reivindicatórios."

[193] Dep. Miro Teixeira afirmou "Eu tive cuidado de evitar qualquer confusão no texto; quer dizer, usei uma linguagem muito direta para evitar qualquer confusão entre terrorismo e atuação de movimentos sociais [...] É claro que eu não aprovo certos tipos de procedimentos e de movimentos sociais. É claro. Mas é claro que eu não posso confundir isso com terrorismo. Então, para o esbulho possessório, há os caminhos de punição penal, mas não é terrorismo – não é terrorismo". Ata da 5ª reunião da Comissão Mista destinada a consolidar a legislação federal e a regulamentar dispositivos da Constituição Federal. Disponível em: <http://www25.senado.leg.br/web/atividade/materias/-/materia/111807>. Acesso em 31 dez. 2016.

[194] Disponível em: <http://www25.senado.leg.br/web/atividade/materias/-/materia/115549>. Acesso em 31 dez. 2016.

Entretanto, não se pode esquecer da importante função intimidatória e simbólica do direito penal. O direito penal aponta quais condutas são expressamente rejeitadas e, caso praticas, reprimidas com rigor penal. É inegável que a existência de um tipo penal abrangente pode intimidar condutas legítimas em decorrência da fluidez semântica das palavras a que invariavelmente está sujeito o direito – inclusive o direito penal. Além disso, a ausência de ressalva expressa das atividades de movimentos sociais poderá levar a abusos praticados pelos órgãos de repressão do Estado – polícia, Ministério Público e Poder Judiciário – de modo que reivindicações legítimas sejam abafadas pelo temor à prática do crime de terrorismo.

A previsão expressa de excludente de ilicitude das atividades reivindicatórias de movimentos sociais, desde que por meios adequados, é importante válvula de escape para que essas atividades não sejam simplesmente abafadas com a ameaça de se configurar atos terroristas.

Caso seguisse a tramitação incialmente prevista, o PLS 499/2013 rapidamente seria apreciado pelo Senado. Com objetivo de postergar e, eventualmente, impedir a aprovação dessa proposição, os senadores contrários, majoritariamente oriundos de partidos de esquerda, apresentaram requerimentos para que o projeto fosse apreciado por diversas comissões. Requereram a remessa do projeto: os Senadores Paulo Paim (PT-RS) e Randolfe Rodrigues (PSOL-AC), para a Comissão de Direitos Humanos e Legislação Participativa; o Senador Eduardo Braga (PMDB-AM), para a CCJC e para a Comissão de Relações Exteriores e Defesa Nacional; o Senador Eduardo Suplicy (PT-SP), para a CCJC; e a Senadora Vanessa Graziotin (PCdoB-AM), para a Comissão de Assuntos Sociais. Todos esses requerimentos foram aprovados em 21/11/2014, de maneira que o PLS 499/2013 foi remetido a todas essas comissões.

Essa é uma tática comum no Congresso Nacional: para bloquear ou atrasar a aprovação de uma proposição, requer-se sua apreciação por uma comissão sobre a qual se tenha mais controle, pela presidência da mesma e/ou por um colegiado mais alinhado a esse propósito. Paulo Marcelo Ribeiro, assessor legislativo no Senado, exemplifica que essa teria sido a tática aplicada pelo Senador Paulo Paim também para impedir a aprovação do projeto de lei sobre o direito de greve de servidores público, originário dessa mesma comissão.

A tática empregada já se mostrou vitoriosa. Desde a aprovação daqueles requerimentos, o único movimento significativo referente ao PLS 499/2013 foi a aprovação de relatório, do Senador Randolfe Rodrigues, na Comissão de Direitos Humanos e Legislação Participativa, pela sua rejeição.

Interessante mencionar duas manifestações de organizações da sociedade civil sobre essa proposição. A Ordem dos Advogados do Brasil, no contexto de uma nota[195] em que condenava, inclusive, outras proposições em trâmite no Congresso Nacional que já foram objeto de reflexão (o PLS 508/2013 sobre vandalismo e o PL 5964/2013 sobre manifestações e protestos), opinou pela rejeição do PLS 499. Afirmou ser inadequada a discussão desse projeto como reação às manifestações que ocorreram no país em 2013 e 2014. Apontou, também, que, inexistindo terrorismo no Brasil, não haveria necessidade de discussão em regime de urgência sobre a matéria, que teria, inclusive, recebido tratamento mais adequado no PLS 236/2011.

Já o Instituto dos Advogados do Brasil[196] se focava em como a definição prevista no PLS 499/2013, considerada aberta e genérica, violava o princípio da legalidade e da individualização da pena. Afirmava ser desnecessário e inconveniente o projeto. Reconhecia na diversidade entre operadores do Direito a origem da necessidade de definições mais precisas e claras:

> Não é fácil imaginar algo mais perigoso, em Direito, do que deixar nas mãos de milhares de pessoas investidas em parcela da soberania estatal, com experiências de vida, bagagem cultural e orientações políticas distintas, o livre preenchimento do conteúdo da ação de infundir terror generalizado. Será que um magistrado de formação marxista do sertão nordestino levará em conta os mesmos parâmetros para estabelecer o que significa provocar terror generalizado do que um delegado de polícia sulista simpático ao regime militar que assumiu o poder em 1964?

Consciente da dificuldade política de se recuperar o PLS 499/2013, o Senador Romero Jucá reapresentou esse texto em 2014, na forma do PLS 44/2014[197]. A principal diferença entre essas duas proposições é que o PLS 44/2014 incluía uma cláusula excludente para movimentos sociais reivindicatórios. Em tramitação na CCJC, chegou a receber parecer favorável do Senador Pedro Taques, que, no entanto, não chegou a ser votado. Com a eleição do relator para o governo estadual de Mato Grosso, impôs-se a necessidade de redistribuição da matéria para outro relator e projeto não foi à frente.

---

195 Ofício n. 345/2014-ASL, do Conselho Federal da Ordem dos Advogados do Brasil. Disponível em: <http://www.senado.leg.br/atividade/rotinas/materia/getPDF.asp?t=154826&tp=1>. Acesso em 01 jan. 2017.

196 Ofício n. PR-1371/2015, do Instituto dos Advogados Brasileiros. Disponível em: <http://www.senado.leg.br/atividade/rotinas/materia/getPDF.asp?t=181854&tp=1>. Acesso em 01 jan. 2017.

197 Disponível em: <http://www25.senado.leg.br/web/atividade/materias/-/materia/116203>. Acesso em 01 jan. 2017.

4.8. REFORMA DO CÓDIGO PENAL

O atual Código Penal é dividido em duas partes: a Geral e a Especial. A Parte Geral, que contém as regras gerais de Direito Penal, foi reformada em 1984 enquanto a Especial, a qual lista todos os tipos penais, é de 1940. A partir da compreensão de que existe uma necessidade de readequar a legislação penal brasileira para o momento atual, já foram realizadas diversas iniciativas para elaboração de um novo Código Penal, ou ao menos, da sua parte Especial. A última delas teve início em 2011, com a instalação, pelo Senado Federal, de uma Comissão de Juristas, liderada pelo Ministro do Superior Tribunal de Justiça, Gilson Dipp, encarregada de elaborar o anteprojeto desse novo código.

Essa comissão entregou, em 2012, um anteprojeto que passou a tramitar no Senado Federal com a designação de PLS 236/2012[198]. Esse anteprojeto continha, além de crimes contra a humanidade e crimes de guerra, um título referente a "Crimes contra a paz pública", onde podia ser encontrado o crime de terrorismo, assim definido:

Art. 239 – Causar terror na população mediante as condutas descritas nos parágrafos deste artigo, quando:
I – tiverem por fim forçar autoridades públicas, nacionais ou estrangeiras, ou pessoas que ajam em nome delas, a fazer o que a lei não exige ou deixar de fazer o que a lei não proíbe;
II – tiverem por fim obter recursos para a manutenção de organizações políticas ou grupos armados, civis ou militares, que atuem contra a ordem constitucional e o Estado Democrático; ou
III – forem motivadas por preconceito de raça, cor, etnia, religião, nacionalidade, sexo, identidade ou orientação sexual, ou por razões políticas, ideológicas, filosóficas ou religiosas.
§1º Sequestrar ou manter alguém em cárcere privado;
§2º Usar ou ameaçar usar, transportar, guardar, portar ou trazer consigo explosivos, gases tóxicos, venenosos, conteúdos biológicos ou outros meios capazes de causar danos ou promover a destruição em massa;
§3º Incendiar, depredar, saquear, explodir ou invadir qualquer bem público ou privado;
§4º Interferir, sabotar ou danificar sistemas de informática e bancos de dados; ou
§5º Sabotar o funcionamento ou apoderar-se, com grave ameaça ou violência a pessoas, de controle, total ou parcial, ainda que de modo temporário, de meios de comunicação ou de transporte, de portos, aeroportos, estações ferroviárias ou rodoviárias, hospitais, casas de saúde, escolas, estádios esportivos, instalações

---

[198] Tecnicamente, a autoria dele foi conferida ao Senado José Sarney (PMDB-AP), Presidente do Senado Federal à época.

públicas ou locais onde funcionem serviços públicos essenciais, instalações de geração ou transmissão de energia e instalações militares;
Pena – prisão, de oito a quinze anos, além das sanções correspondentes à ameaça, violência, dano, lesão corporal ou morte, tentadas ou consumadas.

Pela técnica adotada, seria necessário o preenchimento de três requisitos: "causar terror", a motivação (um dos incisos) e a conduta em si (um dos parágrafos). Ainda assim, a abstração de alguns destes requisitos ampliaria de forma significativa o escopo de atos que poderiam ser considerados terroristas. Marco Cepik alerta que, sob essa definição, a ocupação temporária e parcial de prédios públicos ou privados poderia ser caracterizada como terrorismo. Vai além, afirmando que "esse tipo de definição foi elaborado muito mais tendo em vista o Movimento dos Trabalhadores Rurais Sem Terra (MST) do que a Al Qaeda" (CEPIK, 2004, p. 73-74).

O anteprojeto continha, também, dispositivo referente ao financiamento do terrorismo e uma cláusula excludente para retirar do âmbito de aplicação desse tipo condutas individuais e coletivas com propósitos reivindicatórios[199].

Foi criada uma Comissão Especial, no Senado Federal, para analisar esse anteprojeto. Neste momento, foram apensados ao PLS 236/2012 uma série de projetos com temas correlatos, inclusive dois sobre terrorismo que estavam tramitando naquela casa: o PLS 707/2011, de autoria do Senador Blairo Maggi (PR-MT), e o PLS 762/2011[200], de autoria do Senador Aloysio Nunes Ferreira (PSDB-SP). Merece mais atenção o segundo, justamente porque o Senador Aloysio Nunes seria o relator do PL 2016/2015 no Senado Federal. De acordo com a sua proposta, terrorismo consistiria em: "Provocar ou infundir terror ou pânico generalizado mediante ofensa à integridade física ou provação de liberdade de pessoa, por motivo ideológicos, religioso, político ou de preconceito racial, étnico, homofóbico ou xenófobo".

A justificativa apresentada quando da introdução do PLS 762/2011 é completa e detalhada, traçando um histórico dos instrumentos internacionais referentes ao combate do terrorismo desde os esforços empreendidos pela Liga das Nações. Nota a incompatibilidade da Lei de Segurança Nacional com a ordem constitucional pós-1988 e a inadequação do seu dispositivo que faz referência ao terrorismo, motivo pelo qual o projeto previa, expressamente, a revogação da LSN, na sua integralidade.

---

[199] "§7º Não constitui crime de terrorismo a conduta individual ou coletiva de pessoas motivadas por propósitos sociais ou reivindicatórios, desde que os objetivos e meios sejam compatíveis e adequados à sua finalidade".

[200] Disponível em: <http://www25.senado.leg.br/web/atividade/materias/-/materia/103889>. Acesso em 31 dez. 2016.

Demonstra, ainda, consciência em relação aos diversos tratados internacionais ratificados pelo Brasil sobre o tema, gerando "obrigação jurídica" para que seja regulamentado de maneira adequada.

Algumas das opções legislativas feitas também são dignas de nota. A escolha de não realizar a tipificação do terrorismo a partir da definição de organizações terroristas foi feita porque "as organizações e grupos podem ser de estrutura complexa e não se pode atribuir responsabilidade penal coletiva sem analisar o fato concreto". A hipótese do terrorismo individual – o chamado "lobo solitário" – também é mencionada como justificativa. Reconhece-se também a possibilidade de o Estado ou um de seus agentes ser o autor de atos terroristas, prevendo, inclusive, aumento da pena nesses casos.

Antes de ser apensado ao PLS 236/2012, o PLS 762/2011 chegou a ser analisado pela Comissão de Constituição, Justiça e Cidadania, recebendo parecer favorável do Senador Aécio Neves (PSDB-MG), que, contudo, não chegou a ser votado. No parecer, menciona-se a urgência em se tipificar o terrorismo, tendo em vista a realização dos grandes eventos no Brasil e a possibilidade real, sinalizada pela ABIN, de ocorrerem atentados no país.

Ao longo da tramitação na Comissão Especial, os dispositivos sobre terrorismo foram alvo de algumas discussões específicas, muitas das quais se repetiriam durante a tramitação do PL 2106/2015. Foram empreendidas diversas tentativas de se retirar a cláusula excludente – apresentaram emendas nesse sentido os Senadores Sergio Souza, Thomaz Nogueira, Gim Argello, Ciro Nogueira e Aloysio Nunes (BARRETO & GOERG, 2015, p. 82). Em sua justificativa para a retirada da excludente, o Senador Aloysio Nunes afirmava que "qualquer ação, seja ela reivindicatória, política ou social, mas que cause terror na população por meio de violência ou comportamentos equiparados, deve ser criminalizada e punida como ato de terrorismo". Essa firme posição se repetiria durante as discussões do PL 2016.

A ENCCLA direcionou sua Ação 2 de 2013 para apresentar propostas de aperfeiçoamento a PLS 236/2012, especialmente nos temas de crimes contra a administração pública, contra a ordem econômica, tributária e financeira, de terrorismo e seu financiamento e de lavagem de dinheiro. Antes mesmo, a ENCCLA e seus membros teriam assessorado a comissão de juristas que elaborou o anteprojeto, como afirma Bernardo Mota, que também integrou a ENCCLA como representante do COAF.

O relatório final daquela comissão, apresentado pelo relator, o Senador Pedro Taques (PDT-MT), alterou alguns pontos nos dispositivos do anteprojeto sobre terrorismo: introduziu-se a motivação de preconceito de origem, gênero e condição de pessoa idosa ou com deficiência, no inciso III; e introduziu-se a ameaça de morte ou lesão, no §1º. Mais importante, no entanto, é o que o substitutivo apresentado pelo Senador Pedro Taques eliminava a excludente, embora não faça menção expressa ao acolhimento de emenda nesse sentido ou mencione tal exclusão em um quadro comparativo do anteprojeto e do substitutivo apresentado.

Aprovado o relatório, em 19/12/2013, o substitutivo foi enviado para a Comissão de Constituição, Justiça e Cidadania. Lá, novamente os dispositivos referentes a terrorismo foram alvo de discussão. O Senador Randolfe Rodrigues (PSOL-AP), por exemplo, apresentou emenda para retirar do projeto o artigo que tipificava o terrorismo. No relatório apresentado pelo Senador Vital do Rêgo (PMDB-PB), em 17/12/2104, a excludente retornou ao texto, no mesmo formato do anteprojeto.

Há, em seguida, uma tentativa de se acelerar a tramitação do PLS 236/2012. Em 07/05/2015, foi apresentado, no Plenário do Senado, requerimento pedindo urgência na tramitação desse projeto. Esse requerimento, que pretendia abreviar a tramitação na CCJC e levar o PLS à votação no Plenário, foi aprovado por votação simbólica. Uma semana depois, no entanto, em 14/05/2015, foi apresentado e aprovado requerimento que extinguia a urgência, determinando que o projeto tivesse tramitação normal.

Por conta do foco do trabalho, maior atenção foi conferida às discussões relativas ao terrorismo. A elaboração do novo Código Penal, todavia, traz diversas questões polêmicas à tona, como aborto, crimes ambientais, crimes hediondos, entre outros, razão pela qual sua tramitação é lenta e seu texto polêmico. O terrorismo é apenas mais um dentre muitos pontos sensíveis.

4.9 MAPEAMENTO DE INICIATIVAS LEGISLATIVAS

Foi realizada uma busca nos sistemas legislativos da Câmara dos Deputados e do Senado Federal[201] utilizando como palavra-chave "terrorismo" e "terrorista"[202], com objetivo de encontrar todas as proposições

---

201 O sítio eletrônico do Senado não possibilita buscas com a mesma abrangência e usabilidade que o da Câmara dos Deputados. Além disso, muitas das proposições que possivelmente tratariam do tema não estavam disponíveis em seu inteiro teor, ou seja, não era possível consultar o texto apresentado pelos parlamentares, de maneira que foram excluídas do mapa elaborado.

202 A partir da utilização dessas palavras-chave, certamente ficaram excluídas proposições que embora não mencionem o termo "terrorismo" se referem ao fenômeno. Um exemplo é o PL 8006/2010, de autoria do Dep. Jair Bolsonaro (PP-RJ), que cria um tipo penal denominado "Desordem Social", definido como "Destruir, inutilizar ou deteriorar bem público ou privado, ou praticar qualquer outro crime ou ato vio-

que tratassem do tema. A partir do resultado inicial, foi feita uma filtragem pela leitura das ementas e do texto das proposições[203], com a retirada de proposições que apenas mencionassem o conceito de terrorismo no contexto de definir crimes hediondos e organizações criminosas ou regulamentar a investigação e persecução criminal desses crimes. Foram mantidas, entretanto, as proposições que, mesmo naqueles casos, traziam definições específicas para terrorismo e outras normas relativas a essa conduta. Foram retiradas, também, as proposições que se referiam apenas a aspectos relativos à investigação, ao processo penal e ao cumprimento de pena nos casos de terrorismo. Outras proposições referentes a criação de Dia de Repúdio ao Terrorismo[204] e de tipos penais não diretamente relacionados ao terrorismo (simulação ou comunicação falsa) também foram excluídas[205].

Foram excluídas ainda as proposições que já concluíram sua tramitação e foram convertidas em legislação. Algumas dessas proposições já foram destacadas nas seções anteriores. Como mencionado, o recorte temporal empregado nesse capítulo tem início a partir da promulgação da Constituição Federal, em 1988, o que levou à exclusão de três propostas anteriores que ainda constavam no sistema[206]. Além disso, também foram desconsideradas, para este fim, as proposições apresentadas após a promulgação da Lei 13.260/2016, o que resultou na exclusão de outras quatro proposições[207], que serão mencionadas posteriormente.

Após essa filtragem, chegou-se ao número de 23 proposições em trâmite ou arquivadas na Câmara dos Deputados e 8 proposições em trâmite no Senado Federal. Ainda que a amostra seja pequena, a análise dos autores dessas proposições evidencia que são os partidos de

---

lento, com o fim de alterar gravemente a paz pública, de atemorizar a coletividade ou determinado grupo de pessoas, de provocar descrença nas autoridades públicas legalmente constituídas ou constrangê-las a praticar, deixar de praticar ou tolerar que se pratique algum ato.". Essa opção foi tomada em virtude da impossibilidade de buscar as diversas formas como os parlamentares podem se referir ao fenômeno e da própria importância do rótulo, da denominação para a sua discussão.

203 Foram considerados apenas projetos de lei (ordinária e complementar) e projetos de emenda à Constituição. Como tratados internacionais tramitam, no Congresso Nacional, via projetos de decretos legislativos, essa espécie legislativa, por exemplo, não se referia ao cerne da presente pesquisa, tendo sido excluída. Outras espécies de proposições, como requerimentos, também foram excluídas por não serem aptas a produzirem legislação.

204 PL 5791/2001 e PL 4071/2004.

205 PL 3469/2004, PL 3470/2004, PL 5617/2001, PL 5659/2001.

206 Foram elas: o PL 6164/1982, o PL 3947/1984 e o PLS 28/1987.

207 Foram elas: o PL 5358/2016, o PL 5825/2016, o PL 5065/2016 e o PLS 272/2016.

direita os mais preocupados com a tipificação do terrorismo: o partido Democratas[208] predomina com nove proposições, do total de 31. Em seguida, PSDB, com quatro proposições e PMDB e PR, cada um com três proposições. É o que mostra o gráfico abaixo:

Figura 3 - Proponentes de projetos sobre terrorismo

Temporalmente, se nota um aumento do número de proposições relacionadas ao terrorismo nos últimos anos. Apenas em 2015, na Câmara dos Deputados, foram apresentados 6 projetos de lei sobre terrorismo. Essa indicação vai no mesmo sentido da afirmação de Marivaldo Pereira, Secretário-Executivo do Ministério da Justiça à época, de que a apresentação de muitos projetos, considerados mais ameaçadores a direitos e garantias fundamentais, acabou servindo como incentivo para o próprio governo apresentar a sua própria proposta:

---

208 Considerando as proposições de parlamentares do PFL, seu antecessor.

[...] os próprios parlamentares começam a reivindicar, querer avançar um projeto muito pior do que o que estava lá. [...] houve a decisão do Executivo de mandar algo para tentar, pelo menos, mandar algo que fosse um pouco mais racional do que aquilo que poderia ser aprovado lá [no Congresso Nacional] (PEREIRA, 2016).

Em comum, a maioria das proposições não saiu dos estágios iniciais de tramitação – seis delas já foram arquivadas, e outras sete estão apensadas ao PL 2462/1991, cujo status será discutido em seguida. Como algumas dessas proposições já foram objeto de análise mais detida nos subitens anteriores, o foco, aqui, será nas outras proposições.

O PL 2462/1991[209] é uma das proposições mais antigas, de autoria do Deputado Hélio Bicudo (PT-SP), apresentada em 05/03/1991, pretendendo definir os crimes contra o Estado Democrático de Direito e contra a Humanidade. Exatamente por ser um dos mais antigo, diversos outros projetos que tratam de terrorismo foram apensados a ele. Atualmente, ele, juntamente com os apensados, aguarda, desde 2008, a criação de uma comissão especial na Câmara para analisar o seu mérito. Em sua versão original, continha a seguinte definição para terrorismo: "Devastar, saquear, assaltar, explodir bombas, sequestrar, incendiar, depredar ou praticar atentado pessoal ou sabotagem com dano ou perigo efetivo a pessoas ou bens, com o objetivo de coagir qualquer dos Poderes da República.".

Uma análise detida de todas as 31 proposições encontradas foge ao escopo deste trabalho, contudo algumas questões específicas são dignas de nota.

Alguns projetos apresentam definições para terrorismo bastante sucintas e genéricas, como é o caso do PL 1594/2015[210], de autoria do Dep. Lincoln Portela (PR-MG), que o define como: "Causar terror na população, incendiando, depredando, saqueando, explodindo ou invadindo qualquer bem público ou privado". A amplitude de condutas que poderiam ser enquadradas como terroristas, a partir dessa definição, é bastante grande.

A amplitude dos tipos propostos pelos parlamentares parece, na realidade, ser a regra e não a exceção. É o caso, por exemplo, do PLS 707/2011[211], de autoria do Senador Blairo Maggi (PR-MT). Apesar de mencionar, na justificativa, que não passa de destaque do PL 6764/2002, nota-se a

---

209 Disponível em: <http://www.camara.gov.br/proposicoesWeb/fichadetramitacao?idProposicao=18156>. Acesso em 30 dez. 2016.

210 Disponível em: <http://www.camara.gov.br/proposicoesWeb/fichadetramitacao?idProposicao=1279496>. Acesso em 30 dez. 2016.

211 Disponível em: <http://www25.senado.leg.br/web/atividade/materias/-/materia/103469>. Acesso em 30 dez. 2016.

inclusão de diversos outros tipos de motivação (ideológica, filosófica, separatista e racista) como elementos do tipo.

> Art. 1º Praticar, por motivo político, ideológico, filosófico, religioso, racista ou separatista, com o fim de infundir terror, ato de:
> I – devastar, saquear, explodir bombas, sequestrar, incendiar, depredar ou praticar atentado pessoal ou sabotagem, causando perigo efetivo ou dano a pessoas ou bens; ou
> II – apoderar-se ou exercer o controle, total ou parcialmente, definitiva ou temporariamente, de meios de comunicação ao público ou de transporte, portos, aeroportos, estações ferroviárias ou rodoviárias, instalações públicas ou estabelecimentos destinados ao abastecimento de água, luz, combustíveis ou alimentos, ou à satisfação de necessidades gerais e impreteríveis da população:
> Pena – reclusão, de quatro a dez anos.

Nessa mesma linha de definições amplas, o PL 3714/2012[212], de autoria do Dep. Edson Pimenta (PSD-BA) e o PL 1378/2015[213], de autoria do Dep. Arthur Virgílio Bisneto (PSDB-AM). Indo ainda mais além, o PL 4674/2012[214], de autoria do Dep. Walter Feldman (PSDB-SP) não menciona sequer a necessidade de motivação específica (política, religiosa, etc.) ou finalidade (de provocar terror ou coagir autoridades, por exemplo):

> Art. 1º Esta Lei tipifica, em seus arts. 2º a 19, os crimes relacionados a atividades terroristas que:
> I – lesem ou exponham a perigo de lesão:
> a) aeronaves e a segurança da aviação civil; embarcações e a segurança da navegação marítima; segurança das plataformas fixas localizadas na Plataforma Continental brasileira;
> b) a vida, a integridade física, a liberdade de locomoção ou o patrimônio de pessoas em relação às quais o Estado brasileiro tenha o dever de proporcionar proteção especial ou que gozem de proteção internacional;

---

[212] "Art. 2º Para fins desta lei, considera-se terrorismo qualquer ato praticado com uso de violência ou ameaça por pessoa ou grupo de pessoas com intuito de causar pânico, através de ações que envolvam explosivos ou armas de fogo, com vistas a desestabilizar instituições estatais." Disponível em: <http://www.camara.gov.br/proposicoesWeb/fichadetramitacao?idProposicao=541763>. Acesso em 30 dez. 2016.

[213] "Art. 285-A As condutas definidas nos tipos penais constantes deste título, quando praticadas com o fim de intimidar ou coagir a população civil ou parte dela ou de impedir, dificultar ou influenciar o livre exercício dos Poderes Constituídos ou o funcionamento de uma organização governamental internacional, configuram a prática do crime de terrorismo." Disponível em: <http://www.camara.gov.br/proposicoesWeb/fichadetramitacao?idProposicao=1228884>. Acesso em 30 dez. 2016.

[214] Disponível em: <http://www.camara.gov.br/proposicoesWeb/fichadetramitacao?idProposicao=559014>. Acesso em 30 dez. 2016.

c) vida, a integridade física, a liberdade de locomoção ou o patrimônio de pessoas que estejam no território brasileiro e não se enquadrem no inciso anterior;
d) materiais explosivos e nucleares; e
II – financiem a prática ou a preparação de atos de terrorismo.

Enquanto algumas proposições já incluíam a excludente para movimentos sociais, que seria motivo de acirrado debate durante a tramitação do PL 2016, como o PL 2294/2015[215], do Dep. André Figueiredo (PDT-CE), outras, como o PL 2583/2012[216], de autoria do Dep. Ronaldo Carletto (PP-BA), não só não traziam a excludente como desconsideravam expressamente a legitimidade das demandas apresentadas pelos grupos envolvidos:

Art. 285-A. Perpetrar qualquer das condutas descritas nos tipos penais enunciados no Título anterior, com o fim de:
I – forçar o Poder Público a atender demandas, **mesmo que legítimas**;
II – prejudicar a liberdade de atuação dos partidos políticos, de consciência ou de crença religiosa;
III – prejudicar o exercício da imprensa ou da livre circulação de ideias;
IV – perseguir, conforme o art. 7º, 1, h, e 2, g, do Decreto nº 4.388, de 25 de setembro de 2002, Estatuto de Roma, grupo em razão de sua cor, raça, etnia, procedência, gênero ou orientação sexual.
Pena – reclusão, de vinte a trinta anos, e multa, sem prejuízo das correspondentes à violência destinada a cada ofendido. (grifou-se)

A preocupação de algumas proposições é simplesmente tipificar terrorismo, introduzindo definições para condutas associadas, como o caso do PL 149/2003[217], do PL 1594/2015 e do PL 7175/2002[218]. Outros, de maior ambição, visam estabelecer não só a definição, como também mecanismos de investigação para prevenir e, eventualmente, reprimir atos de terrorismo. Por exemplo, o PL 1558/2011[219], de autoria do Dep. João

---

215 "Art. 3º. Não constitui crime de terrorismo a conduta individual ou coletiva de pessoas, movimentos sociais ou sindicatos, movidos por propósitos sociais ou reivindicatórios, visando contestar, criticar, protestar, apoiar com o objetivo de defender ou buscar direitos, garantias e liberdades constitucionais". Disponível em: <http://www.camara.gov.br/proposicoesWeb/fichadetramitacao?idProposicao=1555369>. Acesso em 30 dez. 2016.

216 Disponível em: <http://www.camara.gov.br/proposicoesWeb/fichadetramitacao?idProposicao=1611555>. Acesso em 30 dez. 2016.

217 Disponível em: <http://www.camara.gov.br/proposicoesWeb/fichadetramitacao?idProposicao=104916&ord=1>. Acesso em 30 dez. 2016.

218 Disponível em: <http://www.camara.gov.br/proposicoesWeb/fichadetramitacao?idProposicao=67369>. Acesso em 30 dez. 2016.

219 Disponível em: <http://www.camara.gov.br/proposicoesWeb/fichadetramitacao?idProposicao=508108>. Acesso em 30 dez. 2016.

Campos (PSDB-GO), prevê diversas técnicas de investigação: colaboração premiada; captação ambiental de sinais eletromagnéticos, ópticos ou acústicos; ação controlada[220]; interceptação telefônica; e infiltração de agentes da polícia judiciária[221]. Essa discussão sobre métodos de investigação – e a que instituição eles caberiam – seria fundamental durante a tramitação do PL 2016.

Nessa mesma linha, a pretensão da Agência Brasileira de Inteligência de ver expandidos seus poderes e competências e mais formalizado o seu papel no combate ao terrorismo encontraria guarida no PL 1790/2015[222], de autoria do Dep. Alberto Fraga (Dem-DF). Esse projeto concederia à ABIN o poder de realizar escutas ambientais, autorizaria e regulamentaria a realização de atividades de infiltração por agentes de inteligência em grupos terroristas e regulamentaria, ainda, a expedição de documentos de identidade paralela. Garantiria, ainda, a utilização das provas obtidas por oficiais de inteligência na investigação e no processo penal[223]. Fraga também menciona como motivação para sua proposta a pressão realizada pelo GAFI e a possibilidade de o Brasil "ficar na lista negra do GAFI [que] significa, em última instância, ser convidado a se retirar do grupo e sofrer sanções comerciais".

---

220 "Art. 9º Consiste a ação controlada em retardar a intervenção policial ou administrativa relativa à ação praticada por organização terrorista ou a ela vinculada, desde que mantida sob observação e acompanhamento para que a medida legal se concretize no momento mais eficaz à formação de provas e obtenção de informações."

221 Importante lembrar que esse projeto foi apresentado antes da promulgação da Lei de Organizações Criminosas, a Lei nº 12.850 de 2013, que prevê alguns desses instrumentos de investigação.

222 Disponível em: <http://www.camara.gov.br/proposicoesWeb/fichadetramitacao?idProposicao=1301726>. Acesso em 30 dez. 2016.

223 "Art. 48. Para cumprir com a competência administrativa atribuída por esta Lei, a ABIN.

III – poderá fazer participar servidores orgânicos em associações lícitas ou ilícitas ou a agremiações despersonalizadas, enquanto membros destas e sob sigilo, às quais pertençam os acompanhados;

IV – poderá realizar registros auditivos ou audiovisuais, bem como armazená-los, dos fatos presenciados por seus servidores orgânicos ou informantes recrutados.

§2º Para cumprir com o inciso III, a ABIN poderá expedir cédulas de identificação pessoal e profissional com informações diferentes das constantes no registro civil de seu servidor, somente pelo tempo necessário e indispensável à participação.

§3º As informações obtidas no âmbito do exercício da competência prevista nos incisos III e IV poderão ser usadas como prova em investigação ou processo penal."

Diversas são as causas mencionadas nas justificativas dos projetos analisados. Os projetos anteriores a 2001 se focam na necessidade de substituir a legislação herdada do período da ditadura militar, mais especificamente a Lei de Segurança Nacional. O PL 486/2007, do Dep. Eduardo Valverde (PT-RO), por exemplo, articula como justificativa as ações do Primeiro Comando da Capital. Problemas relacionados à segurança pública e à ação de organizações criminosas também são mencionadas pelo Dep. Ônix Lorenzoni (Dem-RS) em seu projeto, o PL 5773/2013. Muitas proposições mencionam como justificativa a perspectiva de o Brasil sediar grandes eventos como a Copa do Mundo e os Jogos Olímpicos. É o caso do PL 4674/2012, do PL 1378/2015 e do PL 1558/2011.

Em nenhuma outra proposição a preocupação com os grandes eventos fica tão clara quanto no PLS 728/2011[224]. De autoria dos Senadores Marcelo Crivella (PR-RJ), Ana Amélia (PP-RS) e Walter Pinheiro (PT-BA), o projeto trazia diversas previsões relativas aos eventos e aplicáveis apenas no período de três meses que os antecederia e durante os mesmos. Dentre as previsões, havia uma que definia o terrorismo como "Provocar ou infundir terror ou pânico generalizado mediante ofensa à integridade física ou privação de liberdade de pessoa, por motivo ideológico, religioso, políticos ou de preconceito racial, étnico ou xenófobo".

A justificativa apresentada para o projeto se fundava no risco de o país vir a ser alvo ou palco de atentados terroristas, lembrando, inclusive, os atentados praticados contra a delegação israelense nas Olimpíadas de Munique, em 1972. Sinalizava, ainda, a insuficiência do PL 2330/2011, transformado na Lei nº 12.663/2012, para satisfazer os compromissos assumidos pelo governo brasileiro ao se candidatar para receber aqueles eventos, afinal tal lei apenas cria alguns crimes (por exemplo, utilização indevida de símbolos oficiais, e marketing de emboscada) com objetivo de proteger os interesses das entidades internacionais organizadoras, especialmente a FIFA.

Apresentado em dezembro de 2011, no entanto, o PLS 728/2011 não teve boa recepção no Senado Federal. Inicialmente aprovado na Comissão de Educação, Cultura e Esportes, foi rejeitado pelas Comissões de Desenvolvimento Regional e Turismo, Assuntos Sociais, Relações Exteriores e Defesa e Constituição, Justiça e Cidadania. A questão do tempo, conforme os eventos – Copa das Confederações, Copa do Mundo – aconteciam, se tornou um problema insuperável: o projeto perdia seu objeto principal antes mesmo de ser aprovado no Senado. Assim, acabou arquivado em novembro de 2014.

---

224 Disponível em: <http://www25.senado.leg.br/web/atividade/materias/-/materia/103652>. Acesso em 31 dez. 2016.

O projeto também foi muito criticado pelos movimentos sociais, não só pela indefinição dos termos que gerariam riscos, mas também por privilegiar entidades internacionais, como a FIFA, em detrimento de brasileiros. Chegou a ser chamado de "AI-5 da Copa", pela Central Única dos Trabalhadores. Sobre a questão do terrorismo naquele projeto, Martim Sampaio, presidente da Comissão de Direitos Humanos da OAB de São Paulo, afirmou que "da maneira como está na lei, qualquer manifestação, passeara, protesto, ato individual ou coletivo pode ser entendido como terrorismo. Isso é um cheque em branco na mão da FIFA e do Estado" (DIP, 2012).

4.10 CONSIDERAÇÕES SOBRE A PRÉ-LOCALIZAÇÃO

Como referido, este foi o período de pré-localização. Em múltiplas instâncias, notou-se a resistência à norma internacional. Sua utilidade foi questionada sob o argumento de que o país já teria normas que criminalizassem todas as condutas ou de que bastaria que se criminalizasse o financiamento do terrorismo. Sua aplicabilidade foi posta em dúvida com base no histórico brasileiro de não ter sido alvo de grupos terroristas internacionais.

O temor de que essas normas colocassem em risco os movimentos sociais, as manifestações reivindicatórias e, em última instância, a liberdade de expressão, representou um forte obstáculo ao início desse processo de localização. De mesma forma, já se manifestaram os meios pelos quais os atores locais pretendem estabelecer o valor da norma internacional, como associá-la à Constituição e apresentá-la como necessária à proteção do país.

É fundamental que se compreenda essa fase de pré-localização porque ela dita as dinâmicas que se repetiriam durante o processo legislativo que daria origem à Lei Antiterrorismo. Além disso, somente assim é que se entenderá como foi superada a resistência e teve início efetivo a localização, o tópico central do próximo capítulo.

Capítulo V. **AS ORIGENS DO PROJETO DE LEI 2016/2015**

Após décadas de esforços para que o Brasil adotasse (nova) legislação sobre terrorismo, o ano de 2015 se mostrou um momento-chave em que se reuniram as condições necessárias para que aquele empreendimento finalmente se concretizasse. Compreendidas as dinâmicas e as razões pelas quais anteriormente não foi possível chegar nesse ponto, resta, agora, analisar como se desenrolou o processo legislativo que daria origem à Lei Antiterrorismo.

Se já havia uma disposição, ainda que não acompanhada por qualquer senso de urgência, da parte de parlamentares para legislar sobre o tema, o obstáculo principal a se fazê-lo se encontrava localizado no poder executivo. Mais especificamente, era o núcleo político dos governos Lula e Dilma Rousseff – Presidência da República, Casa Civil e Ministério da Justiça – que havia, em sucessivas ocasiões, impedido o desenvolvimento de uma lei que tratasse de terrorismo. Este cenário se transformou sobremaneira em 2015, pelos motivos que serão apresentados ao longo deste capítulo, resultando, enfim, no envio de um projeto de lei sobre terrorismo pela Presidente Dilma Rousseff ao Congresso Nacional em 18 de junho de 2015.

O objetivo deste capítulo é apresentar a narrativa detalhando a origem do PL 2016/2015. Dividiu-se, portanto, o processo legislativo em duas partes: a primeira, que será apresentada neste capítulo, se refere, exclusivamente, ao processo que ocorreu dentro do poder executivo, enquanto a segunda, nos próximos capítulos, se referirá ao processo no Congresso Nacional e, posteriormente, de sanção, com vetos, pela Presidência da República.

5.1. O PAPEL DO GRUPO DE AÇÃO FINANCEIRA

5.1.1. Brasil no GAFI

Um passo essencial à compreensão do desencadeamento desse processo legislativo é analisar a relação entre o Brasil e o GAFI. Será aproveitada, também, esta oportunidade para descrever, em maiores detalhes, o mecanismo de fiscalização daquele organismo internacional para acompanhar e promover a implementação de suas Recomendações.

O Brasil se tornou membro efetivo do GAFI em 2000. A adesão brasileira, assim como a de México e Argentina, representou um *turning point* para aquele organismo: até aquele momento, países desenvolvidos eram maioria absoluta entre os membros do GAFI, concentrados principalmente no eixo América do Norte-Europa. Como mencionado no capítulo II, o GAFI sempre teve a pretensão de que suas normas tivessem alcance global. Não se pretendia, no entanto, ampliar o rol de membros irrestritamente, por temor que isso viesse a prejudicar o processo de tomada de decisão. A celeridade, a flexibilidade e a uniformidade do rol de membros eram elementos que favoreciam o GAFI, em comparação com outros fóruns internacionais.

O meio-termo encontrado foi aceitar a adesão de "países estrategicamente importantes" que teriam como obrigação promover as normas do GAFI em suas respectivas regiões, pela criação de grupos regionais semelhantes ao GAFI. Decidiu-se, inclusive, que o GAFI teria um papel proativo no convite dos Estados que se qualificassem de acordo com estes critérios. Deveriam, todavia, cumprir um conjunto de condições[225] para se tornarem membros efetivos daquele organismo (GAFI, 1999).

Apesar das referências a um "processo de adesão", deve-se lembrar que o GAFI não é uma organização internacional tradicional. Dessa maneira, a adesão ao GAFI não demanda a assinatura de um tratado internacional, tampouco a ratificação de instrumento legal. O Congresso Nacional, portanto, não teve qualquer participação no processo a partir do qual o Brasil se tornou membro do GAFI.

A representação brasileira no GAFI é realizada por uma missão interdepartamental. Fazem parte dessa missão membros de diversos órgãos públicos brasileiros, como o Banco Central, o Ministério das Relações Exteriores (em especial, a Embaixada brasileira em Paris), a Polícia Federal, a Advocacia-Geral da União, o Ministério Público Federal e a Superintendência Nacional de Previdência Complementar. A composição da missão depende dos temas que serão tratados nas reuniões do GAFI e até mesmo do orçamento disponível para custear o envio de servidores brasileiros aos locais de reunião, que costumam acontecer em Paris, sede

---

225 *"The minimum and sine qua non criteria for admission are as follows:* • *to be fully committed at the political level: (i) to implement the 1996 Recommendations within a reasonable timeframe (three years), and (ii) to undergo annual self-assessment exercises and two rounds of mutual evaluations;* • *to be a full and active member of the relevant FATF-style regional body (where one exists), or be prepared to work with the FATF or even to take the lead, to establish such a body (where none exists);* • *to be a strategically important country;* • *to have already made the laundering of the proceeds of drug trafficking and other serious crimes a criminal offence; and* • *to have already made it mandatory for financial institutions to identify their customers and to report unusual or suspicious transactions."* (GAFI, 1999)

do GAFI, como detalhou Carla Verissimo, Procuradora da República que integrou missões representando o Brasil naquela organização.

A liderança da missão brasileira no GAFI cabe ao Conselho de Controle de Atividades Financeiras (COAF). Criado em 1998, pela Lei nº 9.613[226], o COAF é um órgão situado no âmbito do Ministério da Fazenda, embora seja dotado de alguma independência[227], em decorrência da sua missão fiscalizatória e da sua composição também interdepartamental[228]. Foi em decorrência de sua competência para fiscalizar atividades financeiras, com vistas, principalmente, a combater a lavagem de dinheiro, que o COAF se tornou encarregado de representar o Brasil naquele fórum internacional, que, desde sua criação, havia tomado um papel de liderança na promoção de normas sobre esse ilícito internacional. Mais do que líder da missão brasileira em reuniões internacionais, o "COAF é o ponto de contato com o GAFI", como afirmou Bernardo Mota.

Como representante brasileiro, o COAF já exerceu, pela pessoa de seu Presidente, Antonio Gustavo Rodrigues, a Presidência do GAFI no período de 2008-2009. À época, o COAF afirmou que a "assunção do Brasil à presidência do GAFI materializa o reconhecimento internacional dos esforços empreendidos pelo País no campo da prevenção e do combate à lavagem de dinheiro, merecendo destaque o fato de ser a primeira vez na história do Grupo que um país latino-americano ascende a este posto" (COAF, 2008).

Conferir ao COAF a responsabilidade única pela implementação das Recomendações do GAFI certamente parece excessivo, considerando a amplitude das ações necessárias para tal esforço. No entanto, como ponto de contato, transmite, para outros atores domésticos as demandas

---

226 "Art. 14 – É criado, no âmbito do Ministério da Fazenda, o Conselho de Controle de Atividades Financeiras – COAF, com a finalidade de disciplinar, aplicar penas administrativas, receber, examinar e identificar as ocorrências suspeitas de atividades ilícitas previstas nesta Lei, sem prejuízo da competência de outros órgãos e entidades".

227 Há alguma discordância em relação ao grau de independência exercido e o necessário, conforme se nota pelo debate entre o Dep. Onyx Lorenzoni ("O COAF é um apêndice do ministro da Fazenda. Deveria ter autonomia para adquirir capacidade de detectar irregularidades no mercado financeiro") e o gerente-geral da Unidade de Gestão e Segurança (UGS) do Banco do Brasil, Edson Araújo Lobo ("Não vejo que esse seja o calo, porque o Coaf já faz um trabalho independente.") (CÂMARA NOTÍCIAS, 2006).

228 Fazem parte do COAF "integrantes do quadro de pessoal efetivo do Banco Central do Brasil, da Comissão de Valores Mobiliários, da Superintendência de Seguros Privados, da Procuradoria-Geral da Fazenda Nacional, da Secretaria da Receita Federal do Brasil, da Agência Brasileira de Inteligência, do Ministério das Relações Exteriores, do Ministério da Justiça, do Departamento de Polícia Federal, do Ministério da Previdência Social e da Controladoria-Geral da União" (art. 16, Lei nº 9.613/98).

apresentadas por aquele organismo, aproveitando-se da ENCCLA[229], em diversas ocasiões, para isso. Comunica-se com o GAFI, para apresentar informações, documentos e estatísticas relevantes para a avaliação do Brasil. Como Unidade de Inteligência Financeira (UIF), o COAF também é responsável pelo cumprimento direto de uma série de obrigações impostas pelo GAFI[230].

Foi a partir da expansão das competências do GAFI para o financiamento do terrorismo que, paralelamente, se expandiram as competências do COAF sobre essa questão. Anteriormente, havia apenas, na Lei nº 9.813/1998, referência ao terrorismo como crime antecedente à lavagem de dinheiro. Foi com uma alteração legislação trazida pela Lei nº 10.071/2003, já mencionada, que o financiamento do terrorismo entrou oficialmente para o rol de competências do COAF.

Como mencionado, um dos compromissos assumidos pelo Brasil ao aderir ao GAFI foi de que assumiria papel de liderança na criação de um grupo regional semelhante ao GAFI (FSRB, na sigla em inglês). Foi criado, assim, na reunião da Cúpula de Presidentes da América do Sul (2000), em Cartagena das Índias, o Grupo de Ação Financeira da América do Sul (GAFISUD). Naquela oportunidade, foi assinado um Memorando de Entendimento, o qual determinava que o objetivo do GAFISUD seria "reconhecer e aplicar as Recomendações do Grupo de Ação Financeira (GAFI) e as recomendações e medidas que venha a adotar o GAFISUD" (GAFISUD, 2000). Tendo reconhecido as Recomendações do GAFI como aplicáveis aos seus membros, o GAFISUD coopera para a implementação delas pelos seus membros por meio de medidas de capacitação e pela realização de processos de avaliação dos Estados. Tem também status de membro associado do GAFI, participando de suas reuniões[231].

---

229 "Nós [membros do COAF] começamos a dizer o seguinte: esse não é um problema só do COAF, é do Brasil, a gente precisa dar mais ressonância ao tema internamente" (MOTA, 2016).

230 Por exemplo, a Recomendação 29 do GAFI determina que "*Countries should establish a financial intelligence unit (FIU) that serves as a national center for the receipt and analysis of: (a) suspicious transaction reports; and (b) other information relevant to money laundering, associated predicate offences and terrorist financing, and for the dissemination of the results of that analysis. The FIU should be able to obtain additional information from reporting entities, and should have access on a timely basis to the financial, administrative and law enforcement information that it requires to undertake its functions properly*". (GAFI, 2012)

231 Não-membros efetivos do GAFI participam, assim, indireta e precariamente do processo decisório do GAFI. Este seria uma medida destinada a dar maior legitimidade ao GAFI, um mecanismo mitigatório para questionamentos sobre a falta de representatividade do GAFI e sobre sua autoridade para implementar normas aplicáveis a Estados que não consentiram com sua adoção (HULSSE, 2008, p. 470; KRISCH, 2014, p. 32).

Inicialmente, integravam o GAFISUD: Argentina, Bolívia, Brasil, Chile, Colômbia, Equador, Paraguai, Peru e Uruguai. Eventualmente, aderiram também México, Costa Rica, Panamá, Cuba, Guatemala, Honduras e Nicarágua. Com o influxo de países da América Central, em 2014, mudou-se o nome desse organismo para Grupo de Ação Financeira da América Latina (GAFILAT).

5.1.2. Avaliações do Brasil

Tendo aderido ao GAFI em 2000, o Brasil passou por uma avaliação naquele mesmo ano, com base na versão de 1996 das Recomendações daquela organização. O relatório referente a essa avaliação não se encontra, todavia, disponível para consulta pública – teria sido concluído antes de 2004, quando o GAFI aprovou a diretiva referente à publicação dos seus relatórios[232]. A segunda avaliação pela qual o Brasil passou, trabalho conjunto do GAFI e do GAFISUD, foi realizada em 2003. Seu relatório foi adotado pela Plenária do GAFI e publicado em 2004. Essa foi a primeira oportunidade em que o Brasil foi avaliado em relação ao cumprimento de normas relativas ao combate do financiamento do terrorismo – as 9 Recomendações Especiais haviam sido adotadas em 2001.

O processo de avaliação é fruto, em alguma medida, da comunicação entre autoridades governamentais, que apresentam as medidas tomadas para implementar as Recomendações, e os avaliadores do GAFI[233], que as analisam. Esse processo tem como objetivo auferir tanto a *compliance* técnica, ou seja, a incorporação das normas internacionais na estrutura legal e administrativa do Estado, quanto a efetividade dos mecanismos

---

[232] Informação concedida pelo COAF no âmbito do Pedido de Acesso à Informação nº 16853.000091/2017-39, como justificativa para negá-lo. É possível, no entanto, inferir algumas das conclusões daquele relatório pelas referências que constam no relatório referente à segunda avaliação, onde são relembradas as deficiências apontadas e indicadas as medidas tomadas para solucioná-las. Tratam, contudo, apenas de lavagem de dinheiro (GAFI & GAFISUD, 2004, p. 8-10)

[233] Esses avaliadores são, em geral, profissionais da área do Direito e das Finanças, especialistas em cooperação judicial, sistema financeiro e combate ao terrorismo, que trabalham em diferentes áreas dos governos dos países-membros do GAFI. São cedidos pelos seus respectivos governos para participarem dessas avaliações. A contribuição dos Estados para procedimento de avaliação, dessa forma, é uma obrigação assumida a partir da adesão e constitui o aspecto *peer-review* das avaliações. Há, no entanto, medidas que objetivam garantir a uniformidade e a rigorosidade das avaliações, como a participação de membros da Secretaria do GAFI em todas as avaliações e o dever de os avaliadores seguirem as estritas regras estabelecidas pela Metodologia e pelas Regras para o Procedimento de Avaliação (GAFI 2013a; GAFI, 2013b).

desenvolvidos pelas autoridades governamentais, para que se confirme a produção dos resultados esperados (GAFI, 2013a, p. 5).

Nesse sentido, é interessante analisar as medidas apresentadas pelas autoridades brasileiras, assim como as avaliações sobre a sua adequação. Em relação ao tópico específico do financiamento do terrorismo, as autoridades brasileiras sustentaram a adequação do ordenamento brasileiro com base em três dispositivos legais: (i) a Lei de Segurança Nacional – LSN[234] (Lei nº 7.170/1983), especialmente os artigos 20 e 24[235], (ii) o Código Penal (Dec. Lei nº 2.848/1940), especialmente o art. 7[236] e (iii) a Lei nº 10.701/2003, que havia, como mencionado, incluído o financiamento do terrorismo como crime antecedente à lavagem de dinheiro. A avaliação do GAFI foi de que "essas condutas são muito mais restritas do que se pretendeu estabelecer com a Convenção para a Supressão do Financiamento do Terrorismo e com a Resolução 1373 (2001) do CSNU" (GAFI & GAFISUD, 2004, p. 14).

Reconheceram, portanto, a existência de algumas deficiências no ordenamento brasileiro: (i) o Brasil havia assinado, mas não ratificado a Convenção para a Supressão do Financiamento do Terrorismo, (ii) a definição de financiamento do terrorismo encontrava-se incompleta e (iii) havia problemas com o mecanismo de implementação das resoluções do CSNU que impunham sanções a indivíduos e entidades ligados ao terrorismo, como determinado pelo Comitê 1267. Recomendou-se, assim, que o Brasil considerasse "uma definição mais completa do terrorismo no seu sistema legal para evitar que possíveis lacunas legais prejudicassem esforços de se investigar e processar casos de financiamento do terrorismo" (GAFI & GAFISUD, 2004, p. 13-15).

---

[234] As autoridades brasileiras afirmaram que, apesar de a lei ter sido promulgada durante o período da ditadura militar, ela continuaria sendo aplicável (GAFI & GAFISUD, 2004, p. 14).

[235] LSN, art. 20 – "Devastar, saquear, extorquir, roubar, seqüestrar, manter em cárcere privado, incendiar, depredar, provocar explosão, praticar atentado pessoal ou atos de terrorismo, por inconformismo político ou para obtenção de fundos destinados à manutenção de organizações políticas clandestinas ou subversivas.

Pena: reclusão, de 3 a 10 anos.

Parágrafo único – Se do fato resulta lesão corporal grave, a pena aumenta-se até o dobro; se resulta morte, aumenta-se até o triplo.

Art. 24 – Constituir, integrar ou manter organização ilegal de tipo militar, de qualquer forma ou natureza armada ou não, com ou sem fardamento, com finalidade combativa.

Pena: reclusão, de 2 a 8 anos".

[236] CP, art. 7 – "Ficam sujeitos à lei brasileira, embora cometidos no estrangeiro: II – os crimes: a) que, por tratado ou convenção, o Brasil se obrigou a reprimir".

Somente em 2010, o Brasil seria novamente avaliado pelo GAFI, já no âmbito da Terceira Rodada de Avaliações. Nesse intervalo, foram tomadas algumas medidas relevantes: foram ratificadas a Convenção para a Supressão do Financiamento do Terrorismo[237] e a Convenção Interamericana contra o Terrorismo[238]. Ainda com relação a normas internacionais, o Brasil seguia a prática, estabelecida na década de 1960, de internalizar resoluções do CSNU por meio de decretos executivos da Presidência da República (LEITE, 2011, p. 78).

As principais resoluções referentes a terrorismo passaram por esse procedimento[239] que, todavia, apresenta utilidade prática mínima – muitas das obrigações impostas por aquelas resoluções não se referem à matéria de competência privativa do Presidente, sendo necessária outra espécie legislativa e participação do Congresso Nacional (MACEDO & PINTO, 2011, p. 326) para que ganhem efetividade real. Exemplo disso é a Resolução 1373 (2001), que exige que Estados criminalizem o financiamento do terrorismo, algo que só poderia ser efetivamente realizado, no Brasil, por meio de legislação ordinária.

De fato, nota-se que, apesar da miríade de normas veiculadas por instrumentos excepcionais (Recomendações do GAFI, Resoluções do CSNU) determinando a criminalização de determinadas condutas, uma limitação – o Princípio da Legalidade – se manteve firme: "não há crime sem lei anterior que o defina" (art. 1º, Código Penal). Impõe-se, portanto, a necessidade de uma lei ordinária, passando por todo o processo legislativo previsto na Constituição, para que seja criado novo tipo penal. O processo de localização se manifestará exatamente em função da necessidade desse processo legislativo completo.

Merece menção também a Lei nº 10.744/2003. Sem qualquer pretensão de dispor sobre direito penal[240], esta lei definiu terrorismo como "qualquer ato de uma ou mais pessoas, sendo ou não agentes de um poder soberano, com fins políticos ou terroristas, seja a perda ou dano dele resultante acidental ou intencional" (art. 1, §4º). Na realidade, esta lei pretendia apenas regulamentar a responsabilidade da União em casos de atentados terroristas contra aeronaves brasileiras – certamente influenciada pela experiência do

---

[237] Promulgada pelo Dec. nº 5.640/2005.

[238] Promulgada pelo Dec. nº 5.639/2005.

[239] A Resolução 1267 (1999), pelo Dec. nº 3.267/1999; a Resolução 1373 (2001), pelo Dec. nº 3.976/2001; a Resolução 1540 (2004), pelo Dec. nº 7.722/2012.

[240] Seria até inviável que o fizesse – essa lei foi originalmente a Medida Provisória nº 126/2003, espécie legislativa que não pode tratar de Direito Penal (Constituição Federal, art. 62, §1º, I, b).

11 de setembro[241]. Ainda assim, vale notar a tautológica construção discursiva – terrorismo como ato com fins terroristas – presente nesse diploma.

A avaliação do Brasil, em 2010, se baseou nas 40 Recomendações do GAFI (versão de 2003), nas 9 Recomendações Especiais sobre Financiamento do Terrorismo (versão de 2001) e na Metodologia de Avaliação de *Compliance* (GAFI, 2009). Baseou-se tanto na análise dos materiais e informações compartilhados por autoridades brasileiras, quanto em uma visita técnica ao país, realizada em 2009. O *Mutual Evaluation Report* (MER) do Brasil, documento onde ficam consagradas as conclusões sobre a avaliação, foi formalmente adotado pela Plenária do GAFI na reunião que ocorreu em junho de 2010. De pronto, notou-se que o Brasil

> não havia criminalizado o financiamento do terrorismo de maneira consistente com a Recomendação Especial 2, o que prejudicava de maneira considerável sua capacidade de investigar e processar casos de financiamento de terrorismo. Prejudicava também sua capacidade de tomar medidas cautelares, confiscar bens e providenciar cooperação internacional (extradição) nesses casos (GAFI, 2010, p. 26).

Novamente, as autoridades brasileiras se referiram à Lei de Segurança Nacional, como se esta fosse suficiente para garantir a *compliance* do Brasil em relação à Recomendação Especial 2. Os avaliadores do GAFI, entretanto, sinalizaram que essa lei abarcava apenas circunstâncias muito restritas e lembraram que os tipos penais referidos (art. 20 e 24 da LSN) haviam sido criados para impedir a derrubada do governo, não alcançando todos os critérios exigidos por aquela recomendação[242] (GAFI, 2010, p. 42).

---

241 O movimento de resposta às consequências de eventuais atentados envolvendo aeronaves brasileiras se iniciou 13 dias depois dos atentados, com a edição da MP nº 2/2001, eventualmente convertida em Lei nº 10.309/2001, cujos efeitos seriam posteriormente prorrogados pela Lei nº 10.744/2003. A Lei nº 10.744/2003 veio para oferecer regulamentação definitiva a esses casos.

242 Os critérios considerados eram: "*Terrorist financing should be criminalised consistent with Article 2 of the Terrorist Financing Convention, and should have the following characteristics: (a) Terrorist financing offences should extend to any person who wilfully provides or collects funds by any means, directly or indirectly, with the unlawful intention that they should be used or in the knowledge that they are to be used, in full or in part: (i) to carry out a terrorist act(s); (ii) by a terrorist organisation; or (iii) by an individual terrorist. (b) Terrorist financing offences should extend to any funds as that term is defined in the TF Convention. This includes funds whether from a legitimate or illegitimate source. (c) Terrorist financing offences should not require that the funds: (i) were actually used to carry out or attempt a terrorist act(s); or (ii) be linked to a specific terrorist act(s). (d) It should also be an offence to attempt to commit the offence of terrorist financing. (e) It should also be an offence to engage in any of the types of conduct set out in Article 2(5) of the Terrorist Financing Convention. II.2 Terrorist financing offences should be predicate*

Entre as deficiências apontadas, destacam-se a ausência (i) de criminalização autônoma da provisão de fundos e recursos para a realização de atentados terroristas, (ii) de criminalização autônoma da provisão de fundos e recursos para organizações terroristas, independente da finalidade específica de uso destes[243] e (iii) de criminalização autônoma da provisão de fundos e recursos para terroristas individuais, independente da finalidade específica do uso destes. Os avaliadores do GAFI destacam a necessidade de se adotar tipos autônomos, não sendo suficiente o tipo penal genérico indicado pelas autoridades brasileiras de 'concurso de pessoas'[244] (GAFI, 2010, p. 41).

Outros problemas relacionados são: (i) a ausência de definição para 'fundos', mencionado no art. 20, LSN, (ii) a necessidade de se ampliar a definição de financiamento de terrorismo com objetivo de ampliar também o escopo de condutas consideradas como crimes antecedentes à lavagem de dinheiro, (iii) a ausência de previsão para que se responsabilize, civil e administrativamente, pessoas jurídicas e (iv) a ausência de previsão para que a tipificação das condutas criminosas auxiliares (facilitação, atos preparatórios, incitação, tentativa) se aplique ao financiamento do terrorismo (GAFI, 2010, p. 42).

Permaneciam também as deficiências relacionadas à incorporação das sanções impostas pelo CSNU ao ordenamento brasileiro. Seria, juntamente com a questão da criminalização do financiamento do terrorismo, o ponto que desencadeou a aplicação de pressão pelo GAFI às autoridades brasileiras nos anos seguintes. A solução desta deficiência, pelo PL 2020/2015 (posteriormente Lei nº 13.170/2015), apresentado juntamente com o PL 2016/2016, será referida em alguns momentos do presente estudo, embora não seja o seu foco principal.

Essa foi a avaliação realizada em relação ao aspecto técnico da *compliance*. No que se referia à efetividade dos mecanismos disponíveis, os avaliadores do GAFI afirmaram:

---

offences for money laundering. II.3 Terrorist financing offences should apply, regardless of whether the person alleged to have committed the offence(s) is in the same country or a different country from the one in which the terrorist(s)/terrorist organisation(s) is located or the terrorist act(s) occurred/will occur II.4 Countries should ensure that Criteria 2.2 to 2.5 (in R.2) also apply in relation to the offence of FT" (GAFI, 2009, p. 47-48).

243 O objetivo é eliminar a necessidade de uma conexão específica entre os recursos fornecidos e a realização de um atentado específico. Defende-se a importância de se criminalizar a provisão de fundos a organizações e indivíduos independentemente dessa conexão, de modo a incluir os recursos simplesmente destinados à subsistência destes, à prática de atos preparatórios ou mesmo ao treinamento deles.

244 Código Penal, art. 29 – "Quem, de qualquer modo, concorre para o crime incide nas penas a este cominadas, na medida de sua culpabilidade".

Nunca houve persecução criminal ou condenação de financiamento do terrorismo no Brasil e os artigos 20 e 24 da LSN nunca foram aplicados para combater a atividade de financiamento do terrorismo, como prevista na Recomendação Especial 2. A LSN foi adotada durante o período do regime militar no Brasil e em um contexto notadamente diferente daquele imaginado pela Recomendação Especial 2. Consequentemente, por razões políticas, é improvável que os artigos 20 e 24 sejam aplicados na prática (GAFI, 2010, p. 43).

Avaliadores do GAFI mencionam a possibilidade de aprovação de um texto que efetivamente criminalizaria o financiamento do terrorismo. Essa possibilidade havia sido articulada a partir do acordo entre o Ministério da Justiça e o COAF/MF, como forma de se esvaziar a iniciativa de se tipificar o terrorismo em 2007. Se referem ao PLS 209/2003, que, à época, já havia sido aprovado pelo Senado e estava sob consideração da Câmara dos Deputados. Continha o seguinte dispositivo:

> Art. 1º-A. Prover, direta ou indiretamente, de bens, direitos ou valores, pessoa ou grupo de pessoas que pratique crime contra a pessoa com a finalidade de infundir pânico na população, para constranger o Estado Democrático ou organização internacional a agir ou abster-se de agir.
> Pena: reclusão, de quatro a doze anos, e multa.
> Parágrafo único. Incorre nas mesmas penas quem, direta ou indiretamente, coleta ou recebe bens, direitos ou valores:
> I – para empregá-los, no todo ou em parte, na prática de crime contra a pessoa com a finalidade de infundir pânico na população, para constranger o Estado Democrático ou organização internacional a agir ou abster-se de agir;
> II – para fornecê-los a pessoa ou grupo de pessoas que pratique crime contra a pessoa com a finalidade de infundir pânico na população, para constranger o Estado Democrático ou organização internacional a agir ou abster de agir.

Como mencionado, todavia, esse dispositivo foi retirado e a Lei nº 12.683, adotada em 2012, não contém nenhuma referência a terrorismo.

Afirmou-se, por fim, que a lentidão em adequadamente implementar aquela recomendação poderia ser explicada pela percepção, de maioria das autoridades, de que terrorismo e financiamento do terrorismo não seriam um problema no Brasil (GAFI, 2010, p. 43).

Um apontamento sobre o mecanismo de avaliação do GAFI, em abstrato, se faz necessário. A maneira como a *compliance* técnica é avaliada implica na atribuição de notas aos países. Em relação a cada uma das Recomendações, uma nota diferente é atribuída – podem ser: C – *Compliant*; LC – *Largely Compliant*; PC – *Partially Compliant*; NC – *Non Compliant*; e NA – *Non Applicable* (GAFI, 2009, p. 6).

A avaliação final do Brasil, em decorrência das deficiências mencionadas, foi de NC em relação à Recomendação Especial 2. Em relação a outras Recomendações Especiais – sobre financiamento do terrorismo – o Brasil também recebeu críticas e avaliações negativas: NC, em relação à Recomendação Especial 1, NC, à Recomendação Especial 3 e NC, à Recomendação Especial 8 (GAFI, 2010, p. 266-268). Proporcionalmente, a avaliação do Brasil foi muito mais negativa no que se referia às obrigações de combater o financiamento do terrorismo do que em relação às Recomendações sobre lavagem de dinheiro[245], denotando, efetivamente uma diferença no tratamento dessas duas searas pelas autoridades brasileiras.

Apesar da opacidade do processo decisório, um vislumbre das discussões da Plenária sobre o MER do Brasil é oferecido pelo Embaixador Luiz Maria Pio Corrêa (2013, p. 209). Ele afirma que, naquela oportunidade, os EUA pretenderam exercer maior pressão sobre o Brasil em virtude da falta de legislação doméstica sobre financiamento do terrorismo. O Brasil teria contado, no entanto, com o apoio do Reino Unido, do México e da Espanha, no sentido de evitar fosse submetido ao processo de acompanhamento intensificado já naquele momento.

5.1.3. Processo de acompanhamento do Brasil

A avaliação do desempenho dos Estados é apenas uma das maneiras de atuação do GAFI. Em si, ela já oferece um indicativo das mudanças que são necessárias, constituindo, indiretamente, mecanismo de cooperação técnica. Após a adoção do MER pela Plenária do GAFI, existe previsão de acompanhamento contínuo dos Estados, com objetivo de encorajar os Estados a seguir na implementação das Recomendações do GAFI, de fornecer monitoramento continuado e informações atualizadas sobre a *compliance* do Estados com os padrões estabelecidos pelo GAFI e de aplicar pressão suficiente, caso necessário, para que esses padrões sejam seguidos (GAFI, 2013b, p. 19).

Essa previsão de acompanhamento se formalizou pelas Regras para o Procedimento de Avaliação (GAFI, 2013b). Já existia, na prática, anteriormente, e, a despeito das Regras, a Plenária do GAFI tem alguma flexibilidade para aplicá-la. Existem duas possibilidades de acompanhamento: regular ou intensificado. Em regime de acompanhamento regular, o Estado deve apresentar um relatório sobre o seu desempenho dois anos e meio depois da adoção do MER, com objetivo de indicar quais foram os avanços realizados nesse intervalo. Já no acompanhamento intensificado,

---

[245] Em relação às 40 Recomendações sobre lavagem de dinheiro, o Brasil recebeu apenas três NCs, referentes a Recomendações de menor importância – todas tratando das chamadas Profissões e Negócios Designados Não-Financeiros (DNFBPs, na sigla em inglês) (GAFI, 2010, p. 259-266).

prevê-se a necessidade de apresentação de relatórios com uma maior frequência, quase que anualmente (GAFI, 2013b, p. 20).

Esses relatórios de acompanhamento devem ser apresentados pelo Estado à Plenária do GAFI, que se reúne três vezes por ano: em fevereiro, junho e outubro. Nessas ocasiões, a Plenária poderá decidir transferir um país do acompanhamento intensificado para o regular ou vice-versa. Poderá, também como detalhado, adotar medidas sancionatórias mais rígidas, caso as deficiências apontadas não sejam sanadas.

Incialmente, o Brasil foi colocado no processo de acompanhamento regular. Dessa maneira, apresentou o seu primeiro relatório de acompanhamento em junho de 2012. Foram apresentados, subsequentemente, relatórios em junho de 2013 e outubro de 2013. Com a conclusão do terceiro momento de acompanhamento regular, a Plenário do GAFI decidiu, em junho de 2014, colocar o Brasil em processo de acompanhamento intensificado (GAFI, 2016a).

Foi exatamente nesse intervalo, entre a adoção do MER do Brasil e a intensificação do processo de acompanhamento, que os documentos-base do GAFI foram atualizados. Em 2012, foram revisadas as Recomendações, tendo sido condensadas de volta ao número inicial de 40, e, no ano seguinte, foram adotadas a Metodologia e as Regras para o Procedimento de Avaliação. Dois pontos referentes a esses documentos merecem destaque.

Primeiramente, a Metodologia, adotada em 2013, em correspondência às Recomendações de 2012, estabelecia novos (e mais numerosos) critérios para auferir a *compliance* com a Recomendação Especial 2 – a partir de 2012, renumerada Recomendação 5. Dentre estes novos critérios[246], destaca-se a necessidade de se expandir o escopo da criminalização do

---

246 São eles: "*5.1 Countries should criminalise TF on the basis of the Terrorist Financing Convention.*

5.2 TF offences should extend to any person who wilfully provides or collects funds by any means, directly or indirectly, with the unlawful intention that they should be used, or in the knowledge that they are to be used, in full or in part: (a) to carry out a terrorist act(s); or (b) by a terrorist organisation or by an individual terrorist (even in the absence of a link to a specific terrorist act or acts).

5.2 TF offences should include financing the travel of individuals who travel to a State other than their States of residence or nationality for the purpose of the perpetration, planning, or preparation of, or participation in, terrorist acts or the providing or receiving of terrorist training.

5.3 TF offences should extend to any funds whether from a legitimate or illegitimate source.

5.4 TF offences should not require that the funds: (a) were actually used to carry out or attempt a terrorist act(s); or (b) be linked to a specific terrorist act(s).

financiamento do terrorismo para incluir o recrutamento de terroristas estrangeiros. Essa nova exigência se refletiria na proposta legislativa apresentada pelo governo e, eventualmente, na própria Lei Antiterrorismo.

Em segundo lugar, merece nota o estabelecimento de parâmetros mais claros em relação ao nível de deficiências que demandaria a imposição do processo de acompanhamento intensificado. Determinou-se, entre outras hipóteses, que seria colocado nesse processo o país que recebesse as notas NC ou PC, referentes a oito ou mais recomendações, ou que recebesse a nota NC ou PC em qualquer uma das Recomendações consideradas fundamentais – 3, 5, 10, 11 e 20 (GAFI, 2013b, p. 21). O Brasil se qualificava para o acompanhamento intensificado por ambos os parâmetros.

Tendo sido efetivamente alvo dessa escalação, o Brasil se tornou obrigado a apresentar relatórios com maior frequência: o fez nas reuniões da Plenária de outubro/2014, fevereiro/2015, junho/2015, outubro/2015, fevereiro/2016, junho/2016, outubro/2016. O GAFI dispõe de outros mecanismos, além das listas de não-cooperantes, já abordadas no capítulo II, para aplicar pressão sobre os Estados que não estiverem lidando adequadamente com as deficiências apontadas. São eles:

Uma carta enviada pelo Presidente do GAFI para o ministro competente do Estado ou jurisdição, indicando falta de *compliance* em relação às Recomendações:

5.5 It should be possible for the intent and knowledge required to prove the offence to be inferred from objective factual circumstances.

5.6 Proportionate and dissuasive criminal sanctions should apply to natural persons convicted of TF.

5.7 Criminal liability and sanctions, and, where that is not possible (due to fundamental principles of domestic law), civil or administrative liability and sanctions, should apply to legal persons. This should not preclude parallel criminal, civil or administrative proceedings with respect to legal persons in countries in which more than one form of liability is available. Such measures should be without prejudice to the criminal liability of natural persons. All sanctions should be proportionate and dissuasive.

5.8 It should also be an offence to: (a) attempt to commit the TF offence; (b) participate as an accomplice in a TF offence or attempted offence; (c) organise or direct others to commit a TF offence or attempted offence; and (d) contribute to the commission of one or more TF offence(s) or attempted offence(s), by a group of persons acting with a common purpose.

5.9 TF offences should be designated as ML predicate offences.

5.10 TF offences should apply, regardless of whether the person alleged to have committed the offence(s) is in the same country or a different country from the one in which the terrorist(s)/terrorist organisation(s) is located or the terrorist act(s) occurred/will occur" (GAFI, 2013a, p. 30-31).

1. Uma missão de alto nível poder ser planejada para reforçar essa mensagem. A missão encontrará com ministros e outras altas autoridades;
2. No contexto da aplicação da Recomendação 19 pelos membros do GAFI, proferir um pronunciamento formal ('*FATF Statement*') no sentido de que aquele Estado-membro não está em *compliance* com as Recomendações, recomendando a tomada de ações apropriadas e considerando a possibilidade de aplicação de contramedidas;
3. Suspensão do Estado do GAFI até que a ação prioritária seja implementada. Suspensão significa que o país é considerado não-membro durante o período, não podendo participar das reuniões da Plenária nem de outros processos do GAFI, com exceção daquele sobre suas próprias deficiências, para indicar como elas estão sendo solucionadas;
4. Expulsão do Estado ou jurisdição do GAFI (GAFI, 2013b, p. 21).

Em relação a cada um dos relatórios apresentados pelo Brasil, desde 2010, foi elaborado um relatório de acompanhamento, submetido à Plenária do GAFI para que se decidisse sobre medidas a serem adotadas, tendo em vista os argumentos e fatos apresentados pelas autoridades brasileiras. Até a plenária de fevereiro de 2017, totalizavam 12 relatórios de acompanhamento, dos quais foram obtidos três: o sexto, correspondente a janeiro de 2015 (GAFI, 2015), o nono, correspondente à Plenária de janeiro de 2016 (GAFI, 2016a) e o décimo primeiro, correspondente à Plenária de outubro de 2016 (GAFI, 2016b)[247]. Apesar das lacunas temporais, alguns indícios interessantes podem ser retirados desses documentos.

O primeiro dos mecanismos de aplicação de pressão disponíveis ao GAFI – o envio de uma carta do Presidente do GAFI – foi empregado ainda em 2014. Em 29 de agosto de 2014 foi enviada uma carta às autoridades brasileiras por meio da qual pretendia-se apontar, novamente, as deficiências encontradas em relação ao Brasil e as possíveis consequência da omissão continuada em relação a elas. Não tendo surtido os efeitos desejados, determinou-se, na Plenária de outubro de 2014, que seria empregado o segundo mecanismo: foi autorizada a vinda de uma missão de alto nível do GAFI ao Brasil (GAFI, 2015).

Fica evidente que autoridades brasileiras apontaram para alguns projetos em tramitação no Congresso Nacional como sinal de que as deficiências estavam em processo de ser sanadas. Afinal, o GAFI nota, no sexto relatório de acompanhamento, que tanto o PLS 236/2012 (Projeto do Novo Código Penal), quanto o PLS 499/2013, os quais resolveriam a questão da ausência de criminalização do financiamento do terrorismo,

---

[247] Nem o GAFI, nem as autoridades brasileiras disponibilizam os relatórios de acompanhamento para consulta pública. Os relatórios foram alvo do Pedido de Acesso à Informação nº 1853000091/2017-39 que foi, entretanto, rejeitado.

ainda se encontravam em trâmite no Congresso, sem previsão imediata de aprovação (GAFI, 2015). Interessante lembrar que, nesse momento, o PLS 499/2013 já tinha sido efetivamente inviabilizado, com o seu envio para apreciação por quatro comissões temáticas do Senado.

Diferente da carta, a missão do GAFI ao Brasil, passo seguinte na escala da pressão sobre as autoridades brasileiras, teve ampla repercussão na mídia brasileira. E mais, a partir das entrevistas conduzidas, ficou evidente que constituiu o momento específico em que as demandas do GAFI alcançaram os mais altos níveis da hierarquia do governo em Brasília e ressoaram efetivamente.

A antecipação da vinda do Presidente do GAFI, Roger Wilkins, ao Brasil já trouxe a questão das deficiências da legislação brasileira no que se referia ao combate ao financiamento do terrorismo para o debate público. Nos primeiros meses de 2015, os jornais Valor Econômico (MOREIRA & CAMPOS, 2015) e Folha de São Paulo (SOUZA, 2015) e a revista *Carta Capital* (2015) já sinalizaram a articulação que se desenvolveria ao longo dos próximos meses.

Nessas instâncias, autoridades do COAF já sinalizavam as possíveis consequências de o país ser incluído em uma das listas de não-cooperantes daquele organismo. Como membros da rede transnacional de reguladores desses temas – lavagem de dinheiro e financiamento do terrorismo –, exerciam o papel de comunicar as demandas do GAFI para a audiência doméstica de modo a ressoar. Interessante notar que o risco efetivo relacionado ao financiamento do terrorismo ou instâncias em que esse crime não pôde ser investigado ou processado por causa das lacunas legislativas não são mencionados, apesar da preocupante avaliação de efetividade realizada pelo GAFI (2010, p. 43). Pelo exercício de *framing*, o modo de fazer a pressão ressoar era outro.

A preocupação era essencialmente instrumental – solucionar as lacunas para evitar a aplicação dos mecanismos coercitivos. É o reconhecimento de que o terrorismo não é um tema de relevância na agenda pública brasileira que gera a preferência pela associação das demandas do GAFI à estabilidade econômica e à reputação brasileira no exterior – temas que ressoam de modo mais significativo. Afirmou o Presidente do COAF, Antonio Gustavo Rodrigues:

> Seria um constrangimento diplomático. Faríamos parte de um grupo de países com deficiências na área. Os sistemas financeiros teriam que ter uma atenção maior com as transações financeiras do Brasil, o que significa mais custos e limitações (CARTA CAPITAL, 2015).

> O Brasil é um país representativo, membro do G-20. Então é até constrangedor estar em uma situação dessas. O que o GAFI está fazendo é cobrar um compromisso que o Brasil fez nas Nações Unidas [...]. Se o Brasil não se mexer, os outros países podem ser chamados a tomar contramedidas, como avisar seu sistema financeiro que o país não tem uma lei específica sobre financiamento [do] terrorismo e as instituições podem criar restrições (MOREIRA & CAMPOS, 2015)

O Brasil hoje é reconhecido internacionalmente pelos avanços que fez no combate à lavagem de dinheiro como a nova lei aprovada sobre o tema em 2012. Mas, infelizmente, somos vistos negativamente no combate ao financiamento do terrorismo (SOUZA, 2015).

Vale recuperar, nesse momento, a análise referente às redes transnacionais de reguladores, aplicando-a especificamente ao caso brasileiro. Nota-se claramente uma estreita filiação da burocracia do COAF à audiência externa. A preocupação com a reputação do país e a reputação do próprio regulador se confundem e o temor de um "constrangimento" impera. Isso fica claro pelos argumentos veiculados, que não questionam a legitimidade do GAFI para impor sanções, nem tampouco calculam os custos da implementação daquelas normas frente aos potenciais benefícios. Conforme afirma Pedro Abramovay:

> No fundo, essas burocracias têm uma solidariedade entre elas do que com seus próprios países. Isso passa desde o prestígio que viagens internacionais, as idas para Paris, geram até uma posição de que "temos uma missão acima das democracias do mundo para enfrentar esse problema". É muito forte. [...] Uma comunidade que se fortaleceu profundamente a partir de 2001 e que vive disso. Tem uma certa sedução que essa burocracia internacional de combate ao terrorismo faz sobre as burocracias locais que passa pelas viagens, por alçar esse nível de status à burocracia internacional, que funciona em várias áreas. A do terrorismo eu vi de perto, mas funciona em várias áreas.
>
> Os mecanismos de revisão implicam na criação de situações em que "você vai ficar mal com aquelas pessoas, não o país vai ficar mal, você vai ficar mal perante aquelas pessoas que encontra na reunião todo ano". E faz de aquilo uma missão pessoal daquela pessoa resolver esse assunto.

A abordagem do tema pelo ângulo da preocupação com a eventual restrição aos fluxos financeiros também é decorrência da esfera de competência do COAF. Conforme ficará claro, diferentes instituições e atores abordarão esse tema por diferentes perspectivas. Enquanto COAF e Ministério da Fazenda demonstram preocupação com eventuais consequências de uma listagem do Brasil pelo GAFI, órgãos como Polícia Federal[248] e MPF[249]

---

[248] "A gente precisa, especialmente as polícias que vão atuar e vão se expor, sob pena de responder ao crime de abuso de autoridade e outros crimes, ter amparo legal para atuar. Com isso, a gente garante os direitos individuais e coletivos, mas tem a perspectiva de atuar da melhor forma. Então é preciso sim haver uma previsão legal, especialmente para proteger, não só as pessoas de bem, mas os policiais que estão envolvidos e os outros órgãos", afirmou Christiane Machado (2014), Diretora de Inteligência da PF.

[249] "Mas a falta de legislação antiterror deixa desprotegidos bem jurídicos fundamentais e incapacita o Estado brasileiro a reação jurídica dentro de suas fronteiras ou no plano da cooperação internacional. A lacuna legislativa também deixa patente o desleixo com a estratégia nacional antiterrorismo e de contraterrorismo, nos planos da prevenção e da inteligência. A tipificação do crime de terrorismo e seu financiamento é um primeiro

focam-se na questão da investigação e persecução criminal de envolvidos com o financiamento do terrorismo e eventuais dificuldades decorrentes da lacuna legislativa apontada pelo GAFI. Já órgãos como o Ministério da Defesa e as Forças Armadas[250] e a ABIN[251] apresentam a perspectiva do terrorismo como ameaça à segurança nacional, especialmente no contexto dos grandes eventos que o Brasil hospedaria.

Fica claro que esse é um esforço de iniciativa local, correspondente à segunda fase do processo de localização (ARCHARYA, 2004, p. 251). Os atores pretendem, nesse momento, apresentar as normas internacionais de forma que elas tenham valor para a audiência interna. Em se tratando de um tema que nunca havia habitado o topo da agenda pública, a sua associação a outras questões, como a crise econômica, a realização de grandes eventos no país e, até mesmo, a ascensão do Estado Islâmico, é essencial para que ele ressoe e ganhe apoio. Ou pelo menos que se reconheça que as necessidades impostas por esses elementos compensam os riscos consequentes – a criminalização dos movimentos sociais.

É um exercício de *framing* na medida em que se pretende organizar eventos e ocorrências para que eles ganhem determinado significado. As ideias e normas são enquadradas de modo a ressoar de forma positiva com a audiência – exemplo: "se não houver lei antiterrorismo, não pode nem haver Olimpíadas no País. Por isso, temos que ter uma"[252]. O

---

passo", afirmaram Vladimir Aras e José Robalino Cavalcanti, Presidente da Associação Nacional dos Procuradores da República (ARAS & CAVALCANTI, 2015)

250 "Como a gente pode combater o terrorismo, se o terrorismo não está definido, não está criminalizado? Hoje, pelo que se sabe, pelos processos, tratam-se essas ameaças como crime comum. Então, como disse a Presidente, na França, nós precisamos – e aí eu peço aos senhores [deputados] que trabalham nessa área que trabalhem nesse projeto de lei que criminaliza o terrorismo. A gente precisa disso aí para facilitar o nosso trabalho", afirmou Luiz Felipe Linhares Gomes, General de Divisão Chefe da Assessoria Especial para Grandes Eventos do Estado-Maior Conjunto das Forças Armadas em audiência pública na Câmara dos Deputados sobre medidas de segurança previstas para as Olimpíadas e Paraolimpíadas (GOMES, 2015a).

251 Demonstra menos preocupação com a definição de terrorismo em si do que com o provimento de mecanismos para sua atuação. Afirmou Saulo Cunha (2016), Direito de Contraterrorismo da ABIN: "Um dos marcos – obviamente, não se pode deixar de falar – é a Lei Antiterror. Ela define o terrorismo, dá à Polícia Judiciária mais um instrumento. Mas do ponto de vista da inteligência, ela não afeta muito as nossas operações, justamente porque nós não trabalhamos nesse território da judicialização".

252 Deputado Moroni Torgan (Dem-CE), em 24 fev. 2016. Disponível em: <http://www.camara.leg.br/internet/plenario/notas/extraord/2016/2/EV2402161405.pdf>. Acesso em 24 fev. 2017.

objetivo é persuadir, sinalizar que determinados interesses, como preservar a economia brasileira dos impactos de uma listagem pelo GAFI, e componente identitários, como a apresentação do Brasil como país tolerante, que nunca foi alvo de terrorismo internacional[253], dependem da adoção da solução proposta. Serve para legitimar ordens normativas e são ainda mais necessárias no caso de uma ação tornada necessária a partir da pressão externa (PAYNE, 2001, p. 43).

O fato de partir de uma ampla gama de atores, de diversos setores do governo, confere uma credibilidade à iniciativa que possivelmente faltou em momentos prévio, quando um ou outro setor se via isolado nessa empreitada – e, por isso, tinha suas motivações questionadas. Mais do que a reputação individual de uma ou outra liderança, é a amplitude da coalizão montada em favor de uma lei regulamentando o combate ao terrorismo que confere maior credibilidade ao esforço, essencial para o seu sucesso (ARCHARYA, 2004, p. 251).

O reconhecimento da existência de diferentes discursos – cada qual buscando legitimar tanto a participação do órgão nas discussões quanto a atribuição de competência e recursos – não impede, no entanto, que, a partir do rastreamento do processo político, se verifique quais foram os motivos que efetivamente levaram ao desenrolar do processo legislativo que gerou a Lei Antiterrorismo.

Nesse sentido, a análise das entrevistas realizadas, assim como das características do processo legislativo, deixa claro que foi a pressão empregada e a real possibilidade de aplicação dos mecanismos coercitivos pelo GAFI as principais responsáveis pelo desencadeamento desse processo. Merecem destaque algumas passagens das entrevistas:

Bernardo Mota, Diretor de Assuntos Internacionais do COAF:
O debate foi evoluindo até que chegou o ponto de que o GAFI "colocou a faca no nosso pescoço" e disse assim: "Se vocês não fizerem [resolver as deficiências], vão se comprometer com o mundo todo, principalmente com o setor financeiro".

André Woloszyn, Especialista em Terrorismo:
A própria lei [13.260] é fruto da pressão externa do GAFI.

Vladimir Aras, Procurador da República:
O Governo Dilma, já no final de 2015, tocou para frente o projeto porque temia as ameaças de sanção do GAFI e as avaliações negativas do Brasil na comunidade internacional. Foi muito mais a pressão externa do que o amadurecimento desse projeto na comunidade internacional [...]. O Brasil não tinha feito o dever de

---

[253] Nesse sentido, as normas de combate ao terrorismo são apresentadas como dissuasivas, efeito que amplamente se questiona ter.

casa, que era aprovar a lei antiterror. Uma boa lei antiterror. Quando o GAFI deu o ultimato – "Se vocês não aprovarem, vão entrar numa lista cinza, de países que não cumprem as suas obrigações internacionais" – aí o governo (a ENCCLA, a PGR, etc.) se mobilizou de novo e o projeto voltou a andar.

Jô Morais, Deputada Federal:
Eu diria que a pressão do GAFI foi determinante, até porque os prazos passaram a ter uma visibilidade maior com a proximidade das Olimpíadas.

Carla Veríssimo, Procuradora da República:
A coisa não andou, não andou, chegou no ponto que ficou "a corda no pescoço". Chegou-se a um ponto em que o Brasil estava quase sendo suspenso do GAFI e então houve essa sensibilização para que a legislação fosse elaborada e aprovada.

Isso não quer dizer que outros fatores, como se notará, não tenham tido impacto direto ou indireto. Além destes, que serão considerados em seguida, as próprias demandas dos diferentes órgãos públicos, as quais ficarão evidentes ao longo da discussão sobre o processo legislativo, representam, em alguns casos, reivindicações históricas que, percebe-se, poderiam ser finalmente alcançadas via uma legislação especificamente dedicada ao combate do terrorismo. Constituem, portanto, elementos que impulsionaram também esse processo legislativo.

O cenário internacional, no qual o GAFI opera, representa um importante fator a ser considerado. Houve um recrudescimento do terrorismo no cenário global a partir de 2012, como comprovado na tabela abaixo. A ascensão de grupos terroristas, como o Estado Islâmico e o Boko Haram, os quais realizaram ações de grande impacto e atentados terroristas de grande repercussão como o da Maratona de Boston (abril/2013) e de Paris/Charlie Hedbo (janeiro/2015) são um sinal disso. Como o GAFI emprega uma abordagem baseada em riscos, esse recrudescimento implica no aumento das exigências sobre os Estados, no que se refere ao combate ao financiamento do terrorismo.

Figura 4 - Evolução do número de vítimas do terrorismo global[254]

	2008	2009	2010	2011	2012	2013	2014	2015
Nº de ataques	11663	10968	11641	10283	6771	9707	13363	11774
Nº de vítimas fatais	15709	15311	13193	12533	11098	17891	32727	28328

---

[254] Dados do *Global Terrorism Database*, mantido pela Universidade de Maryland em parceria com o Dept. de Estado norte-americano. Disponíveis em: <https://www.start.umd.edu/gtd/>. Acesso em 08 fev. 2017.

Quanto à realização de grandes eventos no país e o decorrente aumento do risco da realização de atentados[255], vale detalhar a sequência de eventos que foram recebidos pelo país: Jogos Pan-Americanos do Rio de Janeiro (2007), Jogos Mundiais Militares (2011), Conferência Internacional Rio+20 (2012), Copa das Confederações (2013), Jornada Mundial da Juventude, com visita do Papa Francisco (2013), Copa do Mundo (2014) e Jogos Olímpicos e Paralímpicos (2016). Em função do momento em que o processo legislativo se iniciaria, a Lei Antiterrorismo só teria impacto efetivo em relação aos Jogos Olímpicos e Paralímpicos, o que, em si, já diminui o poder explicativo do argumento de que que a lei foi adotada em razão dos grandes eventos. De outro lado, Aldo Rebelo[256], Ministro dos Esportes, reconheceu que "não é preciso esperar que haja uma lei definindo o que seja o crime para elaborar um plano de prevenção contra a possibilidade de esse crime vir a ser cometido" (MENDES & RAMALHO, 2013).

É certo que esses eventos oferecem uma justificativa mais facilmente veiculada para a necessidade de legislação antiterrorista. Além disso, são frequentes as narrativas de que o Brasil teria se comprometido, ao ser escolhido como sede da Copa do Mundo e das Olimpíadas, a aprimorar seu ordenamento jurídico nesse sentido (O ESTADO DE SÃO PAULO, 2015), embora as provas efetivas desse compromisso não tenham sido apresentadas. De pronto, fica evidente a dificuldade em se reconhecer qualquer mecanismo de *enforcement* em relação a esse compromisso, caso de fato ele tenha existido. É altamente improvável – e não houve qualquer sinalização pública nesse sentido – que o Comitê Olímpico Internacional transferisse, faltando menos de um ano para o evento, as Olimpíadas e as Paraolimpíadas do Rio de Janeiro em razão da inexistência de uma Lei Antiterrorismo.

A preocupação com a segurança em eventos de grande porte, ainda, não é amenizada pela existência de um tipo penal que busca punir eventuais responsáveis por atentados, mas sim pela construção de uma estrutura

---

255 Esse aumento de risco seria decorrente de alguns fatores: (i) a vinda de delegações de países que são frequentemente alvos de grupos terroristas, como Israel e Estados Unidos, aumenta as chances do país ser palco, ainda que não alvo, de um atentado terrorista; (ii) como grandes eventos representam a oportunidade para que atentados tenham grande repercussão e cobertura pela mídia internacional; (iii) o aumento do fluxo de estrangeiros para o país representaria um aumento nas chances de que indivíduos com laços com grupos terroristas entrem desapercebidos no território brasileiro.

256 Vale notar que Aldo Rabelo era filiado ao PCdoB, partido de esquerda, que se opôs à Lei Antiterrorismo no Congresso Nacional.

institucional que possibilite a cooperação entre os diversos órgãos responsáveis pela segurança e inteligência e pelo efetivo aparelhamento destes órgãos. As demandas são essencialmente diferentes, portanto.

Por outro lado, a partir da mesma perspectiva mencionada anteriormente, da abordagem baseada em riscos, é possível considerar que a realização de eventos de grande porte aumentaria os riscos de um atentado terrorista o que, por sua vez, demandaria medidas mais sólidas no combate ao financiamento do terrorismo. Nesse sentido, Vladimir Aras conjuga os dois fatores previamente mencionados:

> Só que chegou o momento em que o GAFI viu o risco aumentar. Quando o risco aumentou, de acordo com a *risk-based approach*? Aumentou em 2014, com a realização da Copa do Mundo, e em 2016, com as Olimpíadas. E o próprio GAFI passou a cobrar mais respostas nossas. E também porque a temperatura externa dos movimentos terroristas aumentou. A atividade terrorista globalmente, aqueles marcadores globais de risco também aumentaram.

Ao visitar o Brasil, em abril de 2015, o Presidente do GAFI se reuniu com diversas autoridades brasileiras – com o Procurador Geral da República, Rodrigo Janot, com o Presidente da Câmara dos Deputados, Eduardo Cunha e com os Ministros da Fazenda, Joaquim Levy, e da Justiça, José Eduardo Cardozo. Os impactos dessa visita foram imediatos. Janot enviou ofícios para o Ministério da Casa Civil e da Justiça e para os Presidentes da Câmara e do Senado pedindo urgência na criminalização do terrorismo e do seu financiamento (MPF, 2015). Já o Dep. Eduardo Cunha reconheceu a importância do tema e se comprometeu a agir para solucionar as deficiências apontadas (CÂMARA NOTÍCIAS, 2015).

Principalmente, a visita teve o efeito de levar esta questão para o topo da agenda de prioridades dos membros do mais alto escalão do governo federal. Nesse sentido, afirmou Vladimir Aras, Procurador da República e Secretário de Cooperação Internacional do MPF: "a visita do comitê de alto nível ao Brasil levou que essas altas autoridades brasileiras – Procurador-Geral, ministros do Executivo – fossem confrontadas com o problema diretamente".

Na mesma direção, afirmam Beto Vasconcelos, Secretário Nacional de Justiça, que a visita levou o tema para o nível ministerial; Gabriel Sampaio, Secretário de Assuntos Legislativos do MJ, que "as visitas do GAFI sintetizaram de forma mais clara a pressão [internacional]"; e Carla Veríssimo, Procuradora da República, "eu estive presente nessa reunião na PGR e eu tenho certeza de que essa visita serviu para dar andamento ao processo". De forma conclusiva, afirma Bernardo Mota, diretor de Assuntos Internacionais do COAF:

Quando o assunto ganhou peso, foi quando o GAFI esteve aqui em abril de 2015 e o Ministros [Joaquim] Levy e [José Eduardo] Cardozo receberam a missão se surpreenderam com a gravidade da situação e levaram o tema ao Ministro da Casa Civil [Aloízio] Mercadante, que indicou não saber do problema. Todos se mostraram muito surpresos. Eu estava na reunião em que o Ministro Levy recebeu [a missão do] GAFI e pareceu demonstrar uma certa surpresa – "Por que esse assunto não foi resolvido antes?" E explicamos todos os contextos. Então não dá para afirmar onde o assunto brecava. Mas ele ganhou peso com a visita do Presidente do GAFI, que foi recebido pelos ministros da Fazenda e da Justiça. E os dois foram à Presidente e falaram 'o gato subiu no telhado' e eram dois ministros importantes falando que o tema precisava ser tratado. E daí parece que o tema ganhou importância[257].

A partir do momento em que é claramente sinalizada a possibilidade de o Brasil vir a ser incluído em uma das listas do GAFI, a consequência mais preocupante disso, para as autoridades brasileiras, é justamente a perda do grau de investimento do país perante as agências de *rating* internacionais[258] e a consequente redução dos fluxos financeiros internacionais, como sinalizaram algumas das autoridades entrevistadas.

Bernardo Mota, Diretor de Assuntos Internacionais COAF.
O GAFI não pune ninguém. Só que ele fala para os outros que aquele [país] tem problema e aí cabe aos outros avaliar o risco de fazer negócios com aquele país. É claro que o mercado financeiro reage no outro dia. [...] O problema grande é exatamente nesse caso, o efeito disso vai ser sempre no setor financeiro que tem uma capilaridade muito grande. Os bancos dizem que não vão fazer negócios. E aí os fluxos diminuem. Se o Brasil tivesse chegado nesse nível – não chegamos – que tivesse esse risco, perderíamos uma série de fluxos financeiros. E aí entra em uma série de outros méritos: agência de classificação de risco colocam isso como variável, porque não é um mercado transparente.

Beto Vasconcelos, Secretário Nacional de Justiça.
[...] o GAFI promove, em um eventual próximo passo negativo, uma nota de censura pública e, em um segundo momento, eventualmente de excluir o país do grupo. O que tem um impacto, segundo o Ministério da Fazenda, de restringir a confiabilidade para investimentos, uma vez que eles colocam naquela lista de locais com baixo grau de normas evitem o financiamento do terrorismo.

---

[257] O fato de o tema já vir sendo tratado e indicado como fonte de preocupação por integrantes do segundo escalão do poder executivo, mas não receber atenção necessária de membros do primeiro escalão foi reiterado por Vladimir Aras que afirmou "indiretamente, [as altas autoridades] já tinham conhecimento da dificuldade, porque suas assessorias já estavam trabalhando com isso há muito tempo".

[258] A Turquia, em situação mais grave perante o GAFI, em 2014, por exemplo, teve seu grau de investimento perante a *Standard & Poor's* colocado em perspectiva de rebaixamento em função da ameaça de suspensão do GAFI (AFANASIEVA & MEHORA, 2014).

Carla Veríssimo, Procuradora da República.
Com o acirramento das questões econômicas e políticas, percebeu-se que o país poderia ter problemas em nível econômico até, com toda a crise que estava vivendo, então a possibilidade de sanções internacionais aplicadas por demais países poderia prejudicar a economia brasileira que já estava bastante fragilizada.

É importante contextualizar que, nesse período, o Brasil já vivia os princípios da crise econômica que resultaria em uma recessão nos anos de 2015 e 2016. O Brasil de 2007-2010 que havia resistido à pressão internacional encontrava-se, naquele momento, mais vulnerável. Com o propósito de reverter esse quadro, que já se delineava no final de 2014, a Presidente Dilma assumiu seu segundo mandato e convidou para assumir o Ministério da Fazenda o economista Joaquim Levy. É à troca de ministros que Pedro Abramovay atribui, em parte, a decisão de enviar um projeto de lei sobre terrorismo ao Congresso, tendo afirmado que "Nós negociamos isso no governo Lula. Aí troca o ministro e o GAFI volta [a pressionar]. Só que agora não estavam mais os mesmos atores no governo para falar 'olha isso já estava acertado' [na gestão anterior]" (SCHREIBER, 2015).

Grande parte da preocupação do Ministro da Fazenda, àquele momento, era evitar que o país perdesse o 'grau de investimento'. Isso acabou acontecendo, todavia, por outras questões não relacionadas ao GAFI, como a crise política e o aumento da dívida pública. Entre setembro de 2015 e fevereiro de 2016, o país perdeu o 'grau de investimento' em relação às três principais agências de *rating* (G1, 2016).

A mudança entre 2007-2010 e 2015 não se restringia apenas à economia. Da mesma forma que a repressão estatal às manifestações de rua de 2013-2014 havia influenciado a maneira como os movimentos sociais percebiam o aparato estatal, a violência dos protestos, inédita nessa escala como afirma Tatagiba (2014), havia alterado a forma como o governo via os movimentos sociais. Essa experiência de violência havia tornado mais difícil a articulação da defesa dos movimentos sociais. Os *'black blocs'*, em especial, foram efetivamente percebidos como uma ameaça durante a Copa do Mundo.

A percepção da importância dos fatores previamente mencionados não se restringia a membros do Poder Executivo. Parlamentares encontravam-se igualmente cientes, dando prioridade a um ou outro dentre aqueles. Foi essa a razão do aumento dos projetos de lei apresentados com o objetivo de tipificar o terrorismo, demonstrado no mapeamento das iniciativas legislativas sobre o tema. Essa proliferação de iniciativas acaba servindo de incentivo para que o próprio Poder Executivo tome a frente do debate, apresentando um projeto de lei de sua autoria, como forma de evitar que ganhasse força um projeto considerado pior. Essa avaliação de "pior" se refere a projetos com uma definição de terrorismo vaga e aberta, que pudesse ser empregada para criminalizar movimentos sociais. Nas palavras de Marivaldo Pereira, Secretário-Executivo do Ministério da Justiça:

> começa a ficar uma situação que os próprios parlamentares começam a reivindicar, querer avançar um projeto muito pior do que o que estava lá. Então corria-se o risco de "olha, vão acabar aprovando alguma coisa para fazer frente a esse risco que está todo mundo falando". E aí houve a decisão do Executivo de mandar algo que, pelo menos, fosse um pouco mais racional do que aquilo que poderia ser aprovado lá.

É difícil precisar especificamente em que momento foi tomada a decisão de se desencadear um processo legislativo. Teria ocorrido, necessariamente, entre abril de 2015, quando da visita da missão do GAFI, e junho de 2015, quando o projeto de lei foi enviado para o Congresso. Reconta Pedro Abramovay que a composição entre os Ministros da Justiça e da Fazenda, principais pastas do governo federal, levou à apresentação de uma posição única à Presidente Dilma Rousseff, que, por sua vez, concordou com Levy e Cardozo.

5.2. DECISÃO TOMADA

Após a tomada de decisão, pela Presidente Dilma, de que o governo empreenderia os esforços necessários para suprir as deficiências apontadas pelo GAFI, uma questão que se impôs era como fazê-lo. Havia duas opções: (i) o governo poderia selecionar um dos projetos de lei já em trâmite no Congresso Nacional e engendrar os esforços necessários para que fosse aprovado; ou (ii) o governo poderia apresentar um projeto de sua autoria para apreciação do Congresso. Eventualmente, optou-se pela segunda opção.

Essa escolha se deveu a alguns fatores. A partir da pesquisa sobre os projetos de lei em tramitação no Congresso sobre o tema do terrorismo, chegou-se a dois projetos que poderiam ser aproveitados caso se optasse pela primeira estratégia: o PLS 236/2012 e o PLS 499/2013, os mesmos que haviam sido apresentados ao GAFI como sinalizações de que o Brasil estava em processo de resolver as deficiências encontradas. Como afirmou Bernardo Mota, "eram os dois que mais ou menos podiam atender [às demandas do GAFI]". Havia, no entanto, problemas que inviabilizavam o aproveitamento de ambos. Do ponto de vista material, nenhum dos dois tratava adequadamente da questão do financiamento do terrorismo[259] e

---

[259] O PLS 236/2012 definia financiamento do terrorismo como "Oferecer ou receber, obter, guardar, manter em depósito, investir ou de qualquer modo contribuir para a obtenção de ativos, bens e recursos financeiros com a finalidade de financiar, custear

nenhum enunciava a preocupação do GAFI, assumida a partir de 2012, com o recrutamento de pessoas estrangeiras por grupos terroristas, especialmente pelo Estado Islâmico[260].

Do ponto de vista prático, havia outros problemas. O GAFI já exigia que medidas fossem tomadas de maneira urgente, sob pena de inclusão em uma das suas listas, e ambos os projetos enfrentavam sérios obstáculos a sua aprovação. Como mencionado, a proposta de reforma do Código Penal (PLS 236/2012) é questão polêmica por envolver discussões sobre temas como aborto, crimes ambientais, entre outros. Dessa forma, dificilmente seria aprovado com a urgência necessária. Já o PLS 499/2013 havia sido remetido para diversas comissões temáticas do Senado, indicando a necessidade um longo período de tramitação para sua eventual (e improvável) aprovação.

A decisão de o poder executivo apresentar um projeto de lei de sua autoria ao Congresso Nacional atendia também à necessidade de se sinalizar ao GAFI o compromisso das autoridades brasileiras com a resolução das deficiências apontadas[261]. Nesse sentido, simplesmente endossar um projeto em tramitação não seria suficiente – até porque autoridades brasileiras já haviam apontado para esses projetos de lei como sinais de avanços, os quais acabaram não se concretizando.

De fato, a apresentação dos projetos de lei[262] pelo governo foi suficiente para apaziguar, temporariamente, o GAFI. O rascunho de uma declaração

---

ou promover a prática de terrorismo, ainda que os atos relativos a este não venham a ser executados". Já o PLS 499/2013, de maneira semelhante, conceituava como "Oferecer, obter, guardar, manter em depósito, investir ou contribuir de qualquer modo para a obtenção de ativo, bem ou recurso financeiro com a finalidade de financiar, custear ou promover prática de terrorismo, ainda que os atos relativos a este não venham a ser executados".

260 É uma preocupação enunciada no item B.3 da Nota Interpretativa à Recomendação 5. Havia sido também conferido status prioritário pelo Conselho de Segurança, que instruiu o GAFI a se focar nessa questão pelas Resoluções 2178 (2014) e 2253 (2015).

261 Conforme afirma Gabriel Sampaio, Secretário de Assuntos Legislativos: "Como na tramitação legislativa se remonta a projetos que tramitam desde 2001, exigia-se um compromisso que não se restringisse a tramitação de projetos já existentes e que fosse efetivamente cumprido por meio de uma legislação que, no interim de sua tramitação, o governo brasileiro fosse mais efetivo em manifestar o seu compromisso com a aprovação do projeto. Foi daí que surgiu como saída o encaminhamento do projeto de lei pelo poder executivo, que acabou sendo até um projeto com urgência constitucional".

262 Como se apontará, além de um projeto para resolver a deficiência relacionada ao financiamento do terrorismo, o Brasil também estava sendo cobrado para aprimorar o mecanismo de aplicação de sanções do CSNU no país, tema do outro projeto de lei apresentado.

pública sobre as deficiências do Brasil estava pronto para ser divulgado na reunião da Plenária de junho de 2015. O recebimento de uma carta dos Ministros Levy e Cardozo, apontando para a apresentação dos PLs 2016/2015 e 2020/2015 ao Congresso Nacional, adiou a emissão dessa declaração pública[263] (GAFI, 2016a). Essa declaração não deve se confundir, entretanto, com a listagem do país; representa apenas mais um passo na escala gradativa de aplicação de pressão disponível ao GAFI – e constitui exemplo da flexibilidade em relação ao emprego dos diversos mecanismos de coerção que tem a seu dispor.

A decisão de o poder executivo apresentar um projeto de lei tratando de terrorismo e de se empenhar em aprová-lo representa um momento inédito na história da discussão sobre esse tema por algumas razões: (i) desde 1988, é a primeira vez que a Presidência da República se comprometia definitivamente com a aprovação de um projeto sobre o tema – a única outra instância em que uma proposição tivera origem no poder executivo foi o PL 6764/2002, apresentado pelo Presidente Fernando Henrique Cardoso, entretanto, nos último meses de seu mandato presidencial; (ii) o núcleo político que desempenharia o papel de liderança nesse empreendimento era originário de uma partido, o PT que, até então, havia sido responsável por frustrar iniciativas anteriores nesse mesmo sentido.

É nesse momento que o cenário brasileiro se converte de resistência para localização das normas internacionais referentes ao combate ao terrorismo. Não se nega, entretanto, que essa é uma percepção *ex post facto*. Afinal, durante o processo legislativo, esforços de resistência continuaram a ser manejados pelos atores contrários à adoção dessa legislação, sem sucesso, contudo.

Importante notar que, anteriormente, algumas normas haviam sido internalizadas. Tratados internacionais foram ratificados e resoluções do CSNU transpostas para o ordenamento doméstico. Essas medidas não produziram maiores efeitos na prática, entretanto. Prova disso é a avaliação do GAFI sobre a eficácia do ordenamento brasileiro – não houve nenhuma investigação ou processo criminal por financiamento do terrorismo (GAFI, 2010, p. 43) e nenhum bem, recurso ou propriedade havia sido congelado ou confiscado em decorrência de sanções impostas pelo Conselho de Segurança (GAFI, 2010, p. 57-58).

---

263 A emissão dessa declaração pública seria novamente adiada na Plenária de outubro de 2015, levando em conta a promulgação da Lei 13.170/2015 e a aprovação do PL 2016/2015 pela Câmara dos Deputados. Uma avaliação negativa dos termos da Lei 13.170 e a falta de aprovação definitiva do PL 2016 levaria, finalmente, a emissão de uma declaração pública pelo GAFI sobre a situação do Brasil na Plenária de fevereiro de 2016 (GAFI, 2016a).

De fato, essas medidas podem ser melhor compreendidas como pequenas concessões destinadas a conter a pressão exercida pelo GAFI, mas em um contexto de resistência. Na ausência das condições para a efetiva localização das Recomendações daquela organização, buscava-se reinterpretar normas prévias, como a Lei de Segurança Nacional, introduzir pequenas alterações, como a menção a organizações terroristas na Lei de Organizações Criminosas e indicar a perspectiva de mudanças mais profundas por meio de projetos de lei em tramitação no Congresso Nacional. É exemplo do que Risse e Sikkink chamam de adaptação instrumental (1999, p. 11). O GAFI, no entanto, em função de suas amplas capacidades técnicas e longa experiência, se tornou cada vez menos receptivo a esse tipo de concessões e passou a exigir mais[264].

O papel desempenhado pelo GAFI dificilmente será superestimado. Atuou como empreendedor de normas, empregando tanto instrumentos positivos (cooperação técnica), quanto mecanismos coercitivos. É a ausência do papel desses mecanismos coercitivos na proposição teórica de Archarya (2004) que demanda complementação, recuperando, para isso, construções teóricas anteriores. Afinal, os mecanismos coercitivos, cuja importância já havia sido previamente reconhecida por parte da literatura construtivista (RISSE & SIKKINK, 1999, p.11), exercem e exerceram no caso em estudo um papel absolutamente fundamental na transição da resistência para a localização. A possibilidade de o Brasil vir a figurar em uma das listas do GAFI e os possíveis impactos disso para os fluxos financeiros no país foi determinante para o desencadeamento do processo que gerou a Lei Antiterrorismo.

A importância de se considerar esses mecanismos não se restringe à necessidade de se compreender como houve de fato uma avaliação de custos e benefícios e quando se iniciou a localização. A forma como esses mecanismos operam será determinante para o transcurso do processo de localização, especialmente no que se refere aos papeis que serão assumidos pelos diferentes atores. Se o COAF já representava uma parte

---

264 Sobre a dificuldade de se "enganar" o GAFI, Carla Veríssimo afirma "O GAFI é muito eficiente no trabalho que faz e não é muito fácil o país não dar as informações ou esconder uma deficiência. Eles são bastante capazes, de um modo geral de identificar a deficiência dos países, os problemas então, o que se faz normalmente é apresentar o que se tem de legislação, de iniciativas, procurar mostrar como os órgãos trabalham, o que se consegue, que são os resultados, e nessa situação específica do terrorismo de uns relatórios de parcela de avaliação, de uma reunião Plenária para outra, é preciso mostrar o que houve de imcremento, quais foram as atitudes tomadas para suprir as deficiências. Não há o que fazer."

"convencida" da necessidade de se adotar novas normas referentes ao combate ao financiamento do terrorismo – parte da rede transnacional de reguladores –, as ameaças manejadas pelo GAFI foram suficientes para engajar todo o Ministério da Fazenda nesse esforço, especialmente o Ministro da Fazenda Joaquim Levy.

De outro lado, o fato de essa pressão ter sido exercida de maneira pública e aberta – e ter partido de quem partiu – moldou, em alguma medida, a forma como a oposição a essas iniciativas se manifestou, vinculando-as aos Estados Unidos ou ao 'capital internacional', como afirmam os Deputados Federais Glauber Braga (PSOL-RJ) e Jô Moraes (PCdoB-MG). O emprego de mecanismos de coerção, entendidos simultaneamente como exercício de poder e atos de fala, também afetará as condições consideradas necessárias à localização (ARCHARYA, 2004, p. 247).

Com referência a essas condições, algumas certamente se encontravam presentes. As normas locais preexistentes sobre terrorismo não eram fortes. Pelo contrário, como já ficou claro, a Lei de Segurança Nacional era amplamente contestada, já tendo sido alvo de inúmeras tentativas de reforma. Outra condição é que os atores domésticos tenham mais credibilidade do que os externos, sendo capazes de superar os empreendedores normativos, no caso o GAFI. Em se tratando de um organismo internacional pouco conhecido, a superioridade dos atores domésticos é clara. Cabe, no entanto, lembrar que, no exercício de *framing*, os próprios atores domésticos, com destaque para o COAF, apresentaram o GAFI à sociedade brasileira, se focando, principalmente, nas ameaças que esse organismo fazia.

Com relação às outras duas condições – atores domésticos acreditarem que a nova norma terá um impacto positivo na sua legitimidade e autoridade, sem prejudicar sua identidade social e a presença de traços culturais e identitários que favoreçam esse processo – fica claro que elas não se encontravam presentes inicialmente. Especialmente para a Presidente Dilma Rousseff, introduzir uma legislação sobre terrorismo desencadeou muitas críticas, partindo, principalmente, da base política que havia a eleito. O imperativo de se evitar, contudo, uma piora ainda maior do cenário econômico acaba se sobrepondo a isso. Afinal, colocado como um dos (muitos) passos necessários à recuperação econômica, teria o potencial de, no longo prazo, contribuir para a autoridade desses atores, em especial do Ministro Levy.

De outro lado, os traços culturais e identitários brasileiros eram frequentemente manejados, especialmente pelo Ministério das Relações Exteriores e seus representantes[265], para sinalizar uma quase imunidade

---

265 Por exemplo, afirmou o Embaixador Samuel Pinheiro Guimarães (2014) "algo que contribui para que o Brasil – não que não possa vir a ser alvo de um atentado

ao terrorismo – ponto de orgulho que distinguia o Brasil no cenário internacional. Inegavelmente, todavia, isso representava um desafio à construção do discurso de que uma legislação antiterror era necessária. Recorreu-se àquela exigência de risco zero[266] ou à menção do risco de ataques contra estrangeiros no país[267], sempre se preocupando em resguardar aquela percepção de imunidade.

Enquanto isso, um outro obstáculo à localização era a história brasileira, como notado no capítulo III, que apontava para diversas instâncias de repressão estatal que poderiam ser renovadas, agora sob a bandeira do combate ao terrorismo.

O esforço empreendido, tanto na fase de iniciativa local quanto, principalmente, de adaptação, deu conta de, se não reverter esses quadros, ao menos minimizá-los como possíveis instrumentos disponíveis à resistência. A reconstrução das normas internacionais, pelas estratégias de *grafting* e *pruning*, tinha como objetivo, quando realizada pelos atores preocupados com essa possibilidade ou ao menos temerosos de que ela pusesse em risco essa oportunidade única, minimizar a percepção de que aquela proposta legislativa se prestaria ao seu emprego como mecanismo de criminalização dos movimentos sociais.

Simultaneamente, atores como PF, ABIN e Forças Armadas, procuravam fazer com que a norma doméstica efetivamente tivesse um impacto positivo em sua legitimidade e autoridade – já que lhes ofereceria, ao menos pretendiam, competências e recursos necessários a exercer esse papel de combate ao terrorismo. Prioridade já legitimada a partir do processo de securitização no plano internacional, seria justificativa para que fossem conferidos novos instrumentos (de investigação, por exemplo) os quais,

---

terrorista – não seja um alvo provável é a convivência pacífica na sociedade brasileira de comunidades diferentes, de origens diversas [...]. Não há na sociedade brasileira, digamos, xenofobia."

266 O Ministro da Defesa Celso Amorim afirmou: "O Brasil não é um alvo do terrorismo. Mas temos que pensar no pior e tomar precauções em relação a isso". Para a entrevista completa, cf. <http://istoe.com.br/351293_O+BRASIL+NAO+E+UM+ALVO+DO+TERRORISMO+MAS+TEMOS+QUE+PENSAR+NO+PIOR+/>. Acesso em 2 fev. 2017.

267 Afirma o Dep. Federal Bruno Araújo (PSDB-PE): "O Brasil não está sob risco, mas vamos ter aqui a delegação dos EUA, de Israel, de países árabes, que estão sujeitos a situações como essa que viveu a França. A legislação não é só para nós brasileiros, é para proteger os povos que vão vir aqui confiando na segurança que o Brasil pode promover". Cf. <http://oglobo.globo.com/brasil/governo-esta-dividido-sobre-lei-antiterrorismo-18069542#ixzz4bLwt3F11>. Acesos em 2 fev. 2017.

por sua vez, poderiam ser empregados em cenários múltiplos, não só combate ao terrorismo[268].

A ausência de um quadro completo de condições favoráveis à localização das normas de combate ao terrorismo, entretanto, foi suprida pela aplicação de um mecanismo coercitivo de grande potencial.

Esse processo é dinâmico, no entanto. A compreensão das quatro fases da localização auxilia o entendimento de como as deficiências em relação a algumas dessas condições foram sanadas. O período de pré-localização, quando ocorre resistência e contestação, já foi abordado em capítulos anteriores. O momento de iniciativa local, quando predomina o exercício de *framing*, para denotar o valor daquela norma para a sociedade doméstica, acontece simultaneamente ao de adaptação, quando as normas estrangeiras são reconstruídas para se adequar às crenças e práticas locais.

Nesse momento de adaptação, a nova norma é apresentada como associada a normas locais prévias já existentes – é a estratégia de *grafting*. Além da já mencionada associação à Constituição, se percebe que, nesse caso, as pretensas novas normas foram introduzidas como adendos, emendas à Lei de Organizações Criminosas.

5.3. A ELABORAÇÃO DO PROJETO DE LEI

O objetivo desta seção é apresentar os contornos gerais do projeto de lei que viria a ser apresentado ao Congresso Nacional. Como ele foi gerado e quais as motivações que inspiraram a sua redação são algumas das perguntas que se pretenderá responder. A discussão sobre as preferências da maioria dos atores envolvidos ou interessados na elaboração do PL 2016/2015 ficará reservada para o próximo capítulo. Em função da opacidade do processo legislativo dentro do poder executivo, o melhor momento para auferir quais eram as prioridades de cada um desses órgãos é durante a sua tramitação no Congresso Nacional, quando muitos deles as veicularam de forma mais aberta. Neste capítulo, se apresentarão apenas as preferências do Ministério da Justiça, que podem ser entendidas como representativas do núcleo político do governo (Presidência, Casa Civil), e do COAF/Ministério da Fazenda.

Tomada a decisão de se apresentar um projeto de lei, coube à SAL/MJ o papel de redigi-lo. Nota-se, entretanto, uma divisão de tarefas. Enquanto a SAL/MJ ficou responsável pela maior parte do projeto de lei, o COAF foi

---

[268] Marcio Paulo Buzanelli, ex-Diretor-Geral da ABIN, por exemplo, menciona que, no bojo dessa legislação, poderiam ser incluídas novas atribuições àquela instituição como um todo, não só no que se referia à sua atuação no combate ao terrorismo.

responsável pela redação do dispositivo especificamente referente ao financiamento do terrorismo, já que era ponto de especial interesse do GAFI. Bernardo Mota, Diretor de Assuntos Internacionais do COAF, sinalizou que foram realizadas consultas durante o processo de elaboração do projeto de lei, junto a representantes do GAFI, para que se confirmasse a adequação do texto proposto. Verificou-se que o texto inicial, no que se referia à criminalização do financiamento do terrorismo, atendia às necessidades do GAFI.

> Art. 2-C – Oferecer, receber, obter, guardar, manter em depósito, solicitar, investir ou de qualquer modo contribuir para a obtenção de ativos, bens ou recursos financeiros, com a finalidade de financiar, custear, diretamente ou indiretamente:
> I – a prática de atos previstos nos art. 2ºA ou art. 2ºB, ainda que cometidos fora do território nacional;
> II – pessoa física ou jurídica, grupo de pessoas, associação criminosa, organização criminosa, ou organização terrorista que tenha como atividade principal ou secundária, mesmo em caráter eventual, a prática dos atos previstos nos art. 2ºA ou art. 2ºB.
> Pena – reclusão, de 8 a 12 anos, e multa, sem prejuízo das penas correspondentes às demais infrações penais praticas.

Este dispositivo era fundamentalmente diferente daqueles presentes no PLS 236/2012 e 499/2013 – mais amplo –, atendendo àqueles requisitos da Recomendação 5 do GAFI (e da Nota Interpretativa correspondente). Criminalizava, por exemplo, o simples financiamento de grupos terroristas, ainda que não haja conexão direta com a prática de atentados específicos, em atendimentos aos critérios presentes na Nota Interpretativa àquela Recomendação.

Quanto à participação dos demais órgãos historicamente interessados no tema – Polícia Federal, Ministério das Relações Exteriores, Ministério da Defesa e Forças Armadas, Gabinete de Segurança Institucional e ABIN e Ministério Público Federal – é difícil afirmar o grau de envolvimento efetivo deles na elaboração do projeto que foi enviado ao Congresso. Dada a diretiva apresentada pela Presidente Dilma, detalhada a seguir, não constitui surpresa que atores ligados ao MD e ao GSI tenham afirmado que esses órgãos não participaram efetivamente desse processo.

Ainda sobre variáveis níveis de participação deve-se mencionar que apesar de o Ministério das Relações Exteriores ter sido mencionado, não se encontraram, a princípio, maiores indícios de que sua participação tenha assumido vulto significativo ou de que defendia preferências específicas além da preocupação em garantir o cumprimento das obrigações internacionais pelo Brasil. Permanece, assim, como ponto meritório de futuros estudos para que se compreenda em maiores detalhes a atuação do MRE nessa discussão.

Com relação ao restante do projeto que seria apresentado ao Congresso Nacional, é importante compreender quais foram as diretivas gerais que guiariam os trabalhos de elaboração do mesmo. Nesse sentido, Gabriel Sampaio, Marivaldo Pereira e Beto Vasconcelos são uníssonos:

Gabriel Sampaio, Secretário de Assuntos Legislativos:
Quando houve a deliberação, o nosso papel era de construir uma saída jurídica que tivesse como parâmetros normativos alguns pilares básicos da nossa construção democrática, que era ter uma proposta que não criminalizasse movimentos sociais; que tratasse estritamente o que era identificado como lacuna na legislação, numa avaliação muito restrita sobre o tema. [...] Houve uma deliberação muito clara da Presidenta da República para que a legislação tivesse o contorno de ser minimalista, preservar direitos e garantias fundamentais, não afetar a ação de movimentos sociais, enfim, o que nós acabávamos chamando, na discussão de governo de 'proposta minimalista'.

Marivaldo Pereira, Secretário-Executivo do Ministério da Justiça:
Qual era o receio? Era abrir muito essa discussão no Congresso Nacional e aí poderia abrir [espaço para] toda sorte de coisas que preocupava muitos setores do governo. Como, por exemplo, você criar um dispositivo que permita enquadrar o MST como terrorismo, enquadrar qualquer movimento de greve de professores, de servidores como ato terrorista. [...] Se tentou um projeto mais enxuto possível, se tentou delimitar o máximo possível e focar na questão dos procedimentos, o uso de técnicas de investigações que pudessem facilitar o trabalho da polícia.

Beto Vasconcelos, Secretário Nacional de Justiça:
Com relação ao tema do aperfeiçoamento da legislação penal, a opção técnica que se adotou foi uma que garantisse o atendimento das Recomendações [do GAFI], sem que houvesse uma externalidade negativa da legislação, ou pelo menos buscando reduzir externalidades que pudessem culminar em problemas de aplicação da lei na ponta que pudesse vir a rescindir direitos constitucionais de manifestação, expressão de opinião e liberdades.

O estabelecimento dessas diretivas desde o princípio do processo legislativo se deu em função da maneira particular como esse projeto de lei surgiu. Tanto Beto Vasconcelos, quanto Gabriel Sampaio notaram a existência de uma multiplicidade de maneiras pelas quais um projeto de lei pode ser pautado dentro do executivo. Ele pode surgir a partir de debates internos de um ministério ou órgão e ser posteriormente apresentado à Casa Civil. Pode advir de uma delegação da Casa Civil que reúne os órgãos competentes em função do tema prioritário e estes elaboram o projeto. Ou pode surgir a partir de uma demanda da Presidência. Nos dois primeiros casos, os órgãos setoriais responsáveis têm maior latitude para formular um anteprojeto que será posteriormente enquadrado nos parâmetros da Presidência. Já na última alternativa, que foi o caso do projeto que daria origem à Lei Antiterrorismo, os parâmetros são estabelecidos previamente, constrangendo a elaboração do projeto desde sua origem. Neste contexto, de fato, a participação e a recepção das prioridades historicamente defendidas pelo Ministério da Defesa e pelo GSI se mostravam inviáveis.

Seguindo essas diretivas, foi feita a opção de, ao invés de se apresentar uma nova legislação, dedicada especificamente à regulamentação do combate ao terrorismo, se realizar uma alteração na Lei de Organizações Criminosas, emendando-a, de forma a suprir as deficiências apontadas pelo GAFI. Essa opção precisa ser compreendida dentro do cenário previamente apresentado de desconfiança em relação à aplicação da lei penal e de criminalização de movimentos sociais no Brasil. Representa um esforço tanto de limitar a possibilidade de isso vir a acontecer, quanto de compor um texto menos sujeito a polêmicas.

> Beto Vasconcelos, Secretário Nacional de Justiça:
> Por isso se optou pela reforma da lei de organizações criminosas, que já trazia mecanismos de apuração dos atos preparatórios e conceitos de organizações criminosas. Restaria ali incluir o tema terrorismo, definir quais seriam condutas enquadradas nesse tema e, por fim, prever o que se convencionou chamar de ato isolado ou lobo solitário, que não faria parte de nenhuma organização criminosa. Naquele momento, o MJ, junto com esses outros ministérios que apontei, apresentou a solução que, no nosso entender à época, era suficiente para especializar a legislação penal com menor impacto ou menor risco de interpretação desvirtuada e, portanto, prejuízos a processos de manifestações democráticos e constitucionalmente garantidos. Era essa a preocupação.

Nesse cenário, os atores responsáveis pela elaboração do projeto de lei encontravam-se no centro de uma disputa política irreconciliável. De um lado, movimentos sociais (ONGs ligadas a Direitos Humanos, movimentos reivindicatórios do campo e da cidade) eram contrários a qualquer tipo de legislação que fizesse referência a terrorismo. De outro, órgãos públicos ligados à atividade de investigação e persecução criminal (MPF e PF) e à segurança e defesa nacional (Ministério da Defesa/Forças Armadas e GSI/ABIN) reivindicavam uma legislação específica, definindo terrorismo, introduzindo instrumentos de investigação e criando mecanismos institucionais de coordenação das atividades de combate ao terrorismo. Essa dualidade de posições se tornará mais clara com detalhamento da recepção do PL 2016 no Congresso, no início do próximo capítulo.

Conforme se notará, a orientação dada pela Presidente Dilma Rousseff, e seguida pelo Ministério da Justiça, é completamente incompatível com a preferência desses órgãos por uma legislação que regulamentasse o tema do terrorismo de maneira ampla. Foi a dificuldade de se conciliar essas duas preferências que levou atores a buscarem, no Congresso Nacional, guarida para suas propostas. Essa é situação não é incomum, como afirma Marivaldo Pereira:

Todo debate que você tem no Congresso Nacional envolvendo a questão penal, você vai ter uma disputa muito forte entre essas entidades [Associação Nacional dos Procuradores da República, Associação Nacional dos Delegados da Polícia Federal] buscando ou o aumento da pena, ou aumento dos poderes de investigar. Então sempre vai ter isso. Em detrimento do outro lado que tem o quê? Tem a proteção das liberdades, a proteção das garantias constitucionais, entendeu? Que, de certa forma, quando você dá poder para esses órgãos para praticarem determinados atos, esse poder significa uma restrição às liberdades das pessoas.

De fato, o que se nota é que, a partir da iniciativa inicial da Presidência da República, diversas entidades e interesses se manifestam com objetivo de alcançar interesses prévios e avançar agendas particulares. E Vladimir Aras, Procurador da República, confirma

> Em todos esses ambientes, você identifica tanto quem quer puramente fazer cumprir uma obrigação internacional sobre crimes relevantes que preocupam a comunidade internacional, [...] [quanto] gente que queria aproveitar esse ambiente potencialmente favorável à criminalização para também criminalizar atividades que não tinham nada a ver com terrorismo.

O projeto de lei apresentado ao Congresso, que receberia a numeração de PL 2016/2015, é de fato enxuto. Apresenta apenas quatro dispositivos. O primeiro deles se refere à definição de organizações terroristas. No lugar da definição anterior[269], prevê que a Lei de Organizações Criminosas se aplicaria também:

> às organizações terroristas, cujos atos preparatórios ou executórios ocorram por razões de ideologia, política, xenofobia, discriminação ou preconceito de raça, cor, etnia, religião ou gênero e que tenham por finalidade provocar o terror, expondo a perigo a pessoa, o patrimônio, a incolumidade pública ou a paz pública ou coagir autoridades a fazer ou deixar de fazer algo.

Toma-se, assim, uma rota indireta para se definir terrorismo, definindo, na realidade, organizações terroristas. Eram exigidos, portanto, três requisitos: (i) a motivação da ação ("razões de ideologia, política, xenofobia, discriminação ou preconceito de raça, cor, etnia, religião ou gênero"), (ii) a forma praticada ("expondo a perigo a pessoa, o patrimônio, a incolumidade pública ou a paz pública") e (iii) o fim pretendido ("provocar o terror ou coagir autoridades a fazer ou deixar de fazer algo").

---

269 Lei nº 12.850/2013, art. 1, §2º – "Esta lei se aplica também: II – às organizações terroristas internacionais, reconhecidas segundo as normas do direito internacional, por foro do qual o Brasil faça parte, cujos atos de suporte ao terrorismo, bem como os atos preparatórios ou de execução de atos terroristas, ocorram ou possam ocorrer em território nacional".

Interessante notar que o item (i) demonstra detida atenção à proteção de minorias religiosas, de cor, raça e etnia, semelhante ao que se encontra presente no PLS 236/2012 (art. 245, §1º, III), mas é algo que não remete a nenhuma das principais definições internacionais de terrorismo. Já o ponto (ii) apresenta-se de forma mais genérica que definições previamente consideradas: "expor a perigo" é categoria mais ampla do que, por exemplo, "ofensa ou tentativa de ofensa à vida, à integridade física ou à saúde ou à privação da liberdade de pessoa" (PLS 499/2013).

O PL 2016/2015, previa, ainda, naquele mesmo dispositivo, uma excludente de ilicitude[270]:

> §3º O inciso II do §2º não se aplica à conduta individual ou coletiva de pessoas em manifestações políticas, movimentos sociais ou sindicais por propósitos sociais ou reivindicatórios, visando a contestar, criticar, protestar, apoiar, com objetivo de defender ou buscar direitos, garantias e liberdades constitucionais.

Gabriel Sampaio, principal responsável pela redação do PL, apontou para a inspiração da legislação argentina, que apresenta cláusula excludente semelhante[271]. A necessidade de uma cláusula excludente já havia sido reconhecida, todavia, em proposições anteriores, que tramitavam no Congresso. Por exemplo, o PL apresentado pelo Dep. Miro Teixeira, na Comissão Mista para Regulamentar a Constituição Federal, continha um dispositivo prevendo que "não constitui crime de terrorismo a conduta individual ou coletiva de pessoas movidas por propósitos sociais ou reivindicatórios". O PLS 44/2014, de autoria do Senador Romero Jucá (PMDB-RR), também trazia uma excludente[272]. Essa excludente seria um dos principais pontos do debate político no Congresso Nacional.

O segundo dispositivo do PL 2016/2015 se referia ao crime de participar de uma organização terrorista, ou seja, da efetiva aplicação daquela definição

---

[270] "Podem ser definidas como sendo particulares situações diante das quais um fato, que de outro modo seria delituoso, não o é porque a lei o impõe ou consente" (PRADO, 2006, p. 380). Cláusulas excludentes de ilicitude são, portanto, situações previstas em lei em que, por razão de política criminal, se exclui um dos elementos necessários à configuração do crime – a ilicitude – tornando lícita a conduta que, *a priori*, seria considerada ilícita.

[271] Lei Antiterrorista (Lei 26.734/2012) – *"Los agravantes previstos en este artículo no se aplicarón cuando el o les hechos de que se traten tuvieren lugar en ocasión del ejercicio de derechos humanos y/o sociales o de cualquier otro derecho constitucional".*

[272] Art. 3 – "Não constitui crime de terrorismo a conduta individual ou coletiva de pessoas, movimentos sociais ou sindicatos, movidos por propósitos sociais ou reivindicatórios, visando contestar, criticar, protestar, apoiar com o objetivo de defender ou buscar direitos, garantias e liberdades constitucionais".

previamente apresentada às condutas individuais[273]. De maior interesse era o parágrafo único desse artigo que criminalizava justamente condutas relacionadas ao recrutamento de indivíduos por grupos terroristas estrangeiros:

> Parágrafo Único – Incorre nas mesmas penas o agente que, com o propósito de praticar as condutas previstas no caput:
> I – recrutar, organizar, transportar ou municiar indivíduos que viajem para país distinto daquele de sua residência ou nacionalidade; ou
> II – fornecer ou receber treinamento em país distinto daquele de sua residência ou nacionalidade.

Esse dispositivo tinha clara intenção de atender à nova preocupação do GAFI e do CSNU, no contexto da ascensão do Estado Islâmico.

No mais, o terceiro dispositivo listava algumas causas de aumento de pena[274], enquanto o quarto tratava do financiamento do terrorismo especificamente, como já apresentado. Há também uma alteração à Lei nº 10.446/2002, explicitando a competência da Polícia Federal para tratar desse tema.

A exposição dos motivos[275] apresentada juntamente com o PL 2016/2015 demonstra claramente como se materializa aquele exercício de *framing*. Reforça-se a necessidade de uma regulamentação para o combate ao terrorismo, sem descuidar da concepção prévia de que o Brasil é uma exceção à regra, quase que imune a atentados terroristas[276]. Reconhece-se,

---

[273] Art. 2ºA – "Promover, constituir, integrar, pessoalmente ou por interposta pessoa, organização terrorista

Pena – reclusão, de 8 a 12 anos, e multa, sem prejuízo das penas correspondentes às demais infrações penais".

[274] "Art. 2º-B. Os crimes contra a pessoa, o patrimônio, a incolumidade pública ou a paz pública terão as penas aumentadas de um terço ao dobro quando praticados com motivação e finalidade de que trata o inciso II do § 2º do art. 1º. § 1º As penas aplicadas na forma do caput serão aumentadas: I – em até um terço quando a conduta afetar o controle, ainda que de modo temporário, de meios de comunicação ou de transporte, de portos, aeroportos, estações ferroviárias ou rodoviárias, hospitais, casas de saúde, escolas, estádios esportivos, instalações públicas civis ou militares, locais onde funcionem serviços públicos essenciais, instalações de geração ou transmissão de energia, embaixadas ou consulados; II – em até dois terços quando houver a utilização de agentes químicos, bacteriológicos, radiológicos ou nucleares."

[275] EMI nº 00125/2015 MJ MF. Disponível em: <http://www.camara.gov.br/proposicoesWeb/prop_mostrarintegra?codteor=1350712&filename=PL+2016/2015>. Acesso em: 10 fev. 2017.

[276] "As organizações terroristas caracterizam-se nos últimos anos em uma das maiores ameaças para os direitos humanos e o fortalecimento da democracia. Atentados em grande escala, praticados por grupos bem treinados, ou mesmo atos individuais, exercidos

também, a utilidade da lei para a proteção da sociedade e, especialmente, das minorias, e minimiza-se a possibilidade de ela vir a ser deturpada[277].

A rápida menção ao GAFI subdimensiona o papel que esse organismo teve no desencadeamento dessa iniciativa legislativa para atender aos imperativos da localização[278]. Apresentá-la como produto da pressão internacional deslegitimaria as normas propostas e minaria a credibilidade dos proponentes. Ainda assim, essa simples referência – e o fato de uma lei de direito penal ter sido subscrita pelo Ministro da Fazenda – foi suficiente para despertar desconfiança e oposição à proposta[279].

No mais, o projeto de lei foi submetido ao Congresso Nacional sob regime de urgência constitucional, previsto no art. 64, §1º da Constituição Federal[280]. Essa urgência se devia, sem dúvida, à ameaça expressa pelo

por pessoas sem qualquer ligação com um determinado grupo, aterrorizam populações inteiras e determinadas minorias. Diante desse cenário, como um dos principais atores econômicos e políticos das relações internacionais, o Brasil deve estar atento aos fatos ocorridos no exterior, em que pese nunca ter sofrido nenhum ato em seu território."

[277] "Dessa forma, apresentamos um projeto que busca acolher na sua redação os principais debates mundiais e nacionais sobre o tema, respeitando sempre os direitos e garantias fundamentais, com o fim de criar uma lei que proteja o indivíduo, a sociedade como um todo, bem como seus diversos segmentos, sejam eles social, racial, religioso, ideológico, político ou de gênero [...]. Dessa forma conseguimos afastar qualquer interpretação extensiva que possa enquadrar como ação terrorista condutas que não tenham esse perfil."

[278] *"There must be willing and credible local actors (insider components). These actors should not be seen as "stooges" of outside forces"* (ARCHARYA, 2004, p. 251).

[279] Rafael Custódio, Coordenador do Programa de Justiça da Conectas, afirmou "me chamou atenção quando o governo Dilma apresenta o PL para o Congresso, o anteprojeto era assinado pelo, além do [Ministro] Cardozo, que seria natural como Ministro da Justiça, pelo Ministro da Fazenda Joaquim Levy. Isso era uma coisa que no começo despertou estranhamento da nossa parte. Qual o interesse do Ministério da Fazenda na criação de um tipo penal? Que tipo de interesse a Fazenda tem nisso?". Nesse mesmo sentido, o Juiz Alberto Muñoz, membro do Conselho da Associação Juízes para a Democracia, "Quando fui ler a exposição de motivos, me deparei que o PL havia sido assinado pelo Joaquim Levy, Ministro da Fazenda [...]. O que ele tem a ver com isso? Lendo a exposição de motivos, vi esse órgão que eu não conhecia. E fui investigar o que ele andava fazendo".

[280] Constituição Federal, art. 64, §1º – "O Presidente da República poderá solicitar urgência para a apreciação de projetos de sua iniciativa"; §2º – "Se, no caso do § 1º, a Câmara dos Deputados e o Senado Federal não se manifestarem sobre a proposição, cada qual sucessivamente, em até quarenta e cinco dias, sobrestar-se-ão todas as demais deliberações legislativas da respectiva Casa, com exceção das que tenham prazo constitucional determinado, até que se ultime a votação".

GAFI de que o país poderia ser incluído em uma de suas listas de não-cumpridores. Na reunião da Plenária do GAFI de junho de 2015 foi possível postergar a emissão de uma declaração pública criticando a omissão de autoridades brasileiras em resolver as deficiências apontadas, com base na apresentação dos PLs 2016/2015 e 2020/2015. Havia a perspectiva de que seria necessária a aprovação de ambos até a realização da Plenária de outubro de 2015, para se evitar uma declaração pública (GAFI, 2016a). Para isso, seria necessária uma rápida aprovação de ambos no Congresso, o que só aconteceria, na prática, como sugerido pelo próprio Presidente da Câmara dos Deputados Eduardo Cunha (CÂMARA NOTÍCIAS, 2015), pelo envio de projetos de lei com urgência constitucional.

O formato final do PL 2016/2015 já é produto de *pruning* e *grafting* com objetivo de introduzir aquela norma internacional ao ordenamento brasileiro, uma necessidade produzida pela ameaça de aplicação dos mecanismos coercitivos. Representa a forma encontrada pelas autoridades do poder executivo de remediar ou minimizar os problemas resultantes, em alguma medida, da ausência daquelas condições necessárias à localização. Se a produção de uma legislação penal sobre terrorismo poderia ser vista como ameaçadora a movimentos sociais que constituíam a base do governo Dilma, a maneira de preservar sua legitimidade era introduzir mecanismos restritivos, como a definição indireta, pela Lei de Organizações Criminosas, e a excludente de ilicitude para movimentos sociais reivindicatórios.

Acontece que o equilíbrio de forças dentro do governo federal não se reproduzia no Congresso Nacional. Se, dentro da estrutura burocrática do poder executivo, as Forças Armadas, Polícia Federal e GSI/ABIN se viam em desvantagem e, de certa forma, excluídos do processo político, no Congresso, contavam com aliados significativos. O processo de *grafting* e *pruning,* na realidade, acaba servindo à disputa política, que se acirraria no Congresso e que é objeto dos próximos capítulos.

Capítulo VI. **DESENHANDO AS LINHAS DE BATALHA NO CONGRESSO**

Esse capítulo cuidará de apresentar os atores cuja premência não havia se manifestado efetivamente no âmbito do poder executivo. De um lado, exercendo uma 'oposição negativa' e pretendendo perpetuar a resistência à norma internacional, ou seja, que fosse rejeitado o PL 2016, estavam os movimentos sociais e as organizações ligadas à defesa dos Direitos Humanos. De outro, exerciam uma 'oposição afirmativa' aqueles entes estatais (e entidades da sociedade civil associadas a eles) que pretendiam que a lei eventualmente adotada fosse mais ampla e tratasse de mais temas do que inicialmente se propôs no poder executivo. Dentre esses entes, se destacam o Ministério Público, a Polícia Federal, o Gabinete de Segurança Institucional e a Agência Brasileira de Inteligência e o Ministério da Defesa e as Forças Armadas.

A atuação desses atores se dará no pano de fundo descrito anteriormente: desconfiança em relação à atuação das autoridades policiais e judiciais, necessidade de satisfazer as demandas do GAFI, luta dos órgãos de segurança por mecanismos excepcionais para atuação e entre si por proeminência e recursos e a disposição do núcleo político do governo em manter um projeto mínimo, com foco restrito.

6.1. OPOSIÇÃO NEGATIVA

Assim que foi remetido ao Congresso Nacional, para apreciação, o PL 2016/2015 foi alvo de oposição de organizações da sociedade civil associadas à defesa dos Direitos Humanos.

As formas de atuação dessas organizações foram das mais diversas. Em inúmeros momentos do processo legislativo foram divulgadas notas técnicas e cartas abertas, buscando sinalizar oposição a diversos elementos daquele projeto e/ou ao projeto como um todo, foram realizados eventos de mobilização e discussão sobre o tema, foi realizada atividade de *advocacy* ou *lobby* perante membros tanto do poder legislativo, quanto do poder executivo.

Uma das principais formas de articulação se deu por meio de Rede Justiça Criminal. Compunham a Rede Justiça Criminal sete organizações: a Associação pela Reforma Prisional, a Conectas Direitos Humanos, o Instituto de Defensores de Direitos Humanos, o Instituto de Defesa do Direitos de Defesa, o Instituto Sou da Paz, o Instituto Terra, Trabalho e Cidadania e Justiça Global. Seu objetivo autoidentificado é "contribuir e influenciar o debate em temas pertinentes ao sistema de justiça criminal", trabalhando com monitoramento de "projetos de lei e políticas na área de justiça criminal e desempenha o trabalho de *advocacy* junto aos Poderes Legislativo e Executivo e à sociedade civil" (REDE JUSTIÇA CRIMINAL, s.d.).

Além dessas organizações, eram frequentes signatários das notas técnicas e demais documentos de posição a Consulta Popular, a Levante Popular da Juventude, a Rede Nacional de Advogados e Advogadas Populares, a Artigo 19, a Associação Juízes para a Democracia, a Associação Mundial de Rádios Comunitárias, o Centro pela Justiça e o Direito Internacional, o Grupo Tortura Nunca Mais (BA), o IBASE, o Instituto Bem Estar Brasil, o Viva Rio, entre outras. Merece destaque a participação da Associação Nacional dos Defensores Públicos, em posição diametralmente oposta àquela que representa membros do Ministério Público.

Também nesse campo, o MST, percebendo-se, em larga medida, como possível alvo dessa legislação, também se manifestou e atuou contra o PL 2016/2015. A diferença entre o campo e a cidade, no aspecto da organização e estruturação dos movimentos reivindicatórios, se mostra nessa capacidade de atuação. Enquanto o MST é capaz de articular a sua própria defesa, os manifestantes de rua, das cidades, dependem que o façam aquelas organizações de Direito Humanos.

Apesar dessa ampla rede de atores domésticos, nota-se que a sua articulação com atores internacionais foi bastante restrita. As únicas instâncias em que atores internacionais ganharam destaque foi quando Edison Lanza, relator especial para a Liberdade de Expressão da Comissão Interamericana de Direitos Humanos, criticou a versão do projeto de lei aprovado pelo Senado[281] e quando quatro Relatores Especiais do Conselho de Direitos Humanos da ONU, de forma semelhante, criticaram a iniciativa sob análise do Congresso[282].

---

[281] Afirmou "A definição que está sendo construída no Brasil usa termos complicados, como extremismo político, ocupação de prédios públicos e apologia ao terrorismo. Por sua amplitude, pode capturar expressões legítimas, eventualmente muito contrárias a um governo ou muito críticas contra o sistema, mas que são manifestações protegidas pelo direito à liberdade de expressão e de associação". Para a entrevista completa, cf. <http://www.cartacapital.com.br/blogs/cartas-da-esplanada/201cnao-e-preciso-violar-direitos-para-combater-a-ameaca-terrorista201d-1533.html>. Acesso em 24 fev. 2017.

[282] Afirmaram estar preocupados com "a definição do crime estabelecida pelo projeto de lei [que] pode resultar em ambiguidade e confusão na determinação do que o Estado considera como crime de terrorismo, potencialmente prejudicando o exercício dos di-

Entre aquelas organizações, foram entrevistados membros de quatro delas: Rede Justiça Criminal (Andresa Porto), Conectas (Rafael Custódio), Instituto Defensores dos Direitos Humanos (Lucas Sada) e Associação Juízes para a Democracia (Alberto Muñoz).

Sobre a participação desses atores ao longo do processo de elaboração do PL 2016, ainda no plano do poder Executivo, não foi possível fazer uma avaliação definitiva. Apesar de os representantes das organizações entrevistados, como Andresa Porto e Lucas Sada, terem sinalizado não ter havido consulta prévia com a sociedade civil, Gabriel Sampaio, principal responsável pela elaboração do texto, afirmou ter havido. Em função das diferentes percepções acerca do que de fato constitui participação no processo decisório e do grande número de organizações possivelmente envolvidas e consultadas, é difícil precisar esse ponto.

De maneira oposta aos esforços engendrados pelos órgãos interessados na aprovação do PL 2016/2015, essas organizações da sociedade civil se engajaram em um exercício de *framing* que pretendia retratar esse projeto como (i) desnecessário, (ii) incompatível com outras normas legais existentes e, principalmente, (iii) fonte de risco em função da alta probabilidade de ser empregado para criminalizar movimentos sociais e reprimir esforços reivindicatórios. Muitos dos argumentos aqui apresentados seriam empregados também por parlamentares ao longo dos debates no Congresso Nacional.

A desnecessidade de uma Lei Antiterrorismo no Brasil era argumentada com base em alguns fatores. De um lado, se argumentava que o ordenamento brasileiro já previa, como crime, todas as condutas que eventualmente se manifestariam em um atentado terrorista[283]. Procurava-se, assim, desconstruir o imperativo de se ter mecanismos excepcionais para se tratar da ameaça do terrorismo, uma necessidade criada, em parte, a partir do discurso de securitização (BUZAN & WEAVER, 2003, p. 491).

De outro lado, a partir da percepção de que esse projeto de lei tinha como origem a pressão exercida pelo GAFI, buscou-se, simultaneamente, desconstruir a legitimidade daquele organismo e, subsidiariamente, a partir da leitura de suas demandas, reinterpretar aquilo que era necessário para se adequar às Recomendações do GAFI e não ser submetido às sanções

---

reitos humanos e das liberdades fundamentais". Para o texto completo, cf. <http://www.conectas.org/pt/noticia/40407-onu-critica-pl-antiterrorista>. Acesso em 24 fev. 2017.

[283] "Cabe notar que não há um só bem jurídico, que o projeto pretenda proteger, que já não seja tutelado por outras leis [...]. Crimes contra a pessoa, o patrimônio, incolumidade pública – um bem jurídico, aliás, de delimitação controversa – já são previstos e, se cometidos, gravemente punidos" (REDE JUSTIÇA CRIMINAL, 2015a).

econômicas – nesse momento se aproximam das autoridades brasileiras que se esforçavam, anteriormente para apresentar o ordenamento brasileiro como completo àquele órgão.

> Rafael Custódio (Conectas Direitos Humanos):
> por mais que o GAFI obrigue a criar uma lei penal – ele pode até recomendar, mas o uso do Direito Penal, a criação de uma nova lei vai ter que ser adotada conforme a autonomia dos poderes constituídos, se julgarem necessário ou não. Um órgão daquela natureza [o GAFI], na nossa opinião, não teria força, legitimidade para impor a criação de uma lei interna, muito menos uma lei penal, que deve ser tratada de modo muito mais cuidadoso, subsidiário, quando se entende que as leis de natureza não-penal não estão dando conta de proteger aquilo.

> Lucas Sada (Instituto Defensores dos Diretos Humanos):
> o que eles [GAFI] pedem é a criminalização do financiamento do terrorismo e a lavagem de dinheiro. A lavagem de dinheiro já era crime no Brasil antes disso e financiamento ao terrorismo também é, porque toda organização que se possa classificar por terrorista já é, necessariamente, uma organização criminosa e está sujeita a toda legislação sobre organização criminosa, inclusive no que toca o financiamento[284]. Por esse ponto de vista, estaríamos aceitando uma leitura equivocada da nossa legislação.

Esses argumentos em relação ao GAFI tiveram menor destaque nas notas técnicas e na argumentação construída pelos atores envolvidos nesse esforço de *advocacy*. O GAFI não era um organismo previamente conhecido pela maioria deles[285] e, mais importante, tampouco o era pela maioria da população e dos próprios parlamentares, o que reduzia o potencial dessa argumentação encontrar ressonância.

Procurou-se também apresentar o PL 2016/2015 como incompatível em relação a diversas outras normas em vigor no Brasil. Principalmente, com relação à Constituição Federal, se afirmava que "Fica claro o objetivo a que serve o projeto de lei e a violação em que consiste à Constituição Federal, que tem como um de seus fundamentos o pluralismo político

---

284 Nesse mesmo sentido, afirmou a Nota Técnica sobre o PLC 101/2015 (numeração que o PL 2016 receberia no Senado Federal): "O atual conceito de organização criminosa contempla as múltiplas formas de ação terrorista existentes no plano internacional [...]. Inequívoca, portanto, a abrangência típica aos casos de financiamento ao terrorismo" (REDE JUSTIÇA CRIMINAL, 2015e).

285 Rafael Custódio ("Logo a gente se deparou – não acompanhávamos, tivemos que estudar o que era o GAFI, quem fazia parte, quais as obrigações dos Estados que fazem parte do grupo, que tipo de trabalho desenvolveram nos últimos anos") sinaliza esse desconhecimento inicial. Não surpreende, entretanto, dada a aparente discrepância das agendas desses atores – direitos humanos – e do GAFI – lavagem de dinheiro e financiamento do terrorismo.

(art. 1º, V) e protege o direito à convicção política (art. 5º, VIII) como direito fundamental e, por consequência, inviolável pressuposto da república" (REDE JUSTIÇA CRIMINAL, 2015a).

Normas internacionais, como a Carta da ONU, a Carta da OEA[286] e o Pacto Internacional sobre Direitos Civis e Políticos também foram empregadas como referências para sinalizar a incompatibilidade do PL 2016/2015 com o ordenamento jurídico nacional e internacional. Mais especificamente, faz-se menção à Convenção Internacional para a Supressão do Financiamento do Terrorismo, para destacar a necessidade de que medidas eventualmente adotadas para implementá-la respeitem os Direitos Humanos (Rede Justiça Criminal, 2015a) – embora o texto do dispositivo citado (art. 15) não tenha exatamente este escopo[287].

Certamente, os dois últimos pontos só se tornam relevantes a partir deste terceiro, que se refere à preocupação de que qualquer legislação antiterrorista fosse empregada para criminalizar movimentos sociais e reprimir ações reivindicatórias. É a experiência histórica brasileira, descrita no capítulo III, que gera esse temor e motiva a oposição ao PL 2016/2015. Essa preocupação fica evidente de pronto pela sua caracterização como "a criminalização da política e da expressão ideológica e a expansão do controle penal a condutas que, sob a perspectiva do direito penal garantista, não são delitos, mas expressão do exercício democrático" (REDE JUSTIÇA CRIMINAL, 2015a). Ecoavam, portanto, as mesmas preocupações que haviam levado a Presidente Dilma e os responsáveis pela elaboração do PL 2016, no Ministério da Justiça, a selecionar uma abordagem mais restritiva.

---

[286] Em relação especificamente ao sistema interamericano de direitos humanos, com frequência se fazia referência ao Norín Catrimán e outros vs. Chile, julgado pela Corte Interamericana de Direitos Humanos. Naquele caso, a Corte condenou o Estado chileno pela tipificação vaga do crime de terrorismo, em desrespeito aos princípios da legalidade e da presunção de inocência, resultando na criminalização de movimentos sociais ligados a grupos indígenas. A sentença, de 24 de maio de 2014, se encontra disponível em: <http://www.corteidh.or.cr/docs/casos/articulos/seriec_279_esp.pdf>. Acesso em 15 fev. 2017.

[287] Art. 15 – "Nenhuma disposição da presente Convenção será interpretada como obrigação de extraditar ou prestar assistência jurídica mútua se o Estado Parte requerido entender que a extradição por qualquer dos delitos previstos no Artigo 2, ou a assistência jurídica mútua no que se refere a tais delitos for solicitada com o propósito de julgar ou punir uma pessoa devido à sua raça, religião, nacionalidade, etnia ou opiniões políticas, ou que, se atendida a solicitação, a pessoa reclamada poderia ser objeto de discriminação em virtude de qualquer das razões expostas".

A própria experiência brasileira recente, aliás, inclui casos de má utilização de tipos penais alterados pela lei de organizações criminosas, como a associação criminosa, e novos tipos, como a constituição de milícia privada (art. 288-A do Código Penal), instrumentalizados na criminalização de movimentos, intimidação de lideranças políticas e violação a direitos humanos, como a liberdade de expressão e de associação (REDE JUSTIÇA CRIMINAL, 2015a).

> Rafael Custódio (Conectas Direitos Humanos):
> Como a gente sabe que no Brasil, historicamente, a lei penal é instrumentalizada para perseguir determinados grupos, nosso posicionamento foi de, politicamente, nos colocarmos contra, porque já antevíamos essa instrumentalização dessa lei.

> Andresa Porto (Rede Justiça Criminal):
> A gente acha que a aplicação do direito penal no Brasil é muito preocupante, às vezes a exceção vira a regra e numa leitura rápida do projeto de lei, a gente identificou que precisariam ser feitos alguns ajustes – nós propusemos alguns durante a tramitação –, mas, no geral, seríamos contra porque a gente é contra o recrudescimento penal.

Nota-se que esses atores se aproximam intelectualmente daquela literatura de Criminologia Crítica. Para esta, a função do princípio da legalidade – o mesmo que tornou necessária a aprovação de lei específica para que se tipificasse o terrorismo – é proibir incriminações vagas e indeterminadas. Afinal,

> A função da garantia individual exercida pelo princípio da legalidade estaria seriamente comprometida se as normas que definem os crimes não dispusessem de clareza denotativa na significação de seus elementos, inteligível para todos os cidadãos. Formular tipos penais "genéricos ou vazios", valendo-se de "cláusulas gerais" ou conceitos indeterminados ou ambíguos" equivale teoricamente a nada formular, mas é prática e politicamente muito mais nefasto e perigoso. Nas por acaso em épocas e países diversos, legislações penais voltadas à repressão e controle de dissidentes políticos escolheram precisamente esse caminho para a perseguição judicial de opositores do governo (BATISTA, 2015, p. 75-76).

Já no momento inicial se nota uma grande preocupação com a presença de expressões vagas, subjetivas e passíveis de interpretação diversas[288], as quais poderiam ser (mal)aproveitadas para concretizar aqueles temores. Inicialmente, ela se foca em alguns pontos como a dificuldade de

---

[288] Também conhecidas como normas penais em branco, que podem ser definidas como "aquelas nas quais a conduta incriminada não está integralmente descrita, necessitando de uma complementação que se apresenta em outro dispositivo de lei, seja da proporá lei penal, seja da de lei diversa, ou em fontes legislativas de hierarquia constitucional inferior, como atos administrativos ou lei estadual ou municipal". (BATISTA, 2015, p. 71).

se distinguir a tentativa de se coagir autoridades (parte do tipo penal) e a defesa ou busca por direitos, garantias e liberdades (protegida no escopo da excludente)[289] e a impossibilidade de "aferir objetivamente o terror, um estado subjetivo que decorre da sensação de perigo, ilusória ou real" (REDE JUSTIÇA CRIMINAL, 2015a). Essa preocupação cresceu conforme o processo legislativo progrediria em uma direção considerada ainda mais problemática por esses atores.

O que se nota, nesse momento inicial, é que existia pouca preocupação em apontar pontos particularmente problemáticos – por exemplo, a questão das motivações, especialmente a motivação política ou ideológica, que constavam no projeto de lei original, não era foco de atenção. Os esforços se destinavam à rejeição do projeto como um todo, com base naqueles argumentos apresentados.

Um ponto específico, entretanto, que foi alvo de atenção desde o primeiro momento, é a cláusula excludente de ilicitude para os movimentos sociais. Interessante dinâmica se desenhou em relação a esse dispositivo. Embora alvo de muitas críticas, ela se tornaria uma peça chave[290] nos esforços de evitar a aprovação de uma proposição que apresentasse ainda mais riscos. Essas críticas se referem tanto a aspectos teóricos, quanto a aspectos práticos, do processo penal brasileiro. Em relação ao aspecto teórico, além da dificuldade de distinção mencionada, era considerado preocupante o fato de ela se localizar apenas como um parágrafo do primeiro artigo, de maneira que não necessariamente, a depender da interpretação, se aplicaria aos outros crimes previstos naquela proposição, como afirma Rafael Custódio.

Já em relação aos aspectos práticos, se renovam as críticas, já destacadas, à falta de conhecimento sobre a realidade do processo penal brasileiro, entendida como marcada por ampla discricionariedade das autoridades policiais e predileção ao encarceramento em massa. Elas são bem resumidas por Rafael Custódio, Coordenador do Programa de Justiça da Conectas:

> O que ia acontecer, e esse era o nosso medo, na prática, no mundo real, essa cláusula só vai surgir ao longo de um processo que, por si só já é criminalizante do movimento, da liderança. É o que acontece com o movimento de pela reforma agrária. Eles provam ao longo do processo, com 2, 5, 7 anos que não eram uma

---

[289] "É tênue a linha entre a tentativa de exercer legítima pressão sobre representantes eleitos e a tentativa de coação de autoridades" (REDE JUSTIÇA CRIMINAL, 2015a).

[290] Por exemplo, "Num projeto permeado por ambiguidades, o §3º do artigo 1º é a única previsão capaz de proteger o exercício democrático da expressão e da associação, num país que dá provas frequentes de quão fragilizados estão esses direitos" (REDE JUSTIÇA CRIMINAL, 2015c).

quadrilha, uma organização criminosa. Ou seja, o processo em si já representa um sufocamento daquela liderança, daquele movimento [...].

Então, para nós, nunca foi suficiente a excludente. Era uma excludente que nos parecia, na verdade, induzida por atores que não têm nenhum tipo de contato ou estudo sobre como funciona a justiça criminal em um país como o nosso. A justiça criminal, historicamente, tem sido utilizada para criminalizar e segregar determinados grupos vulneráveis. Uma cláusula excludente dizendo que isso não vai acontecer me parece quase ingênua, me parece que demonstra que não há nenhum constrangimento do poder público ao propor uma lei que pode mesmo criminalizar movimentos. Eu não sei se a excludente é ingênua ou propositalmente colocada ali para fingir que estava havendo uma proteção. Acho que é isso: demonstra uma ignorância do sistema penal e de como ele funciona no país.

De fato, no cenário em que a verificação sobre o enquadramento ou não na excludente de ilicitude para os movimentos sociais só se dará no momento final do processo penal, a própria realização do inquérito policial, a apresentação e recebimento de denúncia, a aplicação de medidas cautelares diversas, incluindo a prisão, e o transcurso do processo penal antes da sentença já representam iniciativas que criminalizam e estigmatizam indivíduos e organizações como um todo.

O excepcionalismo das medidas de combate ao terrorismo se estende ao seu próprio processo de formação[291]. O imperativo de que fossem aprovados os PL 2016/2015 e 2020/2015 antes da Plenária de outubro do GAFI exigia que a sua tramitação fosse abreviada no Congresso, limitando o espaço dos debates parlamentares. Assim, a forma como o PL 2016/2015 foi apresentado – dotado de urgência constitucional – também foi ponto contra o qual as organizações da sociedade civil se insurgiram:

> O PL 2016/2015 trouxe de volta à agenda do Congresso Nacional um tema de considerável complexidade, mas num regime de tramitação incompatível com o desafio. O regime de urgência solicitado, nos termos do artigo 64, §1º da Constituição Federal, dispensa etapas do processo legislativo, limita às Comissões e ao Plenário o exercício de suas funções e, pela exiguidade do prazo imposto ao Congresso Nacional, restringe, se não obstrui, a possibilidade de participação da sociedade civil, por meio do debate público e da contribuição de especialistas em audiências públicas.
>
> É inadmissível, nesse sentido, que o Estado Brasileiro pretenda realizar em apenas 90 (noventa) dias uma discussão que o mundo todo realiza há décadas sem sucesso. [...]
>
> Diante disso, este grupo de organizações teme que o Plenário da Câmara Federal seja surpreendido na volta do recesso com a necessidade de votação de um projeto apresentado no dia 18 de junho e distribuído para a análise concomitante – mas

---

[291] As Recomendações que o Brasil pretendia implementar por meio dos PLs 2016 e 2020, como mencionado, não são instrumentos jurídicos tradicionais.

não conjunta – em três diferentes Comissões, que sequer o apreciaram. O regime de urgência em que tramita implica, ademais, a impossibilidade de prorrogação do prazo do relator, de pedido de vista, implica a ausência de interstício para proposições, implica a redução do tempo dos oradores pela metade na discussão e no encaminhamento da votação.

A urgência, por significar a dispensa de exigências, interstícios e formalidades regimentais que viabilizam o escrutínio informado e maduro, não é adequado à apreciação de projetos, cuja complexidade e cujas potenciais consequências tenham tamanha gravidade. É urgente, portanto, que deixe de sê-lo (REDE JUSTIÇA CRIMINAL, 2015b).

A intenção, no entanto, não era que fosse realizado um debate amplo sobre o tema, mas ganhar tempo, possibilitar que fossem empregados instrumentos do processo legislativo de modo a postergar a aprovação do projeto para que, passado esse ímpeto momentâneo, o tema submergisse da agenda pública novamente, como já havia acontecido anteriormente[292]. Essa pretensão era informada por uma percepção negativa da atuação do Congresso Nacional, especialmente no que se refere ao Direito Penal. É o que sinaliza Rafael Custódio, Coordenador do Programa de Justiça da Conectas:

> Nossa experiência com legislação penal em Brasília é que o Congresso, em matéria penal, sempre vai piorar. É muito fácil antever que em matéria criminal, o legislativo produz muita quantidade e com má qualidade. Quando vem do Chefe do Executivo federal o pedido [de alteração da legislação criminal], já acende uma "luz amarela" porque se parte do Executivo, dificilmente conseguiremos barrar no Congresso. E o Congresso, pela tradição histórica, em matéria penal ao menos, vai conseguir produzir um texto pior que o original. Era uma coisa que fazia da discussão muito difícil – uma coisa é um senador trazer um projeto dele que você vai tentar dialogar, emplacar em uma comissão um legislador mais arejado em matéria de legislação criminal, fazer audiência pública, etc., pela tramitação normal de uma matéria. Mas quando vem do Executivo, com pedido de urgência, isso quer dizer que a tramitação é muito mais rápida e [o PL] começa a travar as demais votações, em matéria penal, isso é muito preocupante. Porque o Congresso não é, historicamente, o lugar onde o debate sobre matérias penais é um debate racional, proporcional, democrático. Muito pelo contrário. É tradição do legislativo brasileiro produzir leis penais de afogadilho, leis penais muito ruins, imprecisas.

---

[292] Essa estratégia já havia sido empregada anteriormente, de maneira bem-sucedida, com relação ao PLS 508/2013, que pretendia criminalizar o vandalismo, como relata Rafael Custódio (2014): "Nós fizemos uma intervenção muito forte nesse [PL] que cria o crime de vandalismo. Originalmente, era um PL que criava o crime de terrorismo, tem essa discussão que o Brasil precisa tipificar esse crime, mas tivemos uma mudança. O Senador Pedro Taques (PDT-MT) viu que ali havia falta de debate, então ele propôs esquecer o terrorismo e criar o "vandalismo". Nós da Conectas fizemos um parecer técnico com outras entidades de direitos humanos e levamos à Brasília, apresentamos à CCJ e conseguimos, pelo menos até agora, dar uma "melada" na discussão".

Essa opinião em relação ao Congresso Nacional decorre não só daquelas experiências descritas do capítulo III, mas também de uma percepção de que o Direito Penal é um instrumento empregado com frequência excessiva e acriteriosa por legisladores situados em diversos pontos do espectro político. De fato, o punitivismo penal não seria exclusividade de partidos de direita, como afirma Pedro Abramovay. De forma semelhante, argumenta Manuel Cancio Meliá (2007, p. 220):

> Em relação à esquerda política, é especialmente interessante a mudança de atitude: de uma linha – simplificando, por óbvio – que identificava a criminalização de determinadas condutas como mecanismos de repressão para a manutenção do sistema econômico-político de dominação a uma linha que descobre as pretensões de neocriminalização especialmente de esquerdas: delitos de discriminação, delitos em que as vítimas são mulheres maltratadas, etc. [...]. O quadro, contudo, estaria incompleto, evidentemente, se não se fizesse uma referência a uma mudança de atitude também por parte da direita política [...] [que] descobriu que a aprovação de normas penais é uma via para adquirir matizes políticos "progressistas". Tanto quanto a esquerda política tem aprendido o quão rentável pode ser o discurso do *law and order*, antes monopolizado pela direita política, esta se soma, quando pode, à ordem do dia político-criminal que caberia supor, em princípio, pertencer à esquerda, uma situação que gera uma escalada em que ninguém tem disposição de discutir de verdade questões de política criminal no âmbito parlamentar, e em que a demanda indiscriminada de maiores e "mais efetivas" penas já não é um tabu político para ninguém.

E, em relação especificamente ao Brasil, já assinalava Nilo Batista (2004, p. 82):

> O fato de que o empreendimento neoliberal esteja diretamente ligado a uma expansão qualitativamente distinta do sistema penal, necessária ao controle de contingentes humanos que ele mesmo marginalizou, já não é, contudo, tão limpidamente reconhecido, mesmo por intelectuais, lideranças e partidos críticos do ponto de vista econômico-social. Isto explica a circunstância curiosa de que, na última campanha eleitoral [2002], alguns candidatos de oposição manejassem sobre a questão criminal discursos em tudo idênticos aos de candidatos comprometidos com o projeto neoliberal.

Entre as consequências negativas da securitização, apontadas pela Escola de Copenhagen (BUZAN, 1997, p. 21), algumas são idênticas às principais preocupações de parlamentares brasileiros, como será visto: o sufocamento da sociedade civil e a criação de um Estado agressivo e intrusivo.

6.2. OPOSIÇÃO AFIRMATIVA

Uma ampla gama de atores também se posicionou de maneira contrária ao projeto de lei apresentado pelo poder executivo ao Congresso Nacional. Entretanto, o fizeram justamente por acreditar que o PL 2016/2015 era insuficiente e inadequado às necessidades de se regulamentar o combate ao terrorismo no Brasil. Haviam, em alguma medida, participado do processo de elaboração do texto, mas não tiveram suas prioridades reconhecidas na versão que foi eventualmente apresentada pela Presidência da República.

Interessante notar, inicialmente, a recalcitrância de indivíduos, ocupantes de cargos públicos, em admitir a realização de esforço de *lobby* junto ao Congresso Nacional. Parece haver uma espécie de tabu em relação a essa atividade, como se a procura por apoio, em um debate legislativo, a posições e preferências fundamentadas nas experiências e necessidades particulares a cada órgão público representasse, em algum nível, traição em relação à chefia do poder executivo. A consequência disso é que a opacidade do processo de formulação política do poder executivo se transpõe em parte para o poder legislativo.

Podem ser enxergados como atores securitizantes, na medida em que empregam retórica específica usualmente identificada a esses movimentos – termos como "urgência", "sobrevivência", etc (BUZAN, 1997, p. 14). Mobilizam aqueles fatores elencados por Beck (2002, p. 41) como responsáveis pelo desenvolvimento da sociedade mundial de risco: a falta de limites espaciais, temporais e sociais das ameaças e dos riscos. A busca pela eliminação do risco – pela precaução – exige a tomada de uma série de medidas que, de novo, se mostram excepcionais – justificadas apenas nesse cenário de urgência.

No caso da discussão sobre a Lei Antiterrorismo, não se chega ao extremo de se discutirem medidas como ataques militares preemptivos ou a utilização da tortura, mas algumas medidas que poderiam ser consideradas ao arredio da ordem constitucional foram consideradas desejáveis, como o julgamento de civis pela Justiça Militar e a realização de mandados de busca e apreensão e de prisão com controle judicial posterior.

Com frequência, não percebem ou então minimizam os impactos ou consequências adversas que o acolhimento dessas preferências teria. E tendem a apresentá-las como se fossem soluções técnicas, não reconhecendo o caráter inerentemente político das opções legislativas a se fazer. Mais problemático, entretanto, é que a insistência no sigilo gera, na maioria dos casos, uma cacofonia que é prejudicial à imagem dos próprios órgãos. Explica-se: ao invés de apresentar publicamente determinadas preferências e fundamentá-las a partir do conhecimento e experiência únicos de cada um desses órgãos, tendem a promovê-las de maneira sigilosa ou secreta, abrindo espaço para que opositores políticos as percebam e as representem como 'piores' do que efetivamente o são.

Compreende-se que a escolha em relação à estratégia política adotada decorre de diversos fatores, e que a apresentação de posição contrária à da Presidente, a quem muitos dos atores se encontram diretamente subordinados, mostra-se no mais das vezes inviável. Entretanto, e mais especificamente em relação a órgãos como as Forças Armadas e a ABIN, em relação aos quais existe, em função das experiências históricas do Brasil, algum nível de desconfiança na sociedade, a estratégia do sigilo acaba reforçando percepções prejudiciais.

Uma estratégia frequentemente empregada para se contornar esse obstáculo é o emprego das associações de classe, representativas dos funcionários de determinado órgão, para realizar o esforço de *lobby* de maneira mais aberta. No caso do PL 2016/2015, destaca-se o papel da Associação Nacional dos Procuradores da República (ANPR), correspondendo ao MPF, e da Associação Nacional dos Delegados da Polícia Federal (ADPF), à PF.

Retornando ao ponto inicial, vale destacar explicitamente quais foram os órgãos que ficaram insatisfeitos com o formato do PL 2016, de acordo com um funcionário do alto escalão do governo federal: Ministério da Defesa e Forças Armadas, Ministério Público Federal, GSI/ABIN e Polícia Federal. Esses órgãos atuariam, de uma forma ou de outra, no processo legislativo, com objetivo de promover suas preferências. Isso não quer dizer que se trate de bloco uniforme. Pelo contrário, existem algumas tensões entre eles que serão exploradas ao longo do capítulo. No mais, essas preferências se alteram conforme o processo legislativo evolui e novas alternativas surgem ou outras se tornam inviáveis. A avaliação desses órgãos em relação à versão inicial do PL 2016/2015 serve, entretanto, de bom ponto de partida.

6.2.1. Ministério Público Federal

O Ministério Público Federal é a entidade responsável pela persecução criminal de crimes cuja competência de julgamento é da Justiça Federal no país, ou seja, aquele que promove a ação penal pública contra os acusados, em nome do Estado brasileiro (art. 129, I CF e Lei Complementar nº 75/1993). Além disso, na qualidade de membro da missão brasileira ao GAFI e membro da ENCCLA, o MPF e seus membros passaram também a ter contato direto com as demandas internacionais relativas ao aprimoramento do ordenamento brasileiros sobre lavagem de dinheiro e financiamento do terrorismo. É nessas duas chaves que se focava a preocupação desse ator[293] no que se referia ao PL 2016/2015. Isso fica

---

293 Para fins explicativos, o MPF, assim como os outros atores a serem mencionados, serão tratados como unitários e uniformes – dando ênfase às preferências e às prio-

claro a partir das afirmações de José Robalinho Cavalcanti, presidente da Associação Nacional dos Procuradores da República (ANPR):

> Este projeto está tecnicamente equivocado e não cumpre as obrigações assumidas pelo país, pois, a rigor, e ao contrário do noticiado, não tipifica o crime de terrorismo [...]. Como operador de direito penal, terei dificuldade de colocar essa interpretação. Isso em cima do mesmo fato, da recusa de tipificar o crime de terrorismo (FERNANDES et al., 2015).

A ANPR é órgão de representação de classe dos membros do Ministério Público Federal. Em 2 de julho de 2015, liberou uma nota técnica (Nota Técnica PRESI/ANPR/JRC nº 009/2015) que teve grande impacto nas discussões sobre o PL 2016/2015.

Interessante pontuar que essa nota técnica, assim como a da ADPF, ao invés de abertamente criticar o PL 2016/2015, promove outro projeto de lei que trata do tema, de maneira, essas associações percebem, mais adequada. Parece mais um sinal da tentativa de se evitar, pelo menos de início, críticas frontais a um projeto de autoria da Presidência e gerar atritos, mas, ainda assim, marcar posição no debate político. A nota técnica da ANPR faz referência ao PLS 44/2014, de autoria do Senador Romero Jucá, já mencionado no capítulo IV (ANPR, 2015).

A ANPR sustenta a necessidade de uma regulamentação para o combate ao terrorismo com base em dois fatores: (i) o fato de se tratar de "uma indesculpável lacuna no nosso ordenamento jurídico – além de também se constituir em uma previsão constitucional não cumprida, mesmo quase 27 anos após a promulgação de nossa Carta Magna" – claro exemplo do emprego de *grafting*, quando se associa uma norma a outra com maior legitimidade e (ii) as obrigações internacionais não cumpridas, principalmente aquela perante o GAFI, e a possibilidade de o país vir a se tornar alvo de sanções (ANPR, 2015, p. 2-4).

O MPF também faz parte das delegações brasileiras junto àquele órgão e, como a visita do Presidente do GAFI à PGR mostra, está intimamente ligado àquela burocracia internacional. Ainda assim, fica clara a estratégia de *framing* – mesmo a associação representativa dos membros do MPF, órgão responsável pela persecução criminal, não menciona eventual prejuízo que a lacuna legislativa estivesse trazendo para investigação ou processos de financiamento de terrorismo ou terrorismo.

---

ridades projetadas, as quais foram capazes de influenciar o debate político. Sabe-se, entretanto, que existem, com frequência, gradações e discordâncias internas. Por exemplo, no caso do MPF, a posição da Procuradoria dos Direitos do Cidadão era "mais refratária à ANPR" (VASCONCELOS, 2016).

Prefere, de outro lado, apontar o constrangimento internacional que essa deficiência causa[294].

A nota técnica não tarda a enfrentar de frente a questão do PL 2016/2015:

> Ocorre que – e demonstrar este fato é um dos objetivos da presente Nota Técnica – o projeto encaminhado pelo Poder Executivo (PL 2016/2015), em que pese a intenção meritória e a quebra da inércia em enfrentar tão relevante tema, está, com a devida vênia, tecnicamente equivocado, e não cumpre as obrigações assumidas pelo país, pois, a rigor, e ao contrário do anunciado, NÃO tipifica o crime de terrorismo, conforme adiante se demonstra. Mais: se não tipifica e não conceitua o terrorismo – e não o faz –, torna-se no mínimo duvidosa a aplicabilidade prática também ao crime de financiamento do terrorismo (ANPR, 2015, p. 4-5).

São apontadas, em seguida, algumas das principais deficiências do PL 2016: (i) não menciona, nem define o termo 'terrorismo', se tratando de "tipificação indireta – insuficiente e pouco técnica", (ii) a opção legislativa de se alterar a Lei de Organizações Criminosas seria inadequada, tendo em vista que terrorismo e crime organizado são fenômenos completamente diferentes, com formas de prevenção e combate distintas, (iii) como a Lei de Organizações Criminosas só se aplica a grupos com quatro ou mais pessoas, células terroristas menores não estariam abarcadas, (iv) a forma de se criminalizar atos preparatórios[295] seria inadequada, incompleta e insuficiente para abarcar todas as hipóteses de atos preparatórios para a prática de terrorismo, prejudicando os esforços de se prevenir atentados[296] e, por fim, (v) a desproporcionalidade de penas e não aplicação das restrições correspondentes aos crimes hediondos em muitos dos possíveis casos de terrorismo (ANPR, 2015, p. 9-15).

---

294 Por exemplo, aponta que se trata de um "vexame" e que "a demora do governo brasileiro surpreendeu os demais membros do GAFI, quando se leva em conta que até Cuba, Bolívia e Rússia já adequaram suas legislações. O Brasil é o único integrante do G-20 que não possui leis para coibir o financiamento do terrorismo" (ANPR, 2015, p. 2-3). A menção a três países frequentemente vistos como tendo relações tensas com os EUA não parece acidental e sinaliza a importância dessa adequação legislativa para que o Brasil não esteja em mora com o projeto norte-americano de combate ao terrorismo (e perpetuação da unipolaridade).

295 PL 2016/2015, art. 2º-B, §2º – "As penas aplicadas no caput serão reduzidas de um terço a três quartos em caso de prática de ato preparatório de crime contra a pessoa, o patrimônio, a incolumidade pública, contra a paz pública quando a conduta for praticada com motivação e finalidade de que trata o inciso II do §2º do art. 1º".

296 Sinaliza-se até que, naquelas condições, "os agentes de Estado que agissem para impedir atos terroristas ainda em preparação ficariam sujeitos até mesmo a punições cíveis e criminais". Essa é uma preocupação também já veiculada pela Polícia Federal.

Em seguida, se passa a apontar as vantagens do PLS 44/2014. A definição de terrorismo constante naquele projeto[297] é apresentada como superior justamente por não demandar uma motivação – "o ato terrorista nem sempre tem identificação viável com uma clara e expressa motivação política, religiosa ou racial" (ANPR, 2015, p. 18). Conforme evidenciado nas discussões sobre a definição de terrorismo, no capítulo II, entretanto, a motivação é elemento dos mais frequentes – o aspecto político, por exemplo, é o segundo elemento mais encontrado em definições de terrorismo, de acordo com Alex Schmid (1984). A ausência de exigência de motivações gera uma ampliação do escopo de aplicação da norma antiterrorista.

São apontados, ainda, dois elementos que poderiam ser aprimorados no PLS 44/2013. Primeiro, a ANPR sugere que se insira previsão expressa no sentido de que são aplicáveis os instrumentos e mecanismos de investigação previstos na Lei de Organizações Criminosas[298] aos casos relacionados a terrorismo. Segundo, indica a necessidade de uma tipificação expressa dos atos preparatórios (ANPR, 2015, p. 23-24). Estes seriam dois dos pontos mais polêmicos ao longo da tramitação do PL 2016/2015.

Por fim, a ANPR manifesta-se a favor da aprovação do PLS 44/2014. Essa indicação precisa ser matizada por alguns fatores, entretanto. Aquele projeto encontrava-se já estagnado no Senado Federal, mais especificamente na CCJC, há mais de um ano, aguardando a designação de novo relator. De outro lado, o PL 2016/2015 havia sido apresentado com urgência constitucional, indicando que seria necessariamente apreciado em um curto prazo de tempo. As chances dessas tendências se inverterem eram mínimas. As críticas e as sugestões apresentadas poderiam, todavia, ser aproveitadas para alterar o PL 2016/2015, o que parece ter sido o objetivo efetivo da nota técnica.

---

297 PLS 44/2014, art. 2 – "Provocar ou infundir terror ou pânico generalizado mediante ofensa ou tentativa de ofensa à vida, à integridade física ou à saúde ou à privação da liberdade de pessoa".

298 São eles, de acordo com o art. 3 da Lei de Organizações Criminosas: I – colaboração premiada; II – captação ambiental de sinais eletromagnéticos, ópticos ou acústicos; III – ação controlada; IV – acesso a registros de ligações telefônicas e telemáticas, a dados cadastrais constantes de bancos de dados públicos ou privados e a informações eleitorais ou comerciais; V – interceptação de comunicações telefônicas e telemáticas, nos termos da legislação específica; VI – afastamento dos sigilos financeiro, bancário e fiscal, nos termos da legislação específica; VII – infiltração, por policiais, em atividade de investigação, na forma do art. 11; VIII – cooperação entre instituições e órgãos federais, distritais, estaduais e municipais na busca de provas e informações de interesse da investigação ou da instrução criminal".

O alcance dessa nota técnica foi mais significativo do que se usualmente espera de um documento dessa natureza. Recebeu cobertura tanto de veículos de imprensa mais amplos (*O Estado de São Paulo, Revista Exame*), quanto daqueles dedicados a debates jurídicos (Conjur, Jota). Seu impacto foi reconhecido pela Dep. Jô Moraes (PCdoB-MG) que afirmou, em 4 de agosto de 2016[299], que "há uma pressão grande, sobretudo da parte da ANPR, de que se faça um projeto abrangente [...]. A emenda substitutiva apresentada pelo Dep. André Figueiredo representa o conteúdo defendido pela ANPR". O reconhecimento do seu impacto ficará mais claro conforme se notará como essas sugestões foram incluídas nas proposições em trâmite.

6.2.2. Polícia Federal

A competência da Polícia Federal no que se refere ao combate ao terrorismo pode ser depreendida da própria Constituição Federal, que lhe atribui, no art. 144, §1º, a missão de "apurar infrações penais contra a ordem pública e social ou em detrimento de bens, serviços e interesses da União [...], assim como outras infrações cuja prática tenha repercussão interestadual ou internacional e exija repressão uniforme". A Lei nº 10.446 de 2002 lista alguns dos crimes que se qualificariam dentro desta definição, embora não mencione o terrorismo. De fato, o PL 2016/2015, na sua versão original, pretendia alterar essa lei para incluir expressamente o terrorismo dentre as condutas cuja competência de investigar seria da Polícia Federal.

O reconhecimento da competência da Polícia Federal para atuar no combate ao terrorismo, tanto em atividades preventivas, quanto em ações repressivas, se confirmou com a criação do Serviço Antiterrorismo, em 1994, principalmente em resposta aos atentados terroristas que ocorreram Buenos Aires naquele mesmo ano. Em 2012, foi renomeado Divisão Antiterrorismo, permanecendo dentro do âmbito da Diretoria de Inteligência Policial, cuja competência para planejar e executar ações de antiterrorismo se encontra reconhecida no art. 40 do Dec. nº 8.668/2016 (CALI, 2016).

Estruturalmente, é importante lembrar que a Polícia Federal se encontra localizada no âmbito do Ministério da Justiça, órgão, que, por meio da Secretaria de Assuntos Legislativos, havia manifestado preferências bastante diversas da PF no que se referia ao texto da Lei Antiterrorismo. A partir do momento em que determinadas demandas Polícia Federal não foram

---

299 As notas taquigráficas dos debates parlamentares realizados nesse dia se encontram disponíveis em: <http://www.camara.leg.br/internet/plenario/notas/ordinari/2015/8/V0408151400.pdf>. Acesso em 17 fev. 2017.

recepcionadas pelo projeto enviado pelo poder executivo para o Congresso, recorre-se ao *lobby*, na expectativa de se encontrar guarida àquelas demandas. É o que reconhece o então presidente da Associação Nacional dos Delegados da Polícia Federal (ADPF), Marcos Leôncio Ribeiro:

> Havia uma posição que é natural para o Dept. da PF, por seu um órgão vinculado ao MJ, o que acontece no debate legislativo? Você chama as partes, tenta um alinhamento para, ao chegar no Congresso, não ter o MJ com uma posição e a PF com outra. O que a ADPF fez, como entidade de classe e agente sempre procurou fazer isso na minha gestão, foi [esclarecer] que não temos o compromisso da instituição. Temos o compromisso do que a gente tentou no canal institucional, mas não conseguimos e vamos tentar aqui pelo canal classista.

Uma das formas de influenciar o debate no Congresso foi a publicação de uma nota técnica (Nota Técnica ADPF nº 003/2015). De forma ainda mais circunspecta, a nota técnica da ADPF não faz sequer menção ao PL 2016/2015, se referindo, ao revés, ao PL 5773/2013, de autoria do Deputado Onix Lorenzoni (Dem-RS). Em se tratando de um projeto de lei com chances mínimas de ser aprovado – não havia sido apreciado por nenhuma das comissões da Câmara e foi apensado a outro projeto (PL 4674/2012)[300] – a única forma de compreender essa nota é como uma forma indireta de se oferecer opiniões (e críticas) ao PL 2016/2015. Até pelo fato de propor muitas alterações ao PL 5773/2013, fica evidente que o objetivo não é promovê-lo especificamente.

Novamente, é interessante perceber como o exercício de *framing*[301] continua sendo realizado, mesmo nesse momento da localização. Nota-se que é um exercício em favor da localização, mas, na realidade, de uma versão particular da localização que atende aos interesses da Polícia Federal. A nota técnica da ADPF assenta a necessidade de uma regulamentação mais detalhada do combate ao terrorismo na finalidade de:

> (1) Afastar o vazio legislativo hoje reinante no tema da prevenção e da repressão ao terrorismo no Brasil, fato que fragiliza o posicionamento do Estado Brasileiro no contexto da comunidade internacional; (2) prover os órgãos de persecução

---

[300] Um requerimento de urgência para sua tramitação foi rejeitado pelo Plenário da Câmara em março de 2015 e desde então não teve mais nenhuma movimentação. Outro requerimento, para fosse apensado ao PL 2016/2015, foi indeferido pelo Presidente da Câmara.

[301] De forma semelhante, a estratégia de *grafting* continua sendo empregada. Afirma Leandro Daiello Coimbra (2016), Diretor-Geral da PF: "A Constituição Federal, promulgada há mais de 27 anos, já previa o repúdio ao terrorismo como baliza do Estado brasileiro em suas relações internacionais e a impossibilidade de se conceder anistia, indulto ou graça para quem o cometer. São atos extremamente reprováveis, injustificáveis, cruéis e desumanos. Daí porque merecem uma resposta do Estado à altura".

criminal, notadamente a Polícia Judiciária, o *Parquet* e o Poder Judiciário, de instrumental legal para levar a termo atos legítimos de prevenção e repressão ao terrorismo no território nacional; (3) trazer segurança jurídica à sociedade brasileira na medida em que atos de terror afetam precipuamente o bem jurídico da incolumidade pública e traz instabilidade ao tecido social do ponto de vista da segurança pública; (4) delimitar o espectro do alcance da legislação sobre o terrorismo pondo longe desta legislação movimentos sociais de atuação legítima no Brasil (ADPF, 2015, p. 1-2).

Nesse sentido, torna-se um obstáculo a falta de conscientização da população e da classe política brasileira sobre o risco representado pela ameaça terrorista. É o que sinaliza Marcos Ribeiro: "Qual foi a nossa maior dificuldade? Do ponto de vista ideológico[302], há uma discussão de que o fenômeno do terrorismo não é um problema imediato no Brasil". Assim, independentemente de qualquer análise sobre a plausibilidade das ameaças identificadas, faz-se necessária a articulação de um discurso de securitização para que sejam disponibilizados os instrumentos excepcionais de investigação e os recursos considerados necessários. Essa articulação não será engendrada unicamente pela Polícia Federal, como se verá a seguir.

Esse discurso se opera de diversas maneiras. Como referido, a macrossecuritização do terrorismo garante que outras questões temáticas sejam submetidas àquele esforço. A associação de outros temas com o terrorismo era uma forma de se sinalizar, com maior plausibilidade para a audiência, a importância de legislação sobre terrorismo:

Marcos Ribeiro, Presidente da ADPF 2014-2015:
Outra grande questão da PF era o seguinte: tínhamos consciência de que o Brasil, *a priori*, concordando com a corrente diplomática e ideológica, não é um alvo em potencial para ataques terroristas. Mas, como a PF, nas décadas de 90 e 2000, começou a investir muito na questão da lavagem de dinheiro, crimes financeiros, havia sim uma consciência de que o Brasil é sim um centro onde circulavam recursos, e esses recursos, não só para atividades ilícitas, tráfico de drogas, mas eram utilizados, eventualmente, também para a questão do terrorismo.

Lembra-se, entretanto, as estatísticas apresentadas pelo próprio GAFI que indicavam que nenhuma investigação ou processo judicial haviam sido abertos em função de financiamento de terrorismo, pelo menos até 2009. Um possível contraponto é que, antes da Lei Antiterrorismo, havia dificuldades em se investigar casos sob a rubrica de financiamento do terrorismo, se preferindo trabalhá-los por crimes correlatos, como lavagem de dinheiro e evasão de divisas. Outra fonte de dificuldade é que a legislação brasileira, como referido, fazia referência às listas de organismos

---

302 A contraposição entre a oposição, dita "ideológica", e as avaliações da PF, ditas "técnicas", é digna de nota.

internacionais para definir quais eram organizações terroristas, o que resultava em um rol bastante restrito[303].

A apresentação de instância em que, supostamente, se verificou a presença de ameaças à segurança nacional é fundamental para aquele discurso. Uma experiência relacionada a isso foi recontada pelo Dep. Alessandro Molon:

> eu me lembro de uma reunião [...], em que a Polícia Federal esteve presente, dois ou três agentes (ou uma delegada ou delegado e um agente), dizendo "olha, a gente está monitorando, a gente tem preocupação, e está faltando uma lei para dar algum suporte para a gente na prevenção desse tipo de coisa". Aí eu me lembro de ter perguntado: "mas vocês identificaram, de fato, alguma coisa? Tem gente vindo para o Brasil para isso, vocês estão percebendo alguma movimentação nesse sentido?" [A resposta foi:] "Estamos, sobretudo 'lobo solitário', mas tem, e a gente está precisando de uma lei".

A referência genérica à pressão internacional em decorrência da recepção de grandes eventos[304] representa outro componente desse discurso, viável porque não verificável. Como mencionado, as condições para que um ato de fala – securitizador – seja bem-sucedido podem ser divididas em duas categorias: as internas e as externas (BUZAN et al., 1998, p. 32-33). As externas aqui ganham maior destaque. Os atores envolvidos partem de uma posição de autoridade por seu conhecimento, específico e raramente questionado. O fato de partirem de informações privilegiadas, que, quando veiculadas, o são de maneira genérica e incompleta, diminui o espaço de contestação.

A pressão internacional a que se refere a Polícia Federal não é aquela imposta pelo GAFI, que efetivamente desencadeou esse processo legislativo. De fato, esse órgão não é sequer mencionado. Confirma-se a noção de que desencadeado esse processo, outros atores aproveitaram-se dessa oportunidade única, em que o núcleo político do governo federal havia consentido, pela primeira vez, em apoiar legislação sobre terrorismo, para promover suas próprias agendas.

Outro obstáculo era exatamente a associação entre legislação de combate ao terrorismo e a criminalização de movimentos sociais[305]. Entendendo

---

303 Esse é um de atrito entre a PF e o MRE, já que aquela critica a posição de neutralidade diplomática do Brasil em não considerar terroristas determinadas organizações, como FARC e Hamas, como menciona Marcos Ribeiro.

304 Afirmou Marcos Leôncio: "E a comunidade internacional cobrava bastante que a gente cumprisse essa agenda. Foi um dos compromissos que o Brasil assumiu em relação aos grandes eventos".

305 Afirmou Marcos Leôncio: "Ficávamos preocupados com o viés ideológico prejudicando uma questão que, no pensar da PF, era técnica, [quando argumentavam:] "Eu não vou dar os meios porque isso vai ser utilizado para criminalizar movimentos sociais".

esse ponto como a razão pela qual esforços anteriores de se tipificar o terrorismo não haviam prosperado, procurava-se reafirmar, em diversos momentos, como visto no ponto (4) da nota técnica, que esse não era o propósito da legislação. A minimização da possibilidade de que aquilo viesse a acontecer é, portanto, essencial. Nesse sentido, o então Diretor-Geral da Polícia Federal, Leandro Daiello Coimbra (2016) afirma:

> Outro temor manifestado por alguns grupos é de que as manifestações populares e movimentos sociais possam ser alcançados pela nova lei. Trata-se de raciocínio completamente desprovido de fundamento. Primeiramente porque o crime de terrorismo somente se configura quando comprovadas motivações e finalidades terroristas específicas previstas no dispositivo legal.

Não se trata, entretanto, de posição consensual, mesmo na Polícia Federal. É o que se nota, por exemplo, pela afirmação do Superintendente Regional do Departamento de Polícia Federal do Mato Grosso do Sul Wantuir Francisco Brasil Jacini (2002):

> Nota-se que, apesar de a Lei n. 7.170, de 1983, trazer lembranças políticas da época do regime de exceção, ela foi devidamente recepcionada pela Constituição cidadã de 1988, abrangendo condutas fundadas por motivações políticas dos agentes delituosos, v.g., as invasões de prédios públicos federais; manifestações criminosas de movimentos sociais; movimentos paredistas de servidores públicos federais; protestos e manifestações de caminhoneiros, trabalhadores sem-terra e grupos indígenas.

Mesmo a memória da ditadura militar permaneceria como um obstáculo à produção de legislação sobre terrorismo, em função "[d]essa coisa mal resolvida no Brasil de segurança nacional". Ao se comparar com entidades congêneres, Marcos Ribeiro enxergou esse problema como particular do Brasil:

> Hoje, no Brasil, você tem uma lei [de Segurança Nacional] que se você citar, automaticamente você é taxado de retrógrado, conservador, resquício da ditadura, mas é uma necessidade do ponto de vista técnico. A PF, como qualquer polícia no mundo, entende que nós precisamos de leis que regulamentem a proteção interna do Estado. Mas tem essa dificuldade de como lidar com a questão.

Nesse sentido, fica evidente, inclusive, que, em diversos momentos, temeu-se que a expansão do escopo da lei, no curso do processo legislativo, pudesse colocar em risco as suas chances de ser eventualmente sancionada. Sente-se, assim, uma tensão entre agir para aumentar o escopo da lei, buscando as prioridades identificadas a seguir, e evitar que o debate se ampliasse, o que colocaria em risco toda a discussão. Marcos Leôncio sinaliza isso, afirmando que "a gente tinha chegado a um bom termo no PL do Executivo. Só que essa disputa ideológica na Câmara e no Senado nos causava um receio de entrar novamente em um atrito e não se ter nenhuma lei – e esse era o pior cenário".

De maneira semelhante à nota da ANPR, nota-se uma preocupação com dois elementos: a disponibilização dos mecanismos e instrumentos investigatórios da Lei de Organizações ao combate do terrorismo, ressaltando-se a excepcionalidade desse fenômeno[306], e a questão dos atos preparatórios. Esses eram os dois pontos essenciais, como reconhecem:

> Marcos Ribeiro, Presidente da ADPF:
> O que a gente mais tentava convencer a todos os envolvidos era em relação ao que era importante para a PF: um conceito de atos preparatórios – a gente precisava saber o que seria considerado ato preparatório, com foco no Brasil, pelo histórico, no financiamento ao terrorismo; era o que o pessoal comentava como as grandes matizes. Atos preparatórios, focado em financiamento. E uma outra coisa que a gente tentava [convencer] era o seguinte: quantos mais meios de obtenção de prova ágeis e dinâmicos, inclusive seria a Lei nº 12.850 potencializada, era o que a gente tentou na Câmara, no Senado e no MJ avançar.

> Leandro Daiello Coimbra (2016), Diretor-Geral da PF:
> Portanto, é premente a necessidade de previsão legal expressa para punição de atos preparatórios de atentados terroristas e para adoção de mecanismos especiais de investigação e obtenção de provas, tais como a infiltração de agentes e a cooperação interinstitucional, já previstas na nova lei de organizações criminosas.

Em realidade, a excepcionalidade do terrorismo é elemento que fundamenta ambas as demandas. A necessidade de ações preventivas e, portanto, de que se criminalizem os atos preparatórios surge da impossibilidade de se aceitar riscos, da precaução, a qual autoriza uma série de ações excepcionais (ARADAU & VAN MUNSER, 2007, p. 95-100). Consubstanciando isso, afirma Marcos Ribeiro:

> A Polícia Federal sempre teve uma preocupação com questões técnicas – de que os meios, as técnicas existentes na legislação brasileira não eram compatíveis e adequadas para lidar com o fenômeno do terrorismo. Principalmente porque há um consenso de que não se apura o terrorismo, até porque ele já teria causado o mal. É preciso uma atuação preventiva das polícias, de inteligência e, sobretudo, um foco nos atos preparatórios.

O contraponto a isso não é a omissão ou a simples aceitação dos riscos, mas a ponderação entre as chances efetivas de que um atentado terrorista, no caso, venha a acontecer e os custos que essas ações excepcionais podem gerar para a sociedade. Calcadas na análise sobre esses custos que

---

[306] "Assim, os instrumentos ordinários de investigação não são hábeis a promover um enfrentamento otimizado que enseje a neutralização célere de uma ameaça terrorista em curso" (ADPF, 2015, p. 2).

organizações de Direitos Humanos se mobilizaram e farão da retirada da tipificação dos atos preparatórios do terrorismo uma prioridade.

Como notado, a securitização tem como objetivo final a requisição de medidas emergenciais e excepcionais (BUZAN & WAEVER, 2003, p. 491). Assim, nota-se, sem surpresa, que a pretensão da Polícia Federal não era apenas ter acesso aos métodos de investigação previstos na Lei de Organizações Criminosas, ainda que estes já se mostrem diferenciados em relação aos demais. Entre os mecanismos que interessavam, além daqueles já previstos na Lei nº 12.850/2013, se destacam a obtenção de provas com controle judicial postergado, a interceptação telefônica direta (e não via operadora telefônica) e a escuta ambiental. Nesse sentido, afirmou Marcos Ribeiro: "Entre o nada e a Lei nº 12.850, ótimo [ficar com os instrumentos da Lei nº 12.850], mas gostaríamos de um pouco mais". Fica evidente, nesse momento, que na reticência entre aceitar o possível (os instrumentos da Lei nº 12.850) e buscar o ideal (instrumentos adicionais), mas correr o risco de, pressionando o processo político para obtê-los, não conseguir nenhum (lei não ser aprovada), acabou prevalecendo a primeira alternativa.

> Marcos Ribeiro:
> Como não sou da área do terrorismo, o que diziam é que poderíamos ter mais instrumentos, mais intrusivos, que um Estado normal democrático de Direito não aceitaríamos. Acabou [a lei] dizendo para utilizar os meios que estão previstos na lei de organização criminosa, que são suficientes para a realidade brasileira. Foi feita essa opção. E até imaginamos que, havendo um risco maior, a tendência é esses meios serem [ampliados].

Essa noção de que em um cenário de maior risco, medidas excepcionais serão toleradas se coaduna perfeitamente com a prescrição do marco teórico empregado.

Por fim, a Nota Técnica da ADPF defende a criminalização de uma série de atos que seriam entendidos como preparatórios: (i) financiamento do terrorismo, (ii) petrechos para o terrorismo[307], (iii) incitação ao terrorismo, (iv) recrutamento ao terrorismo, (v) treinamento ao terrorismo, (vi) engajamento ao terrorismo internacional, (vii) favorecimento pessoal no terrorismo, (viii) associação ao terrorismo (ADPF, 2015, p. 2). Merece destaque o ponto referente ao incitamento ou apologia, justificados a partir do argumento de que "a propaganda das organizações terroristas pela internet constitui o principal meio de radicalização e recrutamento de operativos terroristas" (COIMBRA, 2016).

---

[307] "Fabricar, adquirir, receber, obter, fornecer, ocultar, possuir, manter em depósito ou guardar mecanismo, aparelho, instrumento ou qualquer petrecho com o fim de praticar quaisquer das condutas tipificadas no caput do art. 2 desta lei." (ADPF, 2015, p. 4).

O fato de a sugestão proposta para o tipo 'financiamento do terrorismo'[308] não atender às exigências do GAFI – não incluía, por exemplo, o financiamento da organização terrorista em si, independente da prática de atentados – é mais uma prova de que essas pretensões se relacionavam mais à agenda própria da PF do que à necessidade de se implementar as Recomendações do GAFI.

Por fim, demonstrando claramente o seu objetivo – influenciar o debate sobre o PL 2016, não promover o PL 5773 – a ADPF apresenta sugestões para a elaboração de um 'Estatuto Penal do Terrorismo'. De fato, alguns dos dispositivos propostos pela ADPF, acabaram sendo incluídos nos textos das propostas em discussão, especialmente o art. 14[309], que introduzia referência explícita à competência da Polícia Federal para investigar crimes de terrorismo.

Além da busca por disponibilização de medidas excepcionais, afirmou-se que a securitização era também parte de uma disputa por recursos (financeiros). Essa disputa ocorre tanto para que recursos sejam disponibilizados para essa área de segurança, quanto entre os órgãos competentes por essa área. É nesse sentido que afirma Marcos Ribeiro:

> O que há, nessa área, é uma certa disputa onde atos de terrorismo são considerados atos de guerra, e aí seria competência do MD, e atos de terrorismo que são considerados atos contra a segurança interna [competência da PF]. Esse é um divisor que não ficou muito [claro]. E durante os grandes eventos, na disputa por espaço, protagonismo e recursos, o Exército recebeu milhões para fazer um centro de combate, inclusive ao ciberterrorismo. A gente costuma dizer que os recursos vão para o Exército e o trabalho fica com a gente.

Nessa disputa, uma menção expressa à Polícia Federal na Lei Antiterrorismo poderia contribuir para que se revertesse esse quadro.

6.2.3. Ministério da Defesa e Forças Armadas

A Política Nacional de Defesa, elaborada pelo Ministério da Defesa, além de reconhecer o repúdio ao terrorismo, afirma que "é imprescin-

---

[308] "Oferecer ou receber, obter, guardar, manter em depósito, investir ou de qualquer modo contribuir para a obtenção de ativos, bens e recursos financeiros com a finalidade de financiar, custear ou promover a prática de terrorismo, ainda que os atos relativos a este não venham a ser executados" (ADPF, 2015, p. 4)>

[309] "Para todos os efeitos penais, considera-se que os crimes previstos nesta lei são praticados contra interesse da União, cabendo à Polícia Federal a sua investigação criminal, em sede de inquérito policial, e à Justiça Federal, o seu processamento e julgamento, nos termos do art. 109, IV, da Constituição Federal"

dível que o País disponha de estrutura ágil, capaz de prevenir ações terroristas e de conduzir operações de contraterrorismo". No mais, os principais documentos-referência[310] das Forças Armadas e do Ministério da Defesa – a Estratégia Nacional de Defesa e o Livro Branco de Defesa Nacional[311] – fazem poucas referências ao terrorismo. De destaque, apenas a Estratégia Nacional de Defesa, que atribui a prevenção de atos terrorismo ao Ministério da Defesa, da Justiça e ao Gabinete de Segurança Institucional (MINISTÉRIO DA DEFESA, 2012).

A atuação das Forças Armadas nas ações de combate ao terrorismo é mais restrita do que a da Polícia Federal. Isso porque a Constituição Federal e demais normas do ordenamento brasileiro reservam às Forças Armadas "a defesa da Pátria e garantia dos poderes constituídos" (art. 144, CF e art. 15, Lei Complementar nº 97/1999). Mais especificamente, as Forças Armadas atuam no enfrentamento ao terrorismo com atividades de: "inteligência, defesa cibernética, fiscalização de produtos controlados, adestramento, capacitação e planejamento". Neste cenário, "a Polícia Federal tem muito mais atribuições[312]" (GOMES, 2015a).

Existe, entretanto, a possibilidade de acionamento das Forças Armadas para Garantia da Lei e da Ordem (GLO), cenário no qual o seu papel no combate ao terrorismo cresce. A atuação em GLO é prevista na Constituição Federal (art. 144), mas depende não só de determinação do Presidente da República, como também do esgotamento[313] dos "instrumentos destinados à preservação da ordem pública e da incolumidade das pessoas e do patrimônio, relacionados no art. 144 da Constituição Federal"[314].

A atuação em GLO pelas Forças Armadas prescinde de decreto presidencial autorizativo, o qual detalhará e delimitará essa atuação, regida ainda pela Constituição Federal, pela Lei Complementar nº 97/1999 e pelo Decreto nº 3.897/2001. Operações em GLO podem ser conceituadas como:

---

[310] Todos previstos e reconhecidos pela Lei Complementar nº 97/1999, art. 9, §3º.

[311] Disponível em: < http://www.defesa.gov.br/arquivos/2012/mes07/lbdn.pdf>. Acesso em 1 mar. 2017.

[312] São elencadas: "cooperação internacional, [controle de] imigração, polícia judiciária, segurança de dignitários, vistoria e contramedidas, segurança de portos e aeroportos e inteligência e antiterrorismo" (GOMES, 2015b).

[313] LC 97/1999, art. 15 § 3º – "Consideram-se esgotados os instrumentos relacionados no art. 144 da Constituição Federal quando, em determinado momento, forem eles formalmente reconhecidos pelo respectivo Chefe do Poder Executivo Federal ou Estadual como indisponíveis, inexistentes ou insuficientes ao desempenho regular de sua missão constitucional".

[314] Art. 15, §2º Lei Complementar nº 97/1999.

Operação militar conduzida pelas Forças Armadas, de forma episódica, em área previamente estabelecida e por tempo limitado, que tem por objetivo a preservação da ordem pública e a incolumidade das pessoas e do patrimônio em situações de esgotamento dos instrumentos previstos para isso no art. 144 da Constituição ou em outras em que se presuma ser possível a perturbação da ordem (MINISTÉRIO DA DEFESA, 2013).

Com o acionamento da GLO, as Forças Armadas passam a ter atribuição para desenvolver as seguintes atividades de enfrentamento ao terrorismo: "policiamento ostensivo, ações de natureza preventiva ou repressiva, emprego operacional, defesa química, biológica, radiológica e nuclear (vistorias e varreduras), prontidão frente a contingências e resposta imediata" (GOMES, 2015a). Podem assumir as ações de competência das Polícias Militares (art. 3, Dec. nº 3.897 de 2001), o que implica em atuação no combate ao crime, incluindo-se o terrorismo.

Resume a situação o General Luiz Felipe Linhares Gomes (2015b):

No cenário de hoje, as Forças Armadas têm uma parte limitada de atuação, por isso é muito importante que a gente veja e haja esse intercâmbio, essa integração, porque o Ministério da Justiça tem inúmeras outras possibilidades desde hoje. Nós só vamos ampliar essas possibilidades quando a Presidente nos autorizar a fazer Garantia de Lei e Ordem. Aquilo que inicialmente tínhamos, que era menor é ampliado enquanto o Ministério da Justiça continua com as mesmas capacidades. Passamos a ampliar essas capacidades a partir da Garantia da Lei e da Ordem.

Nos últimos anos, o acionamento da GLO tem ocorrido, principalmente, em cenários de conflitos urbanos[315] e da atuação nos grandes eventos que ocorreram no Brasil[316]. O recurso à GLO atende às necessidades dos órgãos requerentes (Presidência da República ou Governos estaduais) naquelas situações ditas excepcionais, mas também às das próprias Forças Armadas, já que geram oportunidade para investimentos no seu reaparelhamento (OLIVEIRA NETTO, 2014), além de aumentar a visibilidade de suas ações em face da população.

Essa atuação em GLO não é, entretanto, desprovida de controvérsias. A maior exposição das Forças Armadas, principalmente do Exército, faz surgir situações de denúncias e críticas semelhantes àquelas que se mencionou em relação às polícias. Por exemplo, em relação à ocupação

---

315 A participação das Forças Armadas na ocupação do Complexo da Maré, Rio de Janeiro, como parte de operação de combate à violência e ao crime organizado foi autorizada e regulamentada por Decreto Presidencial de 31 de março de 2014, balizado pelo Aviso nº 106/2014 do GSI, e pela Diretriz Ministerial MD nº 9/2014.

316 A atuação das Forças Armadas durante as Olimpíadas foi autorizada por meio de Decreto Presidencial de 8 de agosto de 2016.

do Complexo da Maré, o dossiê do Comitê Popular da Copa e Olimpíadas do Rio de Janeiro (2015, p. 111) afirmou que:

> A ocupação do Exército foi trocada pela Polícia Militar no dia 30 de junho deste ano. Nos 15 meses em que permaneceu na Maré, o Exército empregou 23,5 mil militares, 85% do contingente destinado à ocupação do Haiti, sendo coordenada por sete comandantes diferentes, que trocavam entre si a cada dois meses aproximadamente. Esse período é marcado pelas abordagens abusivas, manutenção dos tiroteios, prisões ilegais, inclusive por desacato, morte de 21 moradores, sendo o último caso o de Vanderlei Conceição de Albuquerque, 34 anos, que foi atingido, em 18 de junho de 2015, dentro de sua residência. Familiares afirmam que um militar do Exército atirou deliberadamente em Vanderlei.

Essas críticas, que também devem ser compreendidas à luz do histórico[317] de tensão entre as Forças Armadas e movimentos sociais e reivindicatórios, deixam claro que o papel das entidades na discussão sobre a Lei Antiterrorismo precisa ser compreendido e contextualizado em função de experiências diversas, muitas das quais não relacionadas à questão específica do terrorismo. Dessa forma, mesmo essas experiências mais recentes e geograficamente limitadas exerceram um papel na construção da desconfiança dos movimentos sociais e organizações de Direitos Humanos em relação ao papel das Forças Armadas no processo legislativo em estudo.

O Manual do Ministério da Defesa, com instruções para a atuação das Forças Armadas em ação de GLO, foi também alvo de controvérsias nesse sentido. Inicialmente, em versão de 2013, definia as chamadas Forças Oponentes como "pessoas, grupos de pessoas ou organizações cuja atuação comprometa a preservação da ordem pública ou a incolumidade das pessoas e do patrimônio" (MINISTÉRIO DA DEFESA, 2013). Reconhecendo as críticas referentes à possibilidade de se enquadrar, nessa definição, movimentos sociais e populares (OLIVEIRA NETTO, 2014), substituíram-se as Forças Oponentes por Agentes de Perturbação da Ordem Pública, definidos como "pessoas ou grupos cuja atuação momentaneamente comprometa a preservação da ordem pública ou ameace a incolumidade das pessoas e do patrimônio" (MINISTÉRIO DA DEFESA, 2014).

---

317 "A lógica bélica baseada nos dispositivos de controle estruturados no racismo e aprofundados no período da ditadura civil-militar-empresarial sofre, na década de 1960, novo recrudescimento com a guerra às drogas. Hoje se percebe que os megaeventos vêm representando novo período de aprofundamento, normalização e agravamento destas estruturas, funcionando como um instrumento de política de genocídio negro e repressão de favelas e periferias, acentuando ainda mais a criminalização dos movimentos sociais". (COMITÊ POPULAR DA COPA E OLIMPÍADA DO RIO DE JANEIRO, p. 101, 2015)

Uma prioridade das Forças Armadas no que se refere à atuação em GLO se repetiria na discussão sobre a Lei Antiterrorismo. Particularidade em relação aos outros órgãos discutidos, as Forças Armadas e seus membros são abrangidas pela jurisdição da Justiça Militar e um esforço que empreendem é para ampliar esta jurisdição. De um lado, o art. 15, §7º da Lei Complementar nº 97/1999 já prevê que, mesmo nos casos de atuação em GLO, os militares estarão sujeitos à Justiça Militar – o que não é, entretanto, inconteste[318]. Existe, afinal, previsão constitucional atribuindo competência ao tribunal do júri para julgamento de crimes dolosos contra a vida (art. 5, XXXVII, d), o que abarcaria militares.

De outro, militares já sinalizaram a pretensão de que mesmo crimes cometidos por civis, em determinadas circunstâncias específicas, como desacato contra autoridades militares em comunidades ocupadas, fossem de competência da Justiça Militar (RECONDO, 2015). Não surpreende, portanto, a pretensão de militares de que os acusados por crimes de terrorismo fossem submetidos à Justiça Militar.

> Ivan Gonçalves, Coordenador de Atividades Parlamentares do Ministério da Defesa: Em relação a atos de terrorismo, a Justiça Militar é muito mais séria e tem um número de instâncias muito menor do que a Justiça Civil. Isso quer dizer o seguinte: na Justiça Militar não tem esses atos protelatórios, os processos lá se resolvem em um, dois anos. Quando se vai para a polícia civil, para a Justiça Civil, as instâncias são muito maiores, os atos protelatórios muito maiores. A gente queria que ficasse sob a guarda da Justiça Militar, invocando a Lei de Segurança Nacional, mas a gente perdeu. E ganhou a Polícia Federal.

Se na questão dos recursos e das atribuições parece haver alguma oposição entre Polícia Federal e Forças Armadas, nesse ponto, é o Ministério Público que se opõe de maneira mais contundente à expansão da jurisdição da Justiça Militar. Além de ter ajuizado a já mencionada ADI nº 5.032, a PGR insurgiu-se contra também a disposição do Código Penal Militar que confere competência para a Justiça Militar julgar civis em tempo de paz (ADPF nº 289). Além dessas instâncias, o Ministério Público Federal emitiu Nota Técnica contra o PL nº 44/2016, que pretendia expandir a competência da Justiça Militar para julgar crimes dolosos contra a vida praticados por militares[319]. Sancionado em 13 de outubro de 2017, este

---

318 Tal dispositivo foi questionado pela Procuradoria Geral da República, por meio da Ação Direta da Inconstitucionalidade nº 5.032, ainda pendente de julgamento.

319 Nota Técnica assinada pela Procuradora Federal dos Direitos do Cidadão Deborah Duprat, pela Coordenadora da 2ª Câmara de Coordenação e Revisão do MPF, Luiza Cristina Fonseca Frischeisen, e pelo Coordenador da 7ª Câmara de Coordenação e Revisão do MPF, Mario Luiz Bonsaglia. Disponível em: <http://www.mpf.mp.br/pgr/documentos/nota-justica-militar-julgamento-de-homicidio-contra-civis>. Acesso em 1 mar. 2017.

projeto – agora Lei n° 13.491– garantiu que militares atuando em GLO seriam julgados pela justiça castrense.

Nesses pontos, o Ministério Público conta com o apoio de diversas organizações da sociedade de civil, as quais organizaram a campanha 'Desmilitarização da Justiça'[320], e de outros setores do governo federal, como a Secretaria de Direitos Humanos[321].

A sugestão referente à expansão da jurisdição militar, especialmente no momento em que se questiona a possibilidade de a legislação antiterror vir a ser aplicada contra movimentos sociais, mostra um certo descompasso em relação à percepção que segmento da população tem das Forças Armadas, principalmente em função das experiências históricas já mencionadas. Ainda mais destoante é a sugestão do General de Brigada Álvaro de Souza Pinheiro de que a experiência de combate aos grupos opositores à ditadura seja recuperada para fazer frente aos terroristas atuais:

> Outro aspecto importante é aproveitar a experiência prática dos que combateram o terrorismo. As FA brasileiras devem utilizar a capacitação e doutrina forjadas no combate à subversão e ao terrorismo nos anos 60-70. A solução, à época, baseada na estruturação de equipes operacionais adestradas na obtenção de informações e nas ações repressivas, e a ênfase na "vigilância", na "cobertura de ponto" e no "estouro de aparelhos" legaram um arcabouço doutrinário que produziu resultados consistentes e não pode ser desprezado ainda hoje. Além disso, não se pode ignorar o conhecimento sobre o *modus operandi* que as forças guerrilheiras utilizaram à época (CEEx, p. 13, 2008).

Voltando-se especificamente para o processo legislativo que deu origem à Lei Antiterrorismo, é digna de nota a afirmação do Coronel Ivan Gonçalves, Coordenador de Atividades Parlamentares do Ministério da Defesa, de que não houve consulta às Forças Armadas no processo de elaboração do PL 2016/2015. Nesta mesma toada, em resposta ao Pedido

---

320 Participam dessa campanha as organizações Meu Rio, Grupo Tortura Nunca Mais/RJ, Direito para Quem?, o Instituto de Defensores de Direitos Humanos e o Coletivo Papo Reto. Para mais informações, cf. <http://desmilitarizacaodajustica.meurio.org.br/>. Acesso em 1 mar. 2017.

321 A Secretária de Direitos Humanos Flavia Piovesan se posicionou de maneira contrária à proposição de expansão da jurisdição da Justiça Militar, afirmando que constituiria um "retrocesso em direitos em direitos básicos". Cf. <http://www.conectas.org/pt/noticia/46778-uol-foro-especial-militar-e-um-retrocesso-diz-secretaria-de-direitos-humanos>. Acesso em 1 mar. 2017.

de Acesso à Informação nº 60502.001412/2017-94[322], o Ministério da Defesa afirmou:

> A respeito essa fase [construção da proposta pelo Poder Executivo], cumpre destacar que o Ministério da Defesa não participou da elaboração da iniciativa que gerou a proposta de projeto de ei em comento, fato que se pode identificar através da Exposição de Motivos Interministerial (EMI) nº 00125/2015 MJ MF.

É notável que em nível oficial o Ministério da Defesa reconheça que não participou da elaboração do projeto de lei que daria origem à Lei Antiterrorismo. Não surpreende, entretanto, considerando a tradicional tensão entre Ministério da Justiça e Ministério da Defesa no tema, documentada no capítulo IV. Afinal, mostram-se inconciliáveis a diretiva da Presidente Dilma Rousseff e as pretensões do MD e das Forças Armadas no que se refere a legislação sobre terrorismo.

O Ministério da Defesa realizou uma análise inicial do projeto enviado pela Presidente Dilma Rousseff ao Congresso Nacional, a qual se consubstanciou em três documentos: o Memorando nº 161 – GM/Aspar, de 02 de julho de 2015, o Parecer nº 17/2015/SCOA/CAE/EMCFA-MD e a Nota Técnica do Comando do Exército sobre o PL 2016/2015 (constante no Memorando nº 221 – GM/Aspar, de 05 de agosto de 2015).

Por meio do Memorando nº 161, o Assessor Especial do Ministro da Defesa e Coordenador de Atividades Parlamentares Ivan Cavalcanti Gonçalves apresentou o conteúdo do PL 2016/2015, assim como das 6 primeiras emendas apresentadas ao projeto, ao Chefe do Estado-Maior Conjunto das Forças Armadas para análise. Sinalizou, já naquele momento, entretanto, que a posição inicial da Assessoria Parlamentar seria "favorável com sugestão" (MINISTÉRIO DA DEFESA, 2015a).

Já o Parecer nº 17/2015 foi elaborado pela Subchefia de Organismos Americanos, parte da Chefia de Assuntos Estratégicos, e eventualmente adotado pelo Chefe do Estado-Maior Conjunto das Forças Armadas, o General de Exército José Carlos de Nardi. Por meio deste parecer, foi realizada uma análise mais detalhada do PL 2016/2015. Inicialmente, sinalizou-se que "o propósito do Projeto em tela está alinhado com o interesse da Defesa" (MINISTÉRIO DA DEFESA, 2015b), interesse o qual já tinha sido frustrado em diversas oportunidades no passado. Contudo,

---

322 Foi por meio deste pedido que foram obtidos diversos documentos relativos à participação do Ministério da Defesa nas discussões sobre o PL 2016/2015. Merece nota, entretanto, que esses documentos foram concedidos apenas após a interposição do segundo recurso, destinado ao Ministro da Defesa. Nesta oportunidade que se decidiu autorizar o acesso ao processo 60042.000630/2015-12, instrumento pelo qual a Assessoria Parlamentar do Ministério da Defesa fez o acompanhamento e lobby em relação àquela proposição.

em relação ao conteúdo em si do projeto, o parecer é bastante cético em relação às opções legislativas adotadas.

Em um ponto inicial, as críticas apresentadas pelo Ministério da Defesa se aproximam daquelas manejadas pela ADPF e ANPR: a tipificação indireta, via Lei de Organizações Criminosas, era considerada inadequada. Afirmou-se que "o Projeto desconsidera a natureza distinta do terrorismo em relação ao crime organizado [...]. Tratar o terrorismo no mesmo instrumento jurídico dedicado ao crime organizado pode enseja distorções" (MINISTÉRIO DA DEFESA, 2015b). Dentre estas distorções, destacavam-se a impossibilidade de enquadrar como células terroristas aqueles grupos constituídos de duas ou três pessoas e o não cumprimento do mandado constitucional para que se definisse terrorismo.

Além disso, uma preocupação, também compartilhada com aquelas associações, era a não criminalização dos atos preparatórios a atentados terroristas. Afirmava o parecer que, na formulação proposta inicialmente pelo PL 2016/2015, "os atos preparatórios ficam impunes, o que não deve acontecer para o caso do terrorismo" (MINISTÉRIO DA DEFESA, 2015b). De fato, a criminalização dos atos preparatórios era elemento considerado fundamental, necessário às ações preventivas – afirmou Ivan. Gonçalves: "hoje em dia já tem a criminalização dos atos preparatórios e isso foi uma exigência, uma necessidade que os militares colocaram através do MP", sugerindo, assim, uma instância de cooperação em relação a outras entidades com interesses semelhantes.

Endossa-se também uma definição específica para terrorismo:

> Usar ilegalmente a força e a violência contra pessoas ou bens para intimidar ou coagir uma população, ou para compelir um governo ou uma organização internacional a agir ou abster-se de agir, de modo a contribuir para alcançar os objetivos políticos, sociais, ideológicos ou religiosos, da pessoa, grupo ou organização que perpetrou o ato (MINISTÉRIO DA DEFESA, 2015b).

É, entretanto, uma definição diferente daquela constante no Glossário das Forças Armadas, aprovado por meio da Portaria Normativa nº 196/EMD/MD, de 22 de fevereiro de 2007[323], o qual reconhece a seguinte definição para terrorismo:

> Forma de ação que consiste no emprego da violência física ou psicológica, de forma premeditada, por indivíduos ou grupos adversos, apoiados ou não por Estados, com o intuito de coagir um governo, uma autoridade, um indivíduo, um grupo ou mesmo toda a população a adotar determinado comportamento. É motivado e organizado por razões políticas, ideológicas, econômicas, ambientais, religiosas ou psicossociais.

---

[323] Disponível em: <http://www.defesa.gov.br/arquivos/File/legislacao/emcfa/publicacoes/md35_g_01_glossario_fa_4aed2007.pdf>. Acesso em 1 mar. 2017.

Curiosamente, esta definição do Glossário contraria o próprio comentário do Ministério da Defesa sobre o PL nº 2.016/2015: "A inserção do elemento motivação é de difícil comprovação, sendo indispensável, haja vista que está ausente na definição constante da Convenção Internacional para a Supressão do Terrorismo/ONU/1999, ratificada pelo Brasil em 2005" (MINISTÉRIO DA DEFESA, 2015b). Fica evidente, assim, que não há sequer uma definição consensual de terrorismo dentro do Ministério de Defesa brasileiro.

Da mesma forma que nesta definição se encontram presentes as motivações políticas e ideológicas, também era "a vontade das Forças que ficasse [as motivações] ideologia e política [na Lei Antiterrorismo]", como afirmou o Ivan Gonçalves. Este ponto seria reforçado pela Nota Técnica produzida pelo Ministério da Defesa (2016), para subsidiar a decisão sobre a sanção e recomendação de vetos: "Na motivação possível, nota-se a falta essencial das razões políticas, considerando que o terrorismo, à luz da história, constitui, ou pode constituir em instrumento político".

Em conclusão, o Parecer nº 17/2015 se posiciona de maneira desfavorável ao PL nº 2.016/2015:

> Em que pese o propósito do PL nº 2.016/2015 estar alinhado aos interesses da Defesa, o texto apresentado não atende ao que se propõe e, tampouco, ao que requer o ordenamento jurídico nacional e os tratados internacionais que vinculam o Estado brasileiro, na medida em que não tipifica o terrorismo e seu financiamento, e não permite que se dê a essas práticas o tratamento penal próprio.

Sugere, ao revés, que o Ministério da Defesa apoie outras proposições legislativas mais alinhadas às prioridades daquela instituição, como o PLS nº 44/2014, o PLS nº 499/2013 e, no tocante aos artigos sobre terrorismo, o PLS nº 236/2012 (reforma do Código Penal) (MINISTÉRIO DA DEFESA, 2015b).

Diferente do Parecer da Chefia de Assuntos Estratégicos, a Nota Técnica do Comando do Exército aborda de maneira pontual apenas três aspectos do PL 2016/2015, apresentando, ainda, sugestões de emendas para enfrentar questões relevantes de dois deles.

Primeiramente, critica a redação da excludente de ilicitude, introduzida pelo governo para salvaguardar a atuação de movimentos sociais. Neste ponto, se aproxima do Parecer que também defende uma intepretação restritiva da excludente[324].

---

[324] "Tal exclusão deveria incidir apenas sobre aquelas condutas que se insiram no âmbito do exercício regular dos direitos individuais e coletivos" (MINISTÉRIO DA DEFESA, 2015b).

O emprego de meios violentos, como a utilização de coquetéis molotov, facões, facas, armas de fogo, foices, estacas ou armadilhas, que são concebidos de forma a ganhar a atenção da mídia, através da intimidação e do medo, ao mesmo tempo que destaca a extensão do grupo, não se coadunam com as manifestações políticas, sociais ou sindicais pacíficas, que visam defender ou buscar direitos, garantias e liberdades constitucionais (MINISTÉRIO DA DEFESA, 2015c).

Fica patente a recalcitrância com que as Forças Armadas percebem a atuação de determinados movimentos sociais e reivindicatórios. A menção explícita a facões, foices e estacas, por exemplo, é referência indireta aos movimentos reivindicatórios do campo, como o MST. A título de sugestão, a Nota Técnica apresenta emenda que acrescentaria, ao final do texto da excludente a seguinte oração: "desde que os objetivos e meios sejam compatíveis e adequados à sua finalidade". A emenda ainda traz a ressalva, no parágrafo seguinte, de que "as condutas violentas especificadas no §3º serão tratadas nos termos da legislação civil e penal ordinária" (MINISTÉRIO DA DEFESA, 2015c).

A filiação a uma intepretação tecnicista do Direito, cuja caracterização como otimista ou utópica dependerá do interlocutor, desafia a experiência histórica brasileira que, como demonstrado no capítulo III, é repleta de exemplos em que legislações direcionadas a um determinado fenômeno, como tráfico de drogas, milícias ou organizações criminosas, acabaram sendo empregadas para reprimir movimentos sociais e reivindicatórios. Em larga medida contraria a pretensão e esvazia o significado da excludente a introdução da necessidade de uma avaliação – por óbvio subjetiva – de compatibilidade e adequação entre meio e fins para que se efetivamente excluíssem os movimentos sociais do âmbito de aplicação da Lei Antiterrorismo.

Em segundo lugar, consubstanciando a tensão que existe entre Polícia Federal e Forças Armadas no que se refere à distribuição de competências e recursos, a Nota Técnica é crítica ao nível de protagonismo conferido à PF pelo PL 2016/2015.

> O referido PL poderá estar delegando para o DPF/MJ o protagonismo nos assuntos relacionados à prevenção e combate ao terrorismo sem necessariamente consultar outros Órgãos, particularmente do Poder Executivo, deixando de lado citações e coordenações com o Ministério da Defesa, ente fundamental no assunto em questão. Caso isso ocorra, o enfrentamento ao terrorismo receberia, integralmente, um viés de segurança pública, o que seria um equívoco, pois, em determinadas situações, um atentado terrorista pode se tratar de uma questão de segurança nacional, necessitando de ação das Forças Armadas (MINISTÉRIO DA DEFESA, 2015c).

Por fim, recuperando a preocupação do Ministério da Defesa, já sinalizada nos seus documentos-base, com a existência de uma estrutura que possibilite "uma ação coordenada e sinergética de todos os atores envolvidos no tema", a Nota Técnica sugeria a convocação de audiência pública sobre a questão e apresentava uma emenda criando, no âmbito do GSI, o Centro de Coordenação das Atividades de Prevenção e Combate ao Terrorismo, responsável por garantir a integração e a articulação de todos os órgãos com competência nesta seara (MINISTÉRIO DA DEFESA, 2015c).

Esta já era uma preocupação veiculada publicamente pelas Forças Armadas[325]. Em audiência pública, realizada pela Comissão de Relações Exteriores e Defesa Nacional da Câmara dos Deputados, sugeriu o General de Divisão Álvaro Gonçalves Wanderley (2015):

> saindo do espectro da atividade de inteligência, seria [uma sugestão] de caráter geral: a criação de um órgão coordenador das atividades de enfrentamento ao terrorismo. Não apenas na atividade de inteligência, que já possuímos, é a nossa ABIN, mas para o enfrentamento da atividade de terrorismo.

Diferente do Parecer da Chefia de Assuntos Estratégicos do Estado-Maior Conjunto das Forças Armadas, o Comando do Exército posicionou-se no sentido "favorável, com sugestão de emendas".

Se não haviam participado do processo de elaboração do PL 2016/2015 no âmbito do Poder Executivo, o Ministério da Defesa e as Forças Armadas certamente empreenderiam esforços para que suas preferência e prioridades fossem reconhecidas e acolhidas no Congresso Nacional.

Por meio de *lobby* junto a deputados e senadores, incluindo a produção de notas técnicas, buscou-se avançar alguns pontos considerados prioritários pelas Forças Armadas. Isso confirmou-se na resposta do Pedido de Acesso à Informação nº 60520001412201794, em resposta ao qual o Ministério da Defesa afirmou: "Nessa fase [tramitação no Congresso Nacional], e especificamente para esse projeto de lei, o acompanhamento ocorreu por meio de conversas com os parlamentares e presença nas reuniões e sessões que tratavam desse assunto".

Por exemplo, participaram da audiência pública ações para prevenir a ocorrência de atentados terroristas no Brasil por ocasião da realização de grandes eventos o General de Divisão Luiz Felipe Linhares Gomes, Chefe da Assessoria Especial para Grandes Eventos do Estado-Maior Conjunto das Forças Armadas e o General de Divisão Álvaro Gonçalves Wanderley, Subchefe de Inteligência Operacional do Estado-Maior Conjunto das Forças Armadas. Essa audiência foi realizada pela Comissão de Relações Exteriores e Defesa Nacional da Câmara dos Deputados em 3 de setembro de 2015.

---

325 Foi em função dessa preocupação que foi criado, no âmbito da preparação para o recebimento das Olimpíadas, o Comitê Integrado de Enfrentamento ao Terrorismo, com participação do Ministério da Justiça, do Ministério da Defesa e da ABIN.

Nota-se uma distinção do *modus operandi* de se realizar o *lobby*, pelas Forças Armadas e pelo Ministério da Defesa, quando comparados à Polícia Federal e ao Ministério Público Federal. PF e MPF atuavam, principalmente, por meio de suas respectivas associações de classe – Associação Nacional de Delegados da Polícia Federal e Associação Nacional dos Procuradores da República – as quais publicaram inclusive notas técnicas, criticando aberta e publicamente o projeto de lei enviado pelo Poder Executivo. Enquanto isso, MD e Forças Armadas atuaram de maneira mais discreta, evitando críticas públicas à Presidente e ao seu projeto. De maneira geral, isso dificulta a identificação das prioridades e preferências específicas do Ministério da Defesa – o que só foi possível graças aos pedidos de acesso à informação realizados e respondidos.

6.2.4. Gabinete de Segurança Institucional e Agência Brasileira de Inteligência

Inicialmente, é importante localizar esses órgãos de maneira mais precisa na estrutura administrativa do Poder Executivo e a origem de suas competências para lidar com o tema em comento.

A Agência Brasileira de Inteligência (ABIN) foi criada em 1999, pela Lei nº 9.883, como a principal responsável pela atividade de inteligência no Brasil. Nesse sentido, é a sucessora do Serviço Nacional de Inteligência (SNI), órgão criado em 1964 pelo então Presidente General Castello Branco[326]. Como mencionado, o SNI foi importante órgão do aparato repressivo do Estado ao longo da ditadura militar.

Que o passado e a memória da atuação dos setores de inteligência durante o período da ditadura militar continuam exercendo um papel importante na forma como esses setores são vistos e, consequentemente, no tratamento deles por políticos e pela população, é reconhecido de forma clara.

> Pergunta: Em relação à desconfiança da população em relação à atividade de inteligência, vocês atribuem ela a que? Às polêmicas derivadas das operações recentes, como mencionado? Ou seria a um passado recente da ditadura militar? Y: Exatamente. Acho que é uma herança histórica. Mais a mística da história. A gente acredita até que as operações recentes vêm a contribuir para a boa imagem da instituição[327].

---

[326] Há um breve interregno entre a extinção do SNI, em 1990, e a criação da ABIN, em 1999. Nesse período, o responsável pela atividade de inteligência no país era a Departamento de Inteligência (1990-1992) e a Subsecretaria de Inteligência (1992), localizadas no seio da Secretaria de Assuntos Estratégicos (ZAVERUCHA, 2008, p. 179).

[327] Os oficiais de inteligência que participaram dessa pesquisa o fizeram com a condição que permanecessem anônimos, razão pela qual serão referidos como X, Y e Z.

Esse passado representa, como mencionado, aspecto referente aos traços culturais e tradições locais, condição importante que determina como (e se) a localização de normas internacionais acontece (ARCHARYA, 2004, p. 248). No caso brasileiro, o que se nota é que os agentes de segurança – e isso se aplica tanto às Forças Armadas quanto aos organismos envolvidos com inteligência – enfrentam um obstáculo duplo. Além de terem que articular o discurso securitizador para ter acesso às medidas excepcionais e aos recursos que julgam necessitar para fazer frente ao terrorismo – o que já não é facilmente realizado no cenário brasileiro de ausência de atentados terroristas internacionais –, precisam enfrentar e superar a desconfiança de parte da classe política, principalmente entre partidos de esquerda, e da população. Desconfiança esta que se origina, em parte, no período da ditadura militar. Nesse mesmo sentido, afirmou o oficial de inteligência Z:

> Você tem países que têm uma ameaça terrorista real. Acontecem atentados terroristas até com uma certa rotina, o que está longe da nossa realidade. Então, sensibilizar o legislador, a população em geral a fornecer os instrumentos para a inteligência em um país, o Brasil, que tem uma história recente de relacionamento com órgãos de inteligência que ainda causa desconforto e, por mais que isso tenha mudado e o Brasil modernizado e os serviços de inteligência também tenham mudado completamente o seu foco, é complicado convencer a opinião pública e o legislador, como resultado dessa opinião pública, a conceder alguns instrumentos que são comuns [no mundo].

O esforço de superar aquele obstáculo inicial fica claro na fala do Diretor de do Departamento de Contraterrorismo da ABIN, Luiz Alberto Sallaberry (2015):

> Para a inteligência de Estado, fantasmas e mitos acho que já tivemos tempos demais para esquecer e caminharmos principalmente em determinadas áreas, como espionagem e prevenção ao terrorismo, para alguns mandatos adicionais, para que nós possamos atuar, principalmente agora nesse ramal da legislação que está sendo proposta em cima dos atos preparatórios.

A Lei 9.883/1999 estabeleceu também o Sistema Brasileiro de Inteligência, do qual fazem parte os diversos órgãos e entidades da Administração Pública Federal que realizam, direta ou indiretamente, atividades de inteligência. Ao centro desse sistema, se encontra a ABIN, responsável por coordená-lo no cumprimento da sua função precípua que é prover as informações necessárias ao processo decisório da Presidência da República. Dentre as competências da ABIN[328], destaca-se a avaliação

---

[328] Lei 9.883/1999, Art. 4º – "À ABIN, além do que lhe prescreve o artigo anterior, compete:

de ameaças, internas e externas, à ordem constitucional. Considerando que a expressão 'terrorismo' não se encontra presente no seu texto legal fundador, é nessa chave que deve ser compreendida a competência da ABIN com o combate ao terrorismo.

A ABIN se localiza, institucionalmente, como órgão da Presidência da República. Encontra-se, entretanto, sob a autoridade do Gabinete de Segurança Institucional (GSI), cuja chefia é ocupada por um Ministro de Estado. O GSI foi criado em 1999, em substituição à Casa Militar da Presidência, pela Medida Provisória nº 1.911-10, com competências para realizar "o assessoramento pessoal em assuntos militares, coordenar as atividades de inteligência federal e de segurança das comunicações, zelar pela segurança pessoal do Chefe de Estado"[329]. O cargo de Ministro-Chefe do Gabinete de Segurança Institucional, assim como a Chefia da Casa Militar, é ocupado tradicionalmente por um general do Exército[330]. A compreensão dessa dinâmica institucional será fundamental para que se entenda o processo final que levou ao veto de um dos dispositivos da Lei Antiterrorismo.

Para fins de análise do papel do GSI e da ABIN nas discussões sobre o PL 2016/2015, pode-se, a princípio, considerar que suas agendas são compatíveis e seus interesses semelhantes[331], ainda que com enfoques

---

I – planejar e executar ações, inclusive sigilosas, relativas à obtenção e análise de dados para a produção de conhecimentos destinados a assessorar o Presidente da República;

II – planejar e executar a proteção de conhecimentos sensíveis, relativos aos interesses e à segurança do Estado e da sociedade;

III – avaliar as ameaças, internas e externas, à ordem constitucional;

IV – promover o desenvolvimento de recursos humanos e da doutrina de inteligência, e realizar estudos e pesquisas para o exercício e aprimoramento da atividade de inteligência."

329 Medida Provisória nº 1.911-11 de 1999, art. 1º.

330 Sobre o papel do GSI em relação à ABIN, existe divergência sobre se trataria de uma forma de controle militar sobre a atividade de inteligência (ZAVERUCHA, 2008) ou apenas fruto da necessidade de se delegar demandas gerenciais e de se proteger o Presidente das tensões inerentes à relação entre inteligência e democracia (CEPIK, p. 534-535). De qualquer modo, é interessante notar que o Diretor-Geral da ABIN deve nomeado pelo Presidente da República e aprovado pelo Senado Federal, enquanto o Ministro-Chefe do GSI é nomeado pelo Presidente diretamente.

331 Não se desconsidera a existência de alguma tensão entre o GSI e a ABIN em relação a outros tópicos. Em 2011, por exemplo, a Associação de Oficiais de Inteligência exigiu, publicamente, da Presidente Dilma Rousseff a desvinculação do GSI à ABIN, o retorno da ABIN ao comando completamente civil e a subordinação direta da Agência à Presidência da República. Essa demanda foi ocasionada pela proposta do então Ministro-chefe do GSI, o General José Elito de eliminar o Departamento de Contraterrorismo (MONTEIRO, 2011).

distintos: o GSI mais preocupado com o aspecto institucional da organização e com a coordenação dos esforços de combate ao terrorismo e a ABIN com a disponibilização de instrumentos e mecanismos para a realização do seu trabalho.

De pronto, se nota que nenhum dos dois órgãos considera ter participado efetivamente do processo de elaboração daquela proposição, no seio do poder executivo. Marcio Paulo Buzanelli, ex-Diretor-Geral da ABIN e Assessor da Secretaria Executiva do Conselho de Defesa Nacional, afirmou que "o Ministério da Defesa e o GSI não foram ouvidos e não participaram da sua [do PL 2016] elaboração". Foi além, afirmando, inclusive, que "as pessoas que elaboraram o texto básico não consultaram outros órgãos[332]. Posso dizer que as áreas de segurança e defesa foram, de certa maneira, surpreendidas com essa proposta".

O oficial de inteligência Z afirmou, de outro lado, que chegou a haver participação, mas ela não foi recepcionada pelos atores do MJ responsáveis pela elaboração do projeto de lei. De qualquer forma, se nota que, de maneira semelhante à Polícia Federal, aquele ímpeto inicial à localização é aproveitado por outros atores para o avanço de suas prioridades, desconectadas com aquela demanda inicial do GAFI.

> Oficial da inteligência Z:
> Houve pelo menos uma tentativa de se sensibilizar, de aproveitar que estava se regulamentando uma legislação voltada para o terrorismo, aproveitar esse momento para começar a discussão e colocar nessa lei alguma coisa de instrumento que incluísse a inteligência, voltado, no caso, para a prevenção do terrorismo [...].
> Pergunta: Mas essa tentativa não foi bem-sucedida?
> Resposta: Não foi bem-sucedida.

A razão do insucesso desses esforços se encontra localizada na própria diretiva inicial da Presidente Dilma Rousseff, de que fosse elaborada uma legislação restrita, mínima, com objetivo principal, quase único, de se suprirem as deficiências apontadas pelo GAFI.

---

[332] No que pode ser entendido como uma crítica indireta a essa falta de participação, afirmou Wilson Trezza, Diretor-Geral da ABIN: "Na construção de projetos de lei, nós precisávamos exercitar também a integração. Eu acho que os entes especializados, as organizações que têm responsabilidade pelo processo precisariam ser mais ouvidas, precisariam participar um pouco do debate. Isso é muito importante para nós, tanto aqui [no Congresso Nacional], quanto dentro do Executivo. Para não termos esse tipo de situação em que um projeto de lei acaba tendo alguma impropriedade por falta de debate".

Inicialmente, no que se refere à definição de terrorismo, é digna de nota aquela que se encontra presente no Manual de Inteligência e Doutrina Nacional de Inteligência – Bases Comuns SISBIN:

> Caracteriza-se pela ameaça ou emprego de violência física ou psicológica de forma premeditada por indivíduo ou grupo adverso, apoiados ou não por Estados. É motivado por razões políticas, ideológicas, econômicas, ambientais, religiosas ou psicossociais e objetiva coagir ou intimidar autoridades ou partes da população, subjugar pessoas ou alcançar determinado fim ou propósito.

À semelhança dos EUA, os diversos entes brasileiros (Forças Armadas e ABIN) que cuidam desse tema têm definições próprias para terrorismo – ainda que bastante semelhantes. Essas definições 'institucionais' refletem as prioridades e particularidades de cada órgão. Afiguram-se amplas, com objetivo de assegurar que toda e qualquer conduta que possa ser considerada uma ameaça terrorista esteja abrangida pela sua competência. Não se pode afirmar que a pretensão desses órgãos era que uma definição idêntica fosse adotada pela legislação, afinal trata-se de objetivos diferentes – enquanto as definições institucionais guiam a atuação, estabelecendo os seus contornos e limites, a definição legal guia a persecução penal, que não é sequer atividade-fim destes. É impossível negar, entretanto, que essas definições refletem as suas concepções acerca do fenômeno do terrorismo.

A necessidade de algum mecanismo de articulação dos esforços de combate ao terrorismo é demanda histórica dos órgãos de segurança e defesa – como notado, esse também era um ponto caro às Forças Armadas. Lembram-se os esforços para a constituição desse mecanismo no âmbito da CREDEN e o Núcleo do Centro de Coordenação das Atividades de Prevenção e Combate ao Terrorismo, que nunca assumiu verdadeiramente essa função. Sinalizando essa necessidade, afirmou Wilson Trezza (2015):

> Mas é claro, lógico, indiscutível, se não, não estaríamos aqui, que em alguns momentos, até mesmo em relação a esse comentário que foi feito sobre vaidade, protagonismo, falta de integração, se isso em algum momento acontece é exatamente por uma questão do que chamam os especialistas de vácuo legiferante. Precisaríamos de uma legislação que coordenasse todas essas posturas e esses procedimentos e competências. Algumas questões são competência exclusiva do Executivo, mas existe uma necessidade de uma regulamentação legal em vários aspectos e talvez nós não estivéssemos tendo essas dificuldades

A articulação dessa necessidade foi levada ao Congresso Nacional, tendo o oficial de inteligência Z afirmado que trabalharam pela inserção do dispositivo que faria referência ao GSI como competentes pelas atividades de coordenação da prevenção e do combate ao terrorismo.

Em relação aos instrumentos de investigação disponíveis à ABIN e seus oficiais, uma análise da legislação e da jurisprudência sobre o tema confirma a assertiva do oficial de inteligência X de que "existe uma diminuição dos instrumentos colocados em prol da ABIN".

Com relação à possibilidade de infiltração de agentes de inteligência, essa é uma discussão complexa na legislação brasileira, se inserindo, principalmente, nas normas que tratam do combate ao crime organizado. Marco inicial desses esforços de combate, a Lei nº 9.034/95 preveria a infiltração de agentes de polícia especializada em quadrilhas ou bandos caso não tivesse sido, aquele dispositivo, vetado pelo Presidente Fernando Henrique Cardoso. Pela Lei nº 10.217/2001, reformou-se a legislação sobre combate ao crime organizado, de modo que foi estabelecido novo procedimento de investigação, permitindo-se a "infiltração por agentes de polícia ou de inteligência, em tarefas de investigação, constituída pelos órgãos especializados pertinentes, mediante circunstanciada autorização judicial". Foi conferido, portanto, à ABIN novo instrumento de trabalho.

Durante as discussões sobre o PLS 150/2006, que geraria a Lei de Organizações Criminosas atualmente em vigor (Lei nº 12.850/2013), a possibilidade de agentes de inteligência realizarem infiltração foi retirada durante as discussões da Comissão de Segurança Pública e Combate ao Crime Organizado da Câmara dos Deputados. Desse modo, a Lei nº 12.850/2013 prevê a possibilidade de infiltração como mecanismo de investigação disponível apenas às polícias.

No que se refere à disponibilização de outros mecanismos de investigação à ABIN, também previstos na legislação sobre combate ao crime organizado, a possibilidade de que agentes de inteligência requisitem interceptações telefônicas também foi alvo de restrições. Isso aconteceu a partir das polêmicas em torno da Operação Satiagraha[333]. Inicialmente, foi o Superior Tribunal de Justiça que reconheceu a impossibilidade de a ABIN realizar interceptações telefônicas ao julgar o HC nº 149.250 (SP). De acordo com o entendimento do Ministro Relator Adilson Vieira

---

[333] A Operação Satiagraha foi realizada em 2004, pela Polícia Federal, com o objetivo de investigar indícios de corrupção e lavagem de dinheiro. Resultou na prisão do banqueiro Daniel Dantas, então presidente do Grupo Opportunity. O envolvimento da ABIN com essa polêmica começou a partir de acusações, por parte do Presidente do Supremo Tribunal Federal Gilmar Mendes, de que, após ter concedido um *habeas corpus*, ordenando a soltura de Dantas, seu escritório passou a ser monitorado ilegalmente por agentes da ABIN. Posteriormente, questionou-se a participação de agentes da ABIN na operação Satiagraha. Como prova da gravidade dessa crise, ela resultou na demissão do então Diretor-Geral da ABIN, Paulo Lacerda, em dezembro de 2008 (CEPIK & AMBROS, 2014, p. 536).

Macabu, não estariam abarcadas pelas competências legais da ABIN, previstas na Lei 9.883/1999, atividades de investigação, cuja competência é exclusiva dos órgãos policiais[334]. Naquela oportunidade, o STJ afirmou:

> Participação irregular, induvidosamente comprovada de dezenas de funcionário da Agência Brasileira de Inteligência (ABIN) e de ex-servidor do SNI, em investigação conduzida pela Polícia Federal. Manifesto abuso de poder. Impossibilidade de considerar-se a atuação efetivada como hipótese excepcionalíssima, capaz de permitir compartilhamento de dados entre órgãos integrantes do Sistema Brasileiro de Inteligência. Inexistência de preceito legal autorizando-a. [...]
> 2. Não há se falar em compartilhamento de dados entre a ABIN e a Polícia Federal, haja vista que a hipótese dos autos não se enquadra nas exceções previstas na Lei n° 9.883/99.
> (HC 149.250/SP, Rel. Ministro ADILSON VIEIRA MACABU (DESEMBARGADOR CONVOCADO DO TJ/RJ), QUINTA TURMA, julgado em 07/06/2011, DJe 05/09/2011)

Essa determinação passou a ter alcance geral com a adoção, pelo Conselho Nacional de Justiça, da Resolução n° 59 de 9 de setembro de 2008[335]. Com a pretensão de disciplinar e uniformizar o procedimento de interceptações telefônicas e de sistemas de informática, essa resolução restringiu, expressamente, a competência para fazer a requisição desse procedimento às autoridades policiais e ao Ministério Público.

A partir dessa perspectiva, a demanda por novos instrumentos de investigação era uma das prioridades da ABIN, no que se referia à Lei Antiterrorismo. Afirmou Wilson Trezza (2015), Diretor-Geral da ABIN:

> No caso da ABIN, em função desse trabalho [preventivo] e também na área de contraespionagem, sabotagem do terrorismo, seria importante que nós tivéssemos a capacidade legal de executar essas ações de escuta ambiental, interceptação de comunicações. A ABIN não tem essa competência legal e não faz esse trabalho. E, senhores, pela magnitude, pela importância, pela gravidade do tema que nós

---

[334] "Da simples leitura dos acima mencionados dispositivos legais, pode-se concluir que a atuação da ABIN se limita às atividades de inteligência que tenham como finalidade precípua e única fornecer subsídios ao Presidente da República nos assuntos de interesse nacional.

Ora, se uma lei determina, expressamente, frise-se bem, as funções e o modus operandi da ABIN, não é aceitável que tais limitações sejam extrapoladas, ainda mais, porque o rol de funções disposto na Lei não permite uma interpretação elástica e em desconformidade com o espírito do legislador". (HC 149.250/SP, Rel. Ministro ADILSON VIEIRA MACABU (DESEMBARGADOR CONVOCADO DO TJ/RJ), QUINTA TURMA, julgado em 07/06/2011, DJe 05/09/2011).

[335] Disponível em: <http://www.cnj.jus.br/busca-atos-adm?documento=2602>. Acesso em 19 fev. 2017.

estamos tratando, acho que os senhores podem avaliar que isso seria fundamental para uma agência capaz de suprir as necessidades de proteção do país, dos nacionais, dos estrangeiros, dos chefes de Estado, dos atletas que estarão no Brasil, por exemplo, nas Olimpíadas de 2016.

Com relação à necessidade de conferência desses instrumentos, afirmou o oficial de inteligência Z:

> A lei poderia ter previsto alguns desses instrumentos, por exemplo, a possibilidade de interceptação telefônica executada pela ABIN ou solicitada pela ABIN para autoridade judicial em casos de prevenção do terrorismo. Seria interessante se a lei trouxesse esses instrumentos? Seriam instrumentos que ajudariam nosso trabalho e que serviços de inteligência pelo mundo têm [...]. A lei, nesse caso, aproveitaria o ensejo de se estar regulamentando o terrorismo, seria na parte que trata de prevenção, traria instrumentos que hoje não existem e somente os órgãos policiais fazem ou têm feito e ela inovaria isso, trazendo novos dispositivos.
>
> A possibilidade de o órgão de inteligência solicitar à autoridade judicial autorização para interceptar conversa telefônica dessa pessoa que é suspeita de fazer parte da Al Qaeda. Esse instrumento não está regulamentado, ele não existe hoje. Teria que ser feito por uma autoridade policial em sede de inquérito. Esses instrumentos não existem. A lei poderia ter previsto, na parte de prevenção, não estou falando de repressão, poderia ter inovado? Poderia. A agente esperava até que ela fizesse isso. Aproveitasse a discussão sobre o tema do terrorismo, que é muito próprio da inteligência no mundo inteiro é um tema bem ligado à atividade de inteligência, muito mais do que a repressão. Que aproveitasse esse momento para conferir esses instrumentos que facilitariam nosso trabalho. Mas aí alteraria esses instrumentos, alteraria a lei de interceptação telefônica, regulamentaria a identidade secreta do agente [em hipótese de infiltração], esse tipo de instrumento que a lei não trouxe. São instrumentos que são importantes para toda a atividade de inteligência – a gente funciona sem eles, mas facilitariam nosso trabalho e são comuns em outros países. Mas, como eu disse, não seriam voltados só para o terrorismo.

Nota-se, claramente, a pretensão de aproveitar o momento de discussão sobre terrorismo, ocasionado pela pressão do GAFI, para tratar de temas não diretamente relacionados às deficiências identificadas por aquele órgão. A partir da superação do período de resistência, pretende-se utilizar a discussão sobre a localização das normas internacionais para se avançar em demandas outras. De fato, essas demandas não se referem sequer exclusivamente ao terrorismo. São demandas institucionais anteriores. Até porque a conferência da competência para realizar interceptações telefônicas ou a regulamentação da identidade paralela serviriam para outras atividades além do combate ao terrorismo.

A própria falta de referência à atividade de inteligência é vista como problemática no PL 2016 (e posteriormente em relação à própria Lei Antiterrorismo), embora se reconheça que muitas dessas demandas poderiam ou deveriam ser satisfeitas em outra legislação. É o que afirma Marcio Paulo Buzanelli:

> Pergunta: Também não há menção à atividade de inteligência. Isso é uma coisa que faz falta?
> Resposta: Faz falta; faz falta melhor adequação. Talvez coubesse nessa lei, mas acho que poderia ser objeto de uma alteração na Lei 9.883, de 7 de dezembro de 1999, possibilitando ao Sistema Brasileiro de Inteligência e à ABIN um conjunto maior de atribuições que lhes permitisse cumprir seu papel na prevenção do terrorismo e de outras formas de ameaça.

Um bom exemplo de projeto de lei que atenderia a essas demandas é o PL 1790/2015, do Deputado Alberto Fraga (Dem-DF), que contém todo um capítulo dedicado à ABIN e à atividade de inteligência. Esse projeto viria a inspirar muitas das alterações que foram introduzidas ao PL 2016/2015, embora nenhuma delas se referir a normas sobre inteligência.

Além das preocupações com a organização institucional e dos meios de investigação colocados à disposição da atividade de inteligência, havia também a percepção de que todos aspectos do terrorismo não haviam sido tratados pela legislação proposta pelo poder executivo e o precisavam ser. Trata-se dos atos preparatórios e do fenômeno dos terroristas 'lobos solitários'[336].

Em relação aos terroristas individuais ou 'lobos solitários', Marcio Paulo Buzanelli criticou exatamente a escolha da via para tipificar o terrorismo – a Lei de Organizações Criminosas – que criaria uma lacuna legislativa:

> A versão original [do PL 2016/2015] nos parecia completamente inapropriada, tendo em vista que só tipificava o terrorismo praticado por organizações terroristas. Como ilustração, cabe recordar o terrorista conhecido como *Unabomber*, atuante nos EUA, que agia isoladamente [...]. No PL original, seus atos não seriam enquadrados como terrorismo, basicamente porque ele não era integrante de nenhuma organização terrorista. Da mesma forma, um 'lobo solitário', ou seja, um agente isolado que acaba se envolvendo com o terrorismo, inspirado por uma imagem ou uma mensagem que viu na internet, e age isoladamente, por impulso, não seria considerado praticante de terrorismo.

De outro lado, a partir da perspectiva de que o foco da atividade de inteligência, no Brasil, é a prevenção do terrorismo, considera-se fundamental a criminalização dos atos preparatórios do terrorismo. Nesse sentido, afirmou Wilson Trezza (2015):

---

[336] Podem ser entendidos como indivíduos sem laços com organizações terroristas e que são capazes de realizar atentados terroristas sem a assistência de outros. Representam um nível diferenciado de ameaça justamente porque são mais difíceis de serem identificados, antes de agirem, já que não têm conexão com as organizações que são mais facilmente rastreáveis.

Em termos de legislação, a prevenção ao terrorismo tem alguns aspectos que deveriam ser tratados em termos de legislação nacional. É preciso que essa legislação dê apoio a essas atividades dos órgãos de segurança, inteligência e defesa. E nós falamos aqui – e no momento há um projeto tramitando no Congresso – quanto à tipificação do terrorismo, e nós gostaríamos, achamos que é interessante, importante, fundamental que esses projetos consigam também definir essa ação preparatória – o planejamento, o financiamento e outras facilidades para a prática de ato terrorista.

A partir da conjunção das preferências de todos os atores envolvidos nesse esforço de 'oposição afirmativa', nota-se que a criminalização dos atos preparatórios era prioridade comum a todos, o que certamente influenciou sobremaneira o debate legislativo.

Capítulo VII. **OS (DES)CAMINHOS DO PROCESSO LEGISLATIVO: DE PL 2016/2015 À LEI 13.260/2016**

O Congresso Nacional foi o palco final das disputas que já vinham se delineando há mais de 10 anos. A discussão e a aprovação da Lei Antiterrorismo representaram um momento único no qual os parlamentares brasileiros discutiram efetivamente este fenômeno. Este capítulo pretende, portanto, detalhar a tramitação do PL 2016/2015 em ambas as Casas do Congresso, além de sua sanção.

Ficará evidente, espera-se, que concorreram as dinâmicas políticas e teóricas já apontadas, com situações episódicas, características do processo político brasileiro. Discutiu-se, ao fim, muito mais do que terrorismo. Incidentes, confusões e mesmo o acaso desempenharam um papel relevante, o qual fica evidente na análise minuciosa do processo legislativo que originaria a Lei Antiterrorismo. É preciso, assim, compreendê-los dentro daquela dinâmica mais ampla, para que não se perca de vista o contexto e não se caia na armadilha de considerar esse processo como resultado da aleatoriedade.

7.1. TRAMITAÇÃO NA CÂMARA DOS DEPUTADOS

O PL 2016/2015[337] foi recebido pela Câmara dos Deputados em 18 de junho de 2015. Dotado de urgência constitucional, deveria ser apreciado no prazo de 45 dias, ou seja, até 3 de agosto de 2015, caso contrário sobrestaria a pauta de votação daquela Casa. Inicialmente, foi distribuído para a Comissão de Constituição Justiça e Cidadania (CCJC), onde seria relatado pelo Deputado Raul Jungmann (PPS-PE), e para a Comissão de Segurança Pública e Combate ao Crime Organizado (CSPCCO), onde seria relatado pelo Deputado Alberto Fraga (Dem-DF). Posteriormente, a proposição foi distribuída, também, para a Comissão de Relações Exteriores e Defesa Nacional (CREDN), tendo sido designado o Dep. Arlindo Chinaglia (PT-SP) como relator.

---

[337] Todas as informações sobre a tramitação desse projeto de lei se encontram disponíveis em: <http://www.camara.gov.br/proposicoesWeb/fichadetramitacao?idProposicao=1514014>. Acesso em 16 fev. 2017.

Essa distribuição se alteraria de maneira radical, entretanto, conforme o prazo de apreciação se encerrava. A partir do imperativo de se decidir sobre a proposição e de uma prática frequentemente empregada pelo Dep. Eduardo Cunha (PMDB-RJ), enquanto Presidente da Câmara, se determinou que o PL 2016/2015 (assim como o PL 2020/2015) tramitaria em regime de urgência, conforme previsto nos artigos 152 e seguintes do Regimento Interno da Câmara dos Deputados (RICD). Seguindo esse regime, ao invés de os projetos serem discutidos em cada comissão e ter um relatório votado em cada uma delas, para, posteriormente ser apreciado pelo Plenário, o Presidente da Câmara pode indicar um deputado para atuar como relator, proferindo, direto em Plenário, pareceres em lugar das comissões[338].

Quem foi designado como relator para o Plenário do PL 2016/2015 foi o Deputado Arthur de Oliveira Maia (SD-BA). A partir dessa indicação e dos primeiros contatos dos atores envolvido com a elaboração do PL com o relator, já ficou claro que o texto a ser proposto por ele diferiria em muito do inicialmente apresentado pelo poder executivo:

Gabriel Sampaio, SAL/MJ:
Já na primeira reunião [o Dep. Arthur Maia] foi enfático em dizer que ia dar outro rumo ao projeto.

Beto Vasconcelos, SNJ/MJ:
O Deputado Arthur Oliveira Maia era um deputado muito próximo ao Presidente da Câmara. Tinha uma proximidade de atuação com o Presidente. O Presidente designa o Dep. Arthur Maia para conduzir esse processo mais rapidamente. Acho que todos esses elementos contribuíram para a aprovação de um outro projeto. É claro que não ignoro o fato de possivelmente ter havido muito subsídio das áreas técnicas, inclusive do Executivo, subsidiando parlamentares a fim de construir um texto que eles acreditaram ser melhor, mas que haviam sido vencidos no debate interno do governo federal.

De fato, os que haviam sido vencidos no debate interno do poder executivo reconhecem que o Dep. Arthur Oliveira Maia foi mais receptivo

---

338 RICD, art. 157 – "Aprovado o requerimento de urgência, entrará a matéria em discussão na sessão imediata, ocupando o primeiro lugar da ordem do dia. §1º Se não houver parecer, e a Comissão ou Comissões que tiverem que opinar sobre a matéria não se julgarem habilitadas a emiti-lo na referida sessão, poderão solicitar, para isso, prazo conjunto não excedente de duas sessões, que lhes será concedido pelo Presidente e comunicado ao Plenário. §2º Findo o prazo, concedido, a proposição será incluída na Ordem do Dia para imediata discussão e votação, com parecer ou sem ele. Anunciada a discussão, sem parecer de qualquer Comissão, o Presidente designará Relator que o dará verbalmente no decorrer da sessão, ou na sessão seguinte, a seu pedido".

às suas demandas. Marcos Ribeiro, Presidente da ADPF, afirmou que "houve uma aproximação muito grande com ele", Márcio Buzanelli, "que se tratava de parlamentar proativo nesse debate" e Coronel Gonçalves, assessor parlamentar do Ministério da Defesa, que "fizemos reuniões com ele, apresentamos uma nota técnica".

Mais do que nesses depoimentos, entretanto, é no formato do substitutivo apresentado pelo Dep. Arthur Oliveira Maia que fica evidente sua aproximação com esses atores e a receptividade com que recebeu as preocupações levantadas por eles. Em 5 de agosto de 2015[339], o relator apresentou relatórios em nome das três comissões competentes para apreciar a matéria. Em relação aos pareceres pela CREDN e pela CSPCCO, pouco acrescentaram ao debate. Foi no parecer proferido em nome da CCJC que o relator se manifestou efetivamente e introduziu profundas alterações no texto. E, de pronto, fica clara essa pretensão: "a iniciativa deve ser aproveitada, não como veiculada, mas como oportunidade para corrigir o cenário normativo". De fato, foi como oportunidade que muitos dos atores envolvidos percebiam aquela iniciativa promovida a partir da pressão exercida pelo GAFI – oportunidade para avançar uma agenda que, por décadas, havia ficado sobrestada em função de disputas políticas e temores referentes ao aproveitamento de qualquer legislação sobre terrorismo para a criminalização de movimentos sociais.

Foram graves as críticas do relator ao texto do projeto inicialmente submetido à Câmara:

> O texto do Projeto de Lei, tal qual apresentado, é injurídico, materialmente inconstitucional, todavia, no mérito, por meio do substitutivo, pode ser aprovado. [...] Não é viável disciplinar organização terrorista sem, que antes, seja positivado o conceito normativo de "terrorismo" [...]. Pois bem, terrorismo é um crime e, como tal, demanda, à luz do princípio da legalidade estrita (CF, art. 5º, XXXIX), tipificação. Portanto, não é viável trazer-se incriminação e demais desdobramentos normativos da organização "terrorista" sem anteriormente se definir o que é terrorismo[340].

Diante da apresentação de 8 emendas parlamentares, o Dep. Arthur Oliveira Maia chegou a considerar aproveitar a emenda nº 6, de autoria do

---

[339] O grande intervalo entre a apresentação do projeto e sua efetiva tramitação se deveu ao período de recesso parlamentar, que coincidiu com esse período.

[340] Relatório do Deputado Arthur Oliveira Maia sobre o PL 2016/2015, apresentado em substituição à Comissão de Constituição, Justiça e Cidadania. Disponível em: <http://www.camara.gov.br/proposicoesWeb/prop_mostrarintegra?codteor=1367523&filename=Tramitacao-PL+2016/2015>. Acesso em 16 fev. 2017.

Dep. André Figueiredo (PDT-CE), a qual se baseava em projeto de lei de sua autoria apresentado anteriormente (o PL 2294/2015), para substituir o texto introduzido pelo poder executivo. Acabou, entretanto, rejeitando todas as emendas[341] e optando por apresentar um substitutivo próprio, elaborado a partir das diversas contribuições recebidas. No que se refere às outras emendas apresentadas, quatro delas – três do Deputado José Carlos Aleluia (Dem-BA) e uma do Deputado Victor Valim[342] (PMDB-CE) – tratavam de retirar do texto a excludente sobre movimentos sociais ou diminuir seu alcance, já anunciando que este seria um dos pontos de maior contenção no debate parlamentar.

Com relação ao substitutivo apresentado pelo Dep. Arthur Oliveira Maia, ele é completamente diferente do projeto inicialmente submetido pela Presidente Dilma Rousseff. Trata-se, de início, de uma lei independente, específica para regulamentar o combate ao terrorismo. Inicialmente, trazia a seguinte definição para terrorismo:

> Art. 2 – O terrorismo consiste na prática, por um ou mais indivíduos, dos atos previstos neste artigo quando cometidos com a finalidade de:
> I – intimidar Estado, organizações internacional ou pessoa jurídica, nacional ou estrangeira, ou representações internacionais, ou coagi-los a ação ou omissão;
> II – provocar terror, expondo a perigo pessoa, patrimônio, a paz pública e incolumidade pública[343].

O inciso I, destaca-se, era idêntico ao proposto pelo Dep. Alberto Fraga (Dem-DF) no PL 1790/2015, assim como diversos outros dispositivos[344]. Já

---

341 A Emenda de Plenário nº 8, do Deputado Leonardo Picciani (PMDB-RJ), foi incorporada ao texto do substitutivo apresentado.

342 Sobre essa excludente, o deputado afirma, em discurso proferido no Plenário da Câmara em 4 de agosto de 2015, "Ora, quer dizer que vamos dar um salvo-conduto a movimentos do PT que agem de forma terrorista, Presidente?", sinalizando o tom partidário de debate e a associação dos movimentos sociais a partidos de esquerda, componentes da base de governo da Presidente Dilma Rousseff. Nesse mesmo sentido, sua justificativa para a emenda afirmava que "A presente emenda visa coibir ações criminosas em decorrências das várias [sic] conflitos políticos que testemunhamos ultimamente, envolvendo ofensa à integridade física de pessoa. A aprovação do projeto com o parágrafo terceiro irá dar indulto a movimentos e pessoas desordeiras e mal-intencionadas cujo interesse é implantar o medo, a desordem, o dano ao patrimônio público e privado, dano a integridade física de pessoas enfim o caos".

343 O texto do substitutivo inicialmente apresentado pelo Dep. Arthur Oliveira Maia se encontra disponível em: <http://www.camara.gov.br/proposicoesWeb/prop_mostrarintegra?codteor=1367523&filename=Tramitacao-PL+2016/2015>. Acesso em 16 fev. 2017.

344 O Dep. João Campos (PSDB-GO) sinalizou, mesmo antes da apresentação do substitutivo do Dep. Arthur Oliveira Maia, em 4 de agosto de 2015, que seria o

o inciso II era derivado da proposição inicial do governo. Posteriormente, são listados os atos[345] em si que, se praticados com aquela finalidade, dariam ensejo ao enquadramento como atos de terrorismo. Essa listagem tem clara inspiração no projeto de lei apresentado pelo Deputado Miro Teixeira (Rede-RJ), no âmbito da Comissão Mista do Congresso Nacional para Regulamentar a Constituição Federal. A pena prevista para a prática de atos terroristas é maior do que qualquer das penas previstas inicialmente – de 20 a 30 anos de reclusão, além das sanções correspondentes à ameaça ou à violência.

Nota-se que não foi apresentada exigência de motivação específica para que se considere determinada conduta como terrorista. A ausência dessa exigência, o que expande o seu escopo de aplicação, lembra-se, havia sido uma das sugestões da ANPR. Com relação à excludente de ilicitude para movimentos sociais, ela foi mantida, porém o acréscimo da expressão "sem prejuízo da tipificação penal contida na lei", como forma de (re)afirmar que os atos cometidos por aqueles atores poderiam ser penalizados com outras bases.

Foram previstos também outros crimes conexos: a apologia ou incitação ao terrorismo[346] e a realização de atos preparatórios de terroris-

---

projeto do Dep. Alberto Fraga que balizaria as discussões: "É bom destacar que, em relação aos projetos que tratam das organizações terroristas, o melhor projeto apresentado nesta Casa é o do Deputado Alberto Fraga. Eu também sou autor de um projeto que trata das organizações criminosas, mas eu tenho que reconhecer que o projeto do Deputado Alberto Fraga está mais bem articulado. E penso que é nessa direção que nós devemos andar no dia de amanhã [quando seria discutido o PL 2016/2015]".

345 Art. 2, §1º – "São atos de terrorismo: I – usar ou ameaçar usar, transportar, guardar, portar, trazer consigo explosivos, gases tóxicos, venenos, conteúdos biológicos, químicos, nucleares ou outros meios capazes de causar danos ou promover destruição em massa; II – incendiar, depredar, saquear, destruir ou explodir meios de transporte ou qualquer bem público ou privado; III – interferir, sabotar ou danificar sistemas de informação ou bancos de dados; IV – sabotar o funcionamento ou apoderar-se, com violência, grave ameaça a pessoa, ou servindo-se de mecanismos cibernéticos, do controle total ou parcial, ainda que de modo temporário, de meio de comunicação ou transporte, de portos, aeroportos, estações ferroviárias ou rodoviárias, hospitais, casas de saúde, escolas, estádios esportivos, instalações públicas ou locais onde funcionem serviços públicos essenciais, instalações de geração ou transmissão de energia e instalações militares e instalações de exploração, refino e processamento de petróleo e gás". Os incisos I, II e III são idênticos a dispositivos previstos no projeto de lei do Dep. Miro Teixeira. O inciso IV é igual, tendo sido acrescentado, no entanto, "instalações de exploração, refino e processamento de petróleo e gás".

346 Art. 4 – "Fazer, publicamente, apologia ou incitação de fato tipificado como crime nesta Lei e de seu autor:

mo[347]. Ambos, como visto, eram demandas dos órgãos de segurança e defesa – a criminalização dos atos preparatórios foi objeto das notas técnicas apresentadas tanto pela APDF, quanto pela ANPR. Também constavam de outros projetos de lei sobre o tema. A redação dos tipos penais referentes à apologia e aos atos preparatórios é quase idêntica àquela proposta[348] pelo Dep. Alberto Fraga em seu projeto. Um terceiro crime conexo, a colaboração com organização terrorista[349], também teve sua origem no PL 1790/2015.

Também seguindo a sugestão da ANPR, foi incluído no texto dispositivo (art. 15) prevendo a aplicabilidade das técnicas de investigação e das especificidades de processo e julgamento previstas na Lei de Organizações Criminosas nos crimes de terrorismo e relacionados.

A redação do dispositivo referente ao financiamento do terrorismo também foi alterada, mais uma vez se aproveitando do texto do PL 1790/2015. Alteração que se mostraria temporária visto que contraria os interesses do COAF e, indiretamente, do GAFI. É um sinal claro de que, no que se referia à criminalização do financiamento do terrorismo, havia pouco espaço para *pruning*, considerando o nível de exigência e precisão do GAFI. Sendo um tema menos polêmico, essa limitada margem de (re) interpretação acaba não prejudicando o esforço de localização. Por outro lado, como a possibilidade de *pruning* em relação à tipificação em si do terrorismo era bastante ampla, foi possível construir a norma local de

---

Pena – reclusão, de 5 (cinco) a 8 (oito) anos, e multa

Parágrafo Único – nas mesmas penas incorre quem incitar a prática de fato tipificado como crime nesta lei".

347 Art. 5 – "Realizar atos preparatórios de terrorismo com o propósito inequívoco para consumar tal delito: Pena – A correspondente ao delito consumado, diminuída de um quarto até a metade."

348 "Art. 34. Fazer, publicamente, apologia de fato tipificado como crime nesta Lei ou de seu autor. Pena – reclusão, de 5 (cinco) a 8 (oito) anos, e multa. Parágrafo único. Nas mesmas penas incorre quem incitar a prática de fato tipificado como crime nesta Lei.

Art. 35 – O agente que realizar atos preparatórios com o propósito inequívoco e potencial eficácia para consumar, futuramente, os crimes descritos nesta Lei, será punido com a pena correspondente ao delito consumado, diminuída de um quarto até a metade".

349 Art. 3 – "Trabalhar para grupo, pessoa física ou jurídica, ou prestar-lhe colaboração, tendo conhecimento de que sua atividade principal ou secundária é dirigida à prática de ato de terrorismo.

Pena – reclusão, de 5 (cinco) a 8 (oito) anos, e multa".

maneira desimpedida. Favoreceu, portanto, esse aspecto das normas internacionais a sua localização.

De resto, foi introduzido dispositivo conferindo competência à Polícia Federal para investigação dos crimes previstos naquela legislação, nos exatos termos sugeridos pela Nota Técnica da ADPF. Também foi estabelecida a competência da Justiça Federal para processamento e julgamento de causas relativas àquela legislação. Apesar de esse ponto específico, da competência da Justiça Federal, ter permanecido intocado ao longo do processo legislativo a partir desse momento, é, ainda assim, relevante, especificamente em relação à percepção que os diversos atores têm sobre o processo de criminalização de movimentos reivindicatórios e sobre a avaliação que se faz em relação aos órgãos do Judiciário Federal e Estadual.

A competência para julgamento de crimes, em regra e residualmente, é da Justiça Estadual. Apenas nos casos em que há previsão expressa[350] é competente a Justiça Federal. Um desses casos, inclusive se refere ao instituto de deslocamento de competência que prevê a transferência, da esfera estadual para a esfera federal, de investigações ou de processos que tratem de grave violação de direitos humanos (art. 109, V-A e §5º CF[351]). Uma das justificativas para a instituição desse mecanismo foi:

> [a] falta de parcialidade (isenção) e/ou fragilidade e ineficiência dos órgãos estaduais (especialmente o Judiciário, o Ministério Público e a Polícia) no que diz com a capacidade de efetiva repressão dos delitos contra os direitos humanos. Tais argumentos prendem-se – no que diz com a ausência de isenção e fragilidade – à suposição de que os órgãos estaduais seriam mais vulneráveis às pressões do meio social, do poder econômico e político local e regional. Além do mais, tanto a fragilidade e ineficiência, residiriam basicamente na capacidade reduzida de articulação e alocação de meios suficientes por parte dos órgãos estaduais para atuar com eficácia em face das violações de direitos humanos (SARLET et al., 2006, p. 12)

---

[350] Por exemplo, art. 109, CF – "Aos juízes federais compete processar e julgar: IV – os crimes políticos e as infrações penais praticadas em detrimento de bens, serviços ou interesse da União ou de suas entidades autárquicas ou empresas públicas, excluídas as contravenções e ressalvada a competência da Justiça Militar e da Justiça Eleitoral; V – os crimes previstos em tratado ou convenção internacional, quando, iniciada a execução no País, o resultado tenha ou devesse ter ocorrido no estrangeiro, ou reciprocamente".

[351] Art. 109, CF – "Aos juízes federais compete processar e julgar: V-A – as causas relativas a direitos humanos a que se refere o §5º desse artigo; §5º – Nas hipóteses de grave violação de direitos humanos, o Procurador-Geral da República, com a finalidade de assegurar o cumprimento de obrigações decorrentes de tratados internacionais de direitos humanos dos quais o Brasil seja parte, poderá suscitar, perante o Superior Tribunal de Justiça, em qualquer fase do inquérito ou processo, incidente de deslocamento de competência para a Justiça Federal".

Dessa maneira, um dos requisitos para o manejo desse mecanismo é: "omissão, leniência, excessiva demora, conluio ou conivência dos órgãos de persecução criminal do Estado membro ou do Distrito Federal" (ARAS, 2005). Isso se torna relevante no cenário em que se questiona a possibilidade de a Lei Antiterrorismo ser utilizada, por agentes estatais, como instrumento para promover violações aos direitos de liberdade de expressão, manifestação, etc.

Não se argumenta que a escolha da competência da Justiça Federal se deu exclusivamente em função da preocupação com os movimentos sociais e uma possível menor chance de abusos da Lei Antiterrorismo naquele âmbito. De fato, a existência de diversos tratados internacionais que tratam do tema e o fato de o terrorismo se manifestar como fenômeno transnacional contribuíram para que aquela escolha fosse feita, em consonância até com outras hipóteses de competência da Justiça Federal.

Entretanto, também nesse ponto, é possível identificar as dinâmicas verificadas acerca da desconfiança em relação às autoridades estatais (policiais e judiciárias). Reconhecendo que a esfera federal constituía um ambiente menos propício a abusos, afirmam:

Vladimir Aras, Procurador Regional da República:
Essa questão de colocar ou não a cláusula se instituiu justamente a partir desse receio de que estruturas tradicionais de repressão e persecução criminal dos estados, que se ocupam mais desse tema de sem-terra e movimentos semelhantes, usariam as ferramentas da lei antiterrorismo contra esses grupos sociais. Porém, é preciso fazer esse recorte para perceber que essas ferramentas nunca seriam entregues aos estados porque esses temas são federais. Então a competência seria da PF, não sei se isso é bom ou ruim, mas não seria das Polícias Civis e Militares, para investigação e repressão; as ações penais seriam do MPF; e o julgamento seria de competência da Justiça Federal, que não tem, no plano do Judiciário, um histórico de posicionamentos que muitos ramos da justiça estadual têm no tratamento da questão fundiária.

Marivaldo Pereira, Secretário-Executivo do MJ:
[...] a Justiça Estadual tende a ter muito mais proximidade com a conjuntura política local. Então você pega, por exemplo, uma das coisas daquela discussão que a gente estava tendo – o Pacto Nacional pela Redução de Homicídio, que era algo que a gente estava gestando. Uma das nossas propostas era "puxar" para a Polícia Federal a investigação de grupos de extermínio. Por quê? Porque o que a gente constatou foi que muitos grupos de extermínio tem a participação de policiais. Esses policiais têm um certo poder e acabam tendo uma articulação política local muito forte, que acaba blindando eles [contra] qualquer punição. Então você traz isso para o âmbito federal e se distancia desse contexto local. A mesma coisa: a interpretação que um tribunal vai dar uma manifestação que, em tese, é uma manifestação pacífica, mas que pode ter resultado em algum distúrbio

e, aí, o magistrado querer enquadrar isso como terrorismo. Então trazer isso para a Justiça Federal foi uma forma de você se afastar um pouco do calor político do debate local.

Não há, todavia, unanimidade em relação à diminuição de riscos de abusos em razão da atribuição de competência à Justiça Federal. Por um lado, afirma, relembrando a dinâmica de aplicação da lei penal, já referida no capítulo III, o Deputado Alessandro Molon:

> Pergunta: O fato de a competência ser federal, da Justiça Federal e da Polícia Federal, diminui ou aumenta essa preocupação?
>
> Resposta: Diminui, diminui. Mas, em flagrante, qualquer um pode ser preso por qualquer crime.

Outros dispositivos foram introduzidos, como aqueles que tratavam da administração de bens confiscados e regras específicas de processamento e julgamento[352]. O presente trabalho se focará, entretanto, nos pontos focais e mais polêmicos da proposição.

A reação ao texto do Dep. Arthur Oliveira Maia foi imediata. A Rede Justiça Criminal divulgou uma nota pública, criticando diversos aspectos do substitutivo. Nesse momento, apesar de pugnar pela rejeição do texto como um todo, já se sinalizavam determinados dispositivos considerados particularmente problemáticos. Primeiramente, considerou "inaceitável abranger a intimidação ou coação de pessoas jurídica sob a finalidade típica de terrorismo. Esta definição extrapola a já controversa noção de terrorismo". Em segundo lugar, reiterou a preocupação com a generalidade e abstração de determinados dispositivos ("o texto torna indeterminada a norma e inverificável o dolo específico e inviabiliza qualquer segurança jurídica na apreciação das condutas") deixando ao intérprete do Direito larga margem de interpretação. A três, com relação aos atos listados no §1º, criticou o fato de que a maioria das condutas já se encontrava criminalizada na legislação brasileira e a desproporcionalidade das penas em relação à variação da gravidade e do bem jurídico lesado (20 a 30 anos). Por fim, a tipificação das condutas conexas – colaboração com organização terrorista, apologia e atos preparatórios – foi criticada por dispensar vínculo entre a conduta dos indivíduos e atos de terrorismo de fato praticados (REDE JUSTIÇA CRIMINAL, 2015d).

Em relação a esse texto inicial foram apresentadas outras 27 emendas. A grande maioria destas era de autoria de parlamentares de partidos de esquerda que pretendiam, de alguma forma, restringir o alcance da norma

---

352 Esses dispositivos também são idênticos àqueles que constam no PL 1790/2015, de autoria do Dep. Alberto Fraga (naquele projeto, arts. 42 a 46).

penal e diminuir as penas previstas. É o caso, por exemplo, das Emendas de Plenário nº 15, 17 e 18, da Deputada Jô Moraes, e as de nº 28, 29, 30 e 31, do Deputado José Guimarães (PT-CE). Merece destaque, ainda, a Emenda de Plenário nº 34, também do Dep. José Guimarães, que pretendia alterar a definição de terrorismo, combinando o texto elaborado pelo Dep. Arthur Oliveira Maia com aquele inicialmente apresentado pelo governo:

> Art. 2 – O terrorismo consiste em atos praticados por razões de ideologia, política, xenofobia, discriminação ou preconceito de raça, cor, etnia, religião ou gênero e que tenham por finalidade provocar terror, expondo a perigo a pessoa, o patrimônio, a incolumidade pública ou a paz pública ou coagir autoridades nacionais ou estrangeiras a fazer ou deixar de fazer algo.
> §1º São atos de terrorismo:
> I – incendiar, depredar, saquear, destruir, extorquir, sequestrar ou manter em cárcere privado, atentar contra a vida, a integridade física ou o patrimônio; ou
> II – sabotar o funcionamento ou apoderar-se do controle total ou parcial, servindo-se ou não de sistemas de informático, ainda que de modo temporário, de meio de comunicação ou de transporte, de portos, aeroportos, estações ferroviárias ou rodoviárias, hospitais, casas de saúde, escolas, estádios esportivos, instalações públicas ou locais onde funcionem serviços públicos essenciais, instalações de geração ou transmissão de energia, instalações militares e instalações de exploração, refino e processamento de petróleo e gás.
> Pena – reclusão, de 10 (dez) a 20 (vinte) anos, sem prejuízo das penas correspondentes às demais infrações penais praticadas.

Àquele momento líder do governo, as emendas apresentadas pelo Dep. José Guimarães podem ser entendidas como resultado do esforço do governo. Essa emenda teria grande importância em momento posterior do processo legislativo.

Algumas das emendas propostas representam um esforço de "contra-ataque": pretendem utilizar a legislação apresentada para punir autoridades públicas que viessem a praticar atos relacionados à criminalização de movimentos sociais e repressão de atos reivindicatórios. Por exemplo, a Emenda de Plenário nº 14, apresentada pelas Deputadas Jô Moraes e Jandira Feghali (PCdoB-RJ) pretendia incluir no texto legal o seguinte dispositivo: "Nas mesmas penas incorre o agente de Estado que, nesta condição, provocar o terror contra cidadão ou grupo de cidadãos, expondo suas vidas a perigo, coagindo-os a ação ou omissão ou suprimindo manifestações políticas legítimas, independente dos meios utilizados". Já a Emenda de Plenário nº 11, da Deputada Moema Gramacho (PT-BA), pretendia punir autoridades que desrespeitassem a cláusula excludente, prevendo que "constitui abuso de autoridade, punido com pena de 1 a 2 anos de reclusão, iniciar investigação ou promover ação penal contra pessoas referidas no parágrafo anterior com fundamento nesta lei".

Nesse mesmo sentido, pretendia o Dep. Edio Lopes (PR-RR), pela Emenda de Plenário nº 26, incluir, sob a justificativa de que agentes públicos frequentemente reprimem movimentos sociais e sindicais[353], nova hipótese de ato terrorista:

> Causar terror na população ou em parcelas dela, com a ajuda ou não de agentes públicos civis ou militares, por meio de atos motivados por discriminação ou preconceito de raça, cor, etnia, xenofobia, gênero ou opção sexual, bem como pela condição do idoso ou deficiente ou até mesmo por razões políticas, ideológicas, filosóficas ou religiosas.

A Emenda de Plenário nº 16, da Deputada Jô Moraes, também pretendia criminalizar "provocar terror com o intuito de suprimir manifestações políticas legítimas ou intimidar cidadãos, movimentos sociais, sindicais, religioso, direcionados por propósitos sociais ou reivindicatórios". Essas emendas tinham mais pretensão de marcar posição do que efetivamente serem aprovadas e incluídas no texto – especialmente considerando a composição do Congresso à época.

De qualquer maneira, a crítica de Lucas Sada, advogado do Instituto de Defensores dos Direitos Humanos, é representativa do cisma entre legisladores e operadores do Direito, especificamente, no caso, advogados atuantes na seara de Direitos Humanos: "é muito ingênuo achar que uma política de Estado ou a violência institucional vai ser contida pela legislação de terrorismo, afinal quem aplicará essa legislação é o próprio Estado [...] Até porque isso dependeria de reconhecer que o próprio Estado está sendo terrorista". Remete-se, aqui, à discussão sobre a definição de terrorismo como um conceito contestável, campo de batalha ideológico e político. Notou-se, naquele momento, que hipóteses de terrorismo estatal, apesar de mencionadas em algumas definições no

---

353 Faz referência a alguns episódios mencionados previamente como fundadores do temor e da desconfiança dos movimentos sociais em relação a autoridades estatais. "Também são frequentes em nosso País a prática de um mal disfarçado terrorismo de Estado, onde é quase uma regra a participação de agentes públicos civis e militares, especialmente das Polícias Militares na repressão dos movimentos sociais e sindicais na luta que desenvolvem por melhores condições de vida e de trabalho e pelos de seus mais legítimos e elementares direitos consagrados na legislação ordinária e também na Constituição Cidadã de 05/08/1988. São inúmeros os exemplos de Polícias Militares de diversas unidades da Federação totalmente despreparadas para dialogar com os movimentos sociais, utilizando com frequência a violência repressiva como ocorreu em São José dos Campos/SP onde uma negociação em curso do movimento de moradia na comunidade de Pinheirinho dessa cidade foi abruptamente rompida pela repressão da PM desse estado, num episódio que ficou conhecido como 'O massacre de Pinheirinho'."

plano internacional, raramente são incluídas em legislações domésticas exatamente por esses motivos.

Em diametral oposição, a Emenda de Plenário nº 35, do Deputado Izalci (PSDB-DF) pretendia retirar a excludente referente aos movimentos sociais sob a justificativa de que:

> tal regra de exclusão é totalmente descabida, uma vez que qualquer um que pratique os atos previstos na lei como terrorismo deverá ser submetido ao tipo legal e às suas penas. O discurso de que aquele dispositivo serve para proteger os chamados movimentos sociais, em verdade, protege somente os grupos que já praticas atos de terror, os quais, com a aprovação da lei, passarão a configurar terrorismo. Os movimentos pacíficos não serão atingidos pela lei pelo simples fato de que não praticam tais atos, como incendiar, depredar, saquear, destruir, sabotar, etc. Tampouco obstruem vias públicas com a finalidade de intimidar ou coagir Estado.

Além das manifestações por meio de emendas, no curso dos debates no Plenário da Câmara, fica claro o esforço dos parlamentares de pautar o debate a partir de suas perspectivas políticas distintas. Empregam muitos dos argumentos já trazidos pelos órgãos de segurança e defesa e entidades associadas e pelos movimentos sociais e organizações ligadas à defesa dos Direitos Humanos.

Um aspecto comum a ambos os lados é a ponderação acerca da existência ou não de um ameaça crível e suficientemente grande para justificar as medidas pretendidas. Por esse motivo que os diferentes lados dessa disputa diferem sobre o fato de o Brasil se encontrar ou não vulnerável a uma ameaça terrorista. Somente consolidando a percepção de que essa ameaça existe é que determinados setores conseguem articular a necessidade de uma legislação específica – contemplando medidas excepcionais – para lidar com o fenômeno do terrorismo. Aumentam ainda o limiar necessário a se provar a existência dessa ameaça as circunstâncias prévias e contextuais da experiência brasileira – a experiência da ditadura militar, o temor da criminalização dos movimentos sociais, etc. Afinal, essas circunstâncias representam custos mais altos para aquela legislação – custos que só seriam compensados frente à real necessidade de se fazer frente à ameaça terrorista.

De um lado, parlamentares de partidos de esquerda apontavam para a desnecessidade daquele projeto, tanto em virtude do histórico brasileiro, de nunca ter sido alvo de um atentado terrorista internacional, quanto em função de já ter, em seu ordenamento, normas que criminalizavam os atos usualmente relacionados a atentados.

Dep. Jandira Feghali (PCdoB-RJ), Plenário 11 ago. 2016:
Primeiro, o Brasil não tem nenhuma característica semelhante a outros países do mundo, não tem organizações terroristas, ações terroristas.

O Código Penal já cobre a maioria dos crimes. Ainda está em vigor no Brasil — pasmem, senhores presentes, operadores do Direito — a Lei de Segurança Nacional, e nós estamos aprovando aqui uma lei antiterrorismo, sem terrorismo no Brasil, com termos abertos, genericamente postos, que podem criminalizar ações políticas dentro da sociedade brasileira.

Dep. Ivan Valente (PSOL-SP), Plenário 12 ago. 2016:
[...] nós entendemos que é desnecessária a tipificação de condutas já previstas. A legislação penal em vigor no nosso País já cobre isso. O que vai acontecer é que vão uniformizar as penas de 20 a 30 anos para pessoas que participam de qualquer tipo de movimentação.

Apontavam, ainda, a probabilidade de que essa legislação fosse empregada para criminalizar movimentos sociais, mobilizando memórias referentes ao período da ditadura militar e episódios recentes de abusos. A principal fonte de preocupação era o recurso a termos genéricos e abstratos que poderiam ser empregados por autoridades, das quais desconfiavam, para reprimir movimentos reivindicatórios.

Dep. Jandira Feghali (PCdoB-RJ), Plenário 11 ago. 2016:
[...] o texto é muito genérico. Eu não sei qual é o contexto de paz pública. Eu não sei o que é, no texto, "depredar" e "saquear". Saquear um supermercado é ato terrorista? Depredar ônibus como protesto de crimes nas comunidades é ato terrorista? A ocupação de terras pelo MST é ato terrorista? Então, na verdade, é um texto que, ao final, ao cabo, levará à criminalização de movimentos sociais, mesmo com o artigo de salvaguarda que o Deputado Arthur Oliveira Maia devolve ao texto, respeitando a proposta original do Governo. No Judiciário, cada juiz tem a sua cabeça. Se nós deixarmos um texto genérico amplo e aberto, a interpretação será de quem julgar a ação política, criminosa, seja lá qual for.

Dep. Wadih Damous (PT-RJ), Plenário 5 ago. 2016:
Sr. Presidente, Sras. e Srs. Deputados, primeiramente, eu lamento – e não entendo – o fato de um projeto de lei que tenta tipificar e regular o crime de terrorismo no Brasil tenha sido enviado pela Presidenta da República, Dilma Rousseff, ela própria imputada como tal nos tempos ditatoriais. [...]
E o que significa tipo penal em aberto? Não adianta, como esforçadamente faz o autor do substitutivo, dizer que os movimentos sociais estão fora da tipificação, porque esse enquadramento será feito por quem? Por delegados de polícia, por membros do Ministério Público, por juízes. Nos dias de hoje, nos dias do punitivismo intenso, em que se olha a vida sob os olhos do Direito Penal, nós já sabemos quais serão as consequências. E mais, Sr. Presidente, todos esses crimes aqui relacionados, todos esses crimes listados já fazem parte do nosso ordenamento jurídico. Estamos mudando aquilo que é crime comum para crime de terrorismo. Onde está a Al-Qaeda aqui no Brasil? Onde está o Exército Islâmico?

Dep. Ivan Valente (PSOL-SP), Plenário 11 ago. 2016:
Eu quero dar um exemplo aqui. Em 2013, um cidadão participante das manifestações das ruas, particularmente o funcionário da USP Fábio Hideki, ficou preso quase 3 meses na prisão de Tremembé, porque ele portava um recipiente parecido com uma bomba, que era simplesmente um recipiente de um achocolatado da marca Nescau. Ficou 3 meses na cadeia! Não foi processado, não foi condenado a nada! Isso foi em 2013, Sr. Presidente

A excludente de ilicitude para os movimentos sociais não é considerada suficiente para amenizar esses temores[354].

De outro lado, deputados a favor do projeto construíam uma narrativa, por um exercício de *framing*, que considerava aquela legislação absolutamente necessária, em virtude (i) da inserção do Brasil na economia mundial, (ii) da pressão realizada por organismos internacionais, e (iii) da iminente realização das Olimpíadas do Rio de Janeiro. Sinalizam, ainda, uma ampla confiança nos órgãos de segurança brasileiros.

Dep. Luiz Carlos Hauly (PSDB-PR), Plenário 12 ago. 2016:
É preciso andar pari passu com a ONU, com a Organização dos Estados Americanos, com as organizações internacionais, no combate ao terrorismo e ao tráfico de drogas, de pessoas, de animais, de órgãos humanos e de crianças. Quem está contra isso está contra o interesse dos direitos humanos. Quem está contra uma legislação dessas é contra o entendimento de que o Brasil deva ter assento entre os países mais desenvolvidos do mundo.

Dep. Raul Jungmann (PPS-PE), Plenário 12 ago. 2016:
Então, quando aqui se diz que nós não temos histórico de terrorismo, que nós não temos ameaças concretas, que nós não temos problemas de fronteira, eu quero lembrar o caso da Argentina, que, não tendo exatamente nenhum tipo dos problemas a que me referi em relação ao Brasil, enfrentou dois atentados que atingiram, entre mortos e feridos, 300 pessoas. Portanto, o argumento de que nós não temos histórico nem inimigos internos ou externos não vale hoje, em tempo de globalização e em tempo em que o Brasil quer e vem tendo uma maior projeção internacional e que, inclusive, defende ter um assento no Conselho de Segurança da ONU

Dep. Alberto Fraga (Dem-DF), Plenário 12 ago. 2016:
Os americanos, depois do atentado às Torres Gêmeas, o que fizeram? Endureceram a legislação deles. Aqui no Brasil, não. Querem que aconteça uma tragédia — e nós temos as Olimpíadas se aproximando — para depois fazer a legislação rígida? Aí não adianta. Depois de a porta ter sido arrombada, não adianta choramingar.

---

354 Segundo o Dep. Ivan Valente (PSOL-SP), no dia 12 de agosto, "Outra questão: o § 2º do art. 2º diz que as condutas de movimentos sociais, sindicais, religiosos e classistas não serão consideradas atos terroristas. Na verdade, não conseguem barrar o processamento. A pessoa será processada, embora, mais tarde, a Justiça possa não condená-la. É isso que está acontecendo aqui com esses cidadãos que ficaram 3 meses presos".

Dep. Celso Russomanno (PRB-SP), Plenário 13 ago. 2016:
Sr. Presidente, eu queria parabenizar o Deputado Arthur Oliveira Maia pelo relatório, inclusive porque nós fizemos sugestão no texto para estabelecer o que era prática de terrorismo, e ele assumiu todas as nossas sugestões, deixando bem claro o que é prática de terrorismo. E, do jeito que está vindo o relatório agora, inclusive com o acordo que foi feito, todas as polícias – a Polícia Judiciária dos Estados e a Polícia Judiciária Federal – vão poder apurar o crime de terrorismo. Eu acho que a lei fica do jeito que pretendíamos

Em resposta a essas manifestações e esforços, o Dep. Arthur Oliveira Maia apresentou, em 11 de agosto de 2015, uma Subemenda Substitutiva Global ao PL 2016/2015. Essencialmente, substituiria o texto anteriormente apresentado, devendo ser submetido ao Plenário da Câmara. Nesse segundo texto, foram introduzidas determinadas alterações decorrentes da aceitação de algumas das emendas (Emendas de Plenário nº 12, 15, 19, 20, 30 e 32) e outras que não haviam sido foco da atividade de parlamentares, ao menos abertamente.

Inicialmente, fica clara uma alteração na definição de terrorismo, com a introdução de "motivados por razões políticas, de ideologia ou xenofobia", no texto. Em comparação com o texto anterior, esse acréscimo representa alguma restrição em relação ao escopo da legislação que exigia, anteriormente, apenas dois requisitos para a tipificação do terrorismo: a finalidade (inciso I e/ou II) e estar no rol de condutas previstas (§1º).

Outras alterações pontuais foram: (i) a inclusão de "instituições bancárias e sua rede de atendimento" ao inciso IV, do art. 2, §1º como estabelecimentos protegidos pela lei[355]; (ii) a redução da pena mínima de 20 para 12 anos (a pena máxima continuou 30 anos); (iii) a inserção no âmbito de proteção conferido pela excludente dos movimentos de classe ou de categoria profissional; (iv) a inserção de causa de aumento de pena para o caso de a incitação ao terrorismo ser praticada pela *internet* ou por outro meio de comunicação social; (v) a determinação do cumprimento de pena, em caso de condenação, em estabelecimento penal de segurança máxima; (vi) a possibilidade de desistência voluntária nos casos de atos preparatórios[356]; (vii) a aplicação das previsões contidas na Lei de Crimes Hediondos (Lei nº 8.072/90) nos crimes previstos na Lei Antiterrorismo.

---

[355] Durante as manifestações de rua, em 2013 e 2014, agências bancárias foram alvos frequentes de ataques.

[356] Código Penal, art. 15 – "O agente que voluntariamente, desiste de prosseguir na execução ou impede que o resultado se produza, só responde pelos atos já praticados".

Duas outras mudanças foram essenciais, especialmente no que se refere ao propósito deste trabalho. Primeiramente, foi completamente alterada a previsão do crime de financiamento do terrorismo, passando o texto a prever:

> Art. 6 – Receber, prover, oferecer, obter, guardar, manter em depósito, solicitar investir ou, de qualquer modo, direta ou indiretamente, recursos, ativos, bens, direitos, valores ou serviços de qualquer natureza, para o planejamento, a preparação ou a execução dos crimes previstos nesta Lei.
> Pena – reclusão, de 15 (quinze) a 30 (trinta) anos.
> Parágrafo Único – Incorre na mesma pena quem oferecer ou receber, obtiver, guardar, mantiver em depósito, solicitar, investir ou de qualquer modo contribuir para a obtenção de ativo, bem ou recurso financeiro, com a finalidade de financiar, total ou parcialmente, pessoa, grupo de pessoas, associação, entidade, organização criminosa que tenha como atividade principal ou secundária, mesmo em caráter eventual, a prática dos crimes previstos nesta lei;

Esse texto se assemelha ao dispositivo inicialmente elaborado pelo COAF com objetivo de atender às Recomendações do GAFI, em especial à Recomendação nº 5 e à Nota Interpretativa correspondente. Situação semelhante aconteceria no Senado: frente a uma mudança na redação do tipo penal sobre financiamento do terrorismo, nevrálgico considerando as exigências do GAFI, rapidamente se mobilizaram as forças políticas necessárias para se retomasse o texto inicial ou versão dele que satisfizesse aquele organismo internacional. Outro importante acréscimo foi:

> Art. 11, p.u. – Fica a cargo do Gabinete de Segurança Institucional, da Presidência da República, a coordenação dos trabalhos de prevenção e combate aos crimes previstos nesta Lei, enquanto não regulamentada pelo Poder Executivo

Esse dispositivo era de interesse do setor de inteligência, afinal conferia ao GSI importante competência nos esforços de combate ao terrorismo. De fato, oficial de inteligência Z admite que foram realizadas interlocuções, junto a parlamentares, para que esse dispositivo passasse a integrar o texto.

Apresentado em 11 de agosto de 2015[357], havia planos de que se iniciassem as votações naquele mesmo dia sobre o relatório apresentado pelo Dep. Arthur Oliveira Maia. Merece nota, entretanto, uma alteração de última hora realizada pelo relator. À caneta, ele riscou a expressão, à caneta, "motivados por razões políticas, de ideologia ou xenofobia" e rubricou. O texto da definição de terrorismo retornava, assim, àquele formato inicial.

---

[357] As notas taquigráficas descrevendo os processos de votação e contendo os discursos proferidos pelos parlamentares nesse dia se encontram disponíveis em: <http://www.camara.leg.br/internet/plenario/notas/ordinari/2015/8/V1108151400.pdf>. Acesso em 16 fev. 2017.

Foi introduzido, todavia, requerimento de adiamento de votação pela bancada do PT. O Presidente da Câmara concordou com o adiamento para o dia seguinte com duas condições: (i) que não fossem apresentadas novas emendas, o que reiniciaria as discussões sobre o texto; e (ii) que não houvesse tentativas de se obstruir a votação. Obteve concordância em relação a ambos os pontos da maioria dos deputados e procedeu-se ao adiamento. A urgência na votação se devia ao fato de que o tempo de apreciação já havia ultrapassado o previsto para casos de urgência constitucional e estava, naquele momento, trancando a pauta da Câmara.

Apesar de não ser mais possível apresentar emendas, o Dep. Eduardo Cunha ressaltou a possibilidade de que fossem apresentados, nesse intervalo, destaques (supressivos ou de emendas)[358] e emendas aglutinativas[359]. O próprio relator, Dep. Arthur Oliveira Maia, ao sugerir que "nós estamos com praticamente 95% de tudo resolvido", sinalizou que ainda havia espaço para novas alterações. Esse nível de detalhamento sobre o processo legislativo é necessário para que se compreenda o que se passou no dia 12 de agosto, quando o PL 2016/2015 foi efetivamente votado.

O período entre o fim da sessão de ordinária de 11 de agosto de 2015 e do início da sessão de 12 de agosto de 2015 parece ter sido fundamental para a construção dos acordos que se manifestariam durante as discussões e votações.

---

[358] Destaque é "Instrumento regimental concebido para promover alterações no texto de uma proposição no momento em que está sendo votada. É apresentado por meio de requerimento específico, que pode ser concedido automaticamente ou depender de deliberação do plenário (art. 161 e 162, RICD)". Destaque supressivo é "Espécie de destaque que visa suprimir parte de uma proposição. Processa-se de forma oposta à do destaque para votação em separado: enquanto naquele a parte suprimida é, desde logo, retirada do texto principal, só voltando a integrá-lo se for aprovada separadamente, no caso do destaque simples, a supressão só será feita se a matéria destacada for efetivamente rejeitada em votação posterior à do texto principal", enquanto destaque de emenda é "espécie de destaque incidente sobre emenda de proposição, visando sua votação em apartado do grupo ao qual pertença" (CÂMARA DOS DEPUTADOS, s.d.).

[359] Emenda Aglutinativa é "espécie de emenda à proposição que se propõe a fundir textos de outras emendas, ou a fundir texto de emenda com texto de proposição principal. Muito usada no momento da votação de proposições em plenário (RICD, art. 118)" (CÂMARA DOS DEPUTADOS, s.d.)

7.1.1. Momento-chave: a sessão de votação

A sessão ordinária da Câmara dos Deputados do dia 12 de agosto de 2015[360] se iniciou com a apreciação de um requerimento de retirada da pauta do PL 2016/2015, apresentado pelo PSOL, único partido que não fez parte daquele acordo de não obstrução. Esse requerimento foi, entretanto, rejeitado pelo Plenário da Câmara. A votação se seguiu, em relação à Subemenda Substitutiva Global com o encaminhamento de votação pelos líderes partidários. Apenas o PSOL e o PCdoB encaminharam a votação de maneira contrária ao projeto. A votação foi simbólica:

> Sr. Presidente (Eduardo Cunha) – Os Srs. Deputados que forem favoráveis permaneçam como se encontram e os contrários se manifestem.
> APROVADA.

Os pedidos dos deputados Chico Alencar (PSOL-RJ), Jandira Feghali (PCdoB-RJ) e Wadson Wibeiro (PCdoB-MG) por verificação de quórum e votação nominal foram rejeitados pelo Presidente Dep. Eduardo Cunha que deu o projeto como aprovado e passou à discussão dos destaques e demais emendas. Importante notar que isso significava que o texto já havia sido aprovado – não seria mais possível rejeitar a proposição, apenas alterá-la. Em último caso, se nenhuma emenda fosse aprovada, o texto seguiria para o Senado daquela forma.

Passou-se à votação da Emenda Aglutinativa nº 4, de autoria do próprio Dep. Arthur Oliveira Maia, que pretendia aglutinar as Emendas de Plenário nº 29 e 34 com a Subemenda já apresentada. Foi este o momento-chave da votação. Principalmente, a Emenda Aglutinativa nº 4 alterava a definição de terrorismo, reintroduzindo as motivações, de maneira bastante semelhante ao texto originalmente enviado pela Presidente Dilma Rousseff[361]:

> Art. 2 – O terrorismo consiste na prática, por um ou mais indivíduos, dos atos previstos neste artigo, por razões de ideologia, xenofobia, discriminação ou preconceito de raça, cor, etnia e religião, quando cometidos com a finalidade de provocar terror social ou generalizado, expondo a perigo pessoa, patrimônio, a paz pública ou a incolumidade pública.

---

360 As notas taquigráficas descrevendo os processos de votação e contendo os discursos proferidos pelos parlamentares nesse dia se encontram disponíveis em: <http://www.camara.leg.br/internet/plenario/notas/ordinari/2015/8/V1208151400.pdf>. Acesso em 16 fev. 2017.

361 O texto inicial do PL 2016/2015 continha a frase "por razões de ideologia, política, xenofobia, discriminação de raça, cor, etnia, religião ou gênero". Destas, foram retiradas a política e a discriminação de gênero.

A alteração com a inclusão das motivações foi apresentada pelos Dep. Arthur Oliveira Maia e Arlindo Chinaglia[362] (PT-SP) como uma sugestão da Polícia Federal.

Simultaneamente, parlamentares de esquerda, em uma política de 'redução de danos', como a Dep. Jandira Feghali ("por uma caracterização mais clara do art. 2º como aqui está, apesar de na minha opinião não resolver o problema, votaremos 'sim'") e Chico Alencar ("Nesse emenda aglutinativa é inegável que a precisão em relação ao chamado terrorismo, à prática desse crime, ficou bem maior do que no projeto aprovado há pouco") reconheceram a importância da emenda.

No processo de discussão sobre essa emenda, todavia, muitos deputados reagiram de forma contrária à inclusão da expressão ideologia como possível motivação para um ato terrorista. O mais interessante é que foram deputados de partidos de direita que, pela primeira vez, veicularam um temor de que esse termo fosse mal interpretado ou aproveitado para criminalizar determinadas circunstâncias – mas não aquelas que preocupavam os movimentos sociais e organizações de Direitos Humanos.

Dep. Nilson Leitão (PSDB-MT):
Sr. Presidente, a preocupação é quando se coloca aqui a palavra "ideologia". Daqui a pouco como isso vai ser interpretado? Quem vai interpretar isso? É a polícia? É a justiça? O que é ideologia? É o movimento que ocorreu à época da ditadura? O que é, de fato, ideologia? [...] Mesmo que o § 2º resguarde, dizendo que as motivações estão liberadas. O que pode ser isso? O que pode ser considerado reivindicatório? Daqui a pouco o pedido de impeachment da Presidenta Dilma é reivindicatório?! É uma interpretação ou não é uma interpretação?! O movimento que vai acontecer domingo neste País é reivindicatório ou é ideológico? Quem vai interpretar essa situação?
Então, Sr. Presidente, a dúvida do PSDB é justamente quanto a um texto que pode ser conflitado com os interesses, no momento em que o Brasil vive uma democracia, porém em um Governo que está de fato enfraquecido com a opinião pública. Como vai ser utilizado isso neste momento?

Dep. Edmar Arruda (PSC-PR):
Sr. Presidente, nós analisamos com bastante critério essa emenda, e não dá para votar a favor dessa emenda. Eu lamento que a maioria esteja votando "sim", quando nós colocamos a questão ideológica como terrorismo. Esse texto está muito

---

362 Afirma o deputado: "No momento em que a Polícia Federal ou outros órgãos investigativos identificam grupos motivados, através de mecanismos legais, pode infiltrar os seus agentes, pode fazer a interceptação telefônica, pode também, dentro de uma programação científica, em vez de fazer o flagrante na hora, deixar para fazer depois, para chegar aos cabeças da organização. Ou seja, aqui se trata de explicitar a motivação do ato terrorista que é definida no projeto. A motivação tem essa intenção: criar as condições, não de punir aquele que atentou contra o ônibus — isso tem de ser feito —, mas buscar evitar que aquele e outros ônibus sejam atacados. Daí a importância de colocar a motivação".

pesado e fica de livre interpretação por aquele que esteja julgando. Então, quando colocamos que "o terrorismo consiste na prática, por um ou mais indivíduos, dos atos previstos neste artigo" por razões de ideologia, fica muito aberto, fica muito complicado. Infelizmente, nós estamos aprovando um texto que está dando um cheque em branco para aquele que está julgando. Eu acho que nós deveríamos atentar para essa questão da ideologia porque não está adequado esse termo associado ao terrorismo. Então, o PSC vai votar "não" e orienta a sua bancada a votar "não".

Nesse momento, o Dep. Arthur Oliveira Maia reconhece a possibilidade de se retirar a palavra 'ideologia' do texto: "a bancada evangélica quer que se tire essa palavra; o deputado Chico Alencar, que tem uma posição de esquerda, também quer tirá-la; o Deputado Jair Bolsonaro, pelo que entendo, também quer retirá-la. Se houver um acordo para retirar o vocábulo "ideologia"...". Acaba, no entanto, se tornando alvo de novas críticas.

Dep. Espiridião Amin (PP-SC):
Sr. Presidente, a proposta de retirar apenas a palavra "ideologia" é uma rendição de menor importância à semântica porque todos os outros vocábulos são questionáveis também: "xenofobia", "discriminação ou preconceito de raça", "cor", "etnia" e "religião". Então, se o Relator tirar a palavra "ideologia", tem que tirar o resto! Não há cabimento render-se a uma expressão que faz parte de um conjunto e que não ofende ninguém. Ou tira tudo e revê o texto, ou mantém o termo "ideologia". Não há cabimento extrair uma parte de um todo que foi construído, Deputado Arthur Oliveira Maia, com harmonia pelo menos de sentido. Agora, retirar "ideologia", cá para nós, é uma capitulação — e o que é pior — feita em público e sem glória.

Quando o Dep. Espiridião Amin (PP-SC) sugere uma alternativa ("Se for para salvar o Relator, eu sugiro que se escreva: 'por viés de deturpação política'"), o Dep. Arthur Oliveira Maia aceita prontamente ("Sr. Presidente, vou atender o Deputado Espiridião, mudando, então o vocábulo 'ideologia' por 'política'. É isso?"). O Presidente da Câmara dos Deputados tinha outros planos, entretanto. Não permite nova alteração e, ao confirmar que o Dep. Arthur Oliveira Maia rubricou, confirmando a retirada do termo 'ideologia', dá início à votação[363]. Dessa forma, a votação se formalizou com os deputados tendo que escolher entre duas opções de definição para terrorismo, com o seguinte resultado[364]:

---

[363] Dep. Eduardo Cunha: "Deputado, eu não tenho condição de aceitar outra mudança. Só posso aceitar a retirada da expressão, porque não se vai considerar aglutinação. Ou V.Exa. retira, ou se vota isso. Não há uma terceira opção. O.k.? Assine aqui, por gentileza. V.Exa. tem de assinar aqui, tem de rubricar aqui".

[364] Todas as informações sobre a votação se encontram disponíveis em: <http://www2.camara.leg.br/atividade-legislativa/plenario/chamadaExterna.html?link=http://www.camara.gov.br/internet/votacao/mostraVotacao.asp?ideVotacao=6502&tipo=partido>. Acesso em 17 fev. 2017.

Figura 5 - Opções e Votação final da Emenda Aglutinativa nº 4

Subemenda Substitutiva Global (NÃO)	Emenda Aglutinativa nº 4 (SIM)
O terrorismo consiste na prática, por um ou mais indivíduos, dos atos previstos neste artigo, quando cometidos com a finalidade de: I – intimidar Estado, organização internacional ou pessoa jurídica, nacional ou estrangeira, ou representações internacionais, ou coagi-las a ação ou omissão; II – provocar terror social ou generalizado, expondo a perigo pessoa, patrimônio, a paz pública ou a incolumidade pública.	O terrorismo consiste na prática, por um ou mais indivíduos, dos atos previstos neste artigo, **por razões de xenofobia, discriminação ou preconceito de raça, cor, etnia e religião**, quando cometidos com a finalidade de provocar terror social ou generalizado, expondo a perigo pessoa, patrimônio, a paz pública ou a incolumidade pública. **(gn)**

VOTAÇÃO	NÚMERO DE VOTOS
SIM	362
NÃO	85
ABSTENÇÃO	3
TOTAL	450

Dessa forma, foi aprovada a Emenda Aglutinativa nº 4 que, além de alterar a definição de terrorismo, também acresceu uma hipótese ao rol de condutas consideradas atos de terrorismo ("atentar contra a vida ou a integridade física de pessoa"), mudou o tipo penal referente à participação em organização criminosa[365] e substituiu "autoridade policial" por "delegado de polícia" no art. 12.

Parece ter faltado a compreensão, a alguns parlamentares, de que sem referência nenhuma a motivações, o escopo de aplicação da Lei Antiterrorismo seria ainda maior. Anteriormente, no substitutivo, existiam dois requisitos para o enquadramento de um ato como terrorista: a finalidade (incisos I e II) e a conduta em si (§1º). Com a alteração proposta pela Emenda Aglutinativa nº 4, passa a haver mais um requisito: a finalidade (o inciso II, incorporado ao *caput*), a motivação ("por razões

---

[365] Enquanto a redação inicial previa "Trabalhar para grupo, pessoa física ou jurídica, ou prestar-lhe colaboração, tendo conhecimento de que sua atividade principal ou secundária é dirigida à prática de ato de terrorismo", enquanto a da Emenda Aglutinativa nº 4 previa "Promover, constituir, integrar ou prestar auxílio, pessoalmente ou por pessoa interposta, a organização terrorista". Vale notar que o texto da emenda era mais próximo daquele do PL 2016/2015, como originalmente formulado pelo poder executivo.

de xenofobia, discriminação ou preconceito de raça, cor, etnia e religião") e a conduta em si (§1º). Desataca-se, ainda, que já representava, em si, uma redução do escopo a exclusão da finalidade prevista inicialmente no inciso I, que incluía coagir pessoas jurídicas – regra excepcional e não encontrada na maioria das definições de terrorismo. A eliminação de outras hipóteses de motivação, como sugerido em relação a 'ideologia', restringi-lo-ia ainda mais.

Uma questão que parece criar alguma confusão em relação à motivação é: o fato de se exigir que uma motivação em particular se manifeste para que um ato seja considerado terrorista não implica em dizer que aquele ato é justificado. O Dep. Miro Teixeira, por exemplo, afirmou que "eu vou votar 'não' porque não há justificativa para o terrorismo".

Em um cenário de racionalidade estrita, esperar-se-ia que parlamentares de esquerda, que haviam se colocado de forma contrária à lei em geral, apoiariam a Emenda Aglutinativa nº 4, já que ela representava uma oportunidade de se restringir o escopo dessa lei. Entretanto, não foi essa a realidade. A bancada do PSOL foi encaminhada pelo Dep. Chico Alencar para votar 'não' e, em bloco, seguiu esse encaminhamento. A Dep. Jandira Feghali, por exemplo, que havia se manifestado a favor da emenda antes da exclusão de 'ideologia', se posiciona também de forma contrária, orientando a bancada do PCdoB a votar contra ela. Posteriormente, altera a orientação para favorável à emenda de volta.

Algumas explicações, não mutuamente exclusivas, podem ser aventadas: (i) a votação 'não' como forma de marcar posição contrária a qualquer legislação antiterrorismo, (ii) sendo uma votação nominal, com registro de votos, abertos, no painel eletrônico, representava, para parlamentares de esquerda, a única oportunidade de sinalizar aos eleitores que haviam votado contra o PL, ainda que esse voto fosse na realidade por uma definição mais ampla e (iii) uma votação por engano, tanto por não compreender a dinâmica da aplicação da lei penal nesse caso do terrorismo, quanto por uma confusão em relação ao processo de votação em si[366].

Sem dúvida, e essa última explicação não se restringiria ao voto de parlamentares de esquerda, é necessário considerar todas essas alternativas com cautela.

---

[366] Existem relatos sobre votações realizadas por engano que geraram legislações e consequências não pretendidas. Um deles se refere à Lei de Crimes Hediondos, quando deputados aprovaram, admitidamente por engano, a possibilidade de réus aguardarem julgamento em liberdade (PAIVA, 2009, p. 11-12).

Em relação à hipótese (i), a manifestação do Dep. Chico Alencar é sintomática: "Portanto, reduz danos, sim; no entanto, o escopo do projeto continua muito ruim, não é da necessidade social do País. O voto do PSOL será 'não".

No que se refere à hipótese (ii) é interessante a afirmação do Dep. Alessandro Molon (PT-RJ, à época, atualmente PSB-RJ), em sessão no dia 24 de fevereiro de 2016, de que;

> Lamentavelmente, alguns colegas divulgaram que, naquela [nesta] votação nominal, quem votou a favor da restrição do conceito teria votado a favor do projeto, o que é falso. Então, antes de mais nada, nós já votamos contra o projeto original na primeira votação e restringimos o conceito ao aprovarmos a Emenda Aglutinativa nº 4.

No que toca à hipótese (iii), que existia uma certa confusão no Plenário da Câmara no momento da votação fica evidente pelas notas taquigráficas, as quais não capturam sequer a totalidade do que se passava:

O SR. CHICO ALENCAR (PSOL-RJ. Pela ordem. Sem revisão do orador.) – Sr. Presidente, o que se vai votar agora é a emenda aglutinativa, excluído o termo "ideologia"?
O SR. PRESIDENTE (Eduardo Cunha) – Isso.
A SRA. ALICE PORTUGAL – Sr. Presidente, como Presidente da Frente Parlamentar...
O SR. ESPERIDIÃO AMIN – Esperem aí, mas é "excluído" ou "substituído"?
O SR. PRESIDENTE (Eduardo Cunha) – Lembro que ao final desta votação vamos encerrar esta sessão e partir para a extraordinária, com o destaque da reforma política.
O SR. ALCEU MOREIRA – Presidente...
O SR. JOSÉ CARLOS ARAÚJO – Presidente...
O SR. ESPERIDIÃO AMIN – Mas é para retirar ou substituir? Esperem aí!
A SRA. JANDIRA FEGHALI (PCdoB-RJ. Pela ordem. Sem revisão da oradora.) – Sr. Presidente, peço a mudança da orientação do PCdoB para "não", por favor
O SR. PRESIDENTE (Eduardo Cunha) – O PCdoB vota "não".
O SR. ESPERIDIÃO AMIN (Bloco/PP-SC. Pela ordem. Sem revisão do orador.) – Relator, é para substituir ou para...? Então, vamos derrubar tudo. Ora, não se pode substituir? Então, vamos votar "não". [...]
O SR. NILSON LEITÃO (PSDB-MT. Pela ordem. Sem revisão do orador.) – Sr. Presidente, eu só quero a confirmação da Mesa sobre se foi retirada a palavra...
O SR. PRESIDENTE (Eduardo Cunha) – Foi retirada a palavra.
O SR. ALBERTO FRAGA – Foi retirada a palavra.
O SR. NILSON LEITÃO – Foi retirada a palavra? Então, conforme o acordo feito com o Deputado Arthur Maia, nós mudamos o voto para "sim". [...]
A SRA. JANDIRA FEGHALI (PCdoB-RJ. Pela ordem. Sem revisão da oradora.) – Sr. Presidente, apenas para última orientação: nós votamos de novo "sim", por favor.

Durante o processo de votação, ocorrem múltiplas manifestações de parlamentares sobre temas não-relacionados, como a Polícia Rodoviária

Federal e a investigação sobre o ex-Presidente Lula, tornando ainda mais caótica a cena. O próprio fato de a retirada da palavra 'ideologia' ter sido feita à caneta, momentos antes da votação aponta para a impossibilidade de que todos os deputados soubessem exatamente sobre o que estavam votando. A título de exemplo, como evidenciado na transcrição acima, a Dep. Jandira Feghali alterou a orientação para a bancada do PCdoB duas vezes, já com a votação aberta.

Essa situação se torna mais grave e se corrobora mediante algumas reflexões sobre o funcionamento do Congresso Nacional:

José Genoíno (1994):
Como o conjunto de 503 [deputados] não acompanha a dinâmica do processo para conduzi-lo, acaba-se caindo noutro desvio, que é a centralização na Mesa e no Colégio dos Líderes. Aquele Plenário fica cheio de gente – e não falta deputado para votar –, mas esperando a pauta, a orientação do líder, porque são poucos os que têm a pauta na mão, que sabem o que vão votar e intervêm.

Nelson Jobim (1994):
O deputado não tem ciência da matéria a ser votada porque fica sabendo na última hora e no último momento que ela está em plenário.

Nesse sentido, afirmou o Deputado Lincoln Portela (PRB-BA):

Então, percebemos que essas coisas precisam ser feitas mais em comum acordo para que não haja uma situação de cima para baixo, porque, às vezes, no momento do afogadilho, você acaba votando e vários parlamentares que não estão a par do que é o projeto acabam votando com as suas lideranças e algumas lideranças, às vezes, também não tem o devido conhecimento, porque os seus liderados que participaram das Comissões acabaram não passando para os líderes as coisas que ali aconteceram.

Levando em conta, especialmente, a importância da orientação dos líderes, merece nota o fato de que tanto o Dep. Edmar Arruda quanto o Dep. Nilson Leitão haviam encaminhado o voto "não" para suas respectivas bancadas (PSC e PSDB) antes da retirada da expressão 'ideologia' do texto. No intervalo entre a confirmação da retirada daquela palavra e a alteração do encaminhamento de algumas bancadas e a efetiva compreensão da alteração empreendida, foi iniciado o período de votações. O Dep. Nilson Leitão chegou a alterar o encaminhamento da bancada, posteriormente, mas nem isso fez o Dep. Edmar Arruda. Não é coincidência que PSC e PSDB foram alguns dos partidos com mais votos 'não', nove e doze, respectivamente. O grande número de votos 'não' originário do PP (12 nãos) também pode ser explicado, em parte, pela manifestação de duas de suas lideranças – Dep. Jair Bolsonario (PP-RJ) e Dep. Espiridião Amin – contra a emenda.

Não se argumenta que os deputados desses partidos não poderiam ter discordâncias políticas ou ideológicas com a emenda. Afinal, já se apontou que partidos de direita tendiam a favorecer uma legislação sobre terrorismo mais ampla, o que se coadunaria com o voto 'não'. Apenas busca-se uma explicação para discrepância na votação entre estes e outros parlamentares de partidos ideologicamente semelhantes.

Encerrada a votação sobre a Emenda Aglutinativa nº 4, restavam ainda os pedidos de destaque para a votação, em separado, de algumas das Emendas de Plenário. Foram três as emendas votadas no dia 13 de agosto de 2015[367]. A primeira era a Emenda de Plenário nº 14, já detalhada anteriormente. Apenas o PCdoB encaminhou a votação de forma favorável à emenda, tendo os outros partidos todos se posicionado contrariamente. Assim, a emenda foi rejeitada. Também foi rejeita a Emenda de Plenário nº 22, do Dep. Pompeo de Mattos (PDT-RS), a qual pretendia inserir um tipo penal referente à associação de três ou mais pessoas com o fim de praticar o terrorismo. Mais uma vez, episódios de repressão e violência contra movimentos reivindicatórios foram relembrados para sinalizar o risco de se criar mais um tipo penal indeterminado[368]. De outro lado, essa emenda também foi criticada, pelo Dep. Raul Jungmann (PPS-PE), por não levar em conta que o principal risco de segurança, no que se refere ao terrorismo, seria os 'lobos solitários'.

Por fim, a última votação em respeito a esse projeto na Câmara dos Deputados foi de um destaque, apresentado pelo Dep. Sibá Machado (PT-AC), líder do PT, para suprimir o parágrafo único do art. 11, o qual atribuiu ao GSI a competência de coordenar as ações de prevenção e combate ao terrorismo.

Alguns deputados como Major Olimpo (PDT-SP) e Raul Jungmann destacaram a importância de se ter um órgão de coordenação. Jungmann chega a rastrear os esforços anteriores de coordenação, mencionando, inclusive, o Núcleo do Centro de Coordenação das Atividades de

---

367 As notas taquigráficas descrevendo os processos de votação e contendo os discursos proferidos nesse dia pelos parlamentares se encontram disponíveis em: <http://www.camara.leg.br/internet/plenario/notas/extraord/2015/8/EM1308150955.pdf>. Acesso em 16 fev. 2017.

368 Dep. Wadson Ribeiro (PCdoB-MG): "Sr. Presidente, para ilustrar este nosso debate, ontem, houve uma manifestação em Belo Horizonte contra o aumento da tarifa de ônibus, e 60 estudantes ficaram detidos até a madrugada. Um ato que era pacífico, no seu trajeto, ficou tensionado, e esses 60 estudantes ficaram detidos até a madrugada. Um fato como esse, Sr. Presidente, poderia ensejar, ao aprovar esta matéria, o enquadramento desses estudantes em crime de terrorismo. Eu acho um excesso".

Prevenção e Combate ao Terrorismo, que formalmente existia, mas encontrava-se inativo.

A dificuldade de se indicar um mecanismo de coordenação foi reconhecida pelo Dep. Alberto Fraga: "Estavam na mesa de negociação Polícia Federal, Ministério Público, todo mundo, e ninguém falou nada. Então, colocou-se o GSI — Gabinete de Segurança Institucional apenas de forma "provisória" — entre aspas —, para que eles pudessem, dentro de um prazo o mais rápido possível, identificar quem faria a coordenação". Nesse mesmo sentido, o Dep. Raul Jungmann afirmou:

> há uma disputa no Governo — e eu não entro nesse mérito — entre os diversos órgãos: "Isso deveria ficar com a Defesa? Isso deveria ficar com a Polícia Federal? Isso deveria ficar com a ABIN? Isso deveria ficar na Presidência da República?". É uma questão que cabe ao Governo resolver. Eu tecnicamente tenho a minha opinião, mas não cabe aqui trazê-la ao debate. Cabe dizer ao Legislativo, a este Congresso, que, no exercício de suas responsabilidades, nós temos, sim, de ter um centro de coordenação das instituições.

A favor da supressão se manifestou o Dep. Alessandro Molon, afirmando se tratar de dispositivo inconstitucional, posto que violaria a competência privativa da Presidência da República de organizar a administração pública. Também a favor, mas com outra motivação, o Dep. João Campos (PSDB-GO) afirmou que "O Gabinete de Segurança Institucional, da Presidência da República, não é o órgão mais indicado, com o melhor perfil para fazer essa coordenação. De outro lado, a expressão "comando", própria da linguagem militar, não se adequaria a esse texto em que a atividade é muito mais da Polícia Federal e da ABIN". A votação referente a esse destaque foi a mais equilibrada das três, mas acabou prevalecendo a rejeição ao destaque, para que se mantivesse o texto. Assim, em 13 de agosto de 2015, foi aprovada a redação final do PL 2016/2015, o qual foi remetido ao Senado Federal.

7.2. TRAMITAÇÃO NO SENADO FEDERAL

Aprovada a redação final do PL 2016/2016 na Câmara dos Deputados, esse projeto de lei foi remetido ao Senado Federal, onde recebeu a numeração de PLC 101/2015[369]. Recebido pelo Senado em 20 de agosto de 2015, foi distribuído para a apreciação da Comissão de Relação Exteriores e Defesa Nacional (CRE) e pela Comissão de Constituição, Justiça e Cidadania (CCJC). Ainda dotado de urgência constitucional, deveria ser apreciado no prazo máximo de 45 dias, razão pela qual seria submetido

---

[369] Disponível em: <http://www25.senado.leg.br/web/atividade/materias/-/materia/122772>. Acesso em 20 fev. 2017.

simultaneamente a ambas as comissões, mas poderia receber emendas apenas perante a CRE.

Foram recebidas, no prazo autorizado, apenas 14 emendas – duas da Senadora Vanessa Graziotin (PCdoB-AM) e 12 do Senador Humberto Costa (PT-PE).

Dentre as emendas, se destaca a proposta do Senador Humberto Costa, constante nas Emendas da CRE nº 3 e 4[370], de alterar a definição de terrorismo, sob a justificativa de "o texto proposto peca por ser lacunoso e também por ser excessivo, além de conter tipos muito abertos, que geram insegurança jurídica e ferem o princípio da legalidade e da proporcionalidade". Propunha, assim, que terrorismo fosse definido como:

> Art. 2 – O terrorismo consiste na prática de crimes contra a pessoa, o patrimônio, a incolumidade pública ou a paz pública por razões de ideologia, política, xenofobia, discriminação de raça, cor, etnia, religião ou gênero e que tenham por finalidade provocar terror ou coagir autoridades nacionais ou estrangeiras a fazer ou deixar de fazer algo.

Apesar de a proposta delimitar de forma mais clara as hipóteses – substituindo "expor a perigo" por "prática de crime contra" – e retirar o rol de condutas que seriam consideradas atos de terrorismo, reintroduz também as motivações políticas e ideológicas, que representam algo profundamente criticado pelos movimentos sociais. Essa crítica foi reiterada em relação a essas emendas, com a Rede Justiça Criminal (2015e) afirmando que não poderiam ser acatadas, pois "a expressão política e ideológica é direito fundamental. Não podem constituir, por isso mesmo, elemento a ensejar especial reprovação, quando do eventual cometimento de delitos. Deve-se punir o delito, não a política".

Outra mudança proposta que também não atende às prioridades daqueles atores é manutenção dos crimes de apologia e incitação, com uma pequena alteração redacional – a Emenda da CRE nº 9. A justificativa dessa emenda deixa claro o potencial desse tipo penal atingir aquelas exatas circunstâncias que preocupavam os movimentos sociais e organizações de Direitos Humanos: "A presente emenda altera o preceito secundário, reduzindo a pena mínima em respeito ao princípio da proporcionalidade e para conseguir abarcar práticas virtuais sem potencial ofensivo, como as "curtidas" ou "compartilhamentos" feitos em redes sociais".

No que se refere ao dispositivo que consagra o GSI como coordenador das atividades de prevenção e combate ao terrorismo, nota-se um des-

---

370 A Emenda nº 3 é um substitutivo que inclui todas as alterações propostas, as quais foram também propostas de maneira individualizada – Emendas nº 4 a 14.

compasso entre dois senadores da base do governo. A Emenda da CRE nº 2, da Senadora Vanessa Graziotin, propunha a inclusão de referência expressa à ABIN naquele dispositivo[371], enquanto a Emenda da CRE nº 5, do Senador Humberto Costa, propunha a supressão do mesmo, sob o argumento de que infringia a competência privativa da Presidência e violava o princípio da separação dos poderes.

Em 31 de agosto de 2015, foi indicado como relator para a CRE o Senador Romero Jucá (PMDB-RR). O fato de ter sido ele o autor de um dos projetos de lei submetido à Comissão Mista do Congresso para Regulamentação da Constituição e ter, posteriormente, apresentado dois projetos – o PLS 449/2013 e o PLS 44/2014 – sobre o tema, certamente teve influência nessa determinação. O Senador Romero Jucá, entretanto, não demonstrou maior apego aos textos que havia apresentado. Apesar de o PLC 101/2015 ser muito diferente em relação ao projeto inicialmente apresentado, seu Parecer para o Plenário[372], em substituição àquelas comissões, opinava pela aprovação daquele.

Algum detalhamento em relação a esse momento se faz necessário. Inicialmente, conforme indicou o Chefe de Gabinete do Senador Romero Jucá, Fernando Veiga, houve instrução para a elaboração de um substitutivo, que seria apresentado para substituir o texto do PLC 101/2015. A partir de concertações políticas, sobre as quais não se obteve maiores detalhes, ocorreu uma mudança de rumo, no sentido de apresentar um Parecer simplesmente endossando a versão aprovada pela Câmara.

Uma questão que possivelmente influenciou essa alteração foi o prazo ao qual o Brasil estava submetido pelo GAFI: seria realizada reunião da Plenária, em 20 de outubro de 2015, quando possivelmente novas medidas contra o país seriam tomadas (uma declaração pública ou mesmo a inclusão em uma das listas de países não-cooperantes). Caso o Senado aprovasse uma versão diferente da lei, ela deveria ser submetida novamente à Câmara dos Deputados, o que certamente alongaria ainda mais o processo legislativo.

De fato, na Plenária de outubro de 2015, o GAFI adiou emitir uma declaração pública sobre o Brasil justamente a partir das informações que foram apresentadas a respeito da tramitação do projeto:

---

371 Justificando que "convém dotar o órgão de inteligência de Estado de competência legal, bem como de meios adequados à consecução de sua atribuição preventiva dos atos de terrorismo".

372 A possibilidade de apresentação de parecer diretamente ao Plenário, em substituição às comissões temáticas, com vistas a acelerar a tramitação de projetos com urgência constitucional é autorizada com base nos artigos 172 e 375 do Regimento Interno do Senado Federal.

o Brasil informou à Plenária que uma nova lei criminalizando o financiamento do terrorismo para resolver as deficiências referentes à antiga Recomendação Especial nº 2 havia sido aprovada na Câmara dos Deputados, mas ainda dependia da aprovação do Senado. Essa aprovação foi dita ser iminente. O projeto de lei havia sido dotado de urgência constitucional, o que significava que nenhuma outra votação poderia ser realizada no Senado enquanto esse projeto não fosse aprovado. Brasil se comprometeu a aprovar esse projeto de lei até o final do ano[373].

O próprio Parecer apresentado pelo Senador Romero Jucá reconhece essa urgência, ao afirmar que "a não aprovação da matéria até o dia 20/10/2015 poderá acarretar sanções internacionais ao Estado brasileiro, em razão da reunião Plenária do Grupo de Ação Financeira, que já alertou que pode incluir o País em sua "lista suja", de países não cooperantes". Nessa linha, vale apontar que o Parecer foi apresentado em 30 de setembro de 2015.

Não houve apreciação desse Parecer nas sessões seguintes do Plenário e, em função de questões de ordem pessoal – o Senador Romero Jucá se casou em 3 de outubro de 2015 e viajaria em lua-de-mel subsequentemente, como confirmado por Fernando Veiga – foi necessária a troca de relator. A indicação de um novo relator seria competência do Senador Delcídio do Amaral (PT-MS), então líder do governo. Houve alguma dificuldade nessa escolha[374]. A princípio, tinha interesse de relatar o Senador Humberto Costa, mas em função de sua já declarada disposição em alterar bastante o projeto, preferiu-se o Senador Aloysio Nunes (PSDB-SP), o qual já tinha, assim como o Senador Romero Jucá, um histórico de participação em projetos de lei sobre terrorismo (o PLS 762/2011), como atesta Bernardo Mota.

Apesar desse histórico, o Substitutivo que acabou sendo apresentado pelo Senador Aloysio Nunes em muito diverge do PLS 762/2011, anteriormente proposto. No Substitutivo inicialmente proposto, distinguiu-se terrorismo contra pessoa ("aquele que, isoladamente ou em concurso de agentes, pratica violência premeditada e provoca terror generalizado por

---

[373] Disponível em: <http://www.fatf-gafi.org/countries/a-c/brazil/documents/outcomes-plenary-october-2016.html>. Acesso em 20 fev. 2017.

[374] Não foi possível concluir com precisão como esse processo de escolha inicial, desistência e nova indicação se deu. Há sinais de que as negociações entre os senadores foram mais intrincadas do que inicialmente imaginado, tendo afirmado o Senador Delcídio do Amaral: "Sr. Presidente, esse projeto tramitou na Comissão de Relações Exteriores, onde foi relatado pelo Senador Romero Jucá. Ele veio da Câmara dos Deputados e, depois, aqui, foi pautado com urgência constitucional. Eu não vou nominar, mas relatores que foram indicados desistiram da relatoria no meio da tramitação".

extremismo político, intolerância religiosa, ou de preconceito racial, étnico, de gênero ou xenófobo") de terrorismo contra coisa[375] ("aquele que, isoladamente ou em concurso de agentes, provoca terror generalizado, por extremismo político, intolerância religiosa, ou de preconceito racial, étnico, de gênero ou xenófobo, mediante destruição ou inutilização de bem ou serviço social, por qualquer meio, inclusive eletrônico").

A perspectiva do Senador Aloysio Nunes em relação à definição do terrorismo já se mostrava bastante divergente também daquela consagrada no PLC 101/2015. Sua definição de terrorismo incluía três elementos: (i) a conduta ("prática de violência premeditada" ou "destruição ou inutilização de bem ou serviço social[376], por qualquer meio, inclusive eletrônico"), (ii) a motivação ("por extremismo político, intolerância religiosa ou de preconceito racial, étnico, de gênero ou xenófobo"), e (iii) a finalidade ("provoca terror generalizado", definido como "grave perturbação social provocada por meio de perigo imediato, real ou não, contra número indiscriminado de pessoas").

O Senador Aloysio Nunes, no entanto, havia colocado como pré-condição para assumir essa relatoria ter a liberdade para retirar do texto a excludente de ilicitude que beneficiava os movimentos sociais, como afirmou Fabricio Mota, seu assessor legislativo. Na linha da justificativa apresentada, afirmava que, partindo da definição de terrorismo, seria desnecessária a excludente, eis que aquela definição, por si só, já cuidaria de evitar a inclusão despropositada de movimentos sociais:

> Consignamos, de forma explícita, no texto, os conceitos de terror generalizado e de extremismo político, elementares que são do tipo penal. [...] Ora, da simples leitura desse dispositivo, pode-se afastar por completo os temores de eventual criminalização dos movimentos sociais com propósitos legítimos.

Nesse contexto, argumentou-se que a cláusula excludente em relação aos movimentos sociais seria não só desnecessária, mas também indesejada já que abriria espaço para impunidade:

Senador Aloysio Nunes (PSDB-SP):

---

[375] A ideia de terrorismo contra coisa se encontrava também presente no PLS 499/2013.

[376] Definida como "barragem, central de energia, linha de transmissão de energia, aeroporto, porto, rodoviária, ferroviária, estação de metrô, meio de transporte coletivo, ponte, plataforma fixa na plataforma continental, patrimônio material tombado, hospital, casa de saúde, instituições de ensino, estádio esportivo, sede diplomática ou de poder executivo, legislativo ou judiciário da União, estado, Distrito Federal ou município" (art. 3, §1º).

A minha preocupação foi exatamente de fechar esse tipo, de maneira muito rigorosa, fazendo com que ele se submetesse a quatro requisitos: atentado contra a pessoa; violência ou grave ameaça; motivação subjetiva de xenofobia, extremismo político, intolerância religiosa; e o objetivo explícito de causar pânico generalizado. É preciso que haja esses quatro elementos. Por que movimento social? Em primeiro lugar, nenhum movimento social é colocado no banco dos réus. São indivíduos, são pessoas, que podem se reivindicar como membro do movimento social para escapar da tipificação de terrorismo. É difícil saber exatamente o que é movimento social. O que é movimento social? Quando alguém é acusado de homicídio, de matar alguém e diz que matou em legítima defesa, ele está invocando para si a chamada excludente de antijuridicidade. Aquele ato que, formalmente, podia ser homicídio é um ato lícito, porque concorrem aí vários elementos, que é o uso moderado dos meios necessários para repelir, de imediato, a uma injusta provocação da vítima. Então, é preciso o sujeito se esforçar muito para caracterizar um homicídio por legítima defesa. Agora, movimento social, "eu sou do movimento social". Qual é o movimento social? Movimentos sociais não têm existência, digamos, palpável, muitos deles sequer têm personalidade jurídica. Então, o fato de alguém fazer parte de um movimento social não pode ser uma excludente de antijuridicidade para aplicação de uma lei que, eu espero, se for aprovada, dê todas as garantias para os movimentos que não atentem contra pessoas, que não sejam xenófobos, que não sejam movidos por nenhum desses elementos subjetivos e que não queiram provocar o pânico generalizado.

Se, de um lado, a retirada da excludente e a reformulação do conceito de terrorismo eram contrários aos interesses de parlamentares de esquerda e dos movimentos sociais e organizações de Direitos Humanos, de outro havia elementos no Substitutivo que os favoreciam também.

Seguindo a linha, por exemplo, da Emenda nº 14 de Plenário da Câmara dos Deputados, o Substitutivo apresentado reconhecia expressamente a possibilidade de agente público vir a ser autor de ato de terrorismo. Previa, afinal, no seu art. 4, uma pena adicional para essas hipóteses: a perda do cargo, função ou emprego público e a interdição para o seu exercício pelo dobro do prazo da pena aplicada. Logo, seria uma das poucas legislações domésticas a reconhecer a possibilidade de manifestação do terrorismo estatal.

Além disso, o Substitutivo apresentado pelo Senador Aloysio Nunes não incluía dispositivo prevendo a criminalização dos atos preparatórios, o que geraria grande oposição por parte dos órgãos de segurança do Estado, e, ainda, previa a revogação expressa da Lei de Segurança Nacional, afirmando se tratar a menção ao terrorismo naquele diploma de "tipo penal para combater insurgentes ou pessoas contrárias à ordem vigente".

No mais, dentre outras alterações inicialmente propostas pelo Senador Aloysio Nunes, se destacam: (i) a retirada da menção expressa à Polícia

Federal como competente para investigar os crimes previstos naquela legislação e atribuição da competência para julgamento dos crimes de terrorismo à Justiça Federal apenas quando aqueles fossem praticados contra interesses da União; (ii) a retirada de todos os dispositivos (art. 12 a 15) que traziam regras especiais para o processamento de casos de terrorismo; (iii) a retirada de menção expressa à aplicabilidade dos instrumentos previstos na Lei de Organizações Criminosas para a investigação, processo e julgamento dos crimes previstos naquela legislação.

Por fim, o Substitutivo alterou significativamente o tipo penal do financiamento do terrorismo. Essa alteração foi, entretanto, efêmera. Em uma complementação de voto (ficaria formalmente numerado como Parecer nº 937/2015), apresentada no dia 27 de outubro, o Senador Aloysio Nunes reconhece ter recebido (e acolhido) os apelos do Ministério da Fazenda para que se tomasse a redação original. Mais um exemplo da atuação indireta do GAFI, pelo COAF, no processo legislativo, com o objetivo de garantir que a legislação adotada satisfizesse as Recomendações. Como reconta Bernardo Mota:

> Quando chegou na Câmara, [dissemos] que o GAFI pede desse jeito e a Câmara não mexeu na parte de financiamento. E o Senado também não mexeu. Quer dizer, mexeu só na redação e a gente explicou que o tipo penal do financiamento do terrorismo precisava incluir o financiamento do ato e da manutenção do grupo. Tentaram mudar porque parecia que era a mesma coisa. Mas aí explicamos que não era: uma coisa é financiar o ato, outra coisa é financiar quem comete o ato. Isso que estava estabelecido na Convenção. E tanto a Câmara, quanto o Senado não se ativeram a esse problema. Para nós da Fazenda, estavam bons [os textos], tanto o que chegou, quanto o que foi alterado na Câmara e no Senado.

Essa complementação de voto levava em consideração também as 11 Emendas de Plenário que haviam sido apresentadas nesse intervalo. Trouxe também a Emenda Substitutiva de Plenário nº 15, que seria o texto a ser colocado sob análise a votação do Plenário do Senado Federal.

Em relação a essas emendas, algumas merecem nota. A maioria constituía esforços de senadores de partidos de esquerda para restabelecer algumas das provisões que haviam sido garantidas na Câmara dos Deputados. As Emendas de Plenário nº 2 e 11, do Senador Randolfe Rodrigues (Rede-AP) e outros, pretendiam reelaborar a definição de terrorismo para excluir a motivação política ou ideológica. Já a Emenda de Plenário nº 3, do Senador Antonio Carlos Valadares (PSB-SE), tentava trazer mais precisão ao termo "extremismo político".

De fato, a complementação do voto do Senador Aloysio Nunes trouxe também uma alteração na definição de terrorismo, embora não tenha, na essência, acolhido às sugestões dessas emendas. Mantiveram-se os três elementos necessários à caracterização do terrorismo: a conduta, a motivação e a finalidade. Eliminou-se a distinção entre terrorismo contra pessoa e terrorismo contra coisa, passando-se a se conceituar terrorismo como:

> Art. 2º Atentar contra pessoa, mediante violência ou grave ameaça, motivado por extremismo político, intolerância religiosa ou preconceito racial, étnico, de gênero ou xenófobo, com objetivo de provocar pânico generalizado.
> Pena – reclusão, de 16 (dezesseis) a 24 (vinte e quatro) anos.
> § 1º Considera-se terrorismo por extremismo político, para efeitos desta Lei, o ato que atentar gravemente contra as instituições democráticas.
> § 2º Equipara-se a ato terrorista, a prática de qualquer das condutas, observada a disposição do caput:
> I – causar explosão, incêndio, inundação, desabamento, desmoronamento ou usar gás tóxico, veneno, agente químico, biológico, radiológico ou nuclear, em prédio ou local de aglomeração ou circulação de pessoas.
> II – destruir, danificar, ou apoderar-se de aeronave, embarcação ou trem de transporte de passageiros ou de carga, instalação de sistema de telecomunicações, de geração ou de distribuição de energia elétrica, porto, aeroporto, ferrovia, rodovia, estação ferroviária, metroviária ou rodoviária, hospitais, casas de saúde, escolas, estádios esportivos, instalações onde funcionem serviços públicos essenciais, instalações militares ou edifício público ou privado;
> III – interromper ou embaraçar o funcionamento de serviço telegráfico, telefônico, informático, telemático ou de informação de utilidade pública.

A introdução desse rol de condutas equiparadas ao terrorismo (§2º) gera dúvidas em relação ao escopo que se pretende. Enquanto alguns argumentavam, como o Senador Telmário Mota (PDT-RR) que abriria espaço para que a consideração objetiva dessas condutas, independentemente de motivação ou finalidade, como terrorismo[377], o Senador Aloysio Nunes afirmava que a referência ao *caput* impedia essa interpretação. De qualquer forma, foi alvo de críticas de organizações de Direitos Humanos, que afirmaram: "é possível que um indivíduo, acusado de depredação de um bem privado, seja condenado pelo crime de terrorismo, à pena de 30 anos de reclusão, se identificada pelas autoridades, a finalidade de provocar "terror social" (REDE JUSTIÇA CRIMINAL, 2015f).

---

[377] Afirmou: "Vejam esse item: o ribeirinho, lá da Amazônia, não está recebendo as políticas públicas corretamente e resolve parar uma embarcação. Ele toma a embarcação. Ele é terrorista! Um ribeirinho! O caminhoneiro, que resolve parar, porque as políticas prometidas não chegaram, paralisa, faz como essa greve que tivemos. Ele é terrorista! O indígena, que não tem a educação atendida – só um pouquinho, deixe-me concluir; são tão poucos minutos, V. Exª depois vai se pronunciar –, não tem espaço. Ele paralisa a estrada nas terras dele e faz uma barreira. Ele é terrorista!"

As Emendas de Plenário n° 7, também do Senador Antonio Carlos Valadares, e 5, do Senador Randolfe Rodrigues e outros, tinham por objetivo reintroduzir a excludente que tratava dos movimentos sociais. Reafirmando o ponto argumentado ao longo desse trabalho, esta última se justificava da seguinte maneira:

> No Brasil, ainda estamos buscando curar as feridas da ditadura militar. Somos uma sociedade lutando para consolidar os direitos e garantias individuais contra a resistência do Estado. São inúmeros os exemplos: desde a resistência na apuração dos crimes cometidos pelos militares durante a ditadura, até a vergonhosa atuação das polícias nacionais como milícias e grupos de extermínio.

Por fim, duas emendas (n° 8, do Senador José Medeiros (PSD-MT), e n° 9, do Senador Lindbergh Farias (PT-RJ) tratavam da questão da competência para investigação e julgamento. Enquanto a primeira previa a competência das polícias estaduais para investigar crimes de terrorismo, a segunda pretendia restabelecer a previsão da Câmara dos Deputados, confirmando a competência absoluta da Justiça Federal para julgar esses casos. Embora o Senador Aloysio Nunes não tenha admitidamente aceito a Emenda de Plenário n° 9, em sua complementação de voto, alterou o artigo 8°, para reconhecer a competência absoluta da Justiça Federal[378]. Nessa complementação, foi retirada a previsão expressa à possibilidade de agentes públicos praticarem atos de terrorismo.

Como mencionado, foi o texto trazido juntamente com essa complementação de voto, a Emenda de Plenário n° 15, que, apresentada em 27 de outubro de 2015, seria submetida à análise e apreciação do Plenário do Senado em 28 de outubro de 2015[379]. Nota-se que o processo de votação no Senado Federal foi mais simples do que aquele realizado na Câmara dos Deputados, razão pela qual uma narrativa tão minuciosa não será necessária.

No Senado Federal se manifestam muitas das dinâmicas a que já se referiu na Câmara dos Deputados. De um lado, parlamentares de esquerda, contrários ao projeto, realizavam um exercício de *framing* com objetivo de ressaltar a desnecessidade de qualquer legislação tratando especificamente do terrorismo em função (i) da ausência de experiências brasileiras com esse fenômeno, (ii) da existência de dispositivos no

---

[378] Não reintroduziu, entretanto, menção expressa à Polícia Federal. Preferiu seguir a maneira original do PL 2016/2015, que alterava a Lei 10.446/2002, para incluir o crime de terrorismo, como competência da PF.

[379] As notas taquigráficas das quais foram retiradas passagens do debate podem ser encontradas em: <http://legis.senado.leg.br/diarios/BuscaPaginasDiario?cod Diario=19879&seqPaginaInicial=135&seqPaginaFinal=268>. Acesso em 21 fev. 2017.

Código Penal já abarcando as condutas relacionadas a terrorismo e (iii) da reinterpretação das exigências feitas pelo GAFI:

> Senador Lindbergh Farias (PT-RJ):
> Eu fui atrás para ver as recomendações do Gafi. Na verdade, de 34 países, só cinco têm tipificação do terrorismo. Quais são os cinco? Estados Unidos, por motivos óbvios; Israel, por motivos óbvios; Reino Unido, por motivos óbvios; Espanha, também por motivos óbvios, tinha o movimento basco; a Colômbia, também por motivos óbvios. Os outros não têm tipificação do terrorismo. O que pedia o Gafi? Pedia para falarmos sobre financiamento do terrorismo.
> Então, este é o primeiro ponto: a tese de que o Gafi. Chegaram a falar aqui que o Brasil podia perder, que alguma agência de classificação de risco podia desclassificar o Brasil. Na verdade, o Gafi nunca fez isso; não se propõe a fazer isso. Então, esse era o primeiro ponto desse argumento.
> Essa pressa toda é porque nós tínhamos que entregar ao Gafi, que tinha uma reunião na semana passada. Não tem mais reunião do Gafi alguma. Reunião do Gafi agora é no próximo ano. Então, a minha tese aqui é que a gente derrotasse esse projeto, começasse a tramitar um projeto do Senador Aloysio, discutir com mais calma, porque eu volto a dizer: essa dificuldade não é exclusiva nossa.
>
> Senador Randolfe Rodrigues (Rede-AP):
> Sr. Presidente, na América Latina não há experiências de terrorismo. E os casos que couberem nesse sentido, a legislação – foi dito aqui –, o Código Penal, a Lei das Organizações Criminosas, toda essa legislação, todo esse aparato legislativo, no Brasil, ampara o bem legal que se pretende com uma pretensa legislação sobre terrorismo. Para concluir, Sr. Presidente. Na verdade, aqui, os interesses são outros colocados. Se o Governo, lamentavelmente, caiu na cantilena, é erro e pecado do Governo. O fato concretamente colocado é que, na América Latina, a tradição que há de terrorismo é por parte do Estado; do Estado que torturou e matou no Brasil, de 1964 a 1985; do Estado que torturou e matou no Chile, na Argentina, no Uruguai. É por isso que o Chile foi condenado pela OEA quando tentou reeditar, inclusive, legislação desse tipo.
>
> Senador Humberto Costa (PT-PE):
> Nossa preocupação, como dissemos, é que qualquer subjetividade no tratamento de um tema como este pode permitir a criminalização das lutas sociais, dos movimentos sociais, e a restrição à liberdade de expressão e de organização. Por outro lado, tudo aquilo que foi estabelecido como tipos penais, com incremento de penas, já estão definidos no Código Penal brasileiro. Tudo aquilo que é classificado como ato terrorista ali está. E por que a necessidade de estabelecer esse projeto com essa qualificação aqui posta? Portanto, eu quero dizer aqui, com todas as letras: o Partido dos Trabalhadores, o nosso Bloco se manifesta claramente pela rejeição desse projeto.

Ressaltavam, ainda, o temor de que essa legislação fosse empregada para criminalizar movimentos sociais e reivindicatórios, denotando clara desconfiança em relação à maneira como operadores do Direito aplicam

a lei penal no Brasil, agravada pela abstração de alguns termos do texto como "extremismo político". A memória do período da ditadura militar continua exercendo significativo papel nas discussões.

Senador Antonio Carlos Valadares (PSB-SE):
Eu queria aqui, Senador, prestigiar, ao lado dos demais Senadores, os movimentos e as manifestações sociais, e não deixar alguma dúvida para que, no amanhã, a Justiça receba uma ação, dizendo: este ou aquele movimento praticou um ato de terrorismo

Senadora Vanessa Graziotin (PCdoB-AM):
Então, o nosso posicionamento contrário foi por isso, ou seja, a base de toda a polêmica a que nós estamos assistindo no plenário, Sr. Presidente, é se, com a aprovação dessa lei, autoridades constituídas, o Poder Judiciário do País poderá caracterizar simples manifestações públicas, coletivas, ou até mesmo, Srs. Senadores, Sr. Senador Cristovam, reuniões, ajuntamentos de pessoas, como atos terroristas ou de preparação para ato terrorista.

Senador Randolfe Rodrigues (Rede-AP):
Veja, o art. 2º, na definição, traz: "Atentar contra a pessoa, mediante violência ou grave ameaça, motivado por extremismo político." Vem a definição de extremismo político: "Considera-se por extremismo político, para efeitos da lei, ato de atentar gravemente contra as instituições democráticas." O problema é exatamente – já tive o prazer de dialogar com V. Exª sobre isso – a cabeça do julgador. Extremismo político pode ser compreendido como uma mobilização dos movimentos sem-teto que tenham atentado contra algum patrimônio público. Isso pode ser compreendido como extremismo político.
Estamos trazendo um tema da ditadura de volta para o ordenamento jurídico. Essa é a verdade. A verdade também, Sr. Presidente, é que essa matéria foi encaminhada, esse argumento que foi encaminhado em decorrência dos países que fazem parte do Gafi, é uma segunda falácia, que não tem cabimento. Sejamos sinceros. Este projeto foi para atender, lamentavelmente, o caminho de ortodoxia neoliberal pelo qual o Governo optou. Essa é a verdade.

Senadora Lídice da Mata (PSB-BA):
Muitos dizem assim: isso é muito fácil de resolver. Também diziam isso, Senadora Simone, quando o Congresso fez a Lei Maria da Penha. Achávamos nós mulheres que estava tudo preenchido no conceito da Lei Maria da Penha. No entanto, a primeira vez que alguém foi condenado pela Lei Maria da Penha, foi justamente uma mulher. O que prova que lá na ponta, quando o juiz vai aplicar a lei, passa a lei por uma compreensão, um juízo próprio daquele juiz. Portanto, é nos precavendo contra possibilidade de um entendimento equivocado na ponta feito por algum juiz que não tenha um entendimento completo do debate que aqui foi travado, que nós gostaríamos de ter esse texto alterado para que nós pudéssemos caracterizar, primeiro, a salvaguarda em relação aos movimentos sociais; segundo, a caracterização do que é extremismo político, porque nós podemos incorrer numa grande dificuldade de sua caracterização.

Nesse mesmo sentido, afirmavam as organizações de defesa dos Direitos Humanos: "delegar às autoridades do sistema de justiça criminal a interpretação e determinação do que constitui extremismo político é instituir censura sobre ideais e posicionamentos dissidentes, é violar a Constituição Federal" (REDE JUSTIÇA CRIMINAL, 2015f).

De outro lado, os Senadores favoráveis ao projeto reafirmavam a necessidade daquela legislação, tendo em vista tanto as obrigações internacionais, quanto o ordenamento doméstico, em claro esforço de *grafting*, relacionando essa legislação à Constituição Federal:

Senador Aloysio Nunes (PSDB-SP):
Não é à toa que, desde 1988, portanto há 27 anos, a Constituição da República reclama uma providência do legislador ordinário, do Congresso Nacional, para tipificar o que seja o crime de terrorismo.
Primeiro, nós temos o descumprimento de legislações, de leis aprovadas pelo Congresso, de decretos que trazem para o ordenamento jurídico interno convenções e tratados, atos internacionais que nos comprometemos a obedecer, sem que nós tenhamos um instrumento legal efetivo para que essa ação possa ser conduzida.

Mencionaram, ainda, um (curto) rol de atentados terroristas que teriam acontecido no Brasil: o atentado contra o Presidente Prudente de Morais, em 1897, que resultou na morte do Ministro da Guerra, o Marechal Carlos Machado Bittencourt, o atentado do Riocentro, em 1981, e a chacina na escola em Realengo/RJ, em 2011. Mais importante, entretanto, era a perspectiva de que o país viesse a ser alvo de atentados terroristas, o que justificaria a urgência de uma lei antiterrorismo – discurso securitizante em ação:

Senador Aloysio Nunes (PSDB-SP):
Mais recentemente ainda, a imprensa noticiou que brasileiros haviam sido recrutados pelo tal exército Estado Islâmico para atuar no Brasil. V. Ex^{a}s se lembram do alarde que essa notícia causou. Foi até objeto de um debate na Comissão de Controle das Atividades de Inteligência.

Senador Lasier Martins (PDT-RS):
Sr. Presidente, no dia 4 de setembro, a revista Época publicava a seguinte notícia: "A Polícia Federal descobre rede de apoiadores do Estado Islâmico em São Paulo." Passou a investigar e descobriu o integrante de uma rede de terroristas, um libanês, financiado pelo Estado Islâmico. Se não tivesse havido esse flagrante da Polícia Federal em São Paulo, sabe-se lá o que teriam cometido os integrantes dessa rede e que qualificação, que tipificação, seria dada a esse fato! É evidente que é um ato de terrorismo!
Houve essa tentativa dos integrantes do Estado Islâmico que se preparavam para um ato de terrorismo em São Paulo, e a Polícia Federal nem o juiz federal, naquele momento, tinham condições de agir, porque não havia uma lei para dizer se era terrorista ou não.

Demonstravam, também, ampla confiança nas autoridades policiais e judiciárias:

Senador Aloysio Nunes (PSDB-SP):
Lembro a todos – eu não precisaria lembrar isto ao Senado – que o juiz não vai atrás do suspeito de um ato terrorista para puxá-lo pela gola e levá-lo ao tribunal. Não! Para que alguém seja acusado, é preciso que haja, primeiro, uma investigação conduzida pela Polícia Federal ou pelo Ministério Público Federal, se for o caso, uma apuração que deve reunir indícios suficientes da presença desses quatro elementos. Depois, o Ministério Público, acolhendo, recebendo esse inquérito, precisa formular sua denúncia, que precisa ser também, igualmente, fundada no direito e nos fatos. Em seguida, isso passa pelo crivo do juiz, num processo onde há a garantia da ampla defesa, do contraditório. Do início até o fim, é possível, inclusive, que um habeas corpus venha a trancar a ação penal. E, se, porventura, a pessoa for condenada, haverá um recurso a um tribunal de apelação, e, com certeza, essa ação irá até o Supremo Tribunal Federal, uma vez que envolve matéria constitucional, direitos e garantias individuais.

Senadora Simone Tebet (PMDB-MS):
Finalizo meu longo aparte, Senador, dizendo que ainda acredito no Poder Judiciário. Acho que, enquanto tivemos um Poder Judiciário imparcial, que possa interpretar corretamente aquilo que a lei, de forma abstrata, regula, que são as relações sociais, isso me dá tranquilidade de votar um projeto tão complexo, tão complicado como esse.

Fica claro, entretanto, que a discordância sobre a abrangência ou não dos movimentos sociais por essa legislação deriva de descompasso político, informado pelas experiências e pelos posicionamentos prévios dos parlamentares em relação ao que é considerado movimento e reivindicação legítimos e o que não é:

Senador Ronaldo Caiado (Dem-GO):
Ele fez questão de auscultar o Senado como um todo, buscando aquilo que é compatível. E soube muito bem distinguir o que é realmente a manifestação pública ordeira, do Estado democrático de direito, do que é baderna, do que é um movimento de destruir centros de pesquisa, de destruir imóveis públicos, de praticar um terrorismo bolivariano no País. Com esse equilíbrio, ele redigiu um texto que é exatamente aquilo que a sociedade brasileira espera do Senado Federal. Raras vezes, diante de um tema tão complexo quanto esse, pude assistir um Parlamentar transitar num assunto tão sério, tão delicado, com a habilidade com que o Senador Aloysio Nunes transitou.
Com isso, encerro dizendo, para tranquilizar V. Exª: é lógico que existem alguns segmentos que V. Exª representa que querem continuar vivendo num clima de total libertinagem, no sentido de decidir o que é bom ou o que é ruim, e se acham no direito de ditarem regras e de estarem sempre reivindicando, em nome de movimentos sociais, a sua anistia ou o impedimento de que qualquer lei possa lhes atingir, ou seja, a figura do inimputável. O que o nobre Senador Aloysio Nunes propõe é que todos nós estejamos subordinados às regras do Estado democrático de direito

Ao longo do processo legislativo e dos debates no Plenário, em diversas ocasiões, o Senador Aloysio Nunes mencionou a proximidade do trabalho realizado entre seu gabinete e os órgãos do poder executivo envolvidos – COAF/MF, Ministério da Casa Civil, Secretaria de Assuntos Legislativos/MJ[380] – o que foi confirmado por outros senadores[381], pelo assessor legislativo do Senador Aloysio Nunes, Fabricio Mota, e por atores do próprio poder executivo, como Bernardo Mota (COAF) e Gabriel Sampaio e Marivaldo Pereira (MJ). O fato de se tratar de uma liderança de um partido de oposição à Presidente Dilma e de que a maioria dos senadores que efetivamente compunham sua base política no Senado Federal ter votado contra o projeto evidenciam a particularidade do processo legislativo que gerou a Lei Antiterrorismo.

Esse diálogo não fluiu, entretanto, sem pontos de contenção. E o principal deles se relacionava à inflexibilidade do Senador Aloysio Nunes em relação à retirada da excludente referente aos movimentos sociais. Do Ministério da Justiça, afirmaram:

---

380 Afirmou: "Quero agradecer, também, Sr. Presidente – e faço questão de registrar –, a colaboração da assessoria jurídica da Casa Civil da Presidência da República e também do Ministério da Justiça, da Secretaria de Assuntos Legislativos desse Ministério, com os quais tive um contato bastante proveitoso, do qual resultou um aprimoramento sensível ao primeiro texto que tive a ocasião de divulgar na semana passada. [...] Realmente, eu me esqueci de me referir ao Ministério da Fazenda, que ainda ontem contribuiu com mais uma alteração, de modo a tornar muito preciso o tipo penal de financiamento do terrorismo. Através do Ministério da Justiça, recebi sugestões que vieram da Polícia Federal, de modo a tornar a caracterização do tipo terrorismo mais adequada, digamos assim, ao fornecimento de um roteiro para as investigações, no caso de ocorrência de um crime dessa natureza.

381 Senador Delcídio Amaral (PT-MS), líder do governo afirmou: "Caro Senador Aloysio, Relator da matéria, eu gostaria só de enfatizar que esse texto relatado por V. Ex.ª foi amplamente discutido com o Governo Federal; foi discutido com o Ministério da Justiça e com a Casa Civil da Presidência da República. O texto foi discutido também com o Ministério da Fazenda, e isso é muito importante, o Senador Serra está lembrando aqui. Portanto, a minha posição, como Líder do Governo no Senado, é favorável ao projeto. Quero deixar isso bem claro para todos os Senadores e Senadoras, a despeito, evidentemente, do posicionamento de cada Senador e de cada Senadora, que nós temos que respeitar, principalmente numa Casa plural, democrática, como é o Senado Federal. Mas eu não podia deixar de destacar, Senador Aloysio, o esforço que V. Ex.ª fez para chegar a um acordo, volto a repetir, com o Ministério da Justiça, com a Casa Civil da Presidência da República e com o Ministério da Fazenda também".

Marivaldo Pereira, então Secretário-Executivo do Ministério da Justiça:
Então, a briga com o Sen. Aloysio era isso. Porque, o que acontece: se ele tira isso daí [a excludente]... e sempre no Congresso, a primeira coisa que vem na cabeça deles, do campo mais conservador, é o MST, entendeu? Eles queriam enquadrar. Isso foi um grande debate, foi um grande impasse com eles lá, foi uma grande mobilização. Porque assim, sem a excludente, não ia ter projeto, entendeu? Não tinha como, o governo não sancionaria. Não teria projeto, entendeu? Mas, ele bateu o pé. Foi dialogado com ele, houve tentativa de diálogo com ele, mas não avançou. Era a ideia de tirar a excludente para permitir a interpretação que alcançasse movimento social.

Gabriel Sampaio, Secretário de Assuntos Legislativos do Ministério da Justiça:
O Senador abriu algum espaço para o debate com o governo mas ele tinha algumas questões para ele que eram cruciais, "cláusulas pétreas" que ele não abria mão no debate e eram os pontos mais nevrálgicos para o movimento social, como a questão da excludente, que era um tema que para nós do governo não havia condição de abrir mão. Como essa questão é muito central, isso fechou um canal para que houvesse uma participação mais efetiva, um diálogo mais efetivo, isso gerou uma natural polarização no debate. O tema e o projeto tinha muitos pontos importantes e em outros pontos, que não a excludente, ele se mostrou aberto em relação ao que era trazido.

Compõe esse cenário a deliberação da Comissão Executiva Nacional do PT para recomendar à bancada do partido no Senado que votasse contra o projeto[382]. Disso resultou a situação, semelhante à da Câmara dos Deputados, em que o Líder do PT, Senador Humberto Costa, en-

---

382 Afirmou a vice-líder do PT no Senado, a Senadora Fátima Bezerra (PT-RN): "Sr. Presidente, primeiro, eu quero aqui fazer o registro de que, em reunião realizada hoje, a Comissão Executiva Nacional do PT deliberou por recomendar à Bancada do Partido aqui, no Senado, que se posicione contrariamente à aprovação do PL nº 101/2015, que trata do terrorismo ora em discussão. A nota divulgada pela Executiva Nacional do nosso Partido elenca os principais motivos pelos quais recomenda que nós, Senadores e Senadoras da Bancada do PT, votemos contra a matéria. Diz a nota, Sr. Presidente: A Comissão Executiva Nacional entende que: primeiro, não há definição de terrorismo que seja universal ou mundialmente aceitável, tendo mais de 150 projetos dessa natureza sido apresentados na ONU sem que haja, qualquer um deles, sido aproveitado por aquela organização, que não recomenda a tipificação do terrorismo; Segundo: dos 193 países existentes – já foi mencionado aqui, inclusive, pelo Senador Lindbergh –, somente 18 tipificam o terrorismo, todos eles por já terem sofrido atentados em razão de envolvimento em conflitos mundiais. Terceiro: a tipificação do terrorismo redunda diretamente no risco de criminalização de movimentos sociais e de perigosa utilização contra sindicatos e demais organizações da sociedade civil. Quarto: os tipos penais previstos, tanto no projeto quanto no substitutivo, já existem no ordenamento jurídico brasileiro e não devem ser vinculados a condutas abertas e imprecisas associadas ao terrorismo da forma como está no texto. À luz do que se precede, entende-se que tal norma, caso

caminhou e votou contra o projeto, enquanto o Líder do Governo, o Senador Delcídio do Amaral encaminhou e votou a favor. Tarciso Del Maso Jardim, consultor legislativo do Senado, resume a situação como "esclerose do processo político".

Foi realizada a votação em relação ao texto apresentado pelo Senador Aloysio Nunes ainda no dia 28 de outubro de 2015. O resultado da votação foi 34 votos favoráveis ao texto do Senador Aloysio Nunes e 18 votos contrários. Os votos contrários partiram de parlamentares de partidos de esquerda – PT, PSB, Rede, PCdoB e PDT.

A única exceção foi o Senador Magno Malta (PR-ES) que votou contra o projeto sob a justificativa de que a menção a "gênero" poderia criminalizar sua (o)posição em relação à liberdade de opção sexual das pessoas[383]. Vale notar que o PLS 762/2011, do Senador Aloysio Nunes, fazia referência à homofobia como uma das motivações para atos terroristas, o que não foi reintroduzido em nenhum momento da discussão sobre o PLC 101/2015. De fato, o Substitutivo trata apenas de "gênero", não de "identidade de gênero", como afirma o Senador Magno Malta[384], se preocupando mais com o preconceito contra as mulheres do que efetivamente com as minorias LGBT+.

Após aprovação do texto base, passou-se à discussão sobre emendas e destaques. Duas emendas merecem destaque, ambas do Senador Lindbergh Farias. A Emenda de Plenário nº 12 pretendia retirar o dispositivo sobre recrutamentos de terroristas do texto[385] – o que era uma das exigências do GAFI – e

---

aprovada, feriria os princípios do Estado democrático de direito e poderia trazer sérios prejuízos à liberdade de expressão e de manifestação".

383 Afirmou: "Mas há algumas coisas a serem consertadas. V. Exª coloca ali "identidade de gênero". A regra da boa convivência é o respeito. Respeito o homossexual, e ele é obrigado a me respeitar. O Vice-Presidente do meu Partido – e sou o Presidente do meu Estado – é um travesti. Chama-se Moa. É o meu Vice-Presidente. Eu o respeito, e ele me respeita. Agora, para eles tudo é homofobia. Eles banalizaram essa palavra. Ora, se tudo é homofobia, e esse texto é aprovado com "identidade de gênero" daqui a pouco todos nós seremos terroristas. Se eu não bato palmas para a opção sexual do indivíduo, viro terrorista! Então, se V. Exª retirar estas expressões "identidade de gênero" ou "gênero", concordarei plenamente com V. Exª, que terá o meu voto".

384 Quando esse projeto, aprovado, voltou à Câmara dos Deputados, houve tentativa de apresentação de destaque da bancada do PSC para retirar o termo "gênero" do texto. Acabou sendo considerado prejudicado, com a rejeição do projeto do Senado, como se notará.

385 Sob a justificativa de que "A redação do artigo abre possibilidade de limitar criminalmente o exercício da garantia constitucional de liberdade de associação, seja de movimentos sociais institucionalizados ou espontâneos, sem demandar, em

a Emenda nº 13, que pretendia remover o tipo da apologia ao terrorismo[386]. Houve votação de destaques também para que fosse reincluída a excludente de ilicitude sobre movimentos sociais e para que fosse retirado o termo "extremismo político". Todas essas tentativas de alterar o texto foram rejeitadas pelo Plenário do Senado, em votações simbólicas. Tampouco prosperou uma tentativa, de última hora, de incluir um artigo, semelhante à excludente, prevendo que "Não se considera pânico generalizado o distúrbio ou tensão decorrente de manifestação pública que vise defender direitos, garantias e liberdades constitucionais, sem prejuízo de tipificação penal contida em lei".

A única alteração efetivamente realizada foi a aprovação da Emenda de Plenário nº 3, do Senador Antonio Carlos Valadares, que precisava a definição de "extremismo político", para que lesse "Considera-se terrorismo por extremismo político, para efeitos desta Lei, o ato que atentar gravemente contra a estabilidade do Estado Democrático, com o fim de subverter o funcionamento de suas instituições".

7.3. RETORNO À CÂMARA DOS DEPUTADOS

Aprovado no Senado com alterações, o projeto de lei que daria origem à Lei Antiterrorismo (PL 2016/2015 ou PLC 101/2015) voltaria à Câmara dos Deputados para apreciação. Acontece que, nesse momento, aos deputados restavam apenas duas opções: aprovar o texto do Senado ou rejeitá-lo, caso em que seria encaminhado para sanção o projeto como havia sido aprovado pela Câmara dos Deputados inicialmente. Nesse momento, não havia mais possibilidade de simplesmente rejeitar e arquivar o projeto como um todo[387]. É momento adequado, portanto, para que se

---

contrapartida, o efetivo cometimento de algum crime. Ainda, a criminalização de atos de incitação como reunir e arregimentar pode criminalizar o uso das redes sociais para o chamamento aos protestos pacíficos nas ruas, em momento de forte comoção social, como por exemplo em relação ao impeachment ou ao combate à corrupção".

[386] Sob a justificativa de que "há uma generalidade do que significa fazer apologia, podendo gerar um grande conflito com o significado da liberdade de expressão, que é princípio constitucional [...]. De forma posta, o dispositivo pode abarcar, inclusive, práticas virtuais sem potencial ofensivo, como as "curtidas" ou "compartilhamentos" feitos em redes sociais. Por outro lado, o dispositivo não menciona se está se referindo aos atos de terrorismo descritos no substitutivo, o que leva a nova indefinição e conceito vago. Alguém que defenda os atos do Hamas nas redes sociais, por exemplo, pode ser considerado como autor de "apologia ao terrorismo". O Hamas é tido como um movimento de resistência palestino para alguns e grupo terrorista para outros".

[387] É o que afirma o Dep. Eduardo Cunha (PMDB-RJ), Presidente da Câmara dos Deputados: "Não há a possibilidade de se rejeitar o projeto: ou se vai aprovar o texto que veio do Senado ou, se rejeitado, se vai aprovar o texto da Câmara".

faça uma análise comparativa em relação às duas versões, já que essa seria análise a ser realizada também pelos diversos atores envolvidos: apoiar a versão do Senado ou a versão da Câmara dos Deputados.

7.3.1. Comparação entre os textos da Câmara e do Senado

É importante que fiquem evidentes quais eram as principais diferenças entre os dois, posto que seriam elas as motivadoras de decisão final a cargo dos deputados federais[388]. De pronto, as definições de terrorismo aprovadas pelo Senado[389] e pela Câmara[390] eram bastante diferentes. O

---

[388] Verifica-se um desequilíbrio de poder, no Congresso Nacional, em favor da Casa onde se inicia a tramitação legislativa que, neste caso, foi a Câmara dos Deputados.

[389] Art. 2º Atentar contra pessoa, mediante violência ou grave ameaça, motivado por extremismo político, intolerância religiosa ou preconceito racial, étnico, de gênero ou xenófobo, com objetivo de provocar pânico generalizado.

Pena – reclusão, de 16 (dezesseis) a 24 (vinte e quatro) anos.

§ 1º Considera-se terrorismo por extremismo político, para efeitos desta Lei, o ato que atentar gravemente contra a estabilidade do Estado Democrático, com o fim de subverter o funcionamento de suas instituições.

§ 2º Equipara-se a ato terrorista, a prática de qualquer das condutas, observada a disposição do caput:

I – causar explosão, incêndio, inundação, desabamento, desmoronamento ou usar gás tóxico, veneno, agente químico, biológico, radiológico ou nuclear, em prédio ou local de aglomeração ou circulação de pessoas.

II – destruir, danificar, ou apoderar-se de aeronave, embarcação ou trem de transporte de passageiros ou de carga, instalação de sistema de telecomunicações, de geração ou de distribuição de energia elétrica, porto, aeroporto, ferrovia, rodovia, estação ferroviária, metroviária ou rodoviária, hospitais, casas de saúde, escolas, estádios esportivos, instalações onde funcionem serviços públicos essenciais, instalações militares ou edifício público ou privado;

III – interromper ou embaraçar o funcionamento de serviço telegráfico, telefônico, informático, telemático ou de informação de utilidade pública.

[390] Art. 2º O terrorismo consiste na prática por um ou mais indivíduos dos atos previstos neste artigo, por razões de xenofobia, discriminação ou preconceito de raça, cor, etnia e religião, quando cometidos com a finalidade de provocar terror social ou generalizado, expondo a perigo pessoa, patrimônio, a paz pública ou a incolumidade pública. § 1º São atos de terrorismo: I – usar ou ameaçar usar, transportar, guardar, portar ou trazer consigo explosivos, gases tóxicos, venenos, conteúdos biológicos, químicos, nucleares ou outros meios capazes de causar danos ou promover destruição em massa; II – incendiar, depredar, saquear, destruir ou explodir meios de transporte ou qualquer bem público ou privado; III – interferir, sabotar ou danificar sistemas de informática ou bancos de dados; IV – sabotar o funcionamento ou apoderar-se,

ponto central de contenção seria, especificamente, a menção, no texto do Senado, à motivação "por extremismo político", que não encontrava correspondência no texto da Câmara. Esse era um ponto central da crítica das organizações de defesa dos Direitos Humanos[391], que seria repetido pelos deputados ao analisar o texto do Senado.

De outro lado, a ausência de referência à motivação política (e ideológica), no texto aprovado pela Câmara também havia sido alvo de críticas. O General Luiz Felipe Linhares Gomes (2015a) afirmou que "a retirada do termo "motivação política e ideológica" prejudica a ação porque todo o terrorismo tem uma finalidade política e ideológica, como vimos em todos os exemplos". De modo geral, a preocupação das Forças Armadas parecia ser com a excessiva restrição do tipo penal proposto:

> O proponente apresenta, no art. 2º, quatro elementos indispensáveis para caracterizar o tipo penal terrorismo: a conduta (os atos terroristas elencados no §1º), a motivação (razões de xenofobia, discriminação ou preconceito de raça, cor, etnia e religião), a finalidade (provocar terror social ou generalizado) e o resultado (exposição a perigo, de pessoa, patrimônio, paz pública ou a incolumidade pública). Sobra a conduta, corre-se o risco de que a lista dos atos terroristas constantes do §1º não seja exaustiva.
> Na motivação possível, nota-se a falta essencial das razões políticas, considerando que o terrorismo, à luz da história, constitui ou pode constituir em instrumento político.
> Do resultado considerado, nota-se que o Estado não se encontra entre os bens protegidos e, com ele, a ordem constitucional ou constituída e as instituições, inclusive as autoridades constituídas.
> No mesmo sentido, o terror social ou generalizado foi apresentado como a finalidade do terrorismo, enquanto na maior parte das vezes a intimidação é apenas

---

com violência, grave ameaça a pessoa ou servindo-se de mecanismos cibernéticos, do controle total ou parcial, ainda que de modo temporário, de meio de comunicação ou de transporte, de portos, aeroportos, estações ferroviárias ou rodoviárias, hospitais, casas de saúde, escolas, estádios esportivos, instalações públicas ou locais onde funcionem serviços públicos essenciais, instalações de geração ou transmissão de energia, instalações militares, instalações de exploração, refino e processamento de petróleo e gás e instituições bancárias e sua rede de atendimento; V – atentar contra a vida ou a integridade física de pessoa: Pena – reclusão, de doze a trinta anos, além das sanções correspondentes à ameaça ou à violência.

391 "A inclusão da categoria "extremismo político" (art. 2º), com uma definição genérica e imprecisa, como razão para o cometimento de atos de terrorismo e a supressão da excludente de tipicidade que visava resguardar a atuação de movimentos sociais de indevida criminalização agravam ainda mais o já preocupante cenário de utilização arbitrária do diploma legal" (REDE JUSTIÇA CRIMINAL, 2016a).

um meio para coagir um Estado (ou Governo ou organização internacional) a fazer ou deixar de fazer algo. Em outras palavras, não se pode olvidar o propósito político (MINISTÉRIO DA DEFESA, 2016).

No mesmo ponto, o Direito-Geral da ABIN, Wilson Trezza (2015) afirmou que:

> A questão da motivação política e ideológica – não preciso responder exatamente o que eu penso sobre a motivação política e ideológica, mas faço um convite à reflexão: se analisarmos e avaliarmos todos os atos ocorridos pelo mundo, essa resposta está pronta. Não precisamos discutir no Brasil. Os atentados pelo mundo têm uma motivação política ou ideológica. Eu não preciso fazer considerações, acho que está respondida por si só.

Em relação a isso, também parece o Ministério Público preferir a versão do Senado Federal. Afirmam Vladimir Aras e José Robalinho Cavalcanti (2015) que "o Senado Federal parece ter encontrado uma melhor redação para o crime de terrorismo. O substitutivo aprovado pela casa revisora aumentou a abrangência das condutas, incluindo no tipo a motivação política".

Outra importante distinção se refere ao fato de o texto do Senado não conter a excludente relativa aos movimentos sociais.

> Andressa Porto, coordenadora de advocacy da Rede Justiça Criminal:
> Dentro da cronologia, ele foi apresentado pelo Executivo, sofreu modificações que, não digo melhoraram, mas tornaram ele "menos pior" e quando foi para o Senado que ele foi desfigurado. Acho que a verdade é essa. Inclusive, foi removida do texto a ressalva dos movimentos sociais, que era, para nós, uma coisa fundamental.

> Beto Vasconcelos, Secretário Nacional de Justiça:
> Eu acho que o resultado [texto do Senado] foi pior. Ele não conferiu uma tipificação mais precisa e retirou uma salvaguarda importante do texto, que era o dispositivo inteiro [a excludente].

Igualmente relevante foi a retirada, no texto do Senado, do dispositivo que criminalizava os atos preparatórios. O dispositivo era fundamental para os órgãos de segurança (PF[392], ABIN, Forças Armadas), como visto,

---

[392] Pergunta: "O PL aprovado pelo Senado é diferente do que aprovado pela Câmara. Ele, inclusive, excluía a criminalização dos atos preparatórios. Por conta disso, vocês tiveram que voltar a fazer oposição ao PL do Senado quando ele volta para a Câmara?"

Marcos Ribeiro, Presidente da ADPF: "Isso. O que a gente mais tentava convencer a todos os envolvidos era em relação ao que era importante para a PF: um conceito de atos preparatórios – a gente precisava saber o que seria considerado ato preparatório, com foco no Brasil, pelo histórico, no financiamento ao terrorismo; era o que o pessoal comentava como as grandes matizes. Atos preparatórios, focado em financiamento. E uma outra coisa que a gente tentava [convencer] era o seguinte: quantos

mas também muito criticado pelos movimentos sociais e organizações envolvidas no *lobby* referente a esse projeto de lei[393].

Essa situação gerou uma curiosa convergência de interesses: movimentos sociais e organizações de Direitos Humanos prefeririam o projeto aprovado pela Câmara, em função do tipo penal mais restrito e da presença da excludente, enquanto órgãos de segurança preferiam também esse projeto porque ele previa a criminalização dos atos preparatórios. Beto Vasconcelos confirma essa convergência, assim como Tarciso Del Maso Jardim, consultor legislativo do Senado, que afirma:

> Por conta de dois grupos poderosos de pressão, que são... essa ilusão é posta na cláusula excludente, porque para mim é ilusória, em relação aos objetivos pretendidos de ter maior segurança e garantia do ponto de vista social. E os órgãos de segurança que queriam os atos preparatórios. São dois grupos de pressão fortes.

Outros pontos relevantes que encontraram guarida no texto da Câmara, mas não no do Senado: (i) menção expressa à competência da Polícia Federal para investigar os crimes daquela lei, (ii) menção expressa à competência do GSI para coordenar as atividades de prevenção e combate ao terrorismo – ambos esses pontos não eram, entretanto, sem controvérsia, e (iii) menção expressa à aplicabilidade dos instrumentos de investigação previstos na Lei de Organizações Criminosas.

O primeiro traduzia um ponto de atrito em relação ao Ministério Público e a Polícia Federal. O texto da Câmara, ao fazer referência à competência da Polícia Federal para investigação criminal de terrorismo, segundo Vladimir Aras (2015), "ignorou a decisão do STF, proferida em maio de 2015, no RE 593.727/MG, quando foi reconhecido o poder investigatório do Ministério Público, para a realização de apurações criminais".

Já o segundo representava um ponto de tensão entre a Polícia Federal e o GSI. A Diretora de Inteligência da PF, Christiane Machado (2015)

---

mais meios de obtenção de prova ágeis e dinâmicos, inclusive seria a Lei nº 12.850 potencializada, era o que a gente tentou na Câmara, no Senado e no MJ avançar".

[393] "É consenso legislativo, doutrinário e jurisprudencial que são impuníveis os atos preparatórios assim entendidos como aqueles que antecedem o início da execução do tipo penal, ou seja, quando o agente ainda não praticou a ação típica descrita pela norma penal. [...] Somados, os dispositivos supracitados [Financiamento, Recrutamento, etc.] possuem 30 (trinta) verbos que descrevem ações típicas equivalentes a atos preparatórios. Nessa medida, é absolutamente desnecessária a previsão genérica do caput do art. 5º. Não bastasse a desnecessidade do referido diploma, é vedado ao legislador, pelo Princípio da Legalidade, criminalizar os atos preparatórios de um delito sem descrevê-los taxativamente erigi-los à condição de delito autônomo." (REDE JUSTIÇA CRIMINAL, 2016a)

havia sinalizado, em audiência na Câmara, que "houve uma distorção da forma como foi colocado na lei quando se coloca um órgão que não é de persecução criminal na coordenação das atividades criminais. Aquele órgão pode estar ali coordenando as atividades. Não de atividades criminais, de prática de crimes". Entretanto, já havia sido feita menção à percebida inconstitucionalidade daquele dispositivo, tanto em emendas (rejeitadas) na Câmara e no Senado, quanto pelo próprio Gabriel Sampaio, Secretário de Assuntos Legislativos, naquela mesma audiência[394]. A possibilidade de um veto presidencial àquele dispositivo, diminuía, assim, a sua repercussão na análise do texto da Câmara.

De fato, a possibilidade de que vetos presidenciais fossem empregados, desde aquele momento, já moldava a preferência dos atores no Ministério da Justiça em relação ao projeto da Câmara ou do Senado. É o que detalha Gabriel Sampaio, em passagem que merece transcrição:

> Evidente que a pauta máxima era a da excludente do movimento social, com especial atenção à que não se permitisse interpretar que o governo teria qualquer aderência com uma proposta que criminalizasse os movimentos sociais, então nós tivemos uma atenção especial com esse setor e buscamos estar juntos ao movimento social e atentos a todos os pontos que eram problemáticos em ambas as propostas. Em que pese os movimentos serem radicalmente contra o projeto, ao longo do diálogo, nós fomos mapeando o que tecnicamente surgia na narrativa como principais problemas. A partir daí, avaliou-se que dentro de uma perspectiva que era possível trabalhar com cenário de vetos presidenciais e que uma vez aberta uma discussão dentro do Parlamento, sobretudo na volta do texto a Câmara dos Deputados em que se poderia tentar compor textos [as duas versões] – isso é uma coisa que sabemos como começa, mas não como termina –, era mais fácil um diálogo no sentido de que a Câmara retomasse a sua redação inicial sem se aprofundar tanto em novos debates porque isso poderia abrir mais brechas para que fosse aprovado um texto pior, entrar na discussão do Senado poderia trazer a consequência negativa de se aprovar um texto como o do Senado que, para nós, era mais complicado. Foi melhor trabalhar com o texto da Câmara com a possibilidade de vetos presidenciais que se pudesse corrigir as distorções do texto. Para não abrir um debate que poderia nos deixar sem alternativas, era melhor optar pelo texto da Câmara com a possibilidade dos vetos.

Mais do que a possibilidade de vetos pontuais, impunha-se também a perspectiva, já mencionada por Marivaldo Pereira e confirmada por

---

394 "Em relação a como vai ser organizada essa integração, entendemos que no âmbito do governo federal, um ato da Presidenta da República é que delimita os espaços de atuação dos órgãos que estão sob a vinculação administrativa do chefe do poder executivo. É matéria que até por foça constitucional, nós temos a clareza que um ato da Presidenta da República é que organiza no âmbito do poder executivo federal qual a forma dessa integração." (SAMPAIO, 2015)

Bernardo Mota ("a condição foi que se a Câmara aprovasse o texto do Senador Aloysio Nunes, a Presidente vetaria, porque alterou muito da proposta inicial que ela queria"), de que o texto do Senado seria integralmente vetado pela Presidente Dilma Rousseff. Além dos elementos pontuais que favoreciam a versão da Câmara, se demonstrou determinante o temor de que, ao final do processo legislativo, o ordenamento brasileiro continuasse sem legislação tratando de terrorismo.

É nesse cenário que se dará a curta tramitação desse projeto em seu retorno à Câmara dos Deputados.

7.3.2. Palavra final da Câmara dos Deputados

O PL 2016/2015 retornou à Câmara dos Deputados no dia 4 de novembro de 2015, menos de uma semana após ser aprovado pelo Plenário do Senado. Foi distribuído às comissões temáticas competentes – CCJC, CSPCCO e CREDN, mas não foi recebeu qualquer andamento significativo até o dia 24 de fevereiro de 2016.

Nesse intervalo, ocorreram os atentados terroristas em Paris, os quais vitimaram mais de 100 pessoas. O fato de um dos atentados ter acontecido nas imediações do Stade de France, instalação esportiva, realimentou as preocupações de que os Jogos Olímpicos do Rio de Janeiro viessem a ser alvos também do Estado Islâmico. Confirmou-se também a autenticidade de uma mensagem, postada em rede social logo após os atentados de Paris, por suposto integrante daquele grupo, afirmando que o Brasil seria o próximo alvo (NEVES, 2016).

Foi, entretanto, outro acontecimento que desencadeou o avanço do processo legislativo. Aconteceu uma reunião da Plenário do GAFI na semana de 15 a 19 de fevereiro de 2016. Durante essa reunião, lembrou-se que dos compromissos previamente assumidos pelo Brasil, motivos de adiamento da tomada de medidas mais incisivas pela Plenária e concluiu-se que o Brasil "não havia cumprido seu compromisso de adotar uma lei criminalizando o financiamento do terrorismo". A falta de ação em relação a essa legislação e uma análise sobre as deficiências da Lei nº 13.170/2015, sobre implementação de sanções impostas pelo Conselho de Segurança, levaram o GAFI a emitir uma declaração pública sobre a situação do Brasil:

> O GAFI está profundamente preocupado com a contínua incapacidade de o Brasil resolver as deficiências apontadas no seu terceiro Relatório de Avaliação Mútua, adotado em 2010. O Brasil não criminalizou o financiamento do terrorismo desde 2004, quando foi adotado o segundo Relatório de Avaliação Mútua. Apesar de reconhecer o progresso feito no que se refere ao congelamento de bens

de terroristas, novos aprimoramentos são necessários para que se satisfaçam as Recomendações do GAFI.

O GAFI clama para que o Brasil cumpra o seu compromisso como membro efetivo, adotando legislação sobre financiamento do terrorismo que adequadamente supra as deficiências apontadas. Se legislação adequada não foi adotada até a próxima Plenário do GAFI (20 de junho de 2016), o GAFI vai considerar novos passos no processo de acompanhamento[395].

Apesar de não implicar na listagem do Brasil, essa declaração pública é um dos passos de escalada de pressão disponível ao GAFI.

A partir desse momento, a tramitação do projeto na Câmara seria acelerada, tendo se completado, inteiramente, em um dia – 24 de fevereiro de 2016[396]. Nesse dia, indicado mais uma vez para proferir parecer em nome das comissões, o Deputado Arthur Oliveira Maia pugnou pela rejeição do texto aprovado pelo Senado, de maneira que prevalecesse o texto inicialmente aprovado pela Câmara dos Deputados.

Em seu parecer, o Dep. Arthur Oliveira Maia criticou diversos aspectos do texto do Senado, principalmente (i) o fato de tratar especificamente de "terrorismo contra a pessoa" (no caput), (ii) o fato de não distinguir a pena prevista para os crimes consumados e para os tentados, já que utilizava apenas o verbo "atentar", (iii) a retirada da excludente, (iv) o englobamento, sob a mesma conduta – 'recrutamento' – da prática de integrar organização terrorista e do recrutamento com aspecto internacional, (v) a retirada da criminalização dos atos preparatórios, (vi) a retirada da criminalização da incitação ao terrorismo e (vii) o estabelecimento de penas menores para diversas condutas ("o Substitutivo do Senado Federal mostra-se mais liberal")[397].

A votação desse parecer seguiu, como indicado pelos próprios deputados, acordo celebrado entre os líderes para que se rejeitasse o texto do Senado. E o próprio Dep. Arthur Oliveira Maia aponta para a participação de diversos dos atores que se mencionaram aqui, como o Ministério Público, o Exército Brasileiro e a Polícia Federal.

---

[395] Disponível em: <http://www.fatf-gafi.org/publications/fatfgeneral/documents/outcomes-plenary-february-2016.html>. Acesso em 20 fev. 2017.

[396] As notas taquigráficas contendo as discussões da sessão em que foi votado o projeto se encontram disponíveis em: <http://www.camara.leg.br/internet/plenario/notas/extraord/2016/2/EV2402161405.pdf>. Acesso em 22 fev. 2017.

[397] Parecer se encontra disponível em: <http://www.camara.gov.br/proposicoesWeb/prop_mostrarintegra?codteor=1367523&filename=Tramitacao-PL+2016/2015>. Acesso 20 fev. 2017.

Muitas das mesmas dinâmicas já detalhadas se repetiram nesse momento, de maneira que não serão reiteradas. Durante as discussões no Plenário, se multiplicaram as críticas à versão do Senado, com base naqueles pontos já destacados. O Dep. Alberto Fraga, por exemplo, afirmou que "o texto da Câmara penaliza os atos preparatórios. Ou seja, a polícia, ao descobrir uma célula terrorista que está preparando qualquer ato terrorista, poderá lançar mão da legislação. Nesse aspecto, o texto do Senado se omitia". Nessa mesma toada:

Dep. João Campos (PSDB-GO):
Por exemplo, ao não contemplar os atos preparatórios, o texto do Senado não dá condição de o Estado brasileiro atuar nessa fase. É como se o Estado brasileiro pudesse atuar só depois do terror, só depois que o dano tivesse acontecido. Isso, por si só, já justificaria a aprovação, no meu ponto de vista, do projeto da Câmara. De outro lado, é bom que também se considere outro ponto em relação ao substitutivo do Senado: ele não faz nenhuma referência à Lei das Organizações Criminosas. É claro que a organização terrorista tem que ser considerada organização criminosa. Esse é outro avanço que está no projeto aprovado pela Câmara dos Deputados e que justifica, portanto, meu voto em favor do projeto da Câmara.

Houve, na Câmara, também insurgência contra a expressão "intolerância religiosa", que seria alvo de um destaque por partidos com vários membros da bancada evangélica (PR, PSD e PROS). O Dep. Goulart (PSD-SP) se manifestou contra essa expressão, afirmando que "o Senado Federal inadvertidamente colocou um risco muito grande no texto lá aprovado".

E deputados de partidos de esquerda confrontados com a necessidade de escolher o que muitos viam apenas como o "menos pior", antecipavam também a possibilidade de vetos presidenciais.

Dep. Wadih Damous (PT-RJ):
Desses atos e fatos previstos, nosso Código Penal, nossa legislação já dá conta. Com a aprovação desta lei, é possível estarmos inaugurando atividades terroristas no País. Então, eu acho um despropósito que tenhamos de votar isso. Mas, entre um projeto e outro, entre o da Câmara e o do Senado, o projeto da Câmara é menos pior. De qualquer maneira, se aprovado for, nós faremos gestões junto à Presidente da República para que sejam vetados pelo menos alguns dispositivos do projeto de lei que venha a ser aprovado hoje neste plenário.

Dep. Glauber Braga (PSOL-RJ):
Não é à toa que mais de 90 entidades da sociedade civil assinaram um manifesto contra esse tipo de tipificação ampla que, claro, no final das contas, vai ter como objetivo sim reprimir movimentos sociais. Quem vai fazer a análise? Por mais que o texto da Câmara porventura venha a excluir esse erro, essa excrescência cometida pelo Senado, por mais que a Câmara venha a aprovar o texto que foi avaliado e votado aqui, com essa tipificação e com esse tipo penal do qual pode

ser feita uma interpretação de maneira abrangente, o juiz de plantão, o promotor de plantão ou o delegado de plantão podem sim fazer uma interpretação contra movimentos sociais em que o terrorismo estivesse sendo cometido.

Dep. Ivan Valente (PSOL-RJ):
Por isso, nós vamos pedir à Presidente que vete a maioria dos dispositivos, no estágio atual em que está o nosso processo de discussão dessa lei antiterrorista, que é na prática uma lei preventiva contra o crescimento dos movimentos sociais e de participação popular, que é do que o Brasil precisa

Nesse momento do debate parlamentar, fica claro o acionamento de um movimento de resistência à securitização do terrorismo. Diversos parlamentares notam que se trata de exigência imposta de fora – alguns mencionando especificamente os Estados Unidos e o GAFI como instrumento deste – que não se coaduna com a realidade brasileira. É a compreensão ao processo de macrossecuritização que embasa àquelas críticas aos Estados Unidos como promotor principal desse regime. Haveria uma alternativa à macrossecuritização. Sustentam esses parlamentares, de forma semelhante a Buzan (2008, p. 560), que o problema do terrorismo deveria ser encarado como um problema de criminalidade, sendo necessárias, para enfrentá-lo, ferramentas já disponíveis às autoridades policiais. O temor de que liberdades e direitos fundamentais fossem corroídos se manifesta de forma clara na postura de parlamentares e articuladores de movimentos sociais. Por exemplo:

Deputado Edmilson Rodrigues (PSOL-PA):
É de se estranhar que o autor, em nome do Executivo, tenha sido o Sr. Joaquim Levy, homem do FMI, do sistema financeiro, ex-Diretor do Bradesco e um dos responsáveis pelo aprofundamento da agenda do Consenso de Washington e que está destruindo a credibilidade do Governo, porque não há solução para a crise brasileira com retirada de direitos dos pobres. Até quando? Qual é o argumento, o porquê? É o Ministro da Fazenda ou o ex-Ministro que envia? A alegação é o GAFI. O que é GAFI? É alguma instituição da ONU? Não, é um grupo internacional. Mas ele não é um organismo internacional. Não tem sequer uma existência jurídica. É um grupo que combate a lavagem de dinheiro, o dinheiro sujo, em tese, a movimentação que o dinheiro do narcotráfico, do tráfico de armas faz pelo sistema financeiro.
Eu não tenho notícias de algum grupo que tenha sido flagrado pelo GAFI no seu trabalho de investigação e que a polícia internacional tenha conseguido algum êxito ou talvez nunca tenha chegado a ninguém, porque afinal de contas são muitos os cientistas que mostram que o dinheiro sujo é lavado no sistema financeiro oficial. Leiam o número especial da Caros Amigos de outubro. Leiam artigos de Paulo Kliass, Luiz Gonzaga Belluzzo, que ninguém pode dizer que é um esquerdista, para ver os argumentos postos do poder do capital financeiro.

Dep. Chico Alencar (PSOL-RJ):
E vejam que ela junta o Governo, que pede urgência constitucional sem nenhuma demanda articulada internacional nesse sentido, a não ser de determinados bolsões

meio históricos, como o Governo dos Estados Unidos, por exemplo, e o PSDB na defesa do substitutivo do Senado.

Compondo as divergências ideológicas, havia também um certo corporativismo dos deputados em favor do seu próprio trabalho, como indicado pelo Dep. Alessandro Molon. Isso fica ainda mais evidente na manifestação do Dep. Edson Moreira (PTN-MG), que afirmou "Então, o que nós temos que fazer? Temos que ser favoráveis ao Relator. Os 513 Deputados superam e muito os 81 Senadores".

Apesar dessas tendências, a rejeição do texto do Senado não era unanimidade entre os deputados. Por exemplo, o Dep. Daniel Coelho (PSDB-PE):

> A motivação de uma manifestação pode estar correta, e eu posso concordar com ela. Isso não dá o direito a quem participa de uma manifestação, por mais que a motivação seja correta, de cometer um ato de terrorismo. Eu não conheço ato de terrorismo praticado sem motivação política ou religiosa. Todos os que ocorrem têm essas motivações. O Estado Islâmico, que atualmente tem cometido atos de terrorismo em diversas partes do planeta, os faz por motivação religiosa e política. É evidente que todos aqui discordamos das motivações que eles têm, mas o fato de a motivação ou de a manifestação ser política ou religiosa não pode excluir a penalidade do terrorismo, senão não estaremos fazendo absolutamente nada. O texto é quase um texto pró-forma. Eu acho que a legislação estaria mais adequada com este texto do Senado, que não exclui as motivações políticas e religiosas que estão sempre presentes nos atos de terrorismo.

Em relação à votação, encaminharam a favor do texto do Senado apenas as lideranças do PSDB (partido do Senador Aloysio Nunes) e do Solidariedade. Em votação simbólica, foi rejeitado o texto do Senado e enviado à sanção presidencial o texto aprovado pela Câmara dos Deputados em 13 de agosto de 2015.

7.4. A SANÇÃO (COM VETOS) DO PL 2016/2015

Como mencionado, a possibilidade de que o projeto de lei aprovado pela Câmara dos Deputados fosse alvo de vetos pela Presidente Dilma Rousseff já era discutida muito antes de o projeto ser remetido à sanção presidencial. Quando o foi efetivamente, essa possibilidade se concretizou. O texto final teve seis vetos[398].

Em relação aos vetos é importante mencionar a divulgação de uma nota técnica específica da Rede Justiça Criminal e outras entidades. Marivaldo Pereira, Secretário-Executivo do Ministério da Justiça sinalizou, inclusive,

---

398 A mensagem nº 85 de 16 de março de 2016, contendo os vetos à Lei Antiterrorismo, se encontra disponível em: <http://www.planalto.gov.br/ccivil_03/_ato2015-2018/2016/Msg/VEP-85.htm>. Acesso em 22 fev. 2017.

que "pedimos para que as entidades nos encaminhassem as propostas [de veto], entendeu? E para que elas se mobilizassem também, com as propostas de veto". Nessa nota, apesar de defender-se o veto integral, o que certamente não era uma possibilidade de acordo com Gabriel Sampaio, apontavam-se alguns pontos específicos tendo quase todos eles sido atendidos.

O primeiro deles se referia às condutas listadas como atos de terrorismo (art. 2, §1º, I-IV[399]), que eram consideradas indeterminadas, desproporcionais e desnecessárias (REDE JUSTIÇA CRIMINAL, 2016b). Esse pedido foi atendido parcialmente, com o veto aos incisos II e III, sob a justificativa de que continham "definições excessivamente amplas e imprecisas, com diferentes potenciais ofensivos, cominando, contudo, em penas idênticas, em violação ao princípio da proporcionalidade e da taxatividade". O segundo ponto se referia ao inciso V (sob a mesma justificativa que havia gerado oposição ao texto aprovado no Senado, qual seja que o uso do verbo "atentar" ignoraria a diferença entre tentativa e crime consumado), o qual não foi, contudo, atendido pela Presidente Dilma Rousseff.

Também se requereu o veto do dispositivo que fazia referência à apologia e à incitação do terrorismo (art. 4[400]), vez que esses crimes já seriam

---

399 "§1º São atos de terrorismo:

I – usar ou ameaçar usar, transportar, guardar, portar ou trazer consigo explosivos, gases tóxicos, venenos, conteúdos biológicos, químicos, nucleares ou outros meios capazes de causar danos ou promover destruição em massa;

II – incendiar, depredar, saquear, destruir ou explodir meios de transporte ou qualquer bem público ou privado;

III – interferir, sabotar ou danificar sistemas de informática ou bancos de dados;

IV – sabotar o funcionamento ou apoderar-se, com violência, grave ameaça a pessoa ou servindo-se de mecanismos cibernéticos, do controle total ou parcial, ainda que de modo temporário, de meio de comunicação ou de transporte, de portos, aeroportos, estações ferroviárias ou rodoviárias, hospitais, casas de saúde, escolas, estádios esportivos, instalações públicas ou locais onde funcionem serviços públicos essenciais, instalações de geração ou transmissão de energia, instalações militares, instalações de exploração, refino e processamento de petróleo e gás e instituições bancárias e sua rede de atendimento;

V – atentar contra a vida ou a integridade física de pessoa".

400 "Art. 4º Fazer, publicamente, apologia de fato tipificado como crime nesta Lei ou de seu autor:

Pena – reclusão, de quatro a oito anos, e multa.

§ 1º Nas mesmas penas incorre quem incitar a prática de fato tipificado como crime nesta Lei.

puníveis com base em previsão genérica do Código Penal e que a punição prevista, de 4 a 8 anos, era desproporcional (REDE JUSTIÇA CRIMINAL, 2016b). Este pedido de veto foi acolhido pela Presidente com base nestes mesmos fundamentos.

Também foram vetadas as cláusulas que criminalizavam a concessão de abrigo a terroristas (§1º e 2º do art. 3), a causa de aumento da pena em caso de dano ambiental (art. 8) e a previsão de que os condenados por crimes de terrorismo cumpririam pena em estabelecimento penal de segurança máxima (art. 9)[401].

Por fim, como previamente sugerido, foi vetado o dispositivo que conferia ao GSI a competência para coordenar a prevenção e combate ao terrorismo (art. 11, p.u.), sob o argumento de que seria competência privativa da Presidente da República a organização da administração federal. Na prática, além da oposição por motivos jurídicos, pesou contra a concessão dessa competência ao GSI o fato deste órgão ter sido (temporariamente) extinto pela Medida Provisória nº 696, de 2 de outubro de 2015, substituído pela Casa Militar, cujo chefe deixava de ter status de ministro. O GSI só voltaria a existir com a Medida Provisória nº 726, de 29 de setembro de 2016, já no governo do Presidente Michel Temer. Nesse intervalo, a ABIN ficou sujeita à Secretaria de Governo da Presidência da República.

Não acolhido, entretanto, foi o pedido de veto em relação aos atos preparatórios. A importância desse dispositivo, considerado uma prioridade para os órgãos de segurança, certamente pesou contra um veto ao art. 5. Fica claro, assim, que não foi apenas a 'oposição negativa' que se manifestou na fase de vetos. Também as organizações e entidades que eram favoráveis à Lei Antiterrorismo atuaram no sentido de ver mantidas suas preferências. Afinal, na expectativa de uma nova ação daquelas organizações contrária à legislação, é de se esperar que agissem para "defender" conquistas obtidas no Congresso Nacional.

Houve, inclusive, esforços no sentido de ver reformados pontos dos quais discordavam essas organizações que compunham a 'oposição afirmativa'. Por exemplo, o Ministério da Defesa propugnou pelo veto à excludente sobre movimentos sociais, por mais improvável que este fosse

---

§ 2º Aumenta-se a pena de um sexto a dois terços se o crime é praticado pela rede mundial de computadores ou por qualquer meio de comunicação social."

[401] Esse veto foi considerado, por Marcio Paulo Buzanelli, uma impropriedade tendo em vista que seria "importante que aos indivíduos condenados pelo crime de terrorismo seja vedado o contato com condenados por crimes comuns, até para evitar uma transferência de conhecimentos".

dada à centralidade que ocupou nos debates políticos e na interlocução realizada pelos atores do Ministério da Justiça. Ainda assim, afirmava nota técnica do MD (2016), recuperando a posição que já havia sido exposta quando da análise da primeira versão do PL 2016/2015:

> E exclusão do crime de terrorismo das condutas direcionadas por propósitos sociais ou reivindicatórios com o objetivo de defender direitos, garantias e liberdades constitucionais, conforme dispõe o §2º do art. 2º reforça a ideia de afastar o viés político do terrorismo, **o que vai ao encontro ao entendimento internacional acerca do assunto**. Tal exclusão deveria apenas incidir sobre aquelas condutas que se insiram no âmbito do exercício regular dos direitos individuais e coletivos [...]. Quanto ao §2º, art. 2º, que exclui do crime de terrorismo condutas direcionadas por propósitos sociais ou reivindicatórios, por reforçarem o vício identificado no *caput* do mesmo artigo [ausência da motivação política], não enquadrar e punir de modo compatível atos próprios do terrorismo, expondo a sociedade a atos dessa natureza e, finalmente, por não ser essencial ao corpo da proposta, sugere-se que seja vetado. (MINISTÉRIO DA DEFESA, 2016) (grifo no original)

Em um ponto digno de destaque da nota técnica, conclui: "Ao evitar o cerceamento ao direito de manifestações, se expõe a sociedade a atos terroristas e atentados massivos aos Direitos Humanos" (MINISTÉRIO DA DEFESA, 2016). Chama atenção a recalcitrância das Forças Armadas em relação às manifestações públicas. Isso, ao seu passo, alimenta o temor de movimentos sociais, políticos de esquerda e organizações de Direitos Humanos de que experiências históricas se repitam na forma de repressão e violência institucional. Assim, o ciclo de desconfiança mútua se perpetua, conforme se ignora ou, ao menos, se relativiza a integralidade do direito de manifestações – liberdade de pensamento, associação e expressão – como Direito Humano básico.

Em conclusão, a Lei Antiterrorismo foi sancionada em 16 de março de 2016[402]. Se chamou a atenção a subscrição do PL 2016/2015 pelo Ministro da Fazenda Joaquim Levy, igualmente pretende-se simbólico o fato de que subscreveram a sanção da Presidente Dilma Rousseff, além dos Ministros da Justiça Wellington César Lima e Silva e da Fazenda, Nelson Barbosa, a Ministra das Mulheres, da Igualdade Racial e dos Direitos Humanos, Nilma Lino Gomes.

7.5. PRIMEIRAS AVALIAÇÕES SOBRE A LEI ANTITERRORISMO

Uma vez sancionada, é interessante notar a resposta inicial dos diversos atores em relação ao texto que entrou em vigor. Quanto à probabilidade de a lei vir a ser efetivamente empregada, existe algum consenso de que

---

[402] Os vetos da Presidente Dilma Rousseff seriam confirmados pelo Congresso Nacional em 27 de maio de 2016.

isso não ocorrerá com frequência, mesmo entre atores de ambos os lados da disputa apresentada, principalmente em função da definição de terrorismo que não inclui a motivação política. O que os distinguirá é que a improbabilidade do manejo da Lei Antiterrorismo é tida por uns como fonte de preocupação, enquanto, para outros, é motivo de comemoração e alívio.

Dentre os que se mostram preocupados, por exemplo, Vladimir Aras, Procurador Regional da República, afirma que "quando você elimina a motivação política de atividades terroristas, você está impedindo a persecução criminal de uma série de condutas que só são terroristas, pela lógica da lei penal, quando é considerada a motivação". Da mesma forma, aponta Marcio Paulo Buzanelli, ex-Diretor-Geral da ABIN:

> A razão política não está aí mencionada. E a motivação política é o principal motor do terrorismo. São contemplados o inconformismo, o preconceito, a intransigência religiosa. Mas a questão política é central, fundamental. Então caso aconteça um atentado de natureza seletiva e de cunho político, tendo como alvo dignitário estrangeiro em visita ao Brasil, o praticante não poderá ser enquadrado nessa lei. Porque ele não teve como motivação o preconceito religioso ou nenhuma das razões constantes na lei, mas, tão somente, a motivação política.

Nesse mesmo sentido, afirmou o oficial de inteligência X: "O que acontece em relação à lei é que quando olhamos para casos de terrorismo que acontecem no mundo e podem vir a acontecer no Brasil. Vamos pensar aqui em ações violentas antissistêmicas, várias não estarão contempladas na lei".

Do outro lado do espectro, afirma Lucas Sada, advogado do Instituto de Defensores dos Direitos Humanos:

> Eu acho que do jeito que o texto foi aprovado tem muito mais a ver com o que é terrorismo internacionalmente, o que a gente não tem no Brasil e, ainda, se fosse aplicar a alguém, seria muito mais para grupos de extrema direita do que para os de esquerda. Por isso que eu acho que a lei não vai ser aplicada, vai ser letra morta.

Ainda, assim, atores que compunham aquilo que foi apresentado como a 'oposição negativa' e mesmo integrantes do Ministério da Justiça sinalizam a necessidade de atenção e ainda consideram haver substancial risco de mal aplicação da Lei Antiterrorismo:

Beto Vasconcelos, Secretário Nacional de Justiça:
Apresenta um risco de aplicação equivocada em relação a sua intenção original, que era aperfeiçoar a legislação penal sobre atos efetivamente terroristas e seus correlatos – financiamento, ato individual e atos organizados – e possa prejudicar movimentos democráticos no país.

Gabriel Sampaio, Secretário de Assuntos Legislativos:
Fazendo uma análise dialética da Criminologia ou do sistema de justiça criminal, talvez essa marca histórica nos determine que a situação de abuso sempre pode ocorrer. Do ponto de vista formal, prático, da própria formação do sistema de justiça criminal, é, infelizmente, natural que abusos possam acontecer.

Andresa Porto, Rede Justiça Criminal:
Eu acho que o que foi aprovado é uma lei muito genérica e que, apesar de ter uma ressalva aos movimentos sociais, a gente ainda apresenta uma preocupação com a proteção dos direitos à livre manifestação.

Chama atenção o fato de que o mais pessimista dentre os entrevistados, no que se refere a essa preocupação, foi justamente um operador do Direito, o Juiz Alberto Muñoz, da Associação Juízes para a Democracia:

A palavra discriminação é vaga o suficiente. O preconceito...houve a classificação (de raça, cor, etc), que afasta a vagueza. Xenofobia é um conceito construído historicamente pela doutrina, ok. [...]
Pensa também que a redação da lei que na decomposição técnico-jurídica da lei, você precisa de três condições positivas e uma negativa – não pode ser manifestação social [para enquadrar no tipo]. Mas isso é o que um criminalista, técnico faz. Não necessariamente o juiz vai preencher as três. Pode simplesmente preencher só uma. Até lá [a revisão da decisão judicial], você já garantiu a prisão preventiva indefinidamente, o bloqueio de bens e valores, você tem pessoas presas, aguardando julgamento de *habeas corpus* ou apelação. Falo porque conheço. Quanto mais condições você coloca para aplicação da lei penal, maior a chance de que as condições não sejam preenchidas. Isso sem falar na vagueza [...].
O processo legislativo é tal que ele para em certo momento. Mas, a partir daquele momento, ele ganha autonomia, vida própria e é o aplicador do Direito que vai se valer daquilo, tomar decisões. Acho que "discriminação" é um dos grandes problemas. Aí, você encaixa qualquer coisa.

Quanto à reação daqueles atores que compunham a 'oposição afirmativa', cujos interesses se mostraram contrariados com o resultado final, eles recorreram a estratégias diversas para lidar com a situação. De um lado, os oficiais de inteligência entrevistados foram unânimes em afirmar que a aprovação da Lei Antiterrorismo não teria qualquer impacto sobre a atividade de inteligência. Sinalizam, por exemplo, que:

a lei 13.260 não trata de inteligência, trata de direito penal, ela traz crimes e, trazendo crimes, as inovações que ela traz, inclusive de aplicação da Lei nº 12.850, a Lei de Organizações Criminosas, ela é para investigação criminal. Essa lei, em relação às competências da ABIN, ao que a ABIN pode fazer ou não, ela não mudou em nada o nosso trabalho.

Confrontados com uma definição de terrorismo significativamente mais restritiva do que aquela que consideram relevante – basta comparar a Lei

Antiterrorismo com a definição que consta do Manual de Inteligência –, construiu-se o entendimento de que a aplicação daquela lei se restringiria ao âmbito jurídico-policial, não impactando as atividades de inteligência. De fato, considerando que a legislação não trata do tema de inteligência, facilita-se essa construção, que mantém a origem da competência da ABIN sobre o tema em sua lei fundadora e sua referência genérica a "ameaças". É o que se nota pela afirmação do oficial de inteligência Z:

> Nada mudou praticamente com relação ao trabalho preventivo que a inteligência faz. A tipificação do terrorismo que a lei apresenta não alterou em nada o trabalho que a inteligência precisa fazer. A inteligência já fazia um acompanhamento em cima daquilo que é considerado terrorismo ou ato terrorista e continua fazendo independente da tipificação que a lei traga. A lei tem um olhar diferente daquilo que a gente faz. O nosso olhar é preventivo, e mesmo que a lei traga algumas pretensões e exclua algumas condutas como crimes de terrorismo, ainda, para a comunidade internacional e para alguns fóruns internacionais, eles são considerados atos terroristas ou ações de motivação terrorista. A agência de inteligência continua acompanhando isso, continua fazendo esse trabalho.

A disputa pela definição de terrorismo vai além, entretanto, das questões institucionais. Na base da discordância sobre a definição de terrorismo reside uma fundamental impossibilidade de constituir-se a identidade de um "eu" comum[403]. Enquanto parlamentares de esquerda se percebem mais próximos de movimentos sociais do que dos parlamentares de direita, é impossível que aceitem a definição de terrorismo proposta por aqueles, a qual marginaliza e ameaça uma parte intrínseca de "si". A percepção dos deputados e senadores de direita daqueles atores como "outro" – e aqui se refere não só à discussão sobre a Lei Antiterrorismo, mas também àquelas iniciativas legislativas previamente mencionadas que pretendiam criminalizar movimentos agrários e manifestantes urbanos – explica sua recalcitrância absoluta em dialogar com esses atores.

E essa não é exclusividade dos parlamentares de esquerda. Foi justamente nos (breves) momentos em que a bancada evangélica se viu ameaçada, ou melhor, viu parte do que representa sua identidade constitutiva ameaçada, fosse pelo termo "ideológica" no texto do Substitutivo do Dep. Arthur Oliveira Maia, fosse pela referência à "intolerância religiosa" no texto do Senado, que ela se insurgiu contra aquela definição.

Da mesma forma que no plano internacional, essa disputa pela definição ocorre em função da incapacidade de se chegar a um consenso sobre o

---

403 *"Collective identities are constructed through a constant attempt of differentiation and linking, aiming at the creation of not only a Self but also a series of Others to which the Self is related in some way"* (HERSCHINGER, 2013, p. 187).

que é terrorismo. Diferente daquele plano, entretanto, nem sequer existe consenso sobre a necessidade de uma definição. Seja pelo insucesso parcial do processo de securitização, seja pela desconfiança em relação ao Direito Penal e sua aplicação, os atores de esquerda se opõem à necessidade de definição como um passo anterior à discussão sobre aquela. E, mesmo quando adentram na discussão sobre a definição, o fazem pretendendo instrumentalizá-la contra os "seus outros", aqueles que ameaçam as minorias usualmente associadas a partidos de esquerda. O resultado disso é um tipo penal que criminaliza o preconceito racial e de gênero e a intolerância religiosa, como pretendia o PL 2016/2015.

Embora esses dois lados sejam apresentados como extremos opostos, existem atores que se colocam ao longo de uma escala entre esses pontos. E, mais importante, como a construção identitária é um processo contínuo, os atores oscilam nessa escala. Por exemplo, foi a escalada da violência nos protestos urbanos que levou a Presidente Dilma Rousseff a se colocar como a "ordem" em oposição ao "caos", representado por aqueles protestos. Nesse sentido que essa escalada a tornou mais propensa a buscar medidas para reprimir atores que pudessem se engajar naquele tipo de comportamento – por isso que "fica mais difícil" defender esses movimentos sociais, como afirma Pedro Abramovay.

Esse dilema identitário não se pacificou com a sanção da Lei Antiterrorismo. E mantém-se relevante, na medida em que alguns já sugerem a sua reforma ou, de forma mais sutil, sinalizam ser a Lei Antiterrorismo apenas um primeiro passo, a partir do qual novas discussões poderiam ser realizadas e legislações adotadas. Por exemplo, o Ministério da Defesa (2016) já afirmava, mesmo antes da sanção, que se trata de "um primeiro passo na atualização do ordenamento jurídico nacional nesse particular, e uma resposta, ainda que provisória, aos compromissos internacionais assumidos pelo Brasil".

Levando em consideração que, após um ano da aprovação da Lei Antiterrorismo, já haviam sido introduzidas quatro propostas de alterações legislativas – o PL 5358/2016, o PL 5825/2016, o PL 5065/2016 e o PLS 272/2016 – mais do que possível, é provável que esta não tenha sido a última vez que o Congresso Nacional discutiu o tema do terrorismo. E, considerando, por exemplo, que o PL 5358/2016 pretende retirar a excludente referente aos movimentos sociais, não há dúvidas de que muitas das dinâmicas que se manifestaram ao longo do processo legislativo aqui descrito se repetirão.

Outro sinal de que mudanças legislativas poderão ser realizadas no futuro próximo é o fato de que avaliações posteriores à adoção da Lei

Antiterrorismo, realizadas pelo GAFI nas Plenárias de junho e outubro de 2016 e de junho e fevereiro de 2017, continuam a apontar, publicamente que subsistem deficiências na legislação brasileira de combate ao financiamento do terrorismo. Em novembro de 2017 foi além, ameaçando tomar medidas mais graves contra o Brasil caso as deficiências apontadas não fossem remediadas.

> In February 2016, the FATF released a statement conveying its deep concerns about Brazil's continued failure to remedy the serious deficiencies identified in its third mutual evaluation report adopted in June 2010, especially those related to terrorism and terrorist financing. The FATF called for actions to address those deficiencies. The FATF reiterated its concern in October 2016, February 2017 and June 2017, and again called on Brazil to address these shortcomings.
> The FATF recognises that Brazil has taken several significant steps to improve its CFT regime; however, deficiencies remain regarding targeted financial sanctions. The FATF therefore calls on Brazil to fulfil its FATF membership commitment by taking further action to fully address these shortcomings. As the next step in its follow-up process, Brazil has committed to an action plan for addressing the remaining deficiencies in its regime for implementing targeted financial sanctions. Should Brazil continue to fail to adequately rectify these deficiencies, in line with its action plan, the FATF will consider further steps in its follow-up process[404].

No mais, como descrito no capítulo II e ilustrado a partir da cronologia de David Rapoport, o terrorismo é um fenômeno em constante evolução. A adequação da Lei Antiterrorismo às suas futuras manifestações é uma questão que apenas o tempo poderá responder.

---

404 Reunião da Plenária do GAFI em Buenos Aires, 1-3 nov. 2017. Disponível em: <http://www.fatf-gafi.org/publications/fatfgeneral/documents/outcomes-plenary-november-2017.html>. Acesso em 2 jan. 2017.

CONCLUSÃO

Em 6 de março de 2017, se encerrou a Operação Hashtag, conduzida pela Polícia Federal para investigar suspeitas de terrorismo no Brasil e, até hoje, única instância de aplicação efetiva da Lei Antiterrorismo.

A primeira fase dessa operação aconteceu em 21 de julho de 2016, 15 dias antes da abertura das Olimpíadas. Nessa oportunidade, foram expedidos 12 mandados de prisão contra indivíduos, cujas comunicações já vinham sendo monitoradas, acusados de envolvimento com o Estado Islâmico e de planejar um atentado terrorista a ser realizado durante os Jogos Olímpicos do Rio de Janeiro. Se seguiram mais três fases, totalizando 74 mandados judiciais cumpridos – 26 de busca e apreensão, 40 de prisões temporárias e oito de conduções coercitivas.

Os principais indícios encontrados nestas investigações são trocas de mensagens e atividades em redes sociais. Chama atenção o (baixíssimo) nível de sofisticação dos suspeitos e o fato de se encontrarem distantes de ter a capacidade para efetivamente praticar atentados. Apesar disso, pendiam sobre os suspeitos acusações de terem praticado atos preparatórios para o cometimento de atentados terroristas. Foi a criminalização desses atos, considerada prioridade pelos atores responsáveis pela 'oposição afirmativa', que tornou possível, portanto, essas prisões. Nesse sentido, afirmou o então Ministro da Justiça, Alexandre de Moraes "não vamos esperar um milímetro de ato preparatório para agir, por mais insignificante, vai ter operação rápida e dura" (ISTOÉ, 2016).

Consubstancia-se, assim, a preocupação das diversas entidades que fizeram 'oposição negativa' ao PL 2016/2015 e colocaram a criminalização dos atos preparatórios como um dos principais problemas daquela proposição[405]. Afinal, os atos ditos preparatórios considerados mais graves

---

[405] Afirmou a Rede Justiça Criminal (2016b) sobre a criminalização dos atos preparatórios: "Não bastasse a desnecessidade da norma referida, é vedado ao legislador, pelo princípio da legalidade, criminalizar os atos preparatórios de um delito sem descrevê-los taxativamente e erigi-los à condição de delito autônomo. Tanto o art. 1º do Código Penal quanto o art. 5º, da Constituição da República exigem que uma conduta só possa ser criminalizada mediante sua prévia tipificação em norma penal

foram praticados por Leonid El Kadre: a tentativa de se adquirir uma arma por um site clandestino do Paraguai e a instrução para que os integrantes iniciassem treinamentos em artes marciais. O próprio Alexandre de Moraes reconheceu se tratar de uma célula "absolutamente amadora e sem preparo" (ISTOÉ, 2016).

Ainda assim, o Ministério Público Federal apresentou denúncia contra oito dos suspeitos, em 16 de setembro de 2016. Foram todos acusados pela promoção de organização terrorista (art. 3, Lei nº 13.260/2016) e Leonid El Kadre de Melo foi acusado também de recrutamento para participação de organização terrorista (art. 5, Lei nº 13.260/2016)[406]. Além da Lei Antiterrorismo, também foram todos acusados por associação criminosa (art. 288, Código Penal) e alguns deles por corrupção de menores (art. 244-B, Lei nº 8.069/1990).

Em sentença prolatada em 4 de maio de 2017, o Juiz Federal Marcos Josegrei da Silva, titular da 14ª Vara Federal de Curitiba, em larga medida, acolheu as alegações constantes nas denúncias apresentadas pelo MPF[407]. Foram absolvidos os réus apenas das acusações por corrupção de menores e, no caso de Fernando Pinheiro Cabral, da acusação de associação criminosa. Todas as acusações fundadas na Lei Antiterrorismo foram acolhidas sob a justificativa de que:

> A análise da extensa peça inicial [...] evidencia, sem sombra de dúvida, a materialidade delitiva do crime do art. 3º da Lei nº 13.260/2016 relativamente às postagens de vídeo, fotos, mensagens de estimulação e materiais alusivos a organização terrorista, em páginas abertas ou grupos fechados de internet, redes sociais, Facebook, programas de troca instantânea de mensagens, dentre outros.

Em resposta às alegações de que os atos imputados não passavam de manifestações da liberdade de expressão e que não implicavam em ações efetivamente de promoção do Estado Islâmico, ressaltou o Juiz Marcos Josegrei da Silva que:

---

escrita. Tal exigência não se conforma com descrições genéricas: todos os elementos da conduta devem estar plenamente explicitados da norma incriminadora. Isto é, a lei penal deve ser escrita e certa".

406 O teor da denúncia se encontra disponível em: <http://www.mpf.mp.br/pr/sala-de-imprensa/noticias-pr/mpf-denuncia-oito-pessoas-no-ambito-da-operacao-hashtag>. Acesso em 4 mar. 2017.

407 O texto completo da sentença proferida nos autos do processo nº 5046863-67.2016.4.04.7000 se encontra disponível em: <http://s.conjur.com.br/dl/presos-operacao-hashtag-sao-condenados.pdf>. Acesso em 10 jun. 2017.

Não há necessidade de comprovação de especial fim de agir ou da presença de dolo específico, bastando o simples ato de promover organização terrorista por meio de atos inequívocos que demonstrem externamente a adesão aos seus ideais e a sua respectiva externalização voluntária.

As teses de que as postagens e diálogos dos acusados de conteúdo extremista não passavam de expressão de curiosidade religiosa, meras bravatas ou brincadeiras não podem ser aceitas como justificativas aptas a excluir a tipicidade, antijuridicidade ou culpabilidade das ações. O tipo penal, por tudo que já foi esclarecido, se perfaz com o simples ato de promoção, por intermédio de uma das ações anteriormente descritas.

Passo anterior e necessário à condenação daqueles acusados foi a consideração de que a organização com a qual estavam envolvidos era de fato de uma organização terroristas, com base na definição de terrorismo trazida pelo art. 2 da Lei nº 13.260/2016. Para tanto, importa notar que o julgador se fundou, principalmente, em resoluções do CSNU – como as Resoluções 2249 (2015), 2253 (2015) e 2255 (2015) –, não se valendo unicamente de uma avaliação própria e independente. É estratégia interessante no sentido de se minimizar a subjetividade da interpretação dos termos daquela definição e evitar sua aplicação naqueles contextos em que manifestou preocupação. A sentença foi mantida pelo TRF da 4ª Região em votação, todavia, não unânime – uma das desembargadoras da turma votou pela absolvição de 7 dos condenados[408].

Com o encerramento dos inquéritos, foi pedido o indiciamento de mais 8 indivíduos[409]. O Ministério Público Federal apresentou, em 26 de junho de 2017, denúncia contra cinco deles, com base em investigações que ocorreram após o oferecimento da primeira denúncia[410]. Atuavam, de acordo com o MPF, como um grupo paralelo àquele liderado por Leonid El Kadre, mas em contato constante. Sua forma de atuação era bastante semelhante, utilizando a internet, especialmente as redes sociais e ferramentas de troca de mensagens, para discutir e planejar ações.

---

408 JORNAL DO BRASIL. *TRF4 mantém condenação de acusados de ligação com Estado Islâmico*. Porto Alegre, 11 jul. 2018. Disponível em: <http://www.jb.com.br/pais/noticias/2018/07/11/trf-4-mantem-condenacao-de-acusados-de-ligacao-com-estado-islamico/>. Acesso em 16 jul. 2018.

409 Em atestado ao fato de que a Lei Antiterrorismo representa o marco inicial e principal base legal dessas operações, três indivíduos (Ahmad Al Khatib, Antônio Andrade dos Santos Júnior e Vitor Barbosa Magalhães) cuja ações justificariam, de acordo com a Polícia Federal, indiciamento, não foram efetivamente indiciados por terem aquelas ações ocorrido antes da vigência da Lei Antiterrorismo.

410 O texto completo da denúncia apresentada pelo MPF se encontra disponível em: <http://www.mpf.mp.br/pr/sala-de-imprensa/docs/denunciahashtag2.pdf>. Acesso em 30 jun. 2017.

Os cinco denunciados foram acusados, assim como aqueles já condenados, por promover, constituir, integrar ou prestar auxílio a organização terrorista (art. 3, Lei nº 13.260/2016)[411]. Um sexto indivíduo, Fernando Pinheiro Cabral, já havia sido previamente condenado por promoção de organização terrorista e foi acusado, nessa segunda denúncia, por associação criminosa (art. 288, Código Penal)[412].

A Lei Antiterrorismo se mostrou menos relevante do que antecipavam tanto aqueles que propugnavam a sua necessidade, quanto aqueles que eram contrários à sua aprovação. Apesar do alarme falso a que fez referência esse trabalho em suas primeiras linhas, não foi empregada como instrumento para criminalização dos movimentos sociais. Em apenas uma instância foi efetivamente aplicada, mas mesmo nesta, multiplicaram-se críticas e controvérsias[413], levando, por exemplo, Rafael Custódio, da Conectas, a afirmar que "começou mal o uso da lei".

É essencial, para contextualizar a eventual aplicação dessa lei, que se compreenda a sua origem, de maneira geral e de seus dispositivos específicos. Ainda existe alguma confusão[414] em relação aos elementos que levaram à proposição do PL 2016/2015 pela Presidente Dilma Rousseff e, ao fim, à sanção da Lei Antiterrorismo. O presente trabalho pretendeu trazer um maior nível de clareza em relação a esse ponto, introduzindo uma narrativa histórica que rastreia a discussão sobre terrorismo nas variadas esferas do poder no Brasil.

---

[411] A confusão entre esse tipo penal, previsto no art. 3, e o tipo penal da apologia, previsto no art. 4, porém vetado pela Presidente Dilma Rousseff, fica evidente na recepção da denúncia pela mídia. O Portal G1, por exemplo, divulgou a notícia sob a manchete: "MPF denuncia seis pessoas por apologia ao Estado Islâmico". Disponível em: <http://g1.globo.com/pr/parana/noticia/mpf-denuncia-seis-pessoas-por-suposta-apologia-ao-estado-islamico.ghtml>. Acesso em 30 jun. 2017.

[412] Fernando Pinheiro Cabral havia sido previamente denunciado por associação criminosa, mas absolvido pelo Juiz Marcos Josegrei da Silva.

[413] A Associação Brasileira de Advogados Criminalistas, por exemplo, divulgou nota crítica à restrição do acesso de advogados aos acusados. Além disso, um dos presos, Valdir Pereira da Rocha, foi espancado e morto por outros detentos na Cadeia Pública da Várzea Grande (MT).

[414] Por exemplo, o Ministro da Defesa Raul Jungmann afirmou recentemente que "o GAFI mandou uma mensagem ao Brasil dizendo que não daria o sinal verde para a Olimpíada, se não tivesse uma lei antiterror" (Bottari, 2016). Trata-se de afirmação que, como detalhado, mistura diversos elementos que tiveram, de fato, algum papel, estabelecendo, entretanto, uma relação causal para a qual não se encontrou fundamentos. O GAFI, por exemplo, não tem nenhuma ascendência sobre as Olimpíadas, organizada pelo Comitê Olímpico Internacional (COI).

Este objetivo se afiguraria impossível sem a devida compreensão das dinâmicas sobre as normas internacionais de combate ao terrorismo e sua evolução ao longo dos últimos séculos. Se as primeiras normas surgiram ainda no final do Século XIX, foi apenas nos últimos momentos do Século XX que ganharam maior destaque. A Convenção Internacional para a Supressão do Financiamento do Terrorismo, de 1999, representa importante ponto de partida para os esforços que se desenvolveriam ao longo dos anos seguintes. Também, em 1999, teve início a atuação permanente do Conselho de Segurança das Nações Unidas, por meio do Comitê 1267, na criação e manutenção de um regime de sanções aplicáveis a indivíduos e organizações envolvidos com grupos terroristas.

Foram, no entanto, os atentados de 11 de setembro de 2001 que marcaram uma transformação no conteúdo e nos instrumentos que veiculavam as principais normas internacionais de combate ao terrorismo. O discurso de securitização manejado principalmente por lideranças norte-americanas pretendia justificar intervenções específicas no Oriente Médio. Mas justificava também profundas intervenções nos ordenamentos domésticos dos Estados. Afinal, a promoção de normas internacionais com aspectos verdadeiramente excepcionais teria consequências mais amplas, ainda que menos chamativas.

Nessa toada que foram aprovadas diversas resoluções do Conselho de Segurança, com destaque para a Resolução 1373 (2001), as quais impuseram amplas e inderrogáveis obrigações a todos os Estados. Ainda assim, frente à insuficiência dos mecanismos fiscalizatórios e sancionatórios, o engajamento do Grupo de Ação Financeira no combate ao financiamento do terrorismo foi apresentado como necessário para responder àquela ameaça dita excepcional, que punha em risco toda a sociedade internacional. Exigia, por óbvio, mecanismos excepcionais como estes.

A excepcionalidade destes mecanismos se manifestava tanto no conteúdo das normas internacionais quanto na própria maneira como se constituíam e se pretendiam disseminar. Por essa razão se mostrou necessário compreender o processo de securitização do terrorismo. O impacto desse processo na criação das condições necessárias à disseminação das normas internacionais de combate ao terrorismo só é suficientemente compreendido quando contrastado com a (deficiência da) disseminação das mesmas normas no período anterior a 2001.

Pretendeu-se, assim, oferecer também uma reflexão sobre as dinâmicas de disseminação de normas internacionais. A literatura sobre localização se provou capaz de oferecer um quadro analítico para o processo de implementação, pelos Estados, dessas normas, tanto no que se refere à cronologia, quanto no que trata das condições necessárias à sua realização. A importância que tiveram os mecanismos de coerção aplicados pelo GAFI, entretanto, apontou no sentido de uma lacuna significativa, cujo preenchimento demandou diálogo com outras tradições teóricas.

A ação do Grupo de Ação Financeira, como visto, se provou absolutamente essencial para o desencadeamento do processo legislativo que deu origem à Lei Antiterrorismo. Sem excluir a consideração sobre outros fatores, como a realização de grandes eventos no Brasil, foi possível (re)constituir uma cadeia evidenciando diretamente a relação causal entre o incremento da pressão exercida pelo GAFI sobre autoridades brasileiras e a decisão de se reconhecer o imperativo de aprovar legislação tratando de terrorismo e efetivamente se empenhar para tanto.

Mais uma vez não é necessário realizar exercício hipotético para se verificar como o governo brasileiro se comportaria na ausência daquele fator determinante. Basta analisar a história da discussão sobre esse tema no país. Como notado, o PL 2016/2015 não foi a primeira iniciativa para se introduzir legislação sobre terrorismo no ordenamento brasileiro. Desde 1988 e, principalmente, a partir de 2001, se multiplicaram os esforços para regulamentar de forma mais detalhada o combate ao terrorismo. Afinal, a Lei de Segurança Nacional era considerada, em larga medida, antiquada e insuficiente e a Constituição Federal havia oferecido apenas breve menção ao tema.

As primeiras iniciativas – o PL 2462/1991, do Deputado Hélio Bicudo, e o PL 6764/2002, do Presidente Fernando Henrique Cardoso – não ganharam maior tração no Congresso Nacional. Ao longo da primeira década do Século XXI, entretanto, relevantes atores dentro do governo, como o Gabinete de Segurança Institucional e as Forças Armadas, transformaram o assunto em prioridade. Empreenderam esforços em fóruns diversos, notadamente a ENCCLA e a CREDEN, para que fosse elaborado projeto de lei tipificando o terrorismo e dando providências para seu combate. Enfrentaram a resistência do núcleo político do governo Lula e Dilma, consubstanciada, principalmente, na ação do Ministério da Justiça e da Casa Civil. Estes foram capazes de frustrar todas essas iniciativas. O temor dos atores reticentes à discussão sobre terrorismo era justamente que qualquer legislação sobre o tema fosse aproveitada por autoridades policiais e judiciais para criminalizar e reprimir movimentos sociais e reivindicatórios.

Isso não significou, todavia, inércia completa. As referências a terrorismo se fizeram presentes em legislações sobre temas correlatos, como lavagem de dinheiro e criminalidade organizada. Era em resposta ao crescente corpo normativo internacional sobre essas questões que o Brasil reagia, motivado, principalmente, pelos órgãos responsáveis pela representação internacional – MRE e COAF – do país e pela persecução criminal no âmbito doméstico – Ministério Público e Polícia Federal.

A análise dessas experiências prévias serve para antecipar algumas das dinâmicas que se manifestariam durante o processo legislativo que originou a Lei Antiterrorismo. A resistência dos movimentos sociais, a clara divisão, dentro do governo, entre promotores e opositores de legislações sobre terrorismo e a ascendência representada pelas normas e atores internacionais sobre as discussões desenvolvidas são, todos, fatores que se fariam presentes em 2015 e 2016. De outro lado, essa análise indica como foram as circunstâncias únicas desse mesmo período que possibilitariam o alcance de um resultado distinto daquelas experiências.

Há diferenças, entretanto, que se manifestaram em função da maior abertura das discussões sobre essa legislação, as quais finalmente chegaram (e dominaram) o Congresso Nacional e da própria evolução do fenômeno do terrorismo e dos grupos que o praticam. Se as discussões sobre a definição de terrorismo sempre foram pontos focais, as questões dos atos preparatórios, do recrutamento de terroristas estrangeiros e da apologia ao terrorismo (especialmente via internet e redes sociais) ganharam importância inédita em comparação com aqueles esforços anteriores.

Os termos finais do texto da Lei Antiterrorismo ganham novos contornos quando se compreende a sua origem. A questão da definição de terrorismo permaneceu como principal foco dos debates, confirmando a prescrição de que se trata de campo de disputa social e política dos mais acirrados. O resultado dessa disputa foi fruto do compromisso de todas as partes envolvidas, mais do que da inspiração de uma norma internacional ou outra. O reconhecimento da excludente de ilicitude para movimentos sociais é prova disso.

A demanda por mecanismos excepcionais para fazer frente ao terrorismo, enunciada pelos esforços securitizantes, foi parcialmente atendida. As referências às Leis de Crimes Hediondos e de Crime Organizado, assim como a criminalização dos atos preparatórios seguem essa linha. Outras pretensões levantadas pela 'oposição afirmativa', todavia, não foram acolhidas e permanecerão, nos próximos anos, como pontos sensíveis nessa discussão.

O processo político que eventualmente gerou a Lei Antiterrorismo acaba constituindo também um episódio em que ocorreram inúmeros fenômenos que vêm se repetindo no cenário político brasileiro.

O punitivismo do Congresso Nacional esteve, mais uma vez, em evidência. Entre a apresentação do PL 2016/2015 e a sua aprovação final pela Câmara dos Deputados, tipos penais foram acrescidos ao diploma legislativo, enquanto outros foram ampliados, penas foram aumentadas e mais instrumentos foram conferidos às autoridades policiais e judiciais, principalmente pela referência à Lei de Crimes Hediondos. Atores contrários e favoráveis a esse punitivismo se digladiaram no poder Executivo e Legislativo, como vêm fazendo ao longo dos últimos anos, deixando de lado algumas das principais preocupações internacionais no que tange o enfrentamento do terrorismo, como a articulação de mecanismos de coordenação institucional para prevenir atentados terroristas.

O fracionamento da base política da Presidente Dilma Rousseff durante a tramitação do PL 2016/2015 no Congresso sinaliza a necessidade de outras chaves de compreensão para o processo político brasileiro, além daquela que contrapõe aliados-oposição. Se foi chamado de um processo de "esclerótico", por ter o governo contado e dependido de votos de partidos de direita, seus tradicionais opositores, é também sintomático dos compromissos feitos por um governo que se autodenominava de esquerda, mas acabou encontrando nesse mesmo campo ideológico alguns de seus mais ávidos críticos.

No mais, foi instância em que realizaram intenso *lobby* no Congresso Nacional atores do governo que se opunham à proposta da presidente. Direta ou indiretamente, via associações de classe, a 'oposição afirmativa' era composta por Polícia Federal, Gabinete de Segurança Institucional e ABIN, Ministério da Defesa e Forças Armadas e Ministério Público Federal. A fragmentação das forças políticas dentro do próprio governo e as suas formas de atuação no espaço político público, especialmente no Congresso Nacional, ainda é tema pouco estudado, em parte devido à opacidade desse processo. Espera-se que este trabalho aponte alguns caminhos a serem explorados, tanto em relação a outros temas específicos, quanto na elaboração de um *framework* conceitual mais elaborado.

Foi também um cenário em que a atuação de movimentos sociais e organizações de Direitos Humanos de mostrou da mais alta importância. Coordenada com um pequeno grupo de parlamentares, se demonstrou capaz de efetivamente influenciar o debate legislativo. Quanto às relações desses grupos com autoridades do governo, principalmente do Ministério da Justiça, ressentimentos de ambas as partes sinalizam um nível de tensão e frustração que cria desconfianças permanentes e aprofundou um senso de decepção em relação ao governo Dilma como um todo. Decepção esta que certamente exerceu um papel no processo de enfraquecimento daquele governo.

Possivelmente, é necessária uma perspectiva externa para se realizar que a divisão de papeis – aqueles que se radicalizam, aqueles que aceitam compromissos, aqueles que criticam do alto do palanque e aqueles que sentam na mesa de negociação – foi, em alguma medida, bem-sucedida, ainda que não sem fricções. Afinal, a Lei Antiterrorismo, como aprovada, contém a definição de terrorismo mais restrita e limitada, entre todas as que já vieram a ser discutidas no Congresso Nacional. Oferecer essa perspectiva talvez tenha se tornado uma das maiores pretensões não-previstas deste trabalho.

A discussão sobre terrorismo no Brasil segue uma dinâmica própria, marcada, principalmente, pela ausência de atentados internacionais no território nacional. Não é, entretanto, imune a outros temas. Tanto práticas anteriores de criminalização dos movimentos sociais, quanto discussões sobre o combate à lavagem de dinheiro e ao crime organizado afetaram de alguma forma a Lei Antiterrorismo. Além disso, o processo decisório referente àquela legislação foi influenciado, como qualquer outro, pelas circunstâncias políticas daquele momento.

De fato, à parte das prescrições teóricas, particularidades do processo político, imprevisíveis e, em alguma medida, inexplicáveis, deixaram também sua marca na Lei Antiterrorismo. O conturbado processo de votação da Emenda Aglutinativa nº 4 no Plenário da Câmara dos Deputados e a seleção e troca de relatores do projeto de lei no Senado Federal, por exemplo, são instâncias em que se verificam as dinâmicas próprias e independentes da política e, principalmente, dos políticos, as quais deixaram suas marcas no processo legislativo e em seu produto final.

A Lei Antiterrorismo foi, assim, fruto do tortuoso processo de localização das normas internacionais sobre o tema – principalmente as Recomendações do GAFI. Tornou-se, em função disso, congruente com as crenças e práticas locais. Se isso significa que a legislação é incompleta ou insatisfatória, segue a lógica que isso decorre exatamente das peculiaridades da realidade brasileira. Na ausência de atentados terroristas internacionais e fruto da pressão internacional, essa legislação se mostrou mais resultado da política do "possível", do que fruto de um esforço intelectual e coordenado sobre como o Brasil deve combater o terrorismo.

Apesar da importância dos atores internacionais para dar início a esse processo, foram os atores domésticos que, a partir dos choques na arena política, deram a essa legislação seus traços atuais. Se são traços falhos ou insuficientes, isso decorre também da condição e do espaço que esses atores ocupam no cenário político brasileiro e das peculiares relações que mantém entre si.

Em conclusão, ficou evidente, espera-se, que, apesar de o foco do presente trabalho ter sido a discussão sobre a Lei Antiterrorismo, as dinâmicas que se manifestaram ao longo desse processo legislativo e, verdadeiramente, também durante as discussões prévias sobre o tema, refletem e reproduzem reais dilemas da vida pública brasileira. Ao fim e ao cabo, aprendeu-se mais sobre a relação entre as diversas forças políticas nacionais e as suas dinâmicas no processo legislativo, e do que necessariamente sobre o combate ao terrorismo no Brasil.

REFERÊNCIAS BIBLIOGRÁFICAS

ADPF. *Nota Técnica ADPF nº 003/2015*. Brasília, 2015.

AFANASIEVA, D.; MEDHORA, N. S&P downgrades Turkey outlook to negative from stable. *Reuters*, 7 fev. 2014. Disponível em: <http://www.reuters.com/article/us-turkey-sp-outlook-idUSBREA161JV20140207>. Acesso em 11 nov. 2016

AGENCIA ESTADO. *Wikileaks: EUA alertaram para ação antiterror de Dilma*. Brasília, 30 nov. 2010. Disponível em: <http://internacional.estadao.com.br/noticias/geral,wikileaks-eua-alertaram-para-acao-antiterror-de-dilma,647362>. Acesso em 10 fev. 2017.

ALBERTI, V. *Manual de História Oral*. Rio de Janeiro: FGV Editora, 2013.

ALMEIDA, F. Ordem, Direito e Política: Do que se fala quando se fala em "criminalização dos movimentos sociais"?. *10º Encontro da Associação Brasileira de Ciência Política*. Belo Horizonte, 2016.

ANPR. *Nota Técnica PRESI/ANPR/JRC Nº 009/2015*. Brasília, 2 jun. 2015. Disponível em: <http://anpr.org.br/assets/uploads/files/Juridico/Notas_Tecnicas/NotaTecnica_009_2015.pdf>. Acesso em 10 jan. 2017.

ARADAU, C.; VAN MUNSTER, R. Governing terrorism through risk: Taking precautions, (un)knowing the future. *European Journal of International Relations*, v. 13, n. 1, 2007, p. 89-115.

ARAS, Vladimir. Federalização dos crimes contra os direitos humanos. *Revista Jus Navigandi*, v. 10, n. 687, 23 maio 2005. Disponível em: <https://jus.com.br/artigos/6762>. Acesso em: 9 mar. 2017.

ARAS, V.; CAVALCANTI, J. R. Pelo MP: A tipificação do terrorismo. *JOTA*, 23 nov. 2015. Disponível em: <http://jota.info/artigos/pelo-mp-a-tipificacao-do-terrorismo-23112015>. Acesso em 8 fev. 2017.

ARCHARYA, A. How ideas spread: Whose norms matter? Norm Localization and Institutional Change in Asian Regionalism. *International Organization*, v. 58, n. 2, 2004, p. 239-275.

ATILES-OSORIA, J. M. The criminalization of Social-Environmental Struggles in Puerto Rico. *Oñati Socio-Legal Studies*, v. 4, n. 1, 2014, p. 85-103.

BALDWIN, D. Security Studies and the End of the Cold War. *World Politics*, v. 48, n. 1, 1995, p. 117-141.

BATISTA, N. *Novas Tendências do Direito Penal*. Rio de Janeiro: Ed. Revan, 2004.

_____. *Introdução Crítica ao Direito Penal*. Rio de Janeiro: Ed. Revan, 2015. BATISTA, N.; ZAFFARONI, E. R. *Direito Penal Brasileiro I*. Rio de Janeiro: Ed. Revan, 2003.

BARADARAN, S.; FINDLEY, M.; NIELSON, D.; SHARMAN, J. Funding Terror. *University of Pennsylvania Law Review*, v. 162, n. 3, 2014, p. 477-536.

BARNIDGE, P. Terrorism: Arriving at an understanding of a term. IN: ACADÉMIE DE DROIT INTERNATIONAL DE LA HAYE. *Terrorism and International Law*. Leiden: Brill, 2008, p. 157-193.

BARRETO, R. S.; GOERG, M. M. M. A tipificação do terrorismo, um Direito Penal do Inimigo, no Projeto de Lei do Senado n° 236, de 2012. *Revista Síntese Direito Penal e Processual Penal*, n. 92, 2015, p. 55-90

BARROS, A. Relator critica visão policial sobre conflitos nos estados. *Agência Câmara*, Brasília, 22 nov. 2005. Disponível em: < http://www2.camara.leg.br/camaranoticias/noticias/79166.html>. Acesso em 30 dez. 2016.

BARROSO, L. R. Vinculação de Estado-membro pelo Direito Internacional. Reflexões acerca do cumprimento de recomendações oriundas da Comissão Interamericana de Direitos Humanos da OEA. IN: BARROSO, L. R; TIBURCIO, C. *Direito Constitucional Internacional*. Rio de Janeiro: Ed. Renovar, 2013.

BECK, U. *Risk Society*: towards a new Modernity. New Dehli: Sage, 1992.

_____. The Terrorist Threat: World Risk Society Revisited. *Theory, Culture & Society*, v. 19, n. 4, 2002, p. 39-55.

_____. *Power in the Global Age*. Cambridge: Polity Press, 2005.

_____. *World at Risk*. Cambridge: Polity Press, 2009.

BENFORD, R. D.; SNOW, D. A. Framing Processes and Social Movements: An Overview and Assessment. *Annual Review of Sociology*, v. 26, 2000, p. 611-639.

BENNET, A.; CHECKEL, J. T. Process Tracing: from Philosophical Roots to Best Practices. IN: BENNET, A.; CHECKEL, J. T. *Process Tracing in the Social Sciences:* from Metaphor to Analytic Tool. Cambridge: Cambridge University Press, 2015.

BLUMENAU, B. The Other Battleground of the Cold War. *Journal of Cold War Studies*, v. 16, n. 1, 2014, p. 61-84.

BOTTARI, E. Jungmann diz que lei antiterror foi imposição externa para a Olimpíada. *O Globo*, Rio de Janeiro, 22 jul. 2016. Disponível em: <http://oglobo.globo.com/rio/jungmann-diz-que-lei-antiterror-foi-imposicao-externa-para-olimpiada-19766066>. Acesso em 3 mar. 2017.

BUZAN, B. Rethinking Security after the Cold War. *Cooperation and Conflict*, v. 32, n. 1, 1997, p. 5-28.

_____. *The United States and the great powers*. Bodmin: Polity, 2004.

_____. Will the 'global war on terrorism' be the new Cold War? *International Affairs*, v. 82, n. 6, 2006, p. 1101-1118.

_____. A Leader without followers? The United States in World Politics after Bush. *International Politics*, v. 45, 2008, p. 554-570.

BUZAN, B.; WAEVER, O. *Regions and Powers*: The structure of International Security. Cambridge: Cambridge University Press, 2003.

_____. Macrosecuritization and security constellations: reconsidering scale in securitization theory. *Review of International Studies*, v. 35, 2009, p. 253-276.

BUZAN, B; WAEVER, O., DE WILDE, J. *Security: a new framework of analysis*. Boulder: Lynne Rienner, 1998.

BUZANELLI, M. P. Porque é necessário tipificar o crime de terrorismo no Brasil. *Revista Brasileira de Inteligência*, n. 7, 2013, p. 9-19.

CALI, D. Debate sobre o PFC n° 25, de 2011, que requer que a Comissão de Segurança Pública e Combate ao Crime Organizado realize a fiscalização e controle do Programa de Antiterrorismo do Brasil (Audiência Pública). *Câmara dos Deputados*, 26 out. 2016. Disponível em: <http://www.camara.leg.br/internet/sitaqweb/TextoHTML.asp?etapa=11&nuSessao=1314/16>. Acesso em 1 mar. 2017.

CÂMARA DOS DEPUTADOS. *Glossário*. Brasília, s.d. Disponível em: <http://www2.camara.leg.br/glossario>. Acesso em 1 mar. 2017.

CÂMARA NOTÍCIAS. *Para executivo do BB, COAF faz trabalho independente*. Brasília, 13 fev. 2006. Disponível em: <http://www2.camara.leg.br/camaranoticias/noticias/83386.html>. Acesso em 02 fev. 2017.

_____. *Grupo de Ação Financeira pede a Cunha urgência para leis de combate ao terrorismo*. Brasília, 9 abr. 2015. Disponível em: <http://www2.camara.leg.br/camaranoticias/noticias/ADMINISTRACAO-PUBLICA/485561-GRUPO-DE-ACAO-FINANCEIRA-PEDE-A-CUNHA-URGENCIA-PARA-LEIS-DE-COMBATE-AO-TERRORISMO.html>. Acesso em 6 dez. 2016.

CARTA CAPITAL. *Ausência de lei contra financiamento do terrorismo pode gerar sanções contra o Brasil*. Brasília, 19 jan. 2015. Disponível em: <http://www.cartacapital.com.br/internacional/ausencia-de-lei-contra-financiamento-do-terrorismo-pode-gerar-sancoes-contra-o-brasil-9737.html>. Acesso em 7 fev. 2017.

CEEX. Terrorismo: consequências para o EB/22 – relatório de Simpósio. *PADECEME*, n. 17, 2008, p. 10-24.

CEPIK, M. Adequação e preparo institucional do Brasil para o enfrentamento da ameaça terrorista: avaliação crítica e sugestões preliminares. IN: GABINETE DE SEGURANÇA INSTITUCIONAL. *II Encontro de Estudos Terrorismo*. Brasília: Secretaria de Acompanhamento e Estudos Institucionais, 2004.

CEPIK, M.; AMBROS, C. Intelligence, Crisis and Democracy: Institutional Ponctuations in Brazil, Colombia, South America, and India. *Intelligence and National Security*, v. 29, n. 4, 2014, p. 523-551.

CHALIAND, G.; BLIN, A. *The history of Terrorism*: from antiquity to Al Qaeda. Los Angeles: University of California Press, 2007.

CHECKEL, J. Why Comply? Social Learning and European Identity Change. *International Organization*, v. 53, n. 3, 2001, p. 553-588.

CNJ. *Saiba a definição de manutenção de posse, reintegração e interdito proibitório*. Brasília, 25 maio 2015. Disponível em: <http://www.cnj.jus.br/noticias/cnj/79441-saiba-definicao--de-manutencao-de-posse-reintegracao-e-interdito-probitorio>. Acesso em 2 fev. 2017.

CPMI DA TERRA. *Relatório dos Trabalhos da CPMI "da Terra"*. Brasília, nov. 2005. Disponível em: <http://www2.senado.leg.br/bdsf/bitstream/handle/id/84969/CPMITerra.pdf?sequence=7>. Acesso em 30 dez. 2016.

COAF. *Presidente do COAF assume a Presidência do Grupo de Ação Financeira contra a Lavagem de Dinheiro e o Financiamento do Terrorismo (GAFI/FATF)*. Brasília, 27 jun. 2008. Disponível em: <http://www.coaf.fazenda.gov.br/noticias/presidente-do-coaf--assume-a-presidencia-do-grupo-de-acao-financeira-contra-a-lavagem-de-dinheiro--e-o-financiamento-do-terrorismo-gafi-fatf >. Acesso em 2 fev. 2017.

COCKAYNE, J., MILLAR, A., IPE, J. *An Opportunity for Renewal*: Revitalizing the United Nations counterterrorism program. Nova York: Centre on Global Counterterrorism Cooperation, 2010.

COIMBRA, L. D. PF em Pauta – Pela necessidade de uma lei brasileira sobre terrorismo. *JOTA,* 24 fev. 2016. Disponível em: <https://jota.info/artigos/pf-em-pauta--pela-necessidade-de-uma-lei-brasileira-sobre-terrorismo-24022016>. Acesso em 10 fev. 2017.

COMISSÃO NACIONAL DA VERDADE. *Relatório*. Brasília, 2014. Disponível em: <http://www.cnv.gov.br/images/pdf/relatorio/volume_1_digital.pdf>. Acesso em 20 fev. 2017.

COMITÊ POPULAR DA COPA E OLIMPIADA DO RIO DE JANEIRO. *Megaeventos e Violações dos Direitos Humanos no Rio de Janeiro*. Rio de Janeiro, nov. 2015. Disponível em: <https://issuu.com/justicaglobal/docs/dossie_comit___rio2015?workerAddress=ec2-54-157-219-82.compute-1.amazonaws.com>. Acesso em 1 mar. 2017.

CORTRIGHT, D.; GERBER-STELLINGWERF, L.; LOPEZ, G. A.; MILLAR, A. Global Cooperation Against Terrorism Evaluating the United Nations Counter Terrorism Committee. IN: CORTRIGHT, D.; LOPEZ, A. *Uniting Against Terror*: Cooperative Nonmilitary Responses to the Global Terrorist Threat. Cambridge (US): The MIT Press, 2007.

CUNHA, S. M. *Apresentação em Audiência na Comissão de Segurança Pública e Combate ao Crime Organizado da Câmara dos Deputados*. Brasília, 26 out. 2016.

DEPARTAMENTO DE RECUPERAÇÃO DE ATIVOS E COOPERAÇÃO JUDICIAL. *ENCCLA – Estratégia Nacional de Combate à Corrupção e à Lavagem de Dinheiro*: 10 anos de organização do estado brasileiro contra o crime organizado. Brasília: Ministério da Justiça, 2012.

DEPARTAMENTO PENITENCIÁRIO NACIONAL. *Levantamento de Informações Penitenciárias INFOPEN*. Brasília, 2014. Disponível em: <https://www.justica.gov.br/noticias/mj-divulgara-novo-relatorio-do-infopen-nesta-terca-feira/relatorio-de-pen-versao-web.pdf>. Acesso em 06 jan. 2017.

DIP, A. PL quer punir "terroristas" e grevistas na Copa. *A Pública*. S.l., 27 fev. 2012. Disponível em: <http://apublica.org/2012/02/pl-quer-punir-terroristas-grevistas-na--copa/>. Acesso em 04 jan. 2017.

DUPRAT, D. *Representação ao PGR pela proposição de ADPF quanto ao crime de desacato.* Brasília, 31 maio 2016. Disponível em: <http://pfdc.pgr.mpf.mp.br/temas-de-atuacao/comunicacao-social/atuacao-do-mpf/representacao-proposicao-adpf-crime-desacato>. Acesso em 02 jan. 2017.

FERNANDES, T.; CARVALHO, D.; PERON, I. Procuradores criticam projetos sobre terrorismo. *O Estado de São Paulo*, 11 jul. 2015. Disponível em: <http://politica.estadao.com.br/noticias/geral,procuradores-criticam-projetos-sobre-terrorismo—-imp-,1723189>. Acesso em 15 fev. 2017.

FGV DAPP. *A Polícia e os "Black Blocs"*: A percepção dos policiais sobre junho de 2013. Rio de Janeiro: FGV, 2014. Disponível em: <http://dapp.fgv.br/wp-content/uploads/2016/03/>. Acesso em 10 fev. 2017.

FINNEMORE, M.; SIKKINK, K. International Norm Dynamics and Political Change. *International Organization*, v. 52, n. 4, 1998, p. 887-917.

FORTES, L. Na falta de um Bin Laden de verdade. *Carta Capital*. Brasília, 13 dez. 2010. Disponível em: <http://www.cartacapital.com.br/politica/na-falta-de-um-bin-laden-de-verdade-2>. Acesso em 05 jan. 2017.

FRAGOSO, H. C. *Terrorismo e Criminalidade Política*. Rio de Janeiro: Ed. Forense, 1981.

G1. *Veja pesquisa completa do IBOPE sobre os manifestantes*. São Paulo, 24 jun. 2013. Disponível em: <http://g1.globo.com/brasil/noticia/2013/06/veja-integra-da-pesquisa-do-ibope-sobre-os-manifestantes.html>. Acesso em 01 jan. 2016.

_____. *Veja histórico das notas de crédito do Brasil pelas agências de rating*. São Paulo, 24 fev. 2016. Disponível em: <http://g1.globo.com/economia/noticia/2016/02/veja-historico-das-notas-de-credito-do-brasil-pelas-agencias-de-rating.html>. Acesso em 24 fev. 2017.

G-20. *Declaration on strengthening the financial system*. Londres, 2 abr. 2009. Disponível em: <https://www.g20.org/Content/DE/StatischeSeiten/Breg/G7G20/Anlagen/G20-erklaerung-staerkung-finanzsystem-london-2009-en.pdf?__blob=publicationFile&v=3>. Acesso em 18 dez. 2016.

GAFI. *G7/8 Paris Summit, Economic Declaration*. Paris, 16 jul. 1989. Disponível em: <http://www.g8.utoronto.ca/summit/1989paris/communique/>. Acesso em: 13 abr. 2016.

_____. *FATF Annual Report 1998-1999*. Paris, 2 jul. 1999. Disponível em: <http://www.fatf-gafi.org/media/fatf/documents/reports/1998%201999%20ENG.pdf>. Acesso em 6 fev. 2017.

_____. *FATF 40 Recommendations*. Paris, out. 2004. Disponível em: <http://www.fatf-gafi.org/media/fatf/documents/FATF%20Standards%20-%2040%20Recommendations%20rc.pdf>. Acesso em 6 fev. 2017.

_____. *FATF IX Special Recommendations*. Paris, fev. 2008. Disponível em: <http://www.fatf-gafi.org/media/fatf/documents/reports/FATF%20Standards%20-%20IX%20Special%20Recommendations%20and%20IN%20rc.pdf>. Acesso 2 fev. 2017.

_____. *Methodology for Assessment of Compliance with the FATF 40 Recommendations and the FATF 9 Special Recommendations*. Paris, fev. 2009. Disponível em: <http://www.fatf-gafi.org/media/fatf/documents/reports/methodology.pdf>. Acesso em 10 fev. 2017.

_____. *Mutual Evaluation Report Brazil.* Paris, 25 jun. 2010. Disponível em: <http://www.fatf-gafi.org/media/fatf/documents/reports/mer/MER%20Brazil%20full.pdf>. Acesso em 30 nov. 2016.

_____. *The FATF Recommendations:* International Standards on Combating Money Laundering and the Financing of Terrorism & Proliferation. Paris, fev. 2012. Disponível em: <http://www.fatf-gafi.org/media/fatf/documents/recommendations/pdfs/FATF_Recommendations.pdf>. Acesso em: 13 abr. 2016.

_____. *Methodology for Assessing Compliance with the FATF 40 Recommendations and the FATF 9 Special Recommendations.* Paris, fev. 2009. Disponível em: <http://www.fatf-gafi.org/media/fatf/documents/reports/methodology.pdf>. Acesso em 2 fev. 2017

_____. *Methodology for assessing technical compliance with the FATF Recommendations and the effectiveness of the AML/CTF Systems.* Paris, out. 2013a. Disponível em: <http://www.fatf-gafi.org/media/fatf/documents/methodology/FATF%20Methodology%2022%20Feb%202013.pdf>. Acesso em 5 nov. 2016.

_____. *Procedures for the FATF fourth round of AML/CTF mutual evaluations.* Paris, out. 2013b. Disponível em: <http://www.fatf-gafi.org/media/fatf/documents/methodology/FATF-4th-Round-Procedures.pdf>. Acesso em 5 nov. 2016.

_____. *6th follow-up report:* Mutual Evaluation of Brazil. Paris, 28 jan. 2015.

_____. *9th follow-up report:* Mutual Evaluation of Brazil. Paris, 15 fev. 2016a.

_____. *11th follow-up report:* Mutual Evaluation of Brazil. Paris, 19 out. 2016b.

GAFI; GAFISUD. *Informe de Evaluación Mutua sobre Lavados de Activos y Financiamento del Terrorismo* – Brasil. Paris, 28 jun. 2004. Disponível em: <http://www.gafilat.org/UserFiles//Biblioteca/Evaluaciones/Brasil_2nda_Ronda_2004.pdf>. Acesso em 4 fev. 2017.

GAFISUD. *Memorando de Entendimiento entre los Gobernos de los Estados del Grupo de Acción Financeira de Sudamerica.* Cartagenas de Índias, 9 dez. 2000. Disponível em: <http://www.gafilat.org/UserFiles/documentos/es/Memorando_Entendimiento_GAFILAT_2014.pdf >. Acesso em 2 fev. 2017.

GARDNER, K. L. Terrorism defanged: the Financial Action Task Force and International Efforts to Capture Terrorist Finances. IN: CORTRIGHT, D.; LOPEZ, G. *Uniting Against Terror*: cooperative nonmilitary responses to the global terrorist threat. Cambridge: MIT Press, 2007.

GAZETA DO POVO. *Invasores do MLST são enquadrados na Lei de Segurança Nacional.* Brasília, 11 jul. 2006. Disponível em: < http://www.gazetadopovo.com.br/vida-publica/invasores-do-mlst-sao-enquadrados-na-lei-de-seguranca-nacional-a49ihqz6o-5apw3clm0iohhx72>. Acesso em 04 jan. 2017.

GENOINO, J. Revisão Constitucional e Reforma do Congresso. *Cadernos de Pesquisa*, n. 3, 1994. Disponível em: <http://www.cebrap.org.br/v2/app/webroot/files/upload/biblioteca_virtual/revisao_constitucional_e_reforma_do_congresso.pdf>. Acesso em 20 fev. 2017.

GEORGE, A. L.; BENNET, A. *Case Studies and Theory Development in the Social Sciences.* Cambridge: MIT Press, 2005

GLENNON, M. J. Terrorism and International Law: The Case for Pragmatism. IN: ACADÉMIE DE DROIT INTERNATIONAL DE LA HAYE. *Terrorism and International Law.* Leiden: Brill, 2008, p. 77-125.

GOMES, L. F L. *Apresentação em Audiência pública, realizada pela Comissão de Relações Exteriores e Defesa Nacional da Câmara dos Deputados.* Câmara dos Deputados. Brasília, 3 set. 2015a.

_____. *A organização da segurança nos Jogos Olímpicos e Paralímpicos 2016, com ênfase na prevenção de atos terroristas, tendo em vista os recentes ataques na França, incluindo os preparativos para a abertura e encerramento dos Jogos* (Audiência Pública). Câmara dos Deputados, 9 dez. 2015b. Disponível em: <http://imagem.camara.leg.br/internet/audio/Resultado.asp?txtCodigo=55368>. Acesso em 8 fev. 2017.

GONDIM, A. PF indicia 2 sem-terra na Lei de Segurança Nacional. *Folha de São Paulo.* Brasília, 6 maio 2000. Disponível em: <http://www1.folha.uol.com.br/fsp/brasil/fc0605200002.htm>. Acesso em 04 jan. 2017.

GUIMARAES, S. P. Apresentação à Comissão de Relações Exteriores e Defesa. IN: CÂMARA DOS DEPUTADOS. *Terrorismo e Grandes eventos.* Brasília: Edições Câmara, 2014.

HAPPOLD, M. Security Council Resolution 1373 and the Constitution of the United Nations. *Leiden Journal of International Law,* v. 16, 2003, p. 593-610.

HELFER, L. R. Regime Shifting: The TRIPS Agreement and New Dynamics of Intellectual Property Lawmaking. *Yale Journal of International Law,* v. 29, n. 1, p. 1-83, 2004, p. 14.

_____. Nonconsensual International Lawmaking. *University of Illinois Law Review,* n. 1, 2008, p. 71-126.

HENG, Y.; MCDONAGH, K. The other War on Terror revealed: global governmentality and the Financial Action Task Force's campaign against terrorist financing. *Review of International Studies,* v. 34, 2008, p. 553-573.

HENSEN, L. *Security as Practice:* Discourse analysis and the Bosnian war. Londres: Routledge, 2006.

HERSCHINGER, E. A Battlefield of Meanings: The Struggle for Identity in the UN Debates on a Definition of International Terrorism. *Terrorism and Political Violence,* v. 25, 2013, p. 183-201.

HEUPEL, M. Adpating to Transnational Terrorism: the UN Security Council's evolving approach to terrorism. *Security Dialogue,* v. 38, n. 4, 2007, p. 477-499.

HOFFMAN, B. *Inside Terrorism.* Nova York: Columbia University Press, 2006.

HULSSE, R. Even clubs can't do without legitimacy: Why the anti-money laundering blacklist was suspended. *Regulation and Governance,* n. 2, 2008, p. 459-479.

INSTITUTO DE PESQUISA ECONÔMICA APLICADA. *Aplicação de Penas e Medidas Alternativas.* Brasília, 2014. Disponível em: <http://apublica.org/wp-content/uploads/2015/02/pesquisa-ipea-provisorios.pdf>. Acesso em 6 jan. 2017.

JACINI, W. F. B. Terrorismo: atuação da Polícia Federal. *Revista do Centro de Estudos Jurídicos,* n. 18, 2002, p. 74-82.

JAPPERSON, R.; WENDT, A.; KATZENSTEIN, P. Norms, Identity and Culture in National Security. IN: KATZENSTEIN, P. (ed.). *The Culture of National Security*: norms, and identity in world politics. Nova York: Columbia University Press, 1996.

JENSEN, R. B. The International Campaign Against Anarchist Terrorism, 1880-1930s. *Terrorism and Political Violence*, v. 21, n. 1, 2009, p. 89-109.

JOBIM, N. O Colégio de Líderes e a Câmara dos Deputados. *Cadernos de Pesquisa*, n. 3, 1994. Disponível em: <http://cebrap.org.br/v2/app/webroot/files/upload/biblioteca_virtual/o_colegio_de_lideres.pdf>. Acesso em 20 fev. 2017.

JOHNSTON, A. I. *Social States*: China in International Institutions, 1980-2000. Princeton: Princeton University Press, 2008.

JUSTIÇA GLOBAL. *Processar manifestantes com Lei de Segurança Nacional e Lei de Organização Criminosa é uma violência contra a democracia brasileira*. Rio de Janeiro, 11 out. 2013. Disponível em: <http://www.global.org.br/blog/processar-manifestantes-com-lei-de-seguranca-nacional-e-lei-de-organizacao-criminosa-e-uma-violencia--contra-a-democracia-brasileira/>. Acesso em 01 jan. 2016.

KATZENSTEIN, P.; KEOHANE, R.; KRASNER, S. International Organization and the Study of World Politics. *International Organization*, v. 52, n. 4, 1998, p. 645-685.

KECK, M.; SIKKINK, K. *Activists beyond borders*: advocacy network in international politics. Ithaca: Cornell University Press, 1998.

KELSTRUP, M. Globalisation and societal insecurity. IN: GUZZINI, S.; JUNG, D. *Contemporary Security Analysis and Copenhagen Peace Research*. Londres: Routledge, 2004, p. 106-116.

KRASNER, S. Structural causes and regime consequences: regimes as intervening variables. *International Organization*, v. 36, n. 2, 1982, p. 185-205.

KRISCH, N. The decay of Consent: International Law in an Age of Global Public Goods. *The American Journal of International Law*, v. 108, n. 1, 2014, p. 1-40.

LASMAR, J. Managing great powers in the post-Cold War world: old rules new game? The case of the global was on terror. Cambridge Review of International Affairs, v. 28, n. 3, 2015, p. 396-423.

LEITE, G. L. L. *A incorporação e aplicação das resoluções do Conselho de Segurança das Nações Unidas no ordenamento jurídico brasileiro*. Dissertação de Mestrado, IRB, 2011.

LEVITT, G. Is "Terrorism" worth defining? *Ohio Northern University Law Review*, n. 13, 1986, p. 97-115.

LIGA DAS NAÇÕES. *Convention for the Prevention and Punishment of Terrorism*. Genebra, 16 nov. 1937. Disponível em: <http://dl.wdl.org/11579/service/11579.pdf>. Acesso em: 25 ago. 2016.

LUCK, E. C. *UN Security Council: Practice and Promise*. Nova York: Routledge, 2007.

LUTZ, J. M.; LUTZ, B. J. *Terrorism:* Origins and Evolution. Nova York: Palgrave MacMillian, 2005.

MACEDO, P. E. V. B.; PINTO, P. E. C. Monismo e Dualismo além dos tratados: a internalização das resoluções do Conselho de Segurança da ONU. *Quaestio Iuris*, v. 4, n. 1, 2011, p. 314-328.

MACHADO, C. C. *Apresentação na Audiência pública, realizada pela Comissão de Relações Exteriores e Defesa Nacional da Câmara dos Deputados*. Brasília, 3 set. 2015.

MAJORAN, A. The Illusion of War: Is Terrorism a Criminal Act or an Act of War? *Mackenzie Institute*, 31 jul. 2014. Disponível em: <http://mackenzieinstitute.com/illusion-war-terrorism-criminal-act-act-war/>. Acesso em 01 fev. 2017.

MARTÍNEZ, L. M. H. The Legislative Role of the Security Council in its fight against Terrorism: legal, political and practical limits. *International and Comparative Law Quaterly*, v. 57, n. 2, p. 333-359, 2008.

MATUOKA, I. Lei de Organizações Criminosas, arma contra os movimentos sociais. *Carta Capital*. Brasília, 16 ago. 2016. Disponível em: <http://www.cartacapital.com.br/sociedade/a-lei-de-organizacoes-criminosas-contra-os-movimentos-sociais>. Acesso em 03 jan. 2017.

MCDONALD, M. Securitization and the Construction of Security. *European Journal of International Relations*, v. 14, n.4, 2008, p. 563-587.

MELIA, M. C. De novo: "Direito Penal" do Inimigo? *Panóptica*, v. 2, n. 7, p. 214-240, 2007.

MENDES, P.; RAMALHO, R. Não é preciso lei para se prevenir terrorismo na Copa, diz Aldo Rebelo. *G1*. Brasília, 10 jun. 2013. Disponível em: <http://g1.globo.com/politica/noticia/2013/06/nao-e-preciso-lei-para-se-prevenir-terrorismo-na-copa-diz-aldo-rebelo.html>. Acesso em 7 fev, 2017.

MESSMER, W. B.; YORDAN, C. L. A Partnership to Counter International Terrorism: The UN Security Council and UN Member States. *Studies in Conflict & Terrorism*, n. 34, 2011, p. 843-861.

MICHAEL, A. Projeto definirá ataques como ato terrorista. *Folha de São Paulo*. Brasília, 04 jan. 2007. Disponível em: <http://www1.folha.uol.com.br/folha/cotidiano/ult95u130089.shtml>. Acesso em 04 jan. 2017.

MILLAR, A., ROSAND. E. Strengthening International Law and Global Implementation. In: CORTRIGHT, D.; LOPEZ, A. *Uniting Against Terror*: Cooperative Nonmilitary Responses to the Global Terrorist Threat. Cambridge (US): The MIT Press, 2007.

MINISTÉRIO DA DEFESA. *Glossário das Forças Armadas*. Brasília, 2007. Disponível em: <http://www.defesa.gov.br/arquivos/File/legislacao/emcfa/publicacoes/md35_g_01_glossario_fa_4aed2007.pdf>. Acesso em 1 mar. 2017.

_____. *Política Nacional de Defesa e Estratégia Nacional de Defesa*. Brasília, 2012. Disponível em: <http://www.defesa.gov.br/arquivos/estado_e_defesa/END-PND_Optimized.pdf>. Acesso em 1 mar. 2017.

_____. *Garantia Lei e Ordem* (1ed.). Brasília, 18 dez. 2013. Disponível em: <http://www.defesa.gov.br/arquivos/File/doutrinamilitar/listadepublicacoesEMD/md33_m_10_glo_1_ed2013.pdf>. Acesso em 1 mar. 2017.

_____. *Garantia Lei e Ordem* (2ed.). Brasília, 31 jan. 2014. Disponível em: <https://edisciplinas.usp.br/pluginfile.php/483786/mod_resource/content/1/Portaria%20

MD_2%20Ed_%20Garantia%20da%20Lei%20e%20da%20Ordem_Jan%202014. pdf>. Acesso em 1 mar. 2017.

_____. *Memorando nº 161 – GM/Aspar*. Brasília, 2 jul. 2015a.

_____. *Parecer nº 17/2015/SCOA/CAE/EMCFA-MD*. Brasília, 31 jul. 2015b.

_____. *Memorando nº 221 – GM/Aspar*. Brasília, 5 ago. 2015c.

_____. *Parecer no processo nº 60042.000630/2015-12* – Assunto: Projeto de Lei nº 2.106/2015. Brasília, 2016.

MINISTÉRIO PÚBLICO FEDERAL. *PGR recomenda urgência na criação de Lei Antiterrorismo no Brasil*. Brasília, s.d. Disponível em: < http://www.mpf.mp.br/atuacao-tematica/sci/noticias/noticias-1-1/pgr-recomenda-urgencia-na-criacao-de-lei--antiterrorismo-no-brasil>. Acesso em 6 dez. 2016.

MISSE, M. O papel do inquérito policial no processo de incriminação no Brasil: algumas reflexões a partir de uma pesquisa. *Revista Sociedade e Estado*, v. 26, n. 1, 2011, p. 15-27.

MOGHDAM, A.; BERGER, R.; BELIAKOVA, P. Say Terrorist, Think Insurgent: Labeling and Analyzing Contemporary Terrorist Actors. *Perspectives on Terrorism*, v. 8, n. 5, 2015, p. 1-17.

MONTEIRO, T. Abin reage a controle militar em carta à Dilma e rejeita ser 'Tropa do Elito'. *O Estado de São Paulo*, 7 fev. 2011. Disponível em: <http://politica.estadao.com.br/noticias/geral,abin-reage-a-controle-militar-em-carta-a-dilma-e-rejeita-ser--tropa-do-elito,676449 >. Acesso em 19 fev. 2017.

MORAES, W. S.; MORAES, L. S. C. As máscaras do Estado repressor: A criminalização dos movimentos sociais no Brasil. *Passagens: Revista Internacional de História Política e Cultura Jurídica*, v. 8, n. 1, 2016, p. 102-121.

MOREIRA, A.; CAMPOS, E. Brasil pode ir para a lista negra de combate ao terrorismo. *Valor Econômico*. Brasília, 13 mar. 2015. Disponível em: <http://www.valor.com.br/financas/3951278/brasil-pode-ir-para-lista-negra-de-combate-ao-terrorismo>. Acesso em 7 fev. 2017.

NAPOLEONI, L. *Terrorism and the economy*: how the war on terror is bankrupting the world. Nova York: Seven Stories Press, 2010.

NEVES, M. Abin confirma ameaça terrorista contra o Brasil; 'lobos solitários' preocupam. *Uol*. Brasília, 14 abr. 2016. Disponível em: <https://noticias.uol.com.br/internacional/ultimas-noticias/2016/04/14/abin-identifica-ameaca-terrorista-no-brasil.htm >. Acesso em 10 fev. 2017.

NOSSA, L. Justiça mantém sem-terra presos com base na lei antiterrorismo. *O Estado de São Paulo*, 03 ago. 2016. Disponível em: <http://politica.estadao.com.br/noticias/geral,justica-mantem-sem-terra-presos-com-base-na-lei-antiterrorismo,10000066632>. Acesso em 3 jan. 2017.

OLIVEIRA NETTO, S. As Forças Armadas e a Garantia da Lei e da Ordem. *Conjur*, 22 mar. 2014. Disponível em: <http://www.conjur.com.br/2014-mar-22/sergio-netto-forcas-armadas-respaldo-garantir-lei-ordem>. Acesso em 1 mar. 2017.

ORGANIZAÇÃO DAS NAÇÕES UNIDAS. *Declaração Relativa aos Princípios do Direito Internacional Regendo as Relações Amistosas e Cooperação entre os Estados conforme a*

Carta da ONU. Nova York, 24 out. 1970. Disponível em: < http://www.un-documents.net/a25r2625.htm>. Acesso em 07 jan. 2017.

_____. *Resolução 31/102 da Assembleia Geral*. Nova York, 15 dez. 1976. Disponível em: <https://documents-dds-ny.un.org/doc/RESOLUTION/GEN/NR0/302/85/IMG/NR030285.pdf?OpenElement>. Acesso em 18 jan. 2017.

_____. *Resolução 49/60 da Assembleia Geral*. Nova York, 9 dez. 1994. Disponível em: <http://www.un.org/documents/ga/res/49/a49r060.htm>. Acesso em: 20 jan. 2017.

_____. *Resolução 51/210 da Assembleia Geral*. Nova York, 17 dez. 1996. Disponível em: <http://www.un.org/documents/ga/res/51/a51r210.htm>. Acesso em 10 jan. 2017.

_____. *Relatório do Alto Painel sobre Ameaças, Desafios e Mudanças* direcionado à Assembleia Geral da ONU, A/59/565. Nova York, 2 dez. 2004. Disponível em: <http://www.unrol.org/files/gaA.59.565_En.pdf>. Acesso em: 23 nov. 2016.

_____. *Relatório sobre a Promoção e Proteção dos Direitos Humanos e Liberdades Fundamentais no Combate ao Terrorismo à Comissão de Direitos Humanos do ECOSOC*. Genebra, 28 dez. 2005. UN official website, s.d. Disponível em: <http://daccess-dds-ny.un.org/doc/UNDOC/GEN/G05/168/84/PDF/G0516884.pdf?OpenElement>. Acesso em: 23 jan. 2017.

OUDRAAT, C. J. The Role of the Security Council. In: BOULDEN, J.; WEISS, T. G. *Terrorism and the UN:* Before and after September 2001. Bloomington: Indiana University Press, 2004.

PAIVA, L. G. M. *A Fábrica de Penas*: Racionalidade Legislativa e a lei de crimes hediondos. Rio de Janeiro : Editora Revam, 2009.

PASSARINHO, N. Câmara aprova MP que pode punir bloqueio de via em manifestação. *G1*, Brasília, 22 mar. 2016. Disponível em: <http://g1.globo.com/politica/noticia/2016/03/camara-aprova-mp-que-pode-punir-bloqueio-de-em-manifestacao.html>. Acesso em 01 jan. 2017.

PAYNE, R. A. Persuasion, Frames and Norm Construction. *European Journal of International Relations*, v. 7, n. 1, 2001, p. 37-61.

PELLET, A. La Terreur, la Guerre, l'ONU – que faire des Nations Unies? *European Integration Studies*, v.1, n. 1, 2002, p. 13-18.

PEREIRA, A. W. *Ditadura e Repressão*: o autoritarismo e o estado de direito no Brasil, no Chile e na Argentina. São Paulo: Paz e Terra, 2010.

PETERSON, M. J. Using the General Assembly. In: BOULDEN, J.; WEISS, T. G. *Terrorism and the UN: Before and after September 2001*. Bloomington: Indiana University Press, 2004.

PILLAR, P. R. *Terrorism and US Foreign Policy*. Washington DC: Brookings Institution Press, 2001.

PONTES, F. Justiça usa lei de organização criminosa para prender membros do MST em Goiás. *Agência Brasil*. Brasília, 03 ago. 2016. Disponível em: <http://agenciabrasil.ebc.com.br/geral/noticia/2016-08/justica-usa-lei-de-organizacao-criminosa-para--prender-membros-do-mst-em-goias>. Acesso em 03 jan. 2017.

PRADO, L. R. *Curso de Direito Penal Brasileiro*: volume I. São Paulo: Ed. Revista dos Tribunais, 2006.

PRANTL, J.; NAKANO, R. Global Norm Diffusion in East Asia: How China and Japan Implement the Responsibility to Protect. *International Relations*, v. 25, n. 2, 2011, p. 204-211.

O ESTADO DE SÃO PAULO. *A Lei Antiterrorismo*. São Paulo, 3 nov. 2015. Disponível em: <http://opiniao.estadao.com.br/noticias/geral,a-lei-antiterrorismo,10000001041>. Acesso 8 fev. 2017.

RAPOPORT, D. C. The Four Waves of Rebel Terror and September 11. *Anthropoetics*, v. 8, n. 1, 2002.

RECH, M. *Ameaça Terrorista no Brasil*: apresentação à Comissão de Relações Exteriores e de Defesa Nacional da Câmara dos Deputados. Brasília, 27 maio 2015.

RECONDO, F. Militares querem retirar da Justiça Comum crimes contra a vida antes das Olimpíadas. *JOTA*, 18 nov. 2015. Disponível em: <https://jota.info/justica/militares-querem-retirar-da-justica-comum-crimes-contra-a-vida-antes-das-olimpiadas-18112015>. Acesso em 1 mar. 2017.

REDE JUSTIÇA CRIMINAL. *O que fazemos*. S.d. Disponível em: <http://redejusticacriminal.org/pt/what-we-do/>. Acesso em 3 mar. 2017.

_____. *Parecer Técnico ao PLS 508/2013 e seu substitutivo*. São Paulo, 5 abr. 2014. Disponível em: <http://www.conectas.org/arquivos/editor/files/parecer%20t%­C3%A9cnico_PLS%20508%202013_com%20sugest%C3%B5es%20incorporadas.pdf>. Acesso em 3 mar. 2017.

_____. *Nota Técnica contra o PL 2016/2015*. S.l., 25 jul. 2015a. Disponível em: <http://www.conectas.org/arquivos/editor/files/NOTA%20T%C3%89CNICA%20­-%20PL%202016_2015_RJC.pdf>. Acesso em 20 fev. 2017.

REDE JUSTIÇA CRIMINAL. *Nota Pública*. S.l., 3 ago. 2015b. Disponível em: <http://redejusticacriminal.org/pt/publication/pl-20162015-lei-antiterrorismo/>. Acesso em 20 fev. 2017.

_____. *Comentários ao PL 2016/2015*. S.l, 2015c.

_____. *Comentários ao Substitutivo 1 ao PL 2016/2015*. S.l., 2015d.

_____. *Nota Técnica sobre o PLC 101/2015*. S.l., 2015e.

_____. *Carta Aberta contra o PLC 101/2015*: Não à Tipificação do Terrorismo. S.l, 2015f.

_____. *Nota Técnica sobre o PL 2016/2015*: vale tudo contra o terrorismo? S.l., 2016a.

_____. *Nota Técnica*: razões para o veto do PL 2016/2015. S.l., 2016b. Disponível em: <http://www.conectas.org/arquivos/editor/files/16_03_09%20Nota%20T%C3%A9cnica_Vetos%20(1).pdf>. Acesso em 22 fev. 2017.

RICHARDS, J. *Transnational Criminal Organizations, Cybercrime and Money Laundering*. Boca Raton: CRC Press, 1998.

RIDENTI, M. *O Fantasma da Revolução Brasileira*. São Paulo: Editora UNESP, 2010.

RISSE, T.; SIKKINK, K. The socialization of international human rights norms into domestic practices: an introduction. IN: RISSE, T.; ROPP, S.; SIKKINK, K. *The Power of Human Rights*: International Norms and Domestic Change. Cambridge: Cambridge University Press, 1999.

RODRIGUES, A. Governo estuda anteprojeto de lei contra o terrorismo. *Agência Brasil*. Brasília, 13 mar. 2007a. Disponível em: <http://memoria.ebc.com.br/agenciabrasil/noticia/2007-03-13/governo-estuda-anteprojeto-de-lei-contra-terrorismo>. Acesso em 04 jan. 2017.

_____. Presidente da OAB se diz preocupado com lei antiterrorismo em preparo pelo governo. *Agência Brasil*. Brasília, 28 mar. 2007b. Disponível em: <http://memoria.ebc.com.br/agenciabrasil/noticia/2007-03-28/presidente-da-oab-se-diz-preocupado-com-lei-antiterror-em-preparo-pelo-governo>. Acesso em 04 jan. 2017.

RODRIGUES, M. A. S. *A modificação do pedido e da causa de pedir no processo civil*. Rio de Janeiro: Mundo Jurídico, 2014.

ROSAND, E. The Security Council as "Global Legislator": Ultra Vires or Ultra Innovative? *Fordham International Law Journal*, v. 28, n. 3, p. 542-590, 2004.

SADA, L. Por que não precisamos de uma lei antiterrorismo: os delírios punitivos do PL 2016/2015. *JOTA*, 11 mar. 2016. Disponível em: <http://jota.info/artigos/por-que-nao-precisamos-de-uma-lei-antiterrorismo-os-delirios-punitivos--do-pl-20162015-11032016#_ftn5>. Acesso em 20 fev. 2017.

SAINT-PIERRE, H. L. 11 de Setembro: do terror à injustificada arbitrariedade e o terrorismo de Estado. *Revista de Sociologia e Política*, v. 23, n. 53, 2015, p. 9-26.

SALLABERRY, L. A. S. *Apresentação em Audiência pública, realizada pela Comissão de Relações Exteriores e Defesa Nacional da Câmara dos Deputados*. Brasília, 3 set. 2015.

SALOMÃO, L. Governo editará MP para endurecer a punição a quem bloquear rodovia. *G1*, Brasília, 10 nov. 2015. Disponível em: <http://g1.globo.com/politica/noticia/2015/11/governo-baixara-mp-para-endurecer-punicao-quem-bloquear-rodovia.html>. Acesso em 01 jan. 2017.

SAMPAIO, G. *Apresentação em Audiência pública, realizada pela Comissão de Relações Exteriores e Defesa Nacional da Câmara dos Deputados*. Brasília, 3 set. 2015.

SANKIEVICZ, A. Crime de desacato conforme previsto no Código Penal é inconstitucional. *Conjur*, 6 out. 2016. Disponível em: < http://www.conjur.com.br/2016-out-06/alexandre-sankievicz-crime-desacato-inconstitucional>. Acesso em 02 jan. 2017.

SARLET, I.; FURIAN, L.; FENSTERSEIFER, T. A Reforma (Deforma?) do Judiciário e a assim designada "federalização" dos crimes contra os direitos humanos: proteção ou violação de princípios e direitos fundamentais? *Revista Eletrônica sobre a Reforma do Estado*, n. 4, 2006, p. 11-12.

SAUL, B. The Legal Response of the League of Nations to Terrorism. *Journal of International Criminal Justice*, v. 4, n. 1, 2006, p. 78-102.

_____. Legislating from a Radical Hague: the United Nations Special Tribunal for Lebanon Invents as International Crime of Transnational Terrorism. *Leiden Journal of International Law*, v. 24, 2011, p. 677-700.

SCALABRIN, L. G. O crime de ser MST. IN: OBSERVATÓRIO SOCIAL DA AMÉRICA LATINA, *Criminalización y Derechos Humanos*, v. 6, n. 24, 2008, p. 201-208.

SCHREIBER, M. O Brasil precisa de uma lei antiterrorismo? *BBC Brasil.* Brasília, 21 out. 2015. Disponível em: <http://www.bbc.com/portuguese/noticias/2015/10/151020_lei_terrorismo_ms_cc>. Acesso em 8 fev. 2017.

SHARMAN, J. C. Power and Discourse in Policy Diffusion: Anti-Money Laundering in Developing States. *International Studies Quarterly,* v. 52, 2008, p. 635-656.

_____. The bark is the bite: International Organizations and blacklisting. *Review of International Political Economy,* v. 16, n. 4, 2009, p. 573-596.

SCHMID, A. *Political Terrorism:* A Research Guide to Concepts, Theories, Data Bases and Literature. Amsterdã: North-Holland, 1984.

_____.*The Routledge Handbook of Terrorism Research.* Nova York: Routledge, 2011.

SEQUEIRA, C. D. Lula pede a ministros nova Lei de Segurança Nacional. *Folha de São Paulo.* São Paulo, 17 dez. 2008. Disponível em: <http://www1.folha.uol.com.br/fsp/brasil/fc1712200821.htm>. Acesso em 05 jan. 2017.

SILVA, I. G. Democracia e Criminalização dos movimentos sociais no Brasil: as manifestações de junho de 2013. *Revista de Política Pública,* v. 19, n. 2, 2015, p. 393-402.

SILVA, L. I. L. *Discurso de Posse como Presidente da República.* Brasília, 01 jan. 2007. Disponível em: <http://www1.folha.uol.com.br/folha/brasil/ult96u88185.shtml>. Acesso em 04 jan. 2017.

SLAUGHTER, A. M. *A New World Order.* Princeton: Princeton University Press, 2004.

SOFAER, A. D. Terrorism and the Law. *Foreign Affairs,* v. 64, n. 5, 1986, p. 901-922.

SOREL, J. Some Questions About the Definition of Terrorism and the Fight Against Its Financing. *European Journal of International Law,* v. 14, n. 2, 2003, p. 365-378.

SOTTILE, A. Le Terrorisme International. *Recueil de Cours de l'Academie de Droit International,* 1938, p. 91-184.

SOUZA, L. Brasil foi cobrado por não ter lei contra financiamento ao terror. *Folha de São Paulo.* São Paulo, 15 jan. 2015. Disponível em: <http://www1.folha.uol.com.br/colunas/leonardosouza/2015/01/1575269-brasil-foi-cobrado-por-nao-ter-lei-contra--financiamento-ao-terror.shtml>. Acesso em 7 fev. 2017.

SOUZA, P.; THUM, T. Decreto do RJ que prevê quebra de sigilo causa polêmica. *G1,* Rio de Janeiro, 23 jul. 2013. Disponível em: <http://g1.globo.com/rio-de-janeiro/noticia/2013/07/decreto-de-cabral-que-cria-comissao-para-apurar-vandalismo-cria--polemica.html>. Acesso em 01 jan. 2017.

SUR, S. Le droit international au défi du terrorisme. IN: ACADÉMIE DE DROIT INTERNATIONAL DE LA HAYE. *Terrorism and International Law.* Leiden: Brill, 2008, p. 3-76.

SZASZ, P. The Security Council Starts Legislating. *American Journal of International Law,* v. 96, n.4, 2002, p. 901-905.

TALMON, S. The Security Council as World Legislature. *American Journal of International Law,* v. 99, n.1, p. 175-193, 2005.

TATAGIBA, L. 1984, 1992, 2013. Sobre ciclos de protestos e democracia no Brasil. *Política & Sociedade,* v. 13, n. 28, 2014, p. 35-62.

TOGNOLLI, C. J. Brasil é condenado por grampear integrantes do MST. *Conjur*, 7 ago. 2009. Disponível em: <http://www.conjur.com.br/2009-ago-07/oea-condena-brasil-grampear-integrantes-mst-parana>. Acesso em 1 jan. 2017.

TREZZA, W. R. *Apresentação em Audiência pública, realizada pela Comissão de Relações Exteriores e Defesa Nacional da Câmara dos Deputados*. Brasília, 3 set. 2015.

WAEVER, O. Securitization and Desecuritization. IN: LIPSCHUTZ, R. *On Security*. Nova York: Columbia University Press, 1995, p. 46-86.

_____. Peace and Security. IN: GUZZINI, S.; JUNG, D. *Contemporary Security Analysis and Copenhagen Peace Research*. Londres: Routledge, 2004, p. 53-65.

WAGSTAFF, R. H. *Terrorism and Global Justice Series*: Terror Detentions and the Rule of Law. Nova York: Oxford University Press, 2014.

WALT, S. The Renaissance of Security Studies. *International Studies Quarterly*, v. 35, n. 2, 1991, p. 211-239.

WANDERLEY, A. G. *Apresentação em Audiência pública, realizada pela Comissão de Relações Exteriores e Defesa Nacional da Câmara dos Deputados*. Brasília, 3 set. 2015.

WECHSLER, W. F. Follow the Money. *Foreign Affairs*, v. 80, n. 1, 2001, p. 40-57.

WILKE, M. Emerging Informal Network Structures in Global Governance: Inside the Anti-Money Laundering Regime. *Nordic Journal of International Law*, n. 77, 2008, p. 509-531.

VERISSMO, C. *Lavagem de Dinheiro* – Ideologia da Criminalização e Análise do Discurso. Porto Alegre: Verbo Jurídico, 2008.

ZAGARIS, B. The Merging of the Anti-Money Laundering and Counter-Terrorism Financial Enforcement Regimes After September 11, 2001. *Berkley Journal of International Law*, v. 22, n. 1, 2004, p. 123-158.

ZAVERUCHA, J. De FHC a Lula: a militarização da Agência Brasileira de Inteligência. *Revista de Sociologia Política*, v. 16, n. 31, 2008, p. 177-195.

ENTREVISTAS

ABRAMOVAY, P. *Depoimento*. Rio de Janeiro, 2 fev. 2017. Entrevista concedida a Guilherme de Jesus France para o projeto As Origens da Lei Antiterrorismo.

ARAS, V. *Depoimento*. Brasília, 6 out. 2016. Entrevista concedida a Guilherme de Jesus France para o projeto As Origens da Lei Antiterrorismo.

BRAGA, G. *Depoimento*. Brasília, 26 out. 2016. Entrevista concedida a Guilherme de Jesus France para o projeto As Origens da Lei Antiterrorismo.

BUZANELLI, M. P. *Depoimento*. Brasília, 8 nov. 2016. Entrevista concedida a Guilherme de Jesus France para o projeto As Origens da Lei Antiterrorismo.

COSTA, P. M. *Depoimento*. Brasília, 22 set. 2016. Entrevista concedida a Guilherme de Jesus France para o projeto As Origens da Lei Antiterrorismo.

CUSTÓDIO, R. *Depoimento*. São Paulo, 1 dez. 2016. Entrevista concedida a Guilherme de Jesus France para o projeto As Origens da Lei Antiterrorismo.

DE PAULA, F. *Depoimento*. São Paulo, 11 jan. 2017. Entrevista concedida a Guilherme de Jesus France para o projeto As Origens da Lei Antiterrorismo.

DI CARLI, C. V. *Depoimento*. Porto Alegre, 14 dez. 2016. Entrevista concedida a Guilherme de Jesus France para o projeto As Origens da Lei Antiterrorismo.

GONÇALVES, I. *Depoimento*. Brasília, 21 dez. 2016. Entrevista concedida a Guilherme de Jesus France para o projeto As Origens da Lei Antiterrorismo.

JARDIM. T. M. *Depoimento*. Brasília, 5 out. 2016. Entrevista concedida a Guilherme de Jesus France para o projeto As Origens da Lei Antiterrorismo.

MOLON, A. *Depoimento*. Rio de Janeiro, 16 dez. 2016. Entrevista concedida a Guilherme de Jesus France para o projeto As Origens da Lei Antiterrorismo.

MORAES, J. *Depoimento*. Brasília, 25 out. 2016. Entrevista concedida a Guilherme de Jesus France para o projeto As Origens da Lei Antiterrorismo.

MOTA, B. *Depoimento*. Brasília, 30 set. 2016. Entrevista concedida a Guilherme de Jesus France para o projeto As Origens da Lei Antiterrorismo.

MOTA, F. *Depoimento*. Brasília, 27 out. 2016. Entrevista concedida a Guilherme de Jesus France para o projeto As Origens da Lei Antiterrorismo.

MUÑOZ, A. *Depoimento*. São Paulo, 21 dez. 2016. Entrevista concedida a Guilherme de Jesus France para o projeto As Origens da Lei Antiterrorismo.

PEREIRA, M. *Depoimento*. Brasília, 3 nov. 2016. Entrevista concedida a Guilherme de Jesus France para o projeto As Origens da Lei Antiterrorismo.

PORTELA, L. *Depoimento*. Brasília, 26 out. 2016. Entrevista concedida a Guilherme de Jesus France para o projeto As Origens da Lei Antiterrorismo.

PORTO, A. *Depoimento*. São Paulo, 04 dez. 2016. Entrevista concedida a Guilherme de Jesus France para o projeto As Origens da Lei Antiterrorismo.

RIBEIRO, M. L. *Depoimento*. Brasília, 26 out. 2016. Entrevista concedida a Guilherme de Jesus France para o projeto As Origens da Lei Antiterrorismo.

SADA, L. *Depoimento*. Rio de Janeiro, 6 dez. 2016. Entrevista concedida a Guilherme de Jesus France para o projeto As Origens da Lei Antiterrorismo.

SAMPAIO, G. *Depoimento*. Brasília, 7 nov. 2016. Entrevista concedida a Guilherme de Jesus France para o projeto As Origens da Lei Antiterrorismo.

VASCONCELOS, B. *Depoimento*. São Paulo, 25 out. 2016. Entrevista concedida a Guilherme de Jesus France para o projeto As Origens da Lei Antiterrorismo.

VEIGA, F. *Depoimento*. Brasília, 25 out. 2016. Entrevista concedida a Guilherme de Jesus France para o projeto As Origens da Lei Antiterrorismo.

WOLOSZYN, A. *Depoimento*. Porto Alegre, 7 nov. 2016. Entrevista concedida a Guilherme de Jesus France para o projeto As Origens da Lei Antiterrorismo.

APÊNDICE - MINIBIOGRAFIA DOS ENTREVISTADOS

Alberto Muñoz, Juiz Estadual no Tribunal de Justiça de São Paulo e membro do Conselho da Associação Juízes para a Democracia.

Alessandro Molon, Deputado Federal (Rede-RJ), eleito em 2010 e reeleito em 2014.

André Luís Woloszyn, analista de inteligência e consultor de agências internacionais em matéria de terrorismo e conflitos de baixa e média intensidade. Autor de livros como Terrorismo Global: aspectos gerais e criminais e Ameaças e Desafios à Segurança Humana no século XXI.

Andresa Porto, Coordenadora de Advocacy da Rede Justiça Criminal.

Bernardo Mota, chefe de gabinete da Presidência do Conselho de Controle de Atividades Financeiras, Direitos de Assuntos Internacionais e chefe da delegação brasileira ao GAFI.

Beto Vasconcelos, assessor especial do Ministro da Justiça (2004-2005), Subchefe Adjunto para Assuntos Jurídicos do Ministério da Casa Civil (2005-2007), Subchefe para Assuntos Jurídicos do Ministério da Casa Civil (2007-2010), Secretário-Executivo do Ministério da Casa Civil (2010-2013), chefe de gabinete da Presidência da República (2014-2015), Secretário Nacional de Justiça (2015-2016).

Carla Verissimo de Carli, Procuradora Regional da República, integrante da comissão brasileira designada para acompanhar a avaliação do GAFI do Brasil (2009-2010) e integrante da missão do GAFI para avaliar o Canadá (2015-2016).

Fabricio Mota, assessor legislativo do Senado Federal (2005-), tendo atuado no gabinete do Senador Aloysio Nunes (PSDB-SP) nos últimos 3 anos.

Felipe de Paula, assessor especial do Ministro da Justiça (2006-2007), Secretário de Assuntos Legislativos do Ministério da Justiça (2010), Subchefe Adjunto para Assuntos Jurídicos do Ministério da Casa Civil (2011-2013).

Fernando Veiga, chefe de gabinete do Senador Romero Jucá (PMDB-RR).

Gabriel Sampaio, chefe de gabinete do Secretário de Reforma do Judiciário (2010), Diretor da Secretaria de Assuntos Legislativos do Ministério da Justiça (2011-2014) Secretário de Assuntos Legislativos do Ministério da Justiça (2014-2016).

Glauber Braga, Deputado Federal (PSOL-RJ), assumiu seu primeiro mandato em 2009, como suplente, foi eleito em 2010 e reeleito em 2014.

Ivan Cavalvanti Gonçalves, Coordenador de Atividades Parlamentares e Assessor Especial do Ministro da Defesa. Coronel da reserva da Arma da Cavalaria.

Jô Moraes, Deputada Federal (PCdoB-MG), eleita em 2006 e reeleita em 2010 e 2014. Foi também Presidente da Comissão de Relações Exteriores e Defesa Nacional.

Lincoln Portela, Deputado Federal (PRB-BA), eleito em 1998 e reeleito em 2002, 2006, 2010, 2014.

Lucas Sada, Advogado do Instituto dos Defensores de Direitos Humanos e articulador junto à Rede Justiça Criminal.

Márcio Paulo Buzanelli, serviu no Serviço Nacional de Informações (1978-1987), no Departamento de Inteligência das Secretarias de Assuntos Estratégicos e de Inteligência (1988-1999), Diretor-Geral da Agência Brasileira de Inteligência (2005-2007) e, atualmente, Assessor da Secretaria Executiva do Conselho de Defesa Nacional.

Marcos Leôncio Sousa Ribeiro, delegado da Polícia Federal e Presidente da Associação Nacional dos Delegados da Polícia Federal (2012-2015).

Marivaldo de Castro Pereira, Diretor do Departamento de Política Judiciária da Secretaria de Reforma do Judiciário (2005-2007), Subchefe Adjunto para Assuntos Jurídicos do Ministério da Casa Civil (2007-2010), Secretário de Reforma do Judiciário (2010-2011), Secretário de Assuntos Legislativos do Ministério da Justiça (2011-2014), Secretário-Executivo do Ministério da Justiça (2014-2016).

Paulo Marcelo Ribeiro, assessor jurídico no Senado Federal, tendo atuado nos gabinetes do Senador Aloysio Nunes (PSDB-SP) e do Senador Tasso Jereissati (PSDB-CE).

Pedro Abramovay, assessor especial do Ministro da Justiça (2004-2006), Secretário de Assuntos Legislativos do Ministério da Justiça (2007-2010) e Secretário Nacional de Justiça (2010-2011).

Rafael Custódio, Coordenador do Programa de Justiça da Conectas Direitos Humanos.

Tarciso Del Maso Jardim, consultor legislativo do Senado Federal.

Vladimir Aras, Procurador Regional da República e Secretário de Cooperação Internacional do Ministério Público Federal.

LISTA DE SIGLAS

ABIN – Agência Brasileira de Inteligência

AGNU – Assembleia-Geral das Nações Unidas

AGU – Advocacia-Geral da União

AML/CTF – *AntiMoney Laundering/Counter-Terrorism Financing*

ANPR – Associação Nacional dos Procuradores da República

ADPF – Associação Nacional dos Delegados da Polícia Federal

BM – Banco Mundial

CCJC – Comissão de Constituição, Justiça e Cidadania

CPMI – Comissão Parlamentar Mista de Inquérito

COAF – Conselho de Controle de Atividades Financeiras

CRE – Comissão de Relações Exteriores e Defesa Nacional (Senado Federal)

CREDEN – Câmara de Relações Exteriores e Defesa Nacional

CREDN – Comissão de Relações Exteriores e Defesa Nacional (Câmara dos Deputados)

CSNU – Conselho de Segurança das Nações Unidas

CSPCCO – Comissão de Segurança Pública e Combate ao Crime Organizado

CTC – *Counter-Terrorism Committee*

CTED – Diretoria Executiva do *Counter-Terrorism Committee*

DOI-CODI – Departamento de Operação Interna – Centro de Operações de Defesa Interna

DRCI – Departamento de Recuperação de Ativos e Cooperação Jurídica Internacional

ENCCLA – Estratégia Nacional de Combate à Corrupção e à Lavagem de Dinheiro

FARC – Forças Armadas Revolucionárias da Colômbia

FBI – *Federal Bureau of Investigations*

FMI – Fundo Monetário Internacional

FSRB – *FATF-Style Regional Body*

GAFI – Grupo de Ação Financeira

GAFISUD – Grupo de Ação Financeira da América do Sul

GAFILAT – Grupo de Ação Financeira da América Latina

GLO – Garantia da Lei e Ordem

GSI – Gabinete de Segurança Institucional

ICRG – *International Co-operation Review Group*

LSN – Lei de Segurança Nacional (Lei nº 7.170/1983)

MD – Ministério da Defesa
MER – *Mutual Evaluation Report*
MF – Ministério da Fazenda
MJ – Ministério da Justiça
MLST – Movimento de Libertação dos Sem-Terra
MP – Ministério Público
MPF – Ministério Público Federal
MST – Movimento dos Sem-Terra
MRE – Ministério das Relações Exteriores
NCCT – *Non-Cooperative Countries and Territories*
OAB – Ordem dos Advogados do Brasil
OCDE – Organização para Cooperação e Desenvolvimento Econômico
ONU – Organização das Nações Unidas
PCC – Primeiro Comando da Capital
PF – Polícia Federal
PGR – Procuradoria-Geral da República
PL – Projeto de Lei
PLC – Projeto de Lei da Câmara
PLS – Projeto de Lei do Senado
PM – Polícia Militar
RICD – Regimento Interno da Câmara dos Deputados
RISF – Regimento Interno do Senado Federal
SAL – Secretaria de Assuntos Legislativos
SISBIN – Sistema Brasileiro de Inteligência
SNI – Serviço Nacional de Inteligência
STF – Supremo Tribunal Federal
STJ – Superior Tribunal de Justiça
UIF – Unidade de Inteligência Financeira